In den 40er Jahren des 20. Jahrhunderts begegnen sich die österreichische Malerin Marie-Louise von Motesiczky (1906–1996) und der Schriftsteller und spätere Nobelpreisträger Elias Canetti (1905–1994). Beide sind vor den Nazis von Wien nach England geflüchtet, beide sind Künstler. Die Malerin aus wohlhabender Familie unterstützt den Dichter finanziell, und er unterstützt sie in ihrem Kunstschaffen. Sie verlieben sich und führen bis zu Canettis Tod eine spannungsreiche Beziehung, belastet von ungleichen Lebensbedingungen und unerfüllten Hoffnungen. In ihren Briefen aus fünf Jahrzehnten entsteht ein großer tragischer Liebesroman.

Elias Canetti, 1905 in Rousse (Rustschuk)/Bulgarien geboren, studierte nach Aufenthalten in England und Frankfurt Naturwissenschaften in Wien und schrieb seinen großen Roman »Die Blendung«. 1938 musste er Österreich verlassen und emigrierte mit seiner Frau Veza nach England, wo sein soziologisches Hauptwerk »Masse und Macht« entstand. Seit den späten 60er Jahren lebte er in London und Zürich, wo er 1994 starb.

Marie-Louise von Motesiczky war eine österreichische Malerin, Schülerin von Max Beckmann. Ein von ihr geschaffenes Canetti-Porträt hängt in der National Portrait Gallery in London.

Weitere Informationen finden Sie bei www.fischerverlage.de

Elias Canetti und
Marie-Louise von Motesiczky

Liebhaber ohne Adresse

Briefwechsel 1942–1992

Herausgegeben von Ines Schlenker
und Kristian Wachinger

FISCHER Taschenbuch

Erschienen bei FISCHER Taschenbuch
Frankfurt am Main, März 2014

Lizenzausgabe mit freundlicher Genehmigung
des Carl Hanser Verlags, München

Druck und Bindung: CPI books GmbH, Leck
Printed in Germany
ISBN 978-3-596-19623-4

Inhalt

Herbst 1940: viele Bewohner Londons verlassen die Stadt auf der Flucht vor den deutschen Bombenangriffen. Die Malerin Marie-Louise von Motesiczky, im März 1938 aus Wien emigriert, hat sich nach Amersham, Buckinghamshire, zurückgezogen, 50 Kilometer nordwestlich von London gelegen und mit einer guten Bahnverbindung zur City. Der Schriftsteller Elias Canetti und seine Frau Veza, ebenfalls aus Wien geflohen und erst im Londoner Exil mit Marie-Louise bekannt geworden, finden durch ihre Vermittlung auch eine Wohnung im Amersham.

Elias Canetti an Marie-Louise von Motesiczky *Amersham*

1. Juli 1941

Sehr geehrtes Frl. von Motesicky!
Sie leihen mir die Summe von 600 (sechshundert) englischen Pfund auf 5 (fünf) Jahre, angefangen vom 1. Juli 1941 bis 1. Juli 1946.

Der Zinsfuss beträgt 5%. Die Zinsen werden halbjährlich im Nachhinein ausbezahlt, also in Summen zu je 15 Pfund, zum erstenmal am 1. Januar 1942; oder aber die dem heutigen Kurse entsprechende Summe in der Geldeinheit des Landes, wo ich verdiene.

Über die Rückzahlung der Darlehenssumme wird Folgendes ausgemacht:

1. Die Summe von 600 Pfund kann nach Verlauf der 5 Jahre als solche zurückgefordert werden.

Doch ist ein Jahreseinkommen von 360 Pfund von dieser Verpflichtung zur Rückzahlung ausgenommen. Nur was dieses Einkommen übersteigt, muss ich, falls es verlangt wird, zurückbezahlen.

Auch hier gilt die Umrechnung in die Geldeinheit des Landes, wo ich verdiene.

Oder aber *2.* Die Rückzahlung kann in Form einer *Prämie* erfolgen.

Sobald ein Werk von mir, sei es als Buch, Theaterstück, oder Film, oder in jeder Kombination dieser drei Möglichkeiten einen materiellen Erfolg hat, der die Summe von 500 Pfund überschreitet, bin ich verpflichtet, Ihnen davon Mitteilung zu machen. Sie haben dann, und zwar im Verlaufe eines Jahres, das Recht zu erklären, dass Sie an den weiteren Einnahmen dieses Werkes beteiligt sind. Ihre Beteiligung beträgt 30% meiner Einnahmen und ist der tatsächlichen Summe nach unbegrenzt.

Sobald Ihre Einnahmen aus dieser Beteiligung die Summe von 600 Pfund erreicht haben, bin ich Ihnen nichts mehr schuldig. Doch ist, wie nochmals betont werden soll, für die 30%ige Beteiligung an dem einmal bestimmten Werke keine Grenze nach oben festgesetzt.

Falls Sie die Rückzahlung der Summe verschieben wollen, haben Sie das Recht, sie zum selben Zinsfuss weiter bei mir stehen zu lassen.

Sollte ich sterben, bevor die Prämie in Kraft tritt, so erlischt meine Schuld.

Ich habe das Recht, im Verlauf der nächsten vier Monate, also bis zum 1. November 1941, von diesem Vertrag zurückzutreten.

Amersham, den 1. Juli 1941 Dr. Elias Canetti

Wohl zu ihrem 36. Geburtstag am 24. Oktober 1942 schenkt Elias Marie-Louise eine 29 Blätter umfassende Reinschrift von Aufzeichnungen. In diesem Jahr hat er erkannt, wie wichtig ihm diese literarische Form ist – und Marie-Louise ist die erste, die er daran teilhaben lässt. Eine gedruckte Ausgabe erscheint erst 2005. Darin finden sich auch die folgenden Notate:

Sie lebt in einer Wüste von Erwartung.

Wer den Erfolg anbetet, ist auf jeden Fall verloren: wenn er ihn hat, wird er ihm ähnlich; wenn er ihn nicht hat, verzehrt er sich in der falschesten Sehnsucht.

Man kann alles töten: einen Menschen, ein Werk, einen Namen und selbst einen Gott, aber keine wirkliche Liebe.

Elias Canetti und Marie-Louise von Motesiczky
Atelier in Amersham, frühe 1940er Jahre

Marie-Louise macht zusammen mit Marie Hauptmann, ihrer ehemaligen Amme, die sie und ihre Mutter Henriette (1882–1978) ins Exil begleitet hat, eine Ferienreise nach Nord-Wales.

Marie-Louise von Motesiczky an Elias Canetti

im Zug nach Llandudno, Juli 1943

Liebster lieber liebster Mensch,
Erst muss ich Dir sagen wie wunderschön das war dass Du heute früh noch gekommen bist. Ja – auch wenn es für Dich – – aber nein das sag ich jetzt nicht. (und das von dem Wasserkännchen hätt ich nicht sagen sollen) Aber ½ 6 bin ich schon aufgestanden statt um ½ 7 und so leicht wie ein Federball – denn ich hab gedacht: Du kommst. Ich glaub ich habe Dich noch nie so früh morgens gesehen (daran hast Du gar nicht gedacht, nicht wahr?). Ich glaube wenn Du kommst könnte ich aufstehen zu

jeder Stunde – immer. Und jetzt im Zug bin ich nicht müde obwohl es fabelhaft uninteressant ist denn ich habe das Gefühl als wäre ich am Weg zu Dir, selbst wenn es 14 Tage dauert. Da lachst Du vielleicht – und doch ist es so.

Ich hab das Gefühl dass ich alles was ich sehe und höre Dir mitbringen möchte; deshalb möcht ich viel hören und viel sehen und bin sehr neugierig. Vorläufig sind wir mit einer sehr langweiligen Familie zusammengepackt in einem Coupé. Marie ist schrecklich müde – eben ist sie erwacht und wollte an einen gewissen Ort da stellte sich heraus dass ihr Rock in der Türe eingezwickt ist. Die kann man während des Fahrens nicht öffnen. Der Zug hält nur selten und wir warten mit etwas Bangen auf die nächste Station. –

Wir sehen jetzt eben das Meer zum ersten Mal. Bald sind wir dort.

Llandudno Junction

Das ist die erste Reise meines Lebens. Leb wohl – Du. Ich möchte Dir .... Leb wohl ich umarme Dich. –

In Eile umsteigen

Marie-Louise von Motesiczky an Elias Canetti

Llandudno, Juli 1943

Lieber Canetti,
Ich weiss nicht wie sehr uns Amersham vermisst; wir vermissen es jedenfalls sehr. What a shame, nach so kurzer Zeit! Aber nachdem wir, ich jedenfalls, den Aufenthalt (wie ich meinte) mit unbesiegbarem Enthusiasmus begonnen haben, hat das Klima und die allgemeinen Verhältnisse uns so weit gebracht, dass wir nur mehr ein bitteres Lachen für Llandudno übrig haben.

Es ist schrecklich kalt und schrecklich überfüllt, für alles muss man sich anstellen, für jeden Bus, jede Tram jeden Liegestuhl jeden Tee und es ist ein Wunder dass man das Meer sehen kann ohne sich anzustellen. Das alles wäre wohl zu umgehen wenn ich allein wäre denn es gibt ja die Berge und man kann ins Land hineinfahren. Aber für Marie ist das zu anstrengend mit den 3 papierdünnen Salatbrötchen die man als Lunch mitbekommt und über die Berge kann ich sie auch nicht aufs Geratewohl schleifen und so bald man aus dem Menschenstrom heraus will kann man nicht mehr so genau planen was man tut. – Am Strand ist es viel zu kalt für Marie um dort zu sitzen, im Zimmer ist es womöglich noch kälter und wir schlafen mit Wollsocken und unseren dicken Jacken. Bleiben also die Kinos und Geschäfte. Ich bin voll auf beschäftigt um für Marie irgend etwas zu finden das ihr Freude macht (ohne dass sie es merkt). Der Ort erinnert abwechselnd an die Heuschreckenplage und an einen Termitenbau.

Verzeihen Sie diesen langweiligen Brief. Vielleicht kommt die Sonne doch noch einmal zum Vorschein dann fällt mir sicher ein besserer ein. Wie geht es Vesa? War sie schon beim Arzt? Haben Sie einmal das Radio besucht seit ich fort bin oder herrscht dort auch Ameisenplage?

Einen herzlichen Gruss vom Schlachtfeld der Vergnügungen von Ihrer Marie Luise

What a shame: Wie schade.

Im Frühling 1946 zieht Marie-Louise von Amersham nach London, 20 Lower Belgrave Street, bei Mrs. Mearns. Diese Wohnung bezeichnet sie als »mein Flat«. Henriette und Marie bleiben in Amersham.

Marie-Louise von Motesiczky an Elias Canetti

London, Frühling 1946

Liebster Pio,
Hat's Ihnen nicht ein bisschen leid getan dass Sie keine Hand erhoben haben als ich meine Kofferln zum Taxi trug? Ich habe noch lange nachgedacht ob das englische Schüchternheit oder spanischer Stolz oder orientalische Überlegenheit (den Frauen gegenüber) ist. Machen Sie kein finsteres Gesicht – ich necke Sie ja nur – darf ich Sie nicht mehr necken? Deshalb bin ich doch eigens nach London gezogen – damit ich Sie wieder ein bisschen necken kann.

Glauben Sie es mir Pio – Sie haben den bitteren Ernst nicht gerne – ich weiss es – ich kann mich erinnern – – mir werden schon wieder kleine bunte Flügel wachsen – mit einem werd ich malen und mit dem anderen werd ich Sie necken – Sie werden sehen – Sie werden es nicht ungern haben.

– Und Sie sind also in *Ihren* Frühling geradelt und ich in *mein* Flat. Wenn Sie aber mit mir zur Bahn gekommen wären und aufgepasst hätten dass ich mit der Hutschachtel und dem Bild und der Tasche nicht stolpere (– was ich tatsächlich tat) dann wäre gar kein Zweifel gewesen dass ich in »unser« Flat fahre. »Ganz Amersham« hätte es dann gewusst – das ist wohl genau das, was Sie sich gewünscht hätten. Jetzt neck ich Sie aber nicht mehr! – –

Oh lieber Pio – es ist kein Zweifel dass ich in »unserem Flat« bin – wenn Sie nur erst einmal hier sind und mich so finden wie Sie sich's wünschen – aber auch wenn Sie nicht hier sind gibt's wohl keinen Reissnagel und keinen Haken den ich einschlage ohne dass ich dabei an Sie denke. Leider bisher Dinge an denen Ihnen herzlich wenig gelegen ist. Aber Ihr Mantel muss doch wo hängen! Ich bereite eben alles vor damit wenn Sie kommen ich an all die Dinge *nicht mehr* denken muss. Heute morgen bin ich zum ersten Mal in Ruhe (relativ denn eigentlich sollte ich für Julia Zimmer suchen!) in der Gegend herum gestrolcht. Statt Zimmer, Haken, Brotmesser Linoleum u. s. w. habe ich nichts als eine schwarze japanische Lackschale mit kleinen goldenen Drachen gefunden die gar keinen Zweck hat. Es gibt hier so viel Antiquitätenläden und ich muss mich in acht nehmen denn es ist dumm immerfort in alten Sachen herumzukramen die andere Leute gemacht haben. – Gestern abend gab's gleich eine unangenehme Überraschung – das Gas strömte aus und als wir mit dem Zündholz suchten gab's eine richtige kleine Flamme mitten im Rohr. Mir war ganz wohl bei dem Gedanken wie besorgt Sie wären wenn Sie es wüssten! Sehen Sie, – so kann kein Gas und kein Mensch mir was zuleide tun solang ich weiss dass Sie dem Gas und den Menschen böse sind das mich bedroht. Von der akuten Gefahr konnte mich allerdings nur ein anderer Mann schützen – ein ungeheuer langer Gasarbeiter den Mrs. Mearns auf dringendes Bitten kommen liess. Sie hat leider den Komplex dass wir den Gaskomplex haben und instruierte den Mann vorher dass er uns das ausreden soll. »You are afraid of gas, Miss – don't you worry too much – you worry too much.« erklärte er noch bevor er wusste was los war. »There are so many cracks in the floor – and a bit of gas really does not any harm.« Natürlich sagt er weiter wenn man mit einem Zündholz sucht und womöglich im Schrank wo sich das Gas angesammelt hat – da kann es schon eine Explosion geben – da kann man sich schon einmal die Augenbrauen verbrennen da wäre es viel besser man sorge sich nicht und lasse es so ausströmen. Nun ist aber alles hoffentlich in Ordnung.

Mein Vorschlag dass Julia aufs Land nach Amersham kommt hatte keinen Erfolg. Sie meinte dass diese Zeit für sie so wichtig sei. Heut z. B. ist sie bei ihrer Oberärztin eingeladen, sie müsse telephonisch erreichbar sein – es käme jetzt gerade auf kleine Zufälle an auch fürchtet sie, sie könnte dort faul werden und zu oft schwänzen da ja ihre jetzige Arbeit noch kein Job ist und so wolle sie gar nicht in die Versuchung kommen – Sie haben recht, Julias Versuchungen sind nicht leidenschaftlich – das schöne Land im Frühling zu geniessen. Sie hat aber eingesehen (auch von sich aus) dass auch sie unmöglich hier richtig arbeiten könnte (lesen) und dass wir beide viel zu viel tratschen oder vor Rücksicht aufeinander umkommen würden. Mir war ein Stein vom Herzen als ich sah dass sie es wirklich versteht und zwar auch aus eigenen Gründen und so kann ich ihr wenigstens suchen helfen ohne mir immerfort grausam vorzukommen. Und wissen Sie Pio – wenn ein Zimmer ein bisschen zu teuer ist so könnte ich ihr doch noch ein wenig helfen – schliesslich lohnt es sich doch statt dass alle Welt darüber verrückt wird. Wir hoffen dass in einer Woche die Sache gelöst sein wird.

Abend

Liebster Pio,
nun ist es spät geworden und ich bin ganz müde – hab meine Ration cards besorgt und alles drum und dran erledigt für Ju und mich Nachtmahl gerichtet und abgewaschen. Ich werfe aber diesen Brief doch ein auf die Gefahr hin dass er Sie sehr enttäuscht. Vielleicht wird er Sie doch noch morgen Freitag erreichen. (Auch hab ich ein ganz hinterlistiges Abkommen mit der Mearns getroffen und zwar dass mir die Frau *abwäscht* und ich einfach morgens ein Tablett vor die Türe stelle. Das tritt aber erst in Kraft wenn Ju weg ist. Bis dahin *soll* recht viel Plakkerei sein damit der Abschied leichter ist.) Ich betrachte Ju jetzt als meinen Gast den ich verwöhne und das wird sie nicht lang aushalten können.

Pio vergessen Sie nicht dass ich hier morgens nicht einmal – die Augen öffnen könnte – – ohne Sie – Sie wissen es ja besser wie ich – glauben Sie mir wenigstens dass auch ich es weiss. Ich sehe Sie jetzt immer vor der Truhe stehen – leben Sie wohl Pio – haben Sie schon den Kuckuck gehört – ich küsse Sie küsse Sie

Ihre Muli

Die Psychiaterin Julia Altschulova (1914–2004), 1939 von Prag nach London emigriert, ist über Jahrzehnte eng mit Marie-Louise befreundet und teilt mit ihr zeitweise die Wohnung. – You are afraid of gas, Miss – don't you worry too much – you worry too much: Sie haben Angst vor Gas, Fräulein – machen Sie sich nicht zu viele Sorgen – sie machen sich zu viele Sorgen. – There are so many cracks in the floor – and a bit of gas really does not any harm: Es gibt so viele Risse im Boden – und ein bisschen Gas schadet wirklich nichts. – ration cards: Lebensmittelmarken.

Im August 1946 verbringt Elias drei Wochen in Cornwall mit Dr. Emanuel Hirschtritt, Vezas Zahnarzt, den die Canettis schon aus Wien kennen.

Elias Canetti an Marie-Louise von Motesiczky

Perranporth, August 1946

Donnerstag

Liebstes Muli,
das war ein hübscher Brief, der eben kam, Perlmann sprang nur so heraus aus ihm, ich sah ihn, hörte, roch ihn, er ist wie ein herziges Kinderspielzeug, und auch wie eine gute deutsche Medizin –

Ich glaube nicht, dass ich länger als drei Wochen hier bleiben werde; vielleicht ein Weekend dazu, aber auch das kaum. Es ist sehr schön, aber es ist doch ein Hotel mit vielen, immer neuen Leuten, sehr uninteressanten, denen man aber nicht ganz ausweichen kann. Arbeiten kann man unmöglich, aber das Meer ist herrlich, die Felsen sind herrlich, und ein bezauberndes Städtchen, das Du, glaube ich, mit den Brentanos gesehen hast, ist St. Ives. Gestern war ich dort, und gerade als es mir am besten gefiel, kam mir wer entgegen? Frau Dr. Gombrich (Deas Mutter), die dort bei Freunden die Ferien verbringt. Ich soll sie bis Samstag noch einmal besuchen, dann fährt sie zurück. Es ist schön, und es geschieht nicht oft, dass ein richtiger Mensch am richtigen Ort auftaucht. Nach St. Ives möchte ich wirklich einmal mit Dir gehn. Es ist farbig, für England, hübsche winklige Gassen und Häuser, ein Leuchtturm vor dem Hafen, Fischer, Fische, Boote, und ganz in der Nähe, mit dem Fahrrad bequem zu erreichen, eine Menge ansprechende Orte. In Polperro war ich noch nicht, es wird hier sehr gelobt, wir werden für den Tag ein Auto mieten und alle diese hübschen, von uns weiter abgelegnen Orte an der Südküste besuchen. Mein Doktor lässt sich den Aufenthalt hier etwas kosten. Er ist eigentlich angenehmer, als ich erwartet hatte. Er lässt mich in Ruhe, wann ich es nur will. Er hat mir viel mehr von sich erzählt; der arme Kerl hat im letzten halben Jahr wirklich schreckliche Sachen erlebt; ich hätte ihn der Erlebnisse, die er gehabt hat, gar nicht für fähig gehalten.

Aber Du wirst finden, dass dieser Brief matt klingt. Du hast nicht unrecht, denn nichts, was ich darin erwähne, beschäftigt mich im Augenblick wirklich. Natürlich beschäftigt mich ein Brief aus Österreich, von Theodor Sapper, dem Grazer Dichter, von dem ich Dir so viel erzählt habe. Der Brief ist herrlich, für *mich* herrlich, er ist an mich gerichtet, an mich als Dichter; ich hätte nie geglaubt, dass ein Mensch mir zu meinen Lebzeiten noch so schreiben wird. Zu diesem Menschen wollte ich immer gut sein, und nun überschüttet er mich mit dem, was ich am meisten brauche: mit dem Gefühl meiner eigenen Würde, Strenge und Verantwortung. Es ist ein edles Echo, über diese furchtbaren Jahre hinweg; dieser Mensch weiss unerschütterlich, wer ich bin, er sieht mich so rein, wie ich mich in meinem Innersten fühle; sein Brief ist auf eine genaue Weise persönlich-unpersönlich; ich kann es nicht wirklich schildern, was mich daran im Tiefsten ergreift: vielleicht, o vielleicht ist nicht alles umsonst, wofür man lebt, vielleicht muss es nicht alles zugrunde gehen, vielleicht wird man vor den *besseren* Menschen einer besseren Zukunft *bestehen*, wer kann mehr sagen als »vielleicht«?

Ich kann mich nicht dazu bringen, Dir diesen Brief zu schikken; ich kann mich von ihm nicht trennen; so musst Du meinen Bericht dafür nehmen.

O Muli, manchmal ist mir so weh zumute: wenn ich denke, dass ich noch nichts wirklich ausgerichtet hab, nichts ist anders, nichts ist besser, dann fällt plötzlich auf die *Wüste* meines Grams *ein Tropfen Wasser*, ein einziger Tropfen und ich fühle die Kraft, es tausend Jahre weiter zu versuchen. Pio.

Von Dr. Perlmann, dem Ehemann der emigrierten früheren Opernsängerin Marie Seidler, hatte Marie-Louise berichtet, er habe so lange versucht, ihr optische Täuschungen zu erklären, bis ihr schwindlig wurde. Anschließend zeigte sie ihm ihre Bilder, die er in altmodischer Sprache lobte, sich jedoch bei der Deutung manche Blöße gab. – Sophie (Soph) Brentano (1902–1993), geborene Leembruggen, ist eine Cousine Marie-Louises und eng mit ihr befreundet. Marie-Louise besucht sie und ihren Mann Johannes Christian Michael (Gio) oft in der Schweiz oder in Frankreich. – Amadea (Dea) Gombrich (1905–1994) hatte Marie-Louises Bruder, den Psychoanalytiker Karl von Motesiczky (1904–1943), noch in Wien kennengelernt. Sie kam 1938 nach London, wo sie John Forsdyke, den Direktor des Britischen Museums, heiratete. Ihre Mutter ist die Pianistin Leonie Hock, ihr Bruder der Kunsthistoriker Ernst Gombrich (1909–2001), der Marie-Louise fördert. – Der Maler Oskar Kokoschka (1886–1980) und seine Frau Olda (1915–2004), die schon in Wien mit den Motesiczkys befreundet waren, leben zu Beginn des Zweiten Weltkriegs mehrere Monate in Polperro. – Theodor Sapper (1905–1982) hatte nach dem Erscheinen von Elias' Roman »Die Blendung« 1935 eine enthusiastische Rezension geschrieben.

Marie-Louise von Motesiczky an Elias Canetti
im Zug nach London, Poststempel 15. August 1946

Lieber lieber Pio
Hochverehrter lieber Herr Professor,
Heute ist Ihr Brief gekommen! Eine halbe Stunde habe ich daran gelesen – so schwer und interessant ist Ihre Schrift für mich zu entziffern. Eigentlich ist es schön wenn so ein Brief sich einem wie im Nebel nähert. Erst ist es auch ein bisschen so wie Leonardos abgeschabte Mauern in die man allerhand hineinfantasiert – unglaublich wie man sich da auf den ersten Blick über die falschen Worte kränken und freuen kann. Wenn Sie wüssten was ich alles auf der ersten Seite zusammengelesen habe!

Eine ganze Welt von Wünschen und Ängsten: ganz logisch zusammengesetzten Missverständnissen. Ich kann mir gar nicht vorstellen wie so ein dummer kleiner Brief von mir Ihnen Freude machen kann (obwohl ich heute mein möglichstes tue denn ich schreibe in der Bahn).

Nun kann ich Ihnen etwas verraten – als ich den Prospekt des Hotels sah (und die *Muster* auf den Fauteuils) da dachte ich mir dass da eine unglaublich langweilige Gesellschaft beisammen sitzen wird. Aber ich sag nicht immer alle unangenehmen Dinge – ja Pio, ich Muli verschweige allerhand obwohl Sie mich für einen ganz rücksichtslosen Gesellen halten. Auch hatte ich Sie ganz schrecklich lieb wie Sie sich freuten und Ihre sieben Sachen zusammen suchten für diesen dashing, smashing eleganten Ort. Aber das Meer hat doch nicht versagt! Und nun waren Sie vielleicht auch schon im Süden und ich bin neugierig wie's Ihnen dort gefällt. (Wembley Park und ich will den Brief in Bakerstr. aufgeben)

Es ist ½ 8 Abend und ich fahre ins Flat weil ich gerne einen Abend fort bin von den Damen. Und nun noch schnell ein Geständnis – ich habe Julia auf 8 Tage ins Flat eingeladen so dass sie Malachta einmal bisschen Frühstück machen kann. Ich fand so nett dass sie mich jetzt wo Sie fort sind nicht darum gebeten hat dass ich's schon deshalb tat. Auch ist es mir gemütlich dass sie heute abend dort ist und mich erwartet. Morgen habe ich einen harten Tag, Tante Ilse in der Stadt Museen u. s. w. (Medizin für den Konsul nach München – Zapferln für den *Darm* von Rupé – das schreibe ich nur weil Sie dieser Darm so interessierte) Und so erspare ich mir wenigstens die umständliche Stadtreise Weg zur Bahn u. s. w. mit Tante I.

Nun kommen wir gleich an. Nicht wahr Sie sind nicht böse dass ich J. eingeladen habe. Es werden ganze 8 Tage dazwischen sein bis Sie kommen wo es wieder leer dort ist. Bitte bitte sind Sie nicht böse. Gut dass Sie viel spazieren gehen! wenn auch gezwungenermassen. Sie haben so viel Jahre frische Luft versäumt im Leben. Sind Sie mir gut und schreiben Sie mir bitte wieder – das ist so schön! Ihr Muli

dashing: fesch. – smashing: toll. – Malachta ist Julia Altschulovas langjähriger Freund. – Ilse Leembruggen (1873–1961), geborene von Lieben, ist die

Schwester von Henriette von Motesiczky. 1895 heiratete sie den holländischen Unternehmer Willem Leembruggen und lebt seither in den Niederlanden. Ihre Tochter Louise (1898–1985) ist mit dem deutschen Kunsthistoriker und Übersetzer Hans Rupé (1888–1947) verheiratet und lebt in München.

Elias Canetti an Marie-Louise von Motesiczky

Perranporth, August 1946

Freitag früh.

Dein Brief ist gekommen, wenn es nur wirklich Julia ist und sonst niemand und keine Einrichtung daraus wird, macht es mir nichts. Hier ist das Schöne, dass ausser Meer und Felsen alles hässlich ist. Man kann mit niemand sprechen (von den Gästen, meine ich), es gibt keine einzige auch nur hübsche Frau, so kann man niemand ansehen, um niemand etwas dichten, man ist ganz in sich, oder ganz mit dem Meer.

Der schönste Ort, den ich bis jetzt hier in der Nähe gefunden habe, ist ein verlassenes Zinnbergwerk auf einem Felsen am Meer, etwa eine halbe Stunde von uns entfernt. Du musst Dir aber nicht etwa ein altes historisches Bergwerk vorstellen: es ist ganz modern, im Jahr 1938 eingerichtet und 1944 wieder verlassen worden. Ich habe einen Freund dort, einen jungen Burschen, der die Abmontierung überwacht und mir alles über den Arbeitsprozess bei der Gewinnung von Zinn erklärt. Es geht mir sehr nahe, dass ich so wenig über die eigentlichen Arbeits-Dinge der Menschen weiss; er hat mir schöne Einzelheiten berichtet, die Du alle hören wirst. Da stehen, mitten unter den Steinen, rostige Räder, Kessel, Wannen, Schrauben, Stangen herum, alles direkt auf einer hohen Klippe, man sieht von jedem Fleck das Meer und hört die Möwen, das Desolate und Sinnlose dieses ganzen Unternehmens, das mit grossem Aufwand für genau sechs Jahre eingerichtet wurde, hat, besonders am Meer, etwas Zwingendes, das ich mir nicht erklären kann. Wann immer ich kann, entwische ich in diese tote »Fabrik« (es sieht mehr aus wie eine Fabrik) und auf dem Rückweg von dort begann ich gestern abend, als die Sonne unterging, diesen Brief. Ich muss Dir öfters schreiben, damit Du Dich an meine Schrift gewöhnst; trotzdem bin ich froh, dass sie Dir ein wenig unheimlich ist; es ist nicht gut, wenn man sich in allem vertraut ist, man wird schlaff und faul; und ich freue mich zu denken, wie Du Dich mit diesen Buchstaben, die ich eben niederschreibe, plagen wirst. Liebstes, zärtlich geliebtes Muli, lass Dich nicht zu viel in die Stadt verlocken, mal so lieb weiter, wie Du es diese früheren Tage getan hast. Ich werde Dir noch schöne Orte zeigen, aber Du musst sie mir malen? Ist das eine Abmachung? Weil ich armseliger ungeschickter Mensch das doch nicht selber kann. So grüss ich von Herzen meinen Hofmaler Mulo und küss ihn auf die Palette. PIO XV.

Im Oktober 1946 reist Marie-Louise zum ersten Mal seit ihrer Flucht nach Wien, wo sie mit den genaueren Umständen des Todes ihres Bruders Karl konfrontiert wird. Bei diesem und vielen weiteren Wien-Besuchen wohnt sie bei Ludwig Baldass (1887–1963) im Kunsthistorischen Museum, der ihre Malerei zeitlebens unterstützt. Seine Frau Pauly Baldass, eine Enkelin des Architekten Otto Wagner, hatte in ihrer Rolle als Marie-Louises Gouvernante ihren Schützling mit ins Museum genommen, wo ihr der Kunsthistoriker, Hieronymus-Bosch-Monograph und spätere Direktor Unterricht in Kunstgeschichte erteilte.

Marie-Louise von Motesiczky an Elias Canetti *Wien, Oktober 1946*

Mittwoch

Liebster Pio,
Es ist heute der Tag meiner Ankunft und ich sitze im Bett in meinem Zimmer (bei Baldass) – es wurde mir zu Ehren morgens geheizt – doch habe ich das gleich gestoppt und mir lieber all meine Wollsachen angezogen. Eindrücke lieber Pio hat man so viele dass es unmöglich ist sie niederzuschreiben – nicht annähernd (bei einiger Gründlichkeit (Langsamkeit)). Deshalb nur ein trockener Bericht; die Reise war ganz wunderbar – in Paris fuhr ich mit einem Autobus durch die Stadt nachts und starrte auf alle erleuchteten Cafés – am Gare de Lyon gelang es mir einen Schlafwagen zu ergattern obwohl das ganz unmöglich schien – schlief mit einer Schweizerin und Baby die eben aus Brasilien geflogen kam furchtbar mager war – 6 Jahre Brasilien sei furchtbar und ihr Kind bekam im Speisewagen die erste

echte Milch. (komisch) In Zürich an der Bahn stand Trudi – wie eine liebe etwas wirre kleine Kuh – sie ist nicht nur verheiratet sondern auch schwanger und es geht ihr in dem Zustand nicht gut. 9 Minuten Aufenthalt und so musste ich Bananen und Schokolade fahren lassen obwohl sie vor meiner Nase standen doch war es nicht mit Wiedersehensfreude zu vereinigen. – Und dann der Arlberg – *Schnee*, Berge in den Himmel hinauf – katzenaugen-blaugrüne Flüsse – Millionen beschneite Tannen senkrecht hinauf bis in die Wolken – orangebelaubte Bäume mit Schnee am Bahndamm. Zu essen gab es furchtbar viel und gut im Speisewagen aber nachdem man nach Wien fuhr hatte ich immerfort das Gefühl in einer Art Grottenbahn zu sein – wie im Wurstelprater – das Schlaraffenland / der Nordpol – die Hölle – Eintritt £ 1 dem Schlafwagenkondukteur. Die Leute tranken alle Wassergläser voll Wein – die Franzosen waren recht anspruchsvoll – und es waren viele, alle am Weg nach Österreich. Alles dachte und sprach wie man Geld am besten wechselt und wie man es machen muss um das doppelte zu bekommen. – Unbeschreiblich schön war die Einfahrt nach Österreich – Landschaft Häuser. In Innsbruck gelang es wieder einen Schlafwagen nach Wien zu bekommen. Mit einer jungen Dame aus dem IV. Bezirk die auch aus London kam. Ich habe sie aus verschiedenen Gründen sehr bald nicht leiden können. Ich fand den jungen Russen der Nachts unsere Pässe ansah besonders nett. Er sah in den Pass und fragte »– wo bist Du zu Hause?« Als er sah dass ich in Tschechien bin leuchtete er mich freundlich an – leider konnte ich nicht reden – mein Papier konnte er nicht lesen. Er lächelte – schüttelte den Kopf und alles war in Ordnung. In Wien an der Bahn war die Baldass und Witold. Mein Gepäck brachte ein Träger auf einem Wagerl ins Museum – wir fuhren mit der Elektrischen.

Ja Pio all das ist nicht zu beschreiben. Am heftigsten musste ich an Sie denken als in Buchs ein Zeitungsverkäufer in den Zug kam er war wie ganz Österreich – er erzählte mir alles über die Lage Österreichs – kein K.Z. in dem er nicht gewesen war – mit dem Daumen wies er nach Osten und Westen »hinüber und herüber« wie er es nannte, – er hätte gewusst wie man's am besten hätte machen sollen: »goanix, nicht sich äussern, absolute N*ö*tralität kaane Wahlen – nix – das wär das beste gewesen.« Und da wurde er mitten im Erzählen von einem höheren Herrn aus dem Zug gejagt – verbeugte sich noch zweimal schnell lächelnd mit einem vielwissenden Blick und verschwand mit seinem Packel Zeitungen unterm Arm.

Donnerstag

Gestern musste ich unterbrechen. Heute Morgen nur 2 Zeilen. Baldass sind *furchtbar* nett. Gestern abend sahen wir das Hieronymus Bosch-Buch an – das *muss* ich Ihnen mitbringen – es wird Ihr schönstes Buch sein!

Gestern ging ich gleich nach meiner Ankunft durch die innere Stadt bis zum Donaukanal und beim Burgtheater über den Ring zurück. Manches ist verrückt *un*verändert z. B. wenn man durch die Alte Burg herüber zum Kohlmarkt und am Graben geht – sogar die Geschäfte (die Art des Verkehrs, u. s. w.) nur dass man die schönen Sachen in den Auslagen nicht kaufen kann weil sie alle für Export sind. Der Volksgarten ist ganz unverändert – überhaupt der Ring – – vor dem Parlament stand eine Musikkapell denn alle Monat wird die Verwaltung Wiens einer anderen Nation übergeben, die Engländer den Franzosen u. s. w. Das geschieht mit Musik – – etwa 50 Menschen vis-à-vis am Ring sahen zu – darunter einige ganz in Lumpen alter Uniformen – ich fragte was das ist; das seien displaced persons – Kriegsgefangene.

Pio nun schliesse ich und vielleicht werd ich die nächsten Tage kaum schreiben denn ich muss und will alles was ich zu tun habe schnell machen.

Gestern abend gab mir die Baldass etwas zu lesen. Ich glaube nicht dass ich etwas Traurigeres und Schwereres erleben werde als das, solange ich hier bin. Es war schade dass es am ersten Abend war doch vielleicht war es richtig so – richtig von einem tieferen Standpunkt aus. Und wie Sie sehen habe ich Ihnen danach schon den Brief geschrieben und das sage ich nur damit Ihnen nicht bang um mich ist. Liebster, der Gedanke dass Ihnen bang um mich sein könnte und Sie mich schützen wollen gibt mir so viel Kraft und ein so tiefes Gefühl von Geborgenheit als wären Sie wirklich hier und würden mich mit beiden Armen halten

Freitag

Pio können Sie mir verzeihen dass ich heute erst den Brief fortschicke. Ich habe eben 2 Stunden mit der Kupelwieser und 2 Stunden mit Lingens gesprochen. Morgen fahre ich in die Hinterbrühl mit einem beinahe bitteren Gefühl der Gleichgültigkeit. Hieronymus Bosch hat sehr recht. Ich glaub er ist hier mein bester Freund.

Wenn ich die Berge und die Wälder draussen sehe werde ich trotzdem sehr glücklich sein. Schreiben Sie, bitte schreiben Sie wie es Ihnen geht und was Sie treiben und sind Sie gesund mein liebster Pio

Ihr Muli

Die Psychoanalytikerin Gertrud (Trudi) Boller-Schwing, die Marie-Louise wohl in Wien über den Psychoanalytiker Paul Federn kennengelernt hatte, emigrierte in die Schweiz, wo Marie-Louise sie manchmal besucht. – Als nach Ende des Ersten Weltkriegs die Bewohner Österreich-Ungarns wählen konnten, welche Nationalität sie annehmen wollten, hatten sich die Motesiczkys für die tschechische entschieden. – Als Teenager war Marie-Louise unglücklich in ihren wesentlich älteren Cousin Witold Schey verliebt. In den dreißiger Jahren hatte sie dann eine Beziehung zu Witolds Zwillingsbruder Herbert. – displaced persons: Flüchtlinge, Vertriebene. – Maria Kupelwieser (1895–1978) war in erster Ehe mit Henriette von Motesiczkys Bruder Ernst von Lieben (1875–1970) verheiratet. – Ella Lingens (1908–2002) gehörte mit Karl von Motesiczky zu einer Wiener Widerstandsgruppe, die jüdischen Verfolgten zur Flucht aus Österreich verhalf. Bei einer Aktion im Juli 1942 wurden sie verraten und inhaftiert. Ella Lingens und Karl von Motesiczky kamen im Februar 1943 nach Auschwitz, wo Karl im selben Jahr ermordet wurde. Ella Lingens überlebte und kehrte nach Wien zurück. – In Hinterbrühl, einer Sommeridylle im Wienerwald, befindet sich das herrschaftliche Anwesen der Motesiczkys. Das Haupthaus, die Villa Todesco, wurde in den dreißiger Jahren abgerissen.

Marie-Louise von Motesiczky an Elias Canetti

Amersham, Poststempel 4. Februar 1947

Mein lieber Pio,
Es tut mir so leid dass ich am Freitag schon beim Abschied verstimmt war und auch heute am Telephon Ihnen meinen Ärger gezeigt habe. Am Freitag war's ein Satz, nein einige Sätze; am Donnerstag seien Sie besetzt, falls Sie am Dienstag kommen, können Sie nicht übernachten aber Mittwoch oder Freitag *kann* ich Sie sehen. Weh getan hat mir eigentlich nur das letzte – vor allem das »kann«.

Pio ich bin zu stolz und auf diese Weise *kann* ich Sie wirklich nicht sehen. Ich weiss dass Sie damit Ihre Arbeit schützen wollen und müssen und trotzdem gäbe es doch glaube ich einen Weg – eine Art mich nicht gar so sehr fühlen zu lassen dass ich nur schwer in Ihr äusseres Leben einzuordnen bin. Ich kann viel und gerne allein sein, es ist gut auch für meine Arbeit und dass ich, so langsam wie ich bin nun endlich ein bisschen zum Lesen komme ist auch gut (ich war in der Beziehung für Sie sicher oft eine grosse Enttäuschung?). Man kann einander auch in einer Stunde schrecklich viel sein das weiss ich. Wenn Sie gesagt hätten: »Muli aber dann können wir uns doch Donnerstag vor Ihrem Tee oder zu Mittag eine Stunde sehen« wäre alles gleich ganz anders gewesen. So aber hab ich mir Tage lang den Kopf zerbrochen wie ich es machen soll Sie in dieser Woche überhaupt nicht zu sehen ohne dabei gekränkt zu scheinen oder Ihr Misstrauen zu erwecken. All diese Spekulationen sind aber so quälend dass sie das Leben schwer erträglich machen den Schlaf rauben und die Arbeit zerstören. Ich sollte das alles nicht so offen sagen – geschickter, erfinderischer schlauer mit einem Wort weiblicher sein – es fehlt mir nicht an Phantasie aber das Herz tut mir zu weh und wenn ich mir was Hübsches aus-

Im Juli 1947 ist Elias bei dem Musikkritiker William Glock (1908–2000) und seiner Frau Clement (1915–1955), einer Bühnenbildnerin, in Chippenham, Wiltshire zu Gast.

Elias Canetti an Marie-Louise von Motesiczky

Chippenham, 19. Juli 1947

Samstag

Liebstes Muli,
Wir waren heute schon in Bath: nie hätte ich gedacht, dass es in England eine so schöne Stadt gibt. Ich bin ganz benommen davon; vielleicht war es genau die Verwandlung, die ich nach den haarsträubenden und demütigenden Ereignissen der abgelaufenen Woche gebraucht habe. Ich glaube jetzt wirklich, nach Bath, dass ich darüber hinwegkommen werde. Vorher schien es mir keineswegs immer so; es war etwas ganz ernsthaft bei mir ge-

sprungen und ich hörte es immer höhnisch scheppern. Siehst Du, es ist so, dass ich nur mit meinem Stolz leben kann; und mein Stolz war so tief und entscheidend getroffen, dass ich oft gar keine Lust mehr fühlte weiterzuleben. Ich schreibe Dir das, weil ich das Gefühl habe, dass es jetzt alles vorübergehen könnte; und weil Du wissen musst, dass hier eine Grenze meiner seelischen Elastizität erreicht ist, über die ein zweites Mal nichts, nichts, nichts in der Welt mich hinwegbringen könnte. Es nützt nichts, sich was vorzumachen, ich bin eben so, und ich *schreibe* es, weil was ich rede Dir kaum wirklich Eindruck macht, ich rede zuviel. Ich könnte die kleinste Demütigung von Seiten Deiner Leute nicht mehr ertragen, und Du musst sie von mir fernhalten, um jeden Preis. Ich bitte Dich, *um Gottes willen* nie mehr vom Geschehenen zu sprechen und nie wieder Erklärungen und Entschuldigungen für Beleidigungen vorzubringen, die ich als tödlich empfinde und über die ich nur hinwegkommen kann, wenn ich überzeugt davon bin, dass Du Dich klar dagegen abgrenzst und nichts zu entschuldigen versuchst. Es ist ja wirklich nicht zu entschuldigen; liebes, liebes Muli, sei *einmal* nicht eigensinnig und setze die wichtigsten Dinge: Dein und mein Leben, den andern, nebensächlichen, voran.

Hier ist es schön, aber gar nicht ruhig; ein Glück, dass ich noch nicht in der Verfassung bin zu arbeiten, denn es ginge aus äusseren Gründen schwer. (z. B. schreckliche kleine Kinder u. s. w.) Ich will möglichst lange hierbleiben, um mich ganz zu zerstreuen. Am Abend meines Geburtstags sehe ich Dich dann in Amersham.

Nach Bath müssen wir einmal zusammen fahren. Es ist auf seine Weise so schön wie Salzburg, nur viel grösser; ich schäme mich, dass ich noch gar nie dort war. Lebwohl, geliebtestes Muli; überrasch mich mit einem neuen Bild und vergiss nicht was in diesem Brief drin steht PIO

Marie-Louise von Motesiczky an Elias Canetti

Amersham, Poststempel 23. Juli 1947

Liebster Pio,
bitte verzeihen Sie mir dass ich nicht geschrieben habe! Ich hatte das Gefühl dass ich den Brief der Sie froh machen kann

nicht im Stande bin zu schreiben denn ich hatte auch eine schwere Zeit. Als ich am Montag Ihren Brief in der Hand hielt war ich ganz glücklich denn mir war die ganzen Tage so als wollten Sie mich und alles was mit mir zu tun hat am liebsten für eine Weile ganz und gar vergessen. Ich habe Ihren Brief wohl gelesen und ich bitte Sie mir zu glauben dass alles was darin steht ich mir so sehr zu Herzen nehme als ein Mensch das nur irgendwie kann. Wenn wieder schwere bittere Dinge an mich herantreten will ich sie von Ihnen fernhalten und will trotzdem versuchen jene unbedingte Offenheit nicht zu verlieren die doch zum Liebhaben dazugehört wie der Herzschlag und das Atmen selbst, im Leben? Wenn Sie wüssten wie so sehr offen und wahrhaftig ich immer zu Ihnen war, ja immer, so könnte Ihnen das vielleicht ein kleiner Trost sein für das was Ihnen an dieser Offenheit so unerträglich ja beinahe roh und abscheulich erscheint. Ich kann schlecht ausdrücken was ich meine – vielleicht mein ich dass ein Mensch (eine Frau) die im Grund keine Heiratsgedanken, keine *Taktik*, keine geheimen Pläne hat und gegen die man wirklich nicht misstrauisch sein muss – doch auch zu etwas gut ist? Aber wozu sage ich das alles – vielleicht sag ich's weil ich weiss wie viel Verzweiflung in Ihnen ist meinetwegen und da möchte ich etwas zu meinen Gunsten anführen; schau – möcht ich sagen – da ist etwas was Dir viel Kummer ersparen könnte, – etwas was Du nicht bei allen Frauen findest – das ist doch ein guter Punkt den man nicht unterschätzen soll. Eine Bitte – ein Vorschlag nichts weiter.

Pio, ich freue mich dass Bath Ihnen gefallen hat. Wie schade, schade dass ich's Ihnen nicht zeigen konnte! Aber über die Menschen und die Zwillinge schrieben Sie nichts.

Nun laufe ich um den Brief noch vor 12 aufzugeben – da besteht eine leise Hoffnung dass er Sie noch erreicht. Heute früh meinte ich einen Brief von Ihnen am Boden vor der Tür liegen zu sehen. Da war mir so froh und leicht wie schon seit so lange nicht mehr – aber dann war's nur eine Täuschung. Aber der Mensch ist halt immer bereit Wunder zu erwarten?

Immer Ihr Muli

Ich war mit dem Rad und Peter in St. Albans – aber eine Verwandlung war es nicht. Die arme Ritschi ist vorgestern abend die ganze Treppe heruntergefallen – Gott sei Dank ist nichts geschehen. Nur der Schrecken!

Die Motesiczkys vergeben gerne Spitznamen. So ist Marie Hauptmann Ritschi, und Marie-Louise wird von der Familie und engen Freunden zeitlebens Piz genannt, da sie ein Verwandter, der sie als schnell wachsendes Kind erlebt hatte, mit dem Schweizer Berg Piz Buin verglich.

Im Alter von 13 Jahren hatte Marie-Louise den deutschen Maler Max Beckmann (1884–1950) kennengelernt und war von seiner Malerei und seiner Persönlichkeit nachhaltig beeindruckt. 1923 begegnete Beckmann in der Wiener Wohnung der Motesiczkys seiner späteren Frau, der Sängerin Mathilde von Kaulbach (1904–1986), einer Tochter des Malers Friedrich August von Kaulbach. Henriette von Motesiczky hatte für sie den Spitznamen Quappi erfunden, wohl in Anspielung auf die klangliche Nachbarschaft ihres Namens mit »Kaulquappe«. Beckmann wurde Marie-Louises künstlerisches Vorbild und bald auch ihr Lehrer, als sie 1927/28 seine Meisterklasse an der Frankfurter Städelschule besuchte. Von England aus versuchte Marie-Louise die Beckmanns, die von Frankfurt aus ins Exil nach Amsterdam gegangen waren, zu unterstützen, indem sie den Verkauf einiger seiner Bilder an Ilse Leembruggen vermittelte. Im Sommer 1947 kann sie die Beckmanns zum ersten Mal wieder besuchen; sie reist in Begleitung von Julia Altschulova.

Marie-Louise von Motesiczky an Elias Canetti

Holland, 3./4. August 1947

Sonntag Früh

Liebster Pio,
natürlich hätte ich schon so viel zu erzählen dass ich gar nicht weiss wo ich anfangen soll! Aber alles ist bis jetzt gut – sehr gut – und Pio sehr nach Ihrem Wunsch glaube ich! Nun hören Sie zu; mit Beckmanns – mit Fliegen – mit Julia – nein nicht Julia denn das interessiert Sie nicht – Tante Ilse in Leiden – und das alles in 36 Stunden – denn jetzt ist es 6 Uhr Früh (Schlafen wird ein † werden hartes Bett und so wach!) und vor 36 Stunden waren wir in Sloane Street!

Und die Bilder! Ich habe gestern die Hälfte gesehen – *herrliche* Sachen. Aber auch damit kann ich nicht beginnen denn wo würde das hinführen?! Also die Beckmanns selber. Um ½ 1 war ich zum Essen dort – nicht wenig aufgeregt (in meinem schwarzen Rock ohne roten Hut). Quappi öffnete die Türe – war auch aufgeregt aber *gar* nicht verändert und wenn irgendwie so eher *schöner* wie früher – aber das ist wohl meine persönliche Auffassung. Beckmann in einem grossen Stuhl – wie immer – aber nachträglich ist mir eingefallen dass er zur Begrüssung aufgestanden ist – immerhin – (ich dachte die Tatsache dass ich das erwähne wird Sie unterhalten). Erst dachte ich einen Moment *ein* Augenlid hängt ihm eine Spur mehr herunter wie früher aber dann war's gar nicht so oder ohne Bedeutung. Pio – was schwätze ich da – vor allem er ist für Sie, für »die Blendung«. Wenn ich Ihnen die Worte wiederhole in denen er darüber sprach werden Sie vielleicht sagen das ist nicht genug – aber ich versichere Ihnen es ist alles in Ordnung. Er begann darüber zu sprechen indem wir erst über ein Bild von ihm sprachen das ich eben gesehen hatte über das Schreckliche und Komische darin und dass er das für ungeheuer wichtig hält »das ist ja auch das was Ihr Freund Canetti versucht hat«. – Dann sagte er wie gut und merkwürdig er die Blendung fand »ja – der Mann kann schon schreiben«. Er konnte sich kaum vorstellen wie man es übersetzen konnte »weil er ja sprachlich da so neue Sachen macht«. Es müssten nun noch einige solche Bücher von Ihnen kommen – ich glaube er meinte da etwas ganz Bestimmtes – will ihn noch fragen das nächste Mal. Da erzählte ich ihm von den Stücken. Und eine andere Sache die mich so gefreut hat war dass Quappi oben im Atelier als wir allein waren so ganz selbstverständlich so mit mir sprach dass sie den Canetti und den Becki für etwas ganz Ähnliches hält – sie war ganz bezaubernd – und Sie müssen wissen dass das doch sehr viel bedeutet für sie und ich auch daraus entnehmen konnte wie Beckmann über Sie oder besser gesagt »die Blendung« gesprochen hat.

Ich denke Piolein dass Ihnen das alles ein wenig Freude machen wird, mir hat es schrecklich gut getan.

Ja meine Photos habe ich Beckmann noch nicht gezeigt, das tue ich erst morgen abend.

Eine einzige Sache Pio – ich bin dem Beckmann darauf gekommen dass er in literarischen Dingen doch – sagen wir teilweise ein grosses Kind ist. Er hat eine Sache über ein Buch gesagt das Sie gewiss nicht schätzen – wo Ihnen Pio die Haare zu Berge stehen würden (ich schäme mich es zu sagen welches Buch er gelobt hat) aber irgendwie hat es mich beinahe gerührt.

Abends.

Nun sitze ich im Zug von Haag nach Amsterdam mit Julia. Julia ist ein guter Kumpan und alles ist bis jetzt aufs Beste arrangiert (die Malachta-Sache steht wirklich schlecht – sie hat's weiss Gott nicht leicht – ein tapferer Mensch – es gäbe sehr interessante Arbeitsmöglichkeiten für sie in Holland – der Vater von der Frau Goldschmidt ist *der Mann* der ihr helfen könnte Professor Laqueur (innersekretorische Sachen und Pharmacology) so ein wissenschaftlicher Weltrufmensch – ist aber alles recht schwierig – wäre Ihnen sehr dankbar wenn Sie alles genau mit ihr besprechen). Herrgott Pio jetzt fahren wir eben an Haarlem vorbei. Da ist »Blumenwoche« und ein grosser Jahrmarkt – *Lichter*-Karuselle – da muss ich hin!

Nun ist es wieder 6 Uhr Früh und dass ich nicht länger als 5 Stunden schlafen kann ist schrecklich schade da ich so genug frisch wäre. Heute soll ich die Goldsmiths kennenlernen wir fahren aufs Land und abends Beckmanns den zweiten Teil Bilder und dann gehen wir wohl aus. (Ich weiss noch gar nicht wie das werden wird und ohne Nachmittagsschlaf.)

Samstag abend waren wir bei Tante Ilse in Leiden, haben sie beim Nachtmahl überrascht. Sie war sehr nett, frisch und gastfreundlich, eigentlich viel netter wie in England – in ihrem Heim. Gestern im Haag bei Kees und Puck war's etwas langweilig – dort sieht's wirklich aus wie in so einer luxuriösen Kinderfabrik in einem Zukunftsroman. Die 3 Buben hockten stumm am Boden jeder in einer anderen Ecke des Zimmers und fabrizierten Plastelinbomben und spielten »Krieg«. Puck ist eine absolute *Insektenkönigin*. Lauter Terrassen, weisse Gummiböden, Blumen, u. s. w.

Pio werden Sie mir schreiben? Am besten schon ins Pays-Bas wo ich ab Mittwoch bin. Am Mittwoch wird Julia in Amersham sein und Ihnen noch mehr von hier erzählen. Es ist *sehr schön* dass ich Julia hier habe. Gestern Nacht sind wir durch ganz Amsterdam zu Fuss gegangen (der Zug kam ½ 11 an) (Trams sind hier so voll dass man oft nicht hineinkommt und ein Gepuffe! und Geschrei!). Wunderbar ist das Leben in der Nacht hier Kaffeehäuser Sesseln im Freien *Lichter*, *Musik* und *all die kleinen Lokale* wo getrunken, gebrüllt und getanzt wird. Manche grosse Kaffeehäuser die in die Sommernacht mit Kapelle und Primageiger alte Schlager spielen wirken so vorkriegsmässig dass einem beinahe eine Gänsehaut über den Rücken läuft.

O Pio, Pio, Pio warum sind Sie nicht da! denn ich bin Ihr

Muli

Verzeihen Sie bitte bitte dass der Brief so spät abgeht. Aber heute früh mussten wir plötzlich in den Zug nach Arnhem stürzen. Julia wird's schildern

Noch eine Bitte: könnten Sie machen dass Mutter zu Julia nett ist und dass sie sicher bei uns wohnen kann und Mutter nicht plötzlich sagt: jetzt geht's nicht. bitte!!

»Die Blendung« ist Anfang Mai 1946 in der englischen Übersetzung der Historikerin Veronica Wedgwood (1910–1997) als »Auto da Fé« bei Jonathan Cape erschienen. – Ernst Laqueur (1880–1947) war an der Entdekkung von Östrogen beteiligt und isolierte als erster das Testosteron. In dem von ihm mitgegründeten Pharmaunternehmen Organon konnte erstmals in Europa Insulin für die medizinische Anwendung produziert werden. Laqueurs Tochter Renata ist mit Paul Goldschmidt, einem Sprachtherapeuten, verheiratet. – Marie-Louises Cousin Cornelis Johannes (Kees) Leembruggen (1904–1982) und seine Frau Cornelia Johanna, genannt Puck, haben vier Söhne, Joost, Philip, Rein und Robbert, der 1947 geboren wird. – Das Amsterdamer Hotel Pays-Bas ist für Marie-Louise eine historische Stätte: hier wohnten die Motesiczkys nach der Flucht aus Österreich 1938 eine Weile, bevor sie nach England weiterreisten.

Marie-Louise von Motesiczky an Elias Canetti

Holland, 5. August 1947

Liebster, lieber Pio,
Nun haben Sie hoffentlich schon meinen langen Brief bekommen. Und nun wird Julia Ihnen auch erzählen. Gestern war kein guter Tag – eine endlose Fahrt um Julias Freunde die Goldsmiths zu sehen. Abends todmüde Beckmanns und das war natürlich nicht gut. Julia ist von hier sehr gedrückt – die Leute wollen zwar helfen aber doch im Grunde alles so von oben herab wie eben Leute die Auto Haus und Sicherheit haben – und zu guter Letzt tun sie dann doch nichts. Ich hoffe so sehr Sie werden Julia sehr aufrichten – nicht wahr ja? Bitte

Beckmann habe ich die Photos noch nicht gezeigt. Dafür hat er mich in anderer Weise ganz zerprügelt. Er phantasierte von den Osterinselplastiken – den Sumerern, Atlantis und den Menschen vor 1 000 000 Jahren und ich wusste nicht wie die Osterinselplastiken aussehen und da sagte er wie *irrsinnig* ungebildet ich sei u. s. w. Er wollte durch dieses Gespräch mir natürlich etwas geben und doch hat es mich nur bedrückt und *vor allem* ich war so *verzweifelt* dass Sie nicht da waren. Es war irgendwie zum Wahnsinnigwerden. Julia soll es Ihnen auch noch schildern. Geschämt habe ich mich ausserdem – wo ich doch bei Ihnen sozusagen an der Quelle sitze und Sie 100 000mal mehr wissen wie der Beckmann. – Es waren auch Seelenwanderungssachen in dem Gespräch und da konnte ich nicht so ganz mitgehen – und doch hat so vieles sich mit dem was Sie Pio wollen, mit Ihren Gedanken berührt. Nur dass ich darin eben an Sie und nicht an den Beckmann glaube. Vielleicht hat er das *gefühlt*? Eigentlich glaube ich *nicht* und sage es mir nur zum Trost damit ich mir nicht allzu dumm und klein vorkomme. Und Sie waren nicht da! Ach, war das *entsetzlich*. Und ich konnte Sie ja nicht einmal erwähnen – weil ich eben zu unwissend bin (und dabei doch nicht ganz dumm). Ich konnte ja nicht einmal sagen: dort ist der Pio – der hat *Schätze* – noch viel grössere wie Sie Beckmann. Sehen Sie bei Beckmann verwandeln sich diese Dinge Beschäftigung mit alten Religionen u. s. w. direkt in Kunst Malerei aber als objektive Ideologie sind sie wertlos – oder nicht so ganz gültig. Bei Ihnen ist das alles ganz anders und 1000mal mehr.

Nun – irgend etwas regt mich halt schrecklich auf dass ich so versagt habe (als ob ich Ihnen Schande gemacht hätte) und was nützt es mir dass der Beckmann nicht gewusst hat dass der Blake auch geschrieben hat.

Nun halten Sie mich gewiss schon für ganz kindisch und *schwach*sinnig. Mein wirklicher Kummer ist wohl dass ich denke dass Sie und Beckmann an dem Abend wirkliche grosse Freunde hätten werden können und dass es nie dazu kommen wird weil nie mehr Zeit oder Gelegenheit dazu sein wird.

Pio werden Sie mir schreiben. Ich hab Sie schrecklich lieb und noch viel mehr wie lieb, ich kann gar nicht ohne Sie sein.

Ihr altes dümmstes Muli

Das Werk des englischen Dichters und Malers William Blake (1757–1827) war zu Lebzeiten kaum bekannt. Im 20. Jahrhundert wurde er unter anderem von Aldous Huxley und George Orwell entdeckt und gilt heute als einer der wichtigsten Vertreter der Dichtung und der bildenden Kunst der Romantik.

Elias Canetti an Marie-Louise von Motesiczky

London, 7. August 1947

Donnerstag

Mein liebes liebstes Muli,
gestern Mittag kam Dein erster Brief, und ich war so froh, dass alles gut geht und Du Dich wohl fühlst. Abends sah ich dann die Julia; sie brachte Deinen zweiten Brief, und das klang anders. Solche Sachen sollten Dich nie bedrücken. Du weisst so viel mehr als Du ahnst; wenn es *mir* eine Freude, ein Vergnügen und *eine Ehre* ist, mit Dir zu sprechen, solltest Du Dich vor niemand auf der Welt schämen. Du *kennst* die grossen Steinfiguren von der Oster-Insel, sie stehen vor dem British Museum; wir haben oft darüber gesprochen; z.B. im Zusammenhang mit Epstein, dessen Plastik sie sehr beeinflusst haben. Diese Plastiken schauen aus wie der Beckmann selbst; kein Wunder, dass er sie hochschätzt. Es gibt manche Bücher und Theorien über die Osterinsel, keine ist bewiesen; er nimmt einfach hin, was ihn beeindruckt, und das ist sein gutes Recht als Künstler. Ohne Julia wäre der Abend bestimmt anders verlaufen. Quappi hätte ein wenig ausgeglichen. Ein so schwerer Mensch ist zu viel für *eine* Frau; er braucht einen ebenbürtigen Mann oder mehrere Hörerinnen; das keineswegs, weil er gescheiter wäre als Du, denn das ist er bestimmt nicht, sondern einfach weil er so viel *Wucht* hat. Denk doch, wie schön es ist, dass Du die Bilder noch gesehen hast; wie schön Holland ist; o wie gern, wie schrecklich gern, wäre ich mit Dir dort gewesen. Du wirst mir viel, viel erzählen (aber bitte nicht von der Familie, ausser Tante Ilse). Siehst Du, die Sache mit dem Wissen ist so: es ist schön und aufregend, dass die Menschen alle *verschiedene* Dinge wissen, und drum sollen sie ja miteinander reden. Nur Leute, die ihres Wissens sehr unsicher sind, machen andern einen Vorwurf wegen eines ganz bestimmten Unwissens; und dass er das getan hat,

spricht nur gegen ihn und zeugt von einer beinahe rührenden Naivität in Dingen des Wissens. Denk an einen wirklich kultivierten reichen Mann, der einen berühmten Velasquez besitzt: wird er jemand andern einen Vorwurf draus machen, dass er diesen selben Velasquez nicht hat? Er kann ja gar nicht denselben haben; er wird ihn lieber zeigen, erklären, bewundern lassen. Wer aber wenig Bilder hat und sich schlecht darin auskennt, der wird damit protzen, indem er die Leute anfährt: »Sie haben das nicht! Sehen Sie, was ich hab! Sie haben das nicht!« Gerade in diesem Punkt also sollte nichts, was der Beckmann sagt, Dich kränken oder beeindrucken. Du musst ihn dort nehmen, wo er wirklich etwas ist, und gerade Du weisst es am besten, wo er etwas ist.

Liebes, liebes, liebes Muli, sei also nicht verzagt; schau Dir alles an; merk Dir alles für mich; lass Dich auch ja nicht entmutigen, wenn Du Deine Photos zeigst. Ein bisschen Herrschsucht, weisst Du, ist auf alle Fälle auch dabei. Ein solcher Fels muss auch einen Schwerpunkt haben.

Jetzt will ich Dir noch schreiben, was meine Pläne sind. Ich fahre mit dem Hirschtr. auf die Isle of Wight, er war schon sehr zornig auf mich, weil ich ihm beinahe sein ganzes Holiday verpatzt hab. Aber dann hat er, zum Glück, doch noch was gefunden. Ich bleib dort bis zum 18. August, das ist das mindeste, was ich jetzt tun muss. Du hast also noch gut zehn Tage Zeit in Holland. Deine Mutter, wie ich eben telephonisch von der Julia erfahre, fliegt Mittwoch hinüber. Bleib solang es Dir gefällt; vielleicht hast Du Lust, *mit* Deiner Mutter zurückzukommen. Auf jeden Fall erwarte mich nicht vor Montag 18.

Jetzt, liebstes, liebstes Muli, fahr ich mit der Julia nach Amersham, um sie ein wenig ausführlicher zu sehen. Ich hab mich sehr gefreut, sie zu sehen, viel mehr, als ich gedacht hätte; aber es spielt sicher mit, dass sie von Dir dahergeflogen kam.

Lebwohl und lass Dir's *wirklich* gutgehen. Vielvielmal küsst und umarmt Dich PIO

Der in England ansässige Bildhauer Jacob Epstein (1880–1959) ist einer der Hauptvertreter einer Bildhauerei, die von »primitiver« Kunst inspiriert ist.

Marie-Louise von Motesiczky an Elias Canetti

Amsterdam, 12. August 1947

Dienstag 12en

Liebster Pio,
Ich bin ohne Ihre Adresse und das hat etwas sehr Bedrückendes. Es verwirrt mich und macht traurig – wollen Sie denn keine Briefe von mir? Finden Sie es richtig dass wir so weit von einander sind und ich Sie im Notfall nicht einmal erreichen kann?

Mit Beckmann und den Photos ging alles über Erwarten gut. Er sagte ich hätte nun schon meinen eigenen Stil, eine traumhafte Lyrik die ganz ich sei. Ich könnte nicht nur so was wie die Modersohn werden – ich sei es beinahe schon (das heisst für heute die beste Malerin) – ich sei eben im Begriff es zu realisieren. Nur nicht nachlassen soll ich – noch 10 Jahre so weiter arbeiten. Als ich fragte »glauben Sie das wirklich?« brüllte er mich an, »ich glaube es nicht es *ist* so«. Am wenigsten gefielen ihm die Seidler und die Emigrantenbarke. Aber Morning in the Garden und das Mädchen am Feuer gefielen ihm sehr und eigentlich auch fast alle übrigen Sachen.

Er hat mir geraten das »lyrisch traumhafte Element« eine Weile zu unterdrücken und möglichst trockene Kompositionen zu machen denn dann würde es – das Traumhafte umso stärker herauskommen. Was mir an Kompositionellem fehlt könne ich trainieren – *das kann man* – behauptete er als ich Zweifel äusserte.

Piolein glauben Sie dass ich nun froh bin? Eigentlich nicht – doch wird das alles sicher langsam seine gute Wirkung haben. Momentan ist mir übel und ich hab scheussliches Kopfweh –

Dienstag – es waren wohl irgendwelche giftigen Mücken oder das ungewohnte Klima – es ist schon alles besser.

Wo Sie wohl sind? Ob Sie's schön haben? Wie gut und lieb und schön könnte ich an Sie denken wenn Sie mir ihre Adresse gegeben hätten. So was sollten Sie nicht mehr tun – aus vielen Gründen.

Ob Sie mir grollen? Weniger Grund war wohl kaum je. Auf der ganzen Wiener Reise war ich Ihnen nicht so nahe wie ich's jetzt hier bin. Der Beckmann tut wohl das was Sie von ihm erhofft haben. Aber anders als ich mir's vorgestellt habe. Manches

Die Reisenden
1940

ist sehr hart für mich aber darüber will ich erst sprechen bis ich wieder bei Ihnen bin.

Sie haben nie über die neue Wohnung geschrieben – haben Sie sie gesehen und ist sie was wert? O Pio wie ich mich danach sehne irgendwo in Ihrer Nähe zu leben zu wissen dass Sie Ruhe und Lust zur Arbeit haben – vor allem Ruhe – und auch selbst wieder zu arbeiten.

Eins möcht ich gerne von hier mitnehmen – das ist das überirdisch schöne Licht von Holland, das fehlt in England und der Herr Beckmann weiss vielleicht gar nicht dass er ihm etwas zu verdanken hat. – Ich habe etwa 50 Beckmannbilder gesehen und bin ehrlich überwältigt und zutiefst erschüttert davon. Die Bilder sind nun auch noch als malerische Oberfläche hinreissend schön. Aber persönlich ist er ein Besessener geworden mit dem ein Umgang kaum mehr möglich ist. Aber wie gesagt ich kann in diesem Brief nicht alles sagen was ich denke. Auch weiss ich ja gar nicht ob er Sie erreicht.

Piolein – es sollt nicht sein dass ich in diesen Tagen so weit fort von Ihnen bin. Es umarmt Sie

Ihr Muli

Hab auch Hunderte alte Bilder gesehen. Die Nachtwache haben sie geputzt das ist ein *Verbrechen*

Max Beckmann schätzte die deutsche Malerin Paula Modersohn-Becker (1876–1907) sehr und spornte schon die junge Marie-Louise an, ihr nachzueifern. – Mit der Emigrantenbarke meint Marie-Louise ihr Bild »Die Reisenden« von 1940, das Marie Hauptmann, Henriette, Marie-Louise sowie ihren Onkel oder Bruder in einem Boot porträtiert. – Rembrandts »Nachtwache« von 1642, die im Amsterdamer Rijksmuseum hängt, hieß ursprünglich »Die Kompanie des Frans Banning Cocq« und sollte eine Szene bei hellem Mittagslicht darstellen. Durch Umwelteinflüsse, Nachdunkeln der Firnisschichten oder Restaurationsmaßnahmen war im Laufe der Zeit der Eindruck einer nächtlichen Szene entstanden, der durch die Reinigung wohl zumindest teilweise zerstört wurde.

Elias Canetti an Marie-Louise von Motesiczky *13. August 1947*

Mittwoch
Royal Hotel
Ventnor. Isle of Wight

Mein liebstes Muli,
Deinen letzten Brief, den Du am Telephon angekündigt hast, habe ich noch nicht bekommen. Der H. hat nämlich ein grosses Durcheinander angerichtet: ich bekam eine falsche Adresse von ihm, gab sie der Mearns, die Deinen Brief dann dorthin schickte. Es wird nicht leicht sein, ihn zu kriegen, alles ist sehr voll und die Leute, wenn man nicht selber wo wohnt, eher unfreundlich. Hoffentlich war es kein zu schöner oder zu lieber Brief. Es beschäftigt mich schrecklich, dass er verlorengehen könnte; ein wenig groll ich dem H. für sein Durcheinander, obwohl er es eigentlich nicht verdient. Es ist nämlich wirklich schön hier; ein steil aufgebauter Ort an einem Hügel, beinah wie im Süden; die

Häuser angenehm, das Hotel, wie ich sie mag, geräumig und leise, bis auf eines: unzählige tollende Kinder; aber es ist Platz für sie und sie stören einen nicht zu sehr.

Ich hab schon Orte entdeckt, die ich Dir einmal zeigen werde. Es ist gar nicht herb und wild wie in Cornwall, aber mittelmeerisch, und natürlich der ganze kleinbürgerliche Betrieb einer kleinen Stadt, die eigentlich ein berühmter Lungenkurort ist, der wärmste in England. Das Hotel hingegen ist vornehm und entsetzlich teuer. Der H. behauptet, ich darf jetzt nicht mehr anders wohnen, es könnte meinem Namen schaden (!). Er hat unglaublich komische Vorstellungen von Ruhm. Da er mich aber eingeladen hat, ist es sehr nett von ihm. Er gibt die Kleinigkeit von 2 Guineas am Tag für mich aus.

Einige Sachen in der Nachbarschaft sind bezaubernd, besonders ein kleiner Wald unmittelbar am Meer, lauter verkrümmte Eichen, auf einem Landrutsch entstanden; und gleich dort auch eine winzige Kirche, die älteste im Süden von England, mit einem verwunschenen Kirchhof. Der Dichter Swinburne wurde drin getauft und ist auch in der Nähe begraben worden. Überhaupt wimmelt es von literarischen Gedenkstätten; es ist eine vielbesuchte und vielgeliebte Insel; und wenn es sich auch mit Holland nicht wohl vergleichen lässt, so will ich doch auch etwas zu erzählen haben.

À propos Literatur: acht Meilen von hier entfernt wohnt Toynbee, den ich besuchen werde. Zu Gaste bei ihm ist Julia Strachey, und so werde ich, wenn ich hinkomme, Freund und Feind von Horizon hübsch beisammen haben.

Heute fliegt Deine Mutter nach Holland hinüber. Wenn es Dir in Holland gefällt, bleib doch ein paar Tage länger und komm dann gleich mit ihr zurück. Ich möchte auch gern noch die nächste Woche hier sein und so erst Freitag oder Samstag nach London zurück.

Aus Deinem Telephongespräch gewann ich den Eindruck, dass es mit Beckmann später besser ging. Du musst wissen, dass dieses Gespräch unheimlich war: ich hatte die ganze Zeit einen schrillen stechenden Ton im Ohr und Deine Stimme war in die höchste Höhe übersetzt, sodass kein Mensch auf der Welt, nicht einmal ich, sie erkannt hätte. Ich hab noch nie etwas so Sonderbares im Telephon erlebt. Hast Du mich wirklich ganz normal gehört, und ohne Übertragung meiner Stimme? Die

Julia war sehr nett, sie will nun Naturalisierung einreichen; ich weiss nicht, ob sie Dir von diesem Plan schon erzählt hat.

Warst Du schon im Mauritshuis bei Saul und David? Hundertmillionenmal lieber wär ich mit Dir in Holland. Schau Dir alles an und merk Dir's genau und vergiss keine Silbe, die Du mir erzählen willst.

Ich hab auch noch eine schöne Geschichte für Dich; wie ich letzten Dienstag mit dem Francis in Salisbury war, mir die Kathedrale anschauen, und wie er geradewegs von meiner alten Freundin Cressida kam, bei der er seine Ferien verbracht hatte. Cressidas Mann, der in Italien gefallen ist, war sein bester Schulfreund. Sonderbar, nicht? Lebwohl geliebtestes Muli. Schreib mir viel, Du hast noch Zeit, ich bleib noch 9 Tage hier

Dein fleissiger PIO

Der Schriftsteller und Kritiker Philip Toynbee (1916–1981) veröffentlicht 1946 eine positive Rezension der »Blendung« in dem literarischen Magazin »Horizon«, wo kurz vorher eine vernichtende Kritik des Buches erschienen ist. Die Romanschriftstellerin Julia Strachey (1901–1979) schreibt ebenfalls Kritiken für das von Cyril Connolly herausgegebene Magazin. – In der Königlichen Gemäldegalerie im Mauritshuis in Den Haag hängt Rembrandts Gemälde »Saul und David« von ca. 1650–1655. – Francis Graham-Harrison (1914–2001), ein hoher politischer Beamter, und seine Frau Carol Stewart (gestorben 2003), die Elias' englische Übersetzerin wird, gehören zu seinen engsten Freunden in England. – Die Archäologin Cressida Bonham Carter (1916–1998) hat einen fünfjährigen Sohn von ihrem verstorbenen Ehemann Jasper Ridley (1913–1943).

Marie-Louise von Motesiczky an Elias Canetti *15. August 1947*

Leiden
Freitag

Mein liebster Pio.
Nachdem ich so lange auf Post und Ihre Adresse gewartet hatte ging ich und bookte mein Flugzeug für Dienstag. Am Nachmittag kam gestern endlich Ihr Brief dass Sie erst Freitag kommen. Nun – ich hätte auf jeden Fall fahren müssen weil mein Onkel verfrüht (um 14 Tage früher als wir dachten) ankommt – die

Bedienerin auf 6 Wochen sich beurlaubt hat und ich also für Bedienung – auch Geld und »Begrüssung« sorgen muss. Werd wahrscheinlich schon einen Tag zu spät sein – hoffe dass mit Marie u. s. w. nichts passiert.

Ja Pio vielleicht ist mein bester Brief ungeschrieben geblieben und das meine ich wirklich. Ich war so allein – eine ganz sonderbare absolute Einsamkeit wo's scheint dass es keinen Weg mehr zu irgendwem gibt. Mit wieviel Gedanken hab ich Sie hergewünscht. Es war nicht leicht in dieser Woche Ihre Adresse nicht zu haben.

Momentan sitze ich bei Tante Ilse wo ich die letzten 3 Tage verbringe und heute wird endlich mein sehnlichster Wunsch erfüllt – ich werde im Meer baden – es sehen! – auch wenn Tante I. der Hitzschlag trifft kann ich darauf doch nicht verzichten. Wenn ich nur eine ganze Woche wo am Meer sein könnte in dem Wetter! Ich hab schrecklich viel gesehen und auch erlebt – aber Pio schreiben kann ich heute nicht darüber. Es fehlt auch an Ruhe denn Tante Ilse umflattert mich wie ein verrückter Pelikan auch in *der* Sekunde – macht Pläne vergisst sie wieder, sucht findet verlegt ununterbrochen alles. Da kann man sich unmöglich konzentrieren.

Wie schön dass Sie's gut dort haben mit Ihrem Hirschtritt, diesem Mäzen grossen Stiles! Sonderbar die Geschicht mit dem Francis. Ja manchmal könnte man wirklich glauben dass es noch unbekannte Verbindungen zwischen Menschen gibt die zueinander gehören – so was wie Wellen oder Antennen?

Nun war ich schon im Meer – O Pio war das schön! Sie *müssen müssen* so etwas auch einmal erleben. Morgen gehe ich wieder – hab richtig dafür kämpfen müssen – aber das Meer ist noch schöner und grösser (als das Reichsmuseum) – wenn das Meer meine Mutter wäre würden Sie gewiss immer mit mir einverstanden sein.

Wie viel ich Ihnen aber zu erzählen habe – das ist das einzige was mir leid tut dass Sie nicht da sind wenn ich ankomme und ich Ihnen nicht alles alles so frisch in Ihre Brust hinein erzählen kann (Sie wissen wie ich's meine). Das ist vielleicht das einzige was noch schöner ist auf der Welt wie das Meer.

Immer Ihr Muli

Glauben Sie nicht dass es schlecht ging mit Beckmann nun Sie werden ja hören.

Marie-Louises Onkel Ernst von Lieben hatte Österreich in den späten dreißiger Jahren verlassen, die Kriegsjahre in Kuba verbracht und sich dann in Portugal niedergelassen; von dort aus stattete er der Schwester und der Nichte einen Besuch in Amersham ab.

Elias Canetti an Marie-Louise von Motesiczky *ohne Datum*

Marie Luise,
ich möchte Dich davor warnen, zu viel nach Wahrheit zu verlangen. Die wirkliche Wahrheit, also *meine*, ist immer furchtbar, und es ist geraten, sich ihr nur in wenigen und grossen Augenblicken zu nähern. *Eine* Wahrheit, *eine einzige*, ist wie eine Revolution, mächtig und zerstörend. Nur in der Schule der Psycho-Analyse gewöhnt man sich an Wahrheiten wie an tägliche Kupfermünzen und es soll vorgekommen sein, dass man darunter beinahe erstickt.

Ein solches Kupferstück sollst Du heute haben, damit Du nie wieder danach verlangst: es hat mich gestern auf das Tiefste erbittert die Art, wie Du das Wort »Lügner« ausgesprochen hast, – fast wie eine Beschimpfung. Ich bin durchdrungen davon, dass Michael wie Samuel keine »Lügner« sind. So wie Du es gemeint hast, will ich das Wort nie wieder hören.

Ich gebe aber zu, dass ich Dich vermisse. Ich bete Deine träumerische Klarheit an; doch Klarheit ist nur ein *Teil* meiner eigenen Natur; und es ist richtig, dass ich gerade diesen Teil, der in meiner Arbeit am deutlichsten wird, von Dir sehr fern halte. Das will ich ändern, weil es leicht zu ändern ist. Ich bin hier sehr allein und habe niemand für meinen Übermut; wären mehr Menschen da, so wäre es mir gar nie eingefallen, Dich mit meinen Spässen zu behelligen.

Du kannst mich nicht *ganz* wollen, zu vieles, das Dir wichtig ist, scheint sich im ganzen wieder aufzuheben. Du sollst das Antlitz haben, das Dir gebührt, und die Grimassen werde ich für andre aufheben. Das ist ein ehrlicher Handel, es soll kein Stachel darin sein und kein Wermut. Der Zorn über den »Lügner« aber ist mit diesem Brief verflogen.

Michael Croft (1916–1997), später Lord Croft, wurde Marie-Louise von Oskar Kokoschka vorgestellt in der Absicht, die beiden miteinander zu verkuppeln. Marie-Louise lehnte seinen Heiratsantrag ab. – Der Architekt Godfrey Herbert Samuel (1904–1982) war mehrere Jahrzehnte mit Marie-Louise befreundet und begleitete sie auf vielen Reisen.

Elias Canetti an Marie-Louise von Motesiczky *Paris*

Freitag 2. April 1948

Mein liebstes Muli,

Da wär ich also, nach einer schrecklichen Überfahrt; ich hätte nie gedacht, dass ein Mensch so viel kotzen kann; aber es ging allen so, es war eine richtige stürmische Überfahrt. Dann, zur Erholung, kam eine wunderbare Mahlzeit im Zug, so gut, dass selbst ich sie erwähnen muss. Am Bahnhof war mein Cousin (der mit demselben Namen; sehr vorwurfsvoll, dass ich meine Reise so lange verschoben habe) mein Bruder Nissim, der jetzt Jacques heisst (unverändert, aber etwas dicker) und meine hochschwangere Schwägerin Lucienne. Sie ist eine simple, aber sehr gutartige Person, äusserst respektvoll und ungeheuer beeindruckt von meinem Bruder. Auf dem Heimweg ging es gleich in sein Theater, das winzig ist, schrecklich geschmacklos aussieht und so schlecht geht, dass er wirklich sehr besorgt ist. Zum Glück hat er noch zwei Berufe, in denen er erfolgreich ist. Ich glaube, mit diesem »Theater« hat er sich entsetzlich hereingelegt und schon jetzt ein paar tausend Pfund draufgezahlt. Er gibt es nicht so offen zu, aber seine Frau, die sehr dumm ist, lässt einen alles gleich merken. Von seinem Leben kannst Du Dir kaum eine Vorstellung machen. Es besteht aus Telephonen, Autoreparaturen, Jazz-Bands und einem krankhaften geschäftlichen Ehrgeiz. Wenn er dazu kommt, ein paar normale Sätze zu reden, ist er aber amüsant und witzig, er hat wirklich Humor, (ein wenig in meiner Art), und eine ziemliche Stellung in der Schallplatten- und Vergnügungswelt. Seine Unbildung ist unbeschreiblich, seine Vorstellung von meinem Leben phantastisch. Er glaubt, ich bin eine berühmte, hochgefeierte Figur, zu der alle Welt pilgert. Aus Amerika (ausgerechnet!) hat er durch irgendwelche Jazz-Musiker gehört, dass alle Zeitungen von mir voll waren (letztes Jahr, als das Buch erschien.) So sieht ein Mensch im

Kopf des andern aus. Ich glaube, wenn er mein einfaches, geliebtes Zimmer bei der Fischel sehen würde, der Schlag würde ihn treffen. O Muli, wenn es mir nur gelingt, mein konzentriertes Leben mit meinen Gedanken und mit Dir so weiterzuführen und nie in diesen leeren tödlichen erbärmlichen Rummel hineinzugeraten! Paris wäre ganz schön, aber die Leute missfallen mir entsetzlich, wie schon immer. Ich glaube, ich liebe nicht nur Dich, ich liebe auch England. Nimm mir dieses Geständnis nicht zu übel, denn wenn ich England liebe, so ist es, weil Du dort bist. Montag treffe ich meinen Übersetzer, und fahr dann mit dem Nachtzug nach Grenoble weiter. Bis dahin wird ein grosser Rummel sein (80–100 grässliche Verwandte). Vielleicht schreib ich Dir erst wieder von St. Hilaire, sei also nicht unruhig. Heb Dich gut auf für mich, mein lieber, lieber, lieber Maler Mulo; Dich küsst und herzt und lobt PIO

In Paris lebt ein gleichnamiger Cousin Elias Canetti (1895–1986). – Nissim Jacques Canetti (1909–1997), der als Musikproduzent tätig ist, hat sein Theater erst vor kurzem eröffnet und versucht Edith Piaf zu fördern. – 1947 ist Canettis Roman »Die Blendung« als »The Tower of Babel« bei dem New Yorker Verlag A. A. Knopf erschienen. – Elias hat inzwischen ein Zimmer bei Mrs. Fischel in 187 Maida Vale, London W9, bezogen, wo er bis 1951 wohnt. Marie-Louise ist kurz vorher bei Terese Winter, 139 Maida Vale, eingezogen. – Elias' lungenkranker Bruder Georg(es) (1911–1971), Arzt und Mikrobiologe, der sich der Erforschung der Tuberkulose widmet, erholt sich immer wieder für längere Zeit im Sanatorium des Étudiants de France in Saint-Hilaire-du-Touvet bei Grenoble. Seit 1937 arbeitet er im Pariser Institut Pasteur.

Elias Canetti an Marie-Louise von Motesiczky

St. Hilaire, 7. April 1948

Mittwoch.

Liebstes Muli,
da wär ich also in St. Hilaire, nach allerhand Abenteuern. Sonntag, wie ich Dir schon schrieb, kam das Kind vom Nissim. Es hat das halbe Gesicht eines normalen Kindes; die Mutter lag sehr lange in Wehen und hatte abnorm starke Schmerzen; das

alles ist nun vielleicht umsonst gewesen und sehr traurig. Nicht dass die Ärzte gar keine Hoffnung für das Kind hätten: aber es wird ein Jahr lang so überempfindlich sein, dass jede kleinste Ansteckung, jede der üblichen Kinderkrankheiten es umbringen kann. Zum Nissim kann man natürlich offen darüber nicht sprechen; aber erschrocken bin ich schon sehr, als ich das Baby sah: sein Kopf war wie ein winziger Apfel.

Gestern früh kam ich in Grenoble an; mein Anschluss war erst am Nachmittag; so sah ich mir die Stadt an, die in ihrer Lage an Salzburg erinnert. Mit einer Seilbahn fuhr ich auf die hiesige »Hohen-Salzburg«. Als ich zu Fuss herunterging, biss mich ein Hund ins Bein, ziemlich tief, und zeriss mir den schönen amerikanischen Mantel. Jeden Menschen in Lokalen und auf der Strasse fragte ich nach dem Stendhal-Museum; Grenoble ist die Stadt Stendhals; niemand wusste Bescheid. So wenig zählt selbst dieser verdienteste Ruhm; einen grösseren Schriftsteller hat Frankreich nie hervorgebracht. Dann fand ich sein Geburtshaus, in einer engen alten Gasse, die nach Jean-Jacques Rousseau heisst; und stand lange ehrfürchtig davor. Ich weiss, dass Du das ein wenig lächerlich und sentimental findest; aber wen soll ich denn anbeten, wenn nicht meine grossen Ahnen. Götter darf ich mir keine erlauben; unter den Lebenden weiss ich, wenn ich wirklich ehrlich bin, niemand; die Ahnen aber, Stendhal und Gogol bewundere ich aus tiefstem Herzen, und es ist mir gar nicht gleichgültig, wo sie zur Welt kamen.

Nun wirst Du aber schon ungeduldig sein: Georg, Georg, hör ich Dich denken. Er sieht erstaunlich gut aus, gar nicht wie auf jener furchtbaren Photographie. Er ist breiter geworden; aber er hat alle Haare verloren. Er fühlt sich im Augenblick eher gut. Sein Zimmer ist schön, und er arbeitet wunderbar. Man behandelt ihn im Sanatorium, das riesig ist, mit solchem Respekt wie der Francis mich. Alle, Studenten, Ärzte, Direktor sprechen zu ihm wie zu einer 60jährigen Autorität. Er selbst ist überaus freundlich und huldvoll zu den andern, ein Weltmann und Monarch in seinem Sanatorium. Die Atmosphäre ist ganz sonderbar; ausser den Heilanstalten gibt es hier nichts, kein einziges Lokal, wo man halbwegs menschlich leben könnte. Die Gegend ist sehr schön, das Wetter eisig; als ich ankam, war gerade Schnee gefallen. Wie lange ich es aushalten werde, weiss ich nicht; auf jeden Fall werde ich unterbrechen. Er gibt mir auf die rührend-

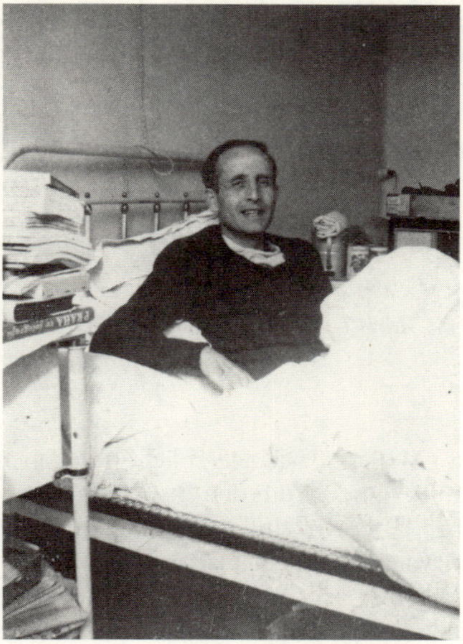

Georges Canetti
Sanatorium des Étudiants in St. Hilaire, 1948

ste Weise, sehr versteckt und empfindlich, zu verstehen, dass er mich mindestens einen Monat für sich haben will, und ich wäre ein elender Kerl, wenn ich das nicht zustande brächte. Aber ich habe Heimweh nach London; meine Familie in Paris ging mir furchtbar auf die Nerven; ich fange an zu begreifen, dass es die Familien *überhaupt* sind, die man nicht erträgt, und so kann ich auch etwas gerechter über Deine Mutter denken.

Der Georg allerdings ist anders; er liebt *jedes* Familien-Mitglied; er hängt an *allen*; er ist für *jeden* besorgt; und trotzdem versteht er es, Unterschiede zu machen. Er ist ein ganz wunderbarer und guter Mensch; ich frage mich, wie ich das verdiene, einen solchen Bruder zu haben: einen *Geist*, in dem alles vorgehen kann, und der doch *gut* ist; *diese* Krankheit und *diese* Sorge ausschliesslich für *andre*! Diese Geduld und dieser Ernst! Dieser Ehrgeiz und diese Gerechtigkeit! Aber ich muss jetzt zu ihm; sein Nachmittags-Schlaf ist zu Ende.

Lebwohl für heute, geliebtestes Muli. Ich seh Dich in unserm

Zimmer, ganz still, mit grossen Augen, und hab solche Sehnsucht nach Dir, dass ich lachen und weinen könnte PIO

Elias' Sorgen um seine frühgeborene Nichte Françoise erweisen sich als unbegründet. 1949 bekommen Lucienne und Nissim Jacques ihr zweites Kind, Bernard.

Elias Canetti an Marie-Louise von Motesiczky

Grenoble/St. Hilaire, 30. April/1. Mai 1948

Freitag.

Heute, liebstes Muli, ist das Unglaubliche geschehen: ich bin um 6 Uhr früh aufgestanden, um den Bus nach Grenoble zu erwischen, der um 7 Uhr geht. Und das Ganze, weil ich von meinem Verleger zum Mittagessen eingeladen bin. Später gibt es keinen Bus, so sitz ich hier im Café, weil es regnet, und warte, und warte, und plötzlich fällt mir ein, dass ich diese Heldentat meinem Muli gleich mitteilen könnte. Um 12 werde ich in der wunderbaren Buchhandlung des Mr. Arthaud erscheinen und sicher zu einem ausgezeichneten Essen eingeladen werden. Bis jetzt kenne ich ihn gar nicht; nur seinen Pariser Direktor habe ich dort schon getroffen, und die Übersetzerin, die auch in Paris lebt. Aber die eigentliche Stammfirma, der Besitzer, ist in Grenoble, und zwar in einem Haus, das der Familie Stendhal gehört hat. Es ist mir leid, dass der Georg nicht dabei sein kann; im Umgang mit kultivierten Franzosen, die viel von mir erwarten, habe ich noch keine rechte Sicherheit. Es zeigt sich nämlich – jetzt wirst Du lachen – dass ich in England zu bescheiden geworden bin. Man muss hier furchtbar viel Wesens aus sich selber machen, und Du wirst staunen zu hören, dass mir das auf französisch geradezu zuwider ist. Ich hoffe, die grossartige Buchhandlung wird mir Mut machen. So sitzt also hier ein etwas zaghafter Pio, einer, wie Du ihn überhaupt noch nie gesehen hast, der sich überlegt, welche Phrasen sich gerade noch vermeiden liessen; der von Essen überhaupt nichts versteht und sicher das Falsche loben wird. Der Georg, dieser anmutige und feinschmeckerische Mensch (er hat auch das mit Dir gemein) jagt mir immerzu den grössten Schrecken ein über meine französischen Missgriffe, und ich übertreib sie ein bisschen vor ihm, weil es ihm so ungeheuren Spass macht. Ach, Muli, ich hab ihn so gern, dass ich ihm gern eine Lunge schenken möchte, und das meine ich keineswegs bloss rhetorisch. Ich bin immer mehr davon überzeugt, dass seine ganze Art mich auf Dich vorbereitet hat. Er ist immer fein und hasst öffentliche Szenen. Er kann die unglaublichsten Gemeinheiten auf so ruhige und vornehme Art sagen, – wie sonst nur Du. Er ist zärtlich und anhänglich, ein wunderbarer Beobachter (nicht ganz so gut wie Du) und was mich am meisten an Dich erinnert: er lässt alle Menschen gelten. Natürlich macht er Unterschiede, sehr grosse sogar, besonders in geistigen Dingen; sein Wertgefühl ist so fein ausgebildet wie bei einem Denker; aber er *verdammt niemand*; sein Hochmut hat nur einen kleinen Teil seiner Natur besetzt; so versteht er selbst eine Natur wie die von Nissim und hat ihn mir, ganz unaufdringlich, wie durch Zauberei, durch blosse Weitherzigkeit und Klugheit nahegebracht.

Samstag

Jetzt bin ich also wieder oben in St. Hilaire: das Ganze kam wie immer anders. Mr. Arthaud hatte noch mehr Angst vor mir als ich vor ihm; um also nicht mit mir allein zu sein, lud er vier Mädchen aus seinem Büro (darunter zwei recht alte Jungfern) mit zu sich ein, in seine schöne, grosse Villa, wo er ganz allein lebt, mit einer französischen Marie aus dem Süden. Seine Frau und seine Kinder sind in Paris. Er brachte also die ganze Gesellschaft in seinem Auto nach Haus. Zu sechst setzten wir uns an einen französischen Tisch. Das Essen dauerte von 1 bis 3 ½; es gab die unglaublichsten Sachen, die ich nicht einmal beschreiben könnte, dreierlei Weine und zum Schluss Champagner. Während dieser ganzen Zeit liess er sich von seinen vier Angestellten anbeten, mit Blicken, kleinen Bemerkungen, raschen Verständnissen und gut angebrachten Widersprüchen. Das gab ihm Kraft, mich zu unterhalten, und er war wirklich sehr nett. Er scheint einer der »grossen« Männer des Dauphiné zu sein (das ist die Provinz, in der Grenoble liegt), ein richtiger Bürger, sehr reich, unternehmend und nicht ganz so glatt wie die Pariser Sorte, die ich so hasse. Er könnte ganz gut aus der französischen Schweiz sein. Das Interessanteste waren ihre Erzählungen über die Besatzungszeit. Sie hatten bis zum Jahre 1943 Italiener, die sehr gutmütig waren; dann kamen plötzlich die Deutschen, die bei einer kleinen Demonstration 1500 Leute zusammenfingen; 400 davon, meist zufällige Mitläufer, wurden in die Lager geschickt; 60 kamen zurück. Du kannst Dir den Hass dieser Menschen gegen die Deutschen kaum vorstellen. Wenn die Rede auf diese Dinge kommt, werden sie alle noch lebhafter und sprudeln von Geschichten nur so über. – Er kennt mein Buch natürlich überhaupt nicht; aber er hat die englischen Kritiken gesehen und sein Pariser Direktor, ein Freund von Georg, den dieser literarisch erzogen hat, ist ihm mit mir so sehr in den Ohren gelegen, dass er mich und Faulkner ganz auf eine Stufe stellt. (Der erste Band dieser neuen Romanreihe wird ein Faulkner sein). Er war sehr erleichtert, als ich meine Einwilligung dazu gab, dass es erst Februar nächsten Jahres erscheint. Er hat sich nämlich zu einer grossen Erstauflage von 8000 Exemplaren verpflichtet; und die Krise in Frankreich ist im Augenblick so stark, dass kaum jemand Geld für Bücher hat. Man nimmt allgemein an, dass das gegen Ende des Jahres besser werden wird, durch Marshall-Hilfe, internationale Entspannung u. s. w. Jedenfalls konnte ich ihm leicht diesen Gefallen tun, denn es ist *ausgeschlossen*, dass die Übersetzung vor November fertig wird, der Georg und ich werden noch eine höllische Plackerei damit haben. Die Therese auf französisch ist beinahe unmöglich, aber davon wäre zu viel zu berichten.

Heute geht keine Post, weil 1. Mai ist. Morgen ist Sonntag, so fürchte ich, wird dieser Brief erst Montag abgehen. Ich hätte den ersten Teil schon in Grenoble abschicken sollen.

Liebes, liebstes Muli, was macht unser Zimmer; was macht das Malen; wie geht es Gongora, wieviel neue Blüten schicken ihren Duft in unser Zimmer. Ich denke täglich hundertmal an Dich; und alle Teile Englands, in denen Du Dich bewegst, sind mir wie ein gelobtes Land.

Es küsst Dich auf das Zärtlichste Dein PIO

1949 wird »Die Blendung« in der französischen Übersetzung von Paule Arhex bei Arthaud erscheinen unter dem Titel »La tour de Babel«. Die ersten Kontakte zum Verlag sind von Georges Canetti geknüpft worden. – Therese ist die Haushälterin des Protagonisten Dr. Peter Kien in der »Blendung«. – Gongora ist eine Orchideenart, die sich durch besonders komplexe Blüten und intensiven, angenehmen Duft auszeichnet.

Marie-Louise von Motesiczky an Elias Canetti

London, Anfang Mai 1948

Liebster Pio,

Nun bin ich endlich wieder allein – es ist 7 Uhr Abend, das Fenster ist weit offen, die Vögel zwitschern und es donnert, ein Frühlingsgewitter kommt ich hab den kleinen Block auf meinen Knien und mir ist fast als kämen Sie heute abend – so viel Tage schon war ich keinen Augenblick mit Ihnen mir und meinen Gedanken allein. Ich hab alles getan um Maries Aufenthalt in London so nett wie möglich zu machen und ich glaub es ist mir gelungen. »An die 4 Tage wird sie noch lange lange denken« sagte sie zum Schluss. Recht ausruhend für Marie und doch bunt – 6 Besuche (Nell, Fischel, Hölder u.s.w.) Regent's Park, Kew Gardens (wohin es von Kilburn eine wunderbare Eisenbahnverbindung gibt) Kino und dabei 6 Stunden am Tag liegen und nicht ein einziges Mal wurde gekocht – letzteres war wirklich eine diplomatische Leistung (wie zufällig kam es einfach nie dazu) und ich bin ganz stolz darauf.

Ach Pio wie gut ich es verstehen kann dass Sie Ihrem Bruder eine Lunge geben möchten – das sagt alles und noch mehr wie alle Bewunderung die Sie für ihn haben. – Wenn Marie den trüben Ausdruck im Gesicht bekommt und der Kopf ihr weh tut und der Durst sie plagt da gäbe ich was drum wenn ich ihr meinen Kopf geben könnte. Krankheit ist etwas so entsetzlich Ungerechtes. Es ist fast so als ob man Kinder quälen schlagen und hungern liesse.

Nun ist gerade ein furchtbarer Blitz heruntergesaust und der Regen prasselt an mein Fenster ich hab schon so lange keinen Brief von Ihnen. Von meinem Telegramm und den 3 Briefen von vorletzter Woche haben Sie keine Notiz genommen und ich nehme an dass eine tiefere Weisheit darin liegt – Bumms – jetzt hat aber ganz nahe wo der Blitz eingeschlagen und ich fürchte mich sehr. Es war schon stockfinster aber es giesst und giesst und hinter den Dächern scheint es wieder Tag zu werden. Ah – und jetzt fängt's zu hageln an! Es wird hellgrau vor dem Fenster und ich kann die Häuser nicht mehr sehen. – Und jetzt kommen grosse rosa Blitze. Jetzt hat's wo eingeschlagen – ich fürcht mich und lösch das Licht aus.

So und jetzt ist das Schlimmste vorbei – die Blitze blinzeln nur mehr mit den Augen und ganz von ferne grunzt der Donner.

Ja Pio lange hab ich nicht von Ihnen gehört und ich warte – ich gesteh's mit grosser Spannung wann ich in einem Brief von Ihrer Rückkehr lesen werde. Ich hab mich aber schon damit abgefunden oder besser darauf eingestellt dass es noch ein Weilchen dauern wird? Freilich fange ich nun schon an alle Zetteln im Briefkasten für ein Ankunfts-Telegramm zu halten. Werden Sie noch lange in Paris zu tun haben?

Gestern abend habe ich sehr vornehm mit dem Menotti im Claridge in seinem Zimmer genachtmahlt, der Maler Craxton (oder wie man ihn schreibt Sie wissen der Freund vom Lucian Freud) war noch dabei, das Huhn kam auf einem Tisch hereingerollt – es war besonders nett und *ich* im Gespräch über Religion und Katholizismus da lachen Sie – wie? besonders gescheit nur dass das die Burschen leider nicht bemerkt haben nehme ich an. Der Craxton ist ein netter Kerl aber doch nicht mehr als das und jedenfalls vorläufig noch recht unreif. Es *fuxt* mich schon sehr dass so Leute nicht wissen dass ich malen kann, Sie haben recht Pio recht, recht recht! Ich muss mich fest dahinterher machen vor allem was die Arbeit selbst anbetrifft.

Ich weiss das ist kindisch aber ich weiss auch dass der Craxton nur bemerkt hat dass ich einen hübschen Hut aufhatte und das ist nicht genug.

Sehen Sie ich könnte wetten dass die Burschen Sachen die ich gesagt hab einmal irgendwo im Gespräch wiederholen werden aber weder werden sie es wissen noch macht es ihnen den leisesten Eindruck dass ich's gesagt hab und dabei wissen diese Gauner verdammt gut was ein »Name« ist – für sich – auch der unschuldige kleine Craxton der auf der Strasse herumhüpft wie ein Ziegenbock so »unschuldig jung und originell«. Aber er lässt es sich nicht entgehen den Menotti zu zeichnen obwohl er ihn eben erst kennenlernte denn das kann in New York sehr nützlich sein.

Eine andere Sache die wohl gar nichts zu bedeuten hat (nur deshalb schreibe ich sie) ist dass ich von meinem Onkel hörte dass der Broch an einer Massenpsychologie arbeitet und vom Rockefeller Inst. dafür bezahlt wurde. Er wurde aber nicht zum Termin fertig und so ist die Sache bis auf weiteres verschoben. Der kann Ihnen doch nicht aus alten Zeiten was gestohlen haben? Das wird doch nur so ein mystisches Zeug sein was der machen kann? Mein Onkel weiss das von der ..... Piolein Sie müssen zurückkommen und das Massenbuch fertig machen – ich Muli rufe Sie – ich bin ganz fürchterlich scharf auf diese Sache. Verzeihen Sie mir – aber Ihr Massenbuch muss schon bald unter Fach und Dach sein – und wenn Sie mich *verfluchen* – so muss ich Ihnen das jetzt schreiben.

Nun ist der Himmel draussen still und schimmert blau in der Dämmerung – so einen haben wir einmal abends auf der Hasenkuss-Wiese bewundert – erinnern Sie sich noch – und erinnern Sie sich auch noch an Ihr Muli?

Der politische Aktivist, Journalist und Dozent Arthur Clegg (1914–1994) und seine Frau Nell (1907–1966) sind viele Jahre mit Marie-Louise befreundet. – Die Royal Botanic Gardens in Kew (Kew Gardens) im Südwesten Londons umfassen einen ausgedehnten Park, berühmte Gewächshäuser und eine renommierte Forschungseinrichtung. – Im Winter 1933/34 mieteten die Komponisten Gian Carlo Menotti (1911–2007) und Samuel Barber (1910–1981) ein Atelier am Wiener Brahmsplatz von den Motesiczkys, die auf der Etage darunter wohnten. Die kunstvolle Frisierkommode von Henriette von Motesiczky inspirierte Menotti zu seinem ersten großen Werk, der Oper »Amelia al Ballo«, mit der er 1937 schlagartig berühmt wurde, und in der sie prominent plaziert ist. – John Craxton (1922–2009) wurde in den vierziger Jahren bekannt als Vertreter der neoromantischen Malerei. Als Student hatte er mit dem 1922 geborenen Maler Lucian Freud, einem Enkel Sigmund Freuds, die Wohnung geteilt. – Im amerikanischen Exil wird der österreichische Schriftsteller Hermann Broch (1886–1951) unter anderem von der Rockefeller-Stiftung finanziell unterstützt. Freunde wie Thomas Mann und Albert Einstein bestärken ihn darin, an seiner Massenwahntheorie zu arbeiten, die 1959 als »Massenpsychologie« aus dem Nachlass veröffentlicht wird. Canetti beschäftigt sich schon seit den späten zwanziger Jahren mit dem Thema Masse. Die Arbeit zieht sich jedoch hin und sein Buch »Masse und Macht« wird erst 1960 im Hamburger Claassen Verlag veröffentlicht.

Elias Canetti an Marie-Louise von Motesiczky

St. Hilaire, Mitte Mai 1948

Dienstag

Mein liebstes Muli,

heute endlich, um zwölf, kam Dein Brief; ich verstehe nicht, dass er so lange gebraucht hat; wahrscheinlich ist er durch die Pfingsttage verzögert worden; man hat Sonntag und Montag keine Post ausgetragen, in diesem gottverdammten Nest. Es war endlich, endlich, endlich ein wirklicher Brief; die früheren kurzen Zettelchen zähle ich nicht. Ich konnte nicht begreifen, warum Du nicht *wirklich* schreibst; hattest Du in Amersham immer so viel zu tun, dass Du nicht einmal einen richtigen Brief für mich ausdenken konntest?

Nun, heute ist es endlich einer, und ich bin schrecklich froh, dass ich bei Deinem Gewitter dabei bin, wenn auch nachträglich. Die Sache mit dem Broch beunruhigt mich *nicht*; er hat früher, in Wien, mit der grössten Verachtung auf meine massenpsychologischen Ideen reagiert; das war die Zeit, als er mir immer zuredete, Dramen, Dramen, und nichts als Dramen zu machen. Ich bin überzeugt davon, dass meine Gespräche ihn überhaupt erst auf die Sache gebracht haben; aber alles ist langsam bei ihm, und erst in Amerika (früher bestimmt nicht) kann er sich vorgenommen haben, darüber zu arbeiten. So habe ich natürlich einen grossen Vorsprung vor ihm; selbst wenn er manche meiner Gedanken benützen sollte, kann ich ihn *zwingen*, das öffentlich anzuerkennen, denn er ist in seinem *bewussten* Leben sehr anständig und nicht weniger vornehm als ich. *Darunter* allerdings hat er viele Tücken; ich glaube auch, dass er mich nicht wirklich mag; über den Erfolg der »Blendung« hat er sich nur aus Anständigkeit gefreut, nicht von selber, wie meine wirklichen Freunde. – In den englischen Jahren ist aus den Massen-Sachen bei mir etwas so viel Reicheres und Tieferes geworden; der Zusammenhang mit Problemen der Macht und vor allem der Verwandlung ist so eigenartig und neu, dass er auf keinen Fall von selbst auf dieselben Dinge gekommen sein kann. Aber trotz alledem bin ich sehr dafür, dass mein Buch vor seinem erscheint, auch da gibt es nur ein Mittel: ruhig und verrückt konzentriert arbeiten. Das wird geschehen, darauf kannst Du Dich verlassen. Ich bin Dir nicht böse, wenn Du mich daran mahnst, im Gegenteil, ich habe es gern, dass Dir gerade diese Sache ans Herz gewachsen ist. Ich weiss, dass Du die Sache selbst meinst, so wie ich das Malen selbst meine, wenn ich von Deinen Bildern spreche, und dafür bin ich Dir schrecklich dankbar. Sei wirklich nicht beunruhigt über den Broch: er ist psychoanalytisch völlig verseucht, er *kann* über psychologische Dinge gar nicht von vorne denken. Der einzige wissenschaftlich geschulte Mensch, der die Tragweite meiner Gedanken schon ganz absehen kann, ist der Steiner, und der wird sich jetzt wohl hüten, etwas zu stehlen. –

Das Stückchen Rippe ist Freitag dem Georg herausgenommen worden; es ist wieder einmal gut gegangen; sein Fieber ist nicht zu hoch gestiegen; in etwa 10 Tagen wird er wieder so weit sein wie vor diesem letzten Eingriff. Trotzdem sieht das Ganze, mit diesen immer neuen Herden, die plötzlich da sind, nicht gut aus. Er denkt jetzt daran, sich die ganze Lunge heraus operieren zu lassen, eine Operation, die er kaum überleben könnte. Ich hoffe, dass es mir gelingt, ihm diesen schrecklichen Gedanken auszureden; in seinem Fall wäre es tödlich, aber das müsste ich Dir erst genau erklären warum. –

Mein liebstes liebstes Muli, wirst Du etwas für mich gemalt haben, wenn ich Dich wiedersehe? Im Laufe der ersten Juni-Woche bin ich zurück, etwa 14 Tage nachdem Du diesen Brief in Händen hältst. Ich denke daran, wie Du aussiehst, in unserm Zimmer, und die Blüten dort bei Dir sind mir millionenmal lieber als alle Berge der Welt. Halt alles schön für mich, und Dich am schönsten und sei schrecklich lieb und ewig geküsst von einem sehr sehr sehnsüchtigen PIO

Der Lyriker und Ethnologe Franz Baermann Steiner (1909–1952) emigrierte 1936 nach England. Dort vertiefte sich seine Freundschaft mit Canetti, den er bereits aus Wien kannte.

Marie-Louise von Motesiczky an Elias Canetti

London, Poststempel 28. Mai 1948

Liebster Pio,

Wenn Sie wüssten wie sehr sehr ich immer auf Post warte! Es ist nun schon über eine Woche her dass ich den letzten Brief hatte.

Es standen so ernste und traurige Dinge über Ihren Bruder darin dass ich kaum wage weiter zu fragen. Ich nehme an dass Sie dort auch mit anderen Ärzten gesprochen haben und dass die Ansichten geteilt sind? Glauben Sie mir Pio dass ich ein wenig verstehe wie es Ihnen dort ist und worum es geht. Und nun habe ich Sie gewiss auch noch enttäuscht mit meinen wenigen und gar nicht schönen Briefen und mit meiner Ungeduld aber Sie müssen wissen dass all das nichts zu bedeuten hat und dass ich auch noch geduldig (oder ungeduldig!) warte so lange Sie es für nötig halten. Es ist wahr dass mir oft sehr bang ist und dass ich oft einer schrecklichen Traurigkeit gar nicht Herr werden kann und meine wenn Sie nicht jetzt, jetzt in dem Moment oder wenigstens heut ganz bestimmt heute bei der Tür herein kommen ich nicht mehr weiss was ich tun soll. Aber das ist gewiss kindisch und hat nichts zu sagen. Auch müssen Sie weiter wissen dass ich nichts aber auch nicht das Leiseste getan habe was Ihnen nicht recht wäre, dass mein Zimmer und ich und alles so ist wie Sie es wünschen – bis auf eines – dass ich nicht genug gearbeitet habe. Das macht mir grosse Sorgen und trotzdem glaube ich dass wenn mein äusseres Leben noch ein bisschen besser organisiert wäre alles besser ginge. Mit Henriette war ich zu nett und sie kommt einmal die Woche auf *eine Stunde* daher geflogen – freut sich kindisch auf ihr Porträt aber vergisst dass es doch auch gemacht werden muss. Ich male auswendig verderbe aber oft mehr als ich gut mache weil ich sie nicht so *gut* kenne. Ich muss mich gewöhnen für solche Fälle gründlichere Zeichnungen zu machen und überhaupt Pio 20mal mehr arbeiten und das ist ganz sachlich gesagt – wirklich 20 nicht so wie man 1000mal zu sagen pflegt. Mir ist das alles noch bewusster wie in Amersham und da bin ich oft ganz entsetzt und verzweifelt über meine Verkommenheit und Verschlamptheit. Man kann nicht zu jedem lieb und gut sein Aufträge erledigen Onkeln, Tanten, Mütter befriedigen es *selber* bequem haben und noch schöne Bilder malen. Wenn das *so leicht* wäre wie ich mir's machte könnte es wohl bald einer? Nun Piolein Sie verstehen und wissen das ja alles. Dazu kommt dass mir das Kochen und Aufräumen bisschen schwerer fällt als ich es irgendwem eingestehe. Es ist ein Pech dass es mich stört wenn meine Schuhe nicht so glänzen als wären sie von der Marie geputzt und ich das Zimmer so haben will dass eine Kirsche wo immer am Boden fallen kann und man sie trotzdem essen kann ohne sie zu waschen. Auch muss ich mich daran gewöhnen ins Restaurant zu gehen – was ich jetzt nie mehr tat – obwohl ich finde dass selbst S 2.[6] für den Frass den man bekommt ein schändlicher Betrug ist.

Denken Sie heute hat mich die *Winter* aufgerichtet – ich konnte ab 5 Uhr nicht schlafen und um 7 Uhr ging ich in die Küche um den Haushalt für den Tag zu erledigen um 9 Uhr war ich dann so müde und als die Winter mich lobte kamen mir die Tränen und ich sagte ich sei »nichts wert«. Da sagte sie mir ich sei gottbegnadet, sie bewundere mich über alle Massen – ich mache *ganz still* meine Sachen ohne dass man es merkt – male mit ein paar Farben herrliche Bilder – sei Ihnen eine *wunderbare* Frau – ein Engel für die Marie, eine gute Tochter und eine wunderbare Freundin – was wolle ich noch mehr vom Leben?!

Die Winter ist eine Gans aber wissen Sie dass sie mich wirklich im Moment getröstet hat.

Um nun auf etwas Amüsanteres zu kommen – mir scheint wenn ich mich nicht irre so habe ich den Koks neulich zum letzten Mal gesehen! Ich war im ganzen 2mal dort seit Sie fort sind. Neulich rief er an ich soll ihm einen Gefallen tun – eine Schülerin von ihm hat eine Ausstellung – etwas »Göttliches« u. s. w. ich soll dem ..... Katalog und einen Brief von ihm geben. Ich Esel hab das brav gemacht und ging am Dienstag abend hin mit der ..... (um nachträglich den Wunsch der Emmy Heim auszuführen). Es war da ein Amerik. Sammler mit Frau und Tochter (sehr einfache nette Leute). Er brachte wieder das Gespräch auf diese Schülerin von ihm und plötzlich aus heiterem Himmel: »die kann heut mit 20 schon mehr wie Du! weilst seit 20 Jahren diesen Beckmann anbetest«. Der Amerikaner sagte Beckmann malt denn der noch? Koks, ja so kolorierte Plakatzeichnungen. Da legte ich los und fing an mich an Koks' Nase vorbei mit dem Amerikaner über Beckmann zu unterhalten »und ob er malt! und wie wunderbar er malt – 80 Bilder hatte ich letztes Jahr gesehen« u. s. w. Koks war wütend und sagte ganz unbeherrscht auf deutsch »jetzt hör doch schon einmal auf von dem Beckmann«. Und ich auf englisch »mir scheint der Beckmann geht Ihnen ebenso nahe wie mir«. Koks: »ich habe für Dich gehofft er geht Dir näher« – Leider werde ich diese einmalige Courage 100mal zurückgezahlt bekommen denn gemein ist der Koks das wissen wir ja. Na – jedenfalls scheint mir so bald sieht er mich nicht mehr wieder.

Piolein Piolein! *ich laufe* zur Post – es ist fast halb 6 und denken Sie – jetzt wo ich Ihnen geschrieben habe, habe ich plötzlich ein ganz leichtes glückliches Gefühl

Oh Pio Lieber bald sind Sie hier. Ich küsse und küsse Sie

Ihr Muli

Das Porträt von Henriette, deren Nachname unbekannt ist und die vermutlich als Haushälterin in Amersham arbeitet, wird noch im selben Jahr fertig und erhält den Titel »Frau mit blauem Papagei«. – Koks ist Marie-Louises Spitzname für Oskar Kokoschka, der ihr zwar zeitlebens ein Freund, jedoch nie ihr Lehrer ist, was bei ihm zu einer gewissen Eifersucht auf Max Beckmann geführt haben könnte. – Die österreichische Sängerin Emmy Heim (1885–1954), die Oskar Kokoschka 1916 porträtiert hatte, ließ sich 1930 in England nieder. 1946 übersiedelte sie nach Kanada.

Elias Canetti an Marie-Louise von Motesiczky

St. Hilaire, 28. Mai 1948

Freitag

Mein liebstes geliebtestes Muli,
Dies ist der letzte Brief, den ich aus St. Hilaire schreibe. Morgen mit dem Nachtzug fahre ich nach Strassburg, wo ich aber nur zwei oder drei Tage sein werde. Hoepffner weiss, dass ich in Frankreich bin, und es wäre eine tödliche Beleidigung für ihn, wenn ich ihn nicht wenigstens kurz sehe. Ich werde also Sonntag und Montag und vielleicht noch Dienstag in Strassburg sein. Dann fahre ich auf drei Tage nach Paris. Ein grosser Theater-Verlag (der auch die Stücke von Sartre vertreibt) hat mich um meine Theater-Stücke gebeten. Ich habe sie von hier aus nach Paris geschickt und hoffe, dass man sie gelesen hat, wenn ich zurückkomme, so dass ich noch zu einem Vertrag kommen kann. Sie sind natürlich noch nicht angenommen, aber die Idee der Komödie hat den Verleger sehr fasziniert und er hat alle Beziehungen zum französischen Film. Es wäre natürlich herrlich, wenn es etwas daraus würde. *Samstag, den 5.* möchte ich von Paris zurückfahren. Aber rechne nicht totsicher damit. Sollte

etwas sehr Wichtiges mit den Stücken dazwischenkommen, so könnte es sich noch um ein oder zwei Tage verschieben. Ich glaube es aber nicht und schreibe oder telegraphiere Dir noch von Paris. Höchstwahrscheinlich sehe ich Dich Samstag abend. Es ist mir ganz sonderbar zumut, auch nur daran zu denken. Dein letzter Brief hat mich überglücklich gemacht. So bist Du wieder der Maler Muli, nach dem ich mich so gesehnt habe. Es ist mir nicht leicht, mich vom Georg zu trennen. Sein Befinden ist doch nicht ganz so, wie wir es gehofft hatten; vielleicht muss er noch einen Winter in St. Hilaire bleiben. Er lässt Dich natürlich sehr herzlich grüssen. Er war der Meinung, dass viele von den Dingen, die ich Dir geschrieben habe viel mehr als Grüsse waren. Als besten Gruss schickt er mich jetzt selbst und lässt Dir sagen, dass er damit Dir und auch meiner Arbeit ein sehr, sehr grosses Opfer bringt. Aber er meint, dass Ihr beide, Du und die Arbeit (das Massen-Buch) dieses Opfer wohl verdient. Ich hoffe, Du bist diesmal mit ihm zufrieden.

Liebstes, liebstes Muli, ich denke so stark und mit solcher Zärtlichkeit an Dich, dass ich nicht mehr schreiben kann

Dein sehnsüchtigster Pio.

Canetti hatte den Verleger Jean Hoepffner (1884–1958), der ihm zur ersten Veröffentlichung der »Blendung« verhalf, 1935 in Straßburg kennengelernt. Eine zweite Ausgabe der »Blendung« erscheint 1948 beim Willi Weismann Verlag in München. – Der Pariser Verlag, der sich für seine Stücke interessiert, ist Gallimard. – Die »Komödie der Eitelkeit« war schon 1933 unter dem Eindruck der Machtergreifung Hitlers entstanden. Sie erscheint 1950 bei Weismann.

Als Marie-Louise im Sommer 1948 für kurze Zeit verreist, macht sich Elias für sie auf Wohnungssuche.

Elias Canetti an Marie-Louise von Motesiczky

London, Sommer 1948

Sonntag

Mein liebes Mulo,
ich hab Dir gestern telegraphiert, dass Deine Wohnung gesichert ist; Deine Mutter bat mich, sie anzuschauen; ich hab das getan und fand sie gar nicht übel. Die Lease läuft noch zwei Jahre und drei Monate, und falls man früher heraus will, kann man sie weitergeben. Die Miete kommt, mit Rates wahrscheinlich auf 293 Pfund, und Du kannst leicht ein Zimmer vermieten. Ich hab das Gefühl, dass man da auch malen könnte. Ich war eigentlich erstaunt, wie angenehm mir das Ganze vorkam. Auch die Gegend hat ihre Vorteile und die Strasse ist, vielleicht infolge ihrer Krümmung und auch infolge des gebombten Nachbarhauses nicht so unangenehm wie alles andre dort. Du kannst in den letzten Septembertagen einziehen. – Ich hab den Leuten eine Angabe von 30 Pfund gegeben. Ich war erst ein wenig misstrauisch, weil die Wohnung schon wieder frei war, und kann mir das Ganze nicht recht erklären; auf jeden Fall muss der Anwalt sich noch die Papiere genau ansehen. Herr Kronenberg wollte Referenzen, und ich gab ihm den Samuel an.

Ich fühle mich erst jetzt erleichtert, seit ich weiss, dass Du eine Wohnung hast; die Folgen Deiner Wohnungsuche spür ich noch jetzt in allen Gliedern. Ich habe Dir nicht geschrieben, weil ich Dir einfach nicht schreiben konnte. Es sind heute 3 Wochen seit der Katastrophe, und ich habe heute zum erstenmal wieder arbeiten können. Es war mir unmöglich, Dir einen lügnerischen Brief zu schreiben; und Du kannst mir glauben, dass mein Schweigen für *Dich* besser war. Du hast mich so schwer beleidigt, wie man einen Menschen nur beleidigen kann; es ist kein Tag seither vergangen, an dem ich Deine Sätze nicht wieder in mir gehört hätte; der Zorn und die Empörung über Dich, die mich dann jedesmal packten, waren so, dass ich überhaupt nicht zur Ruhe kommen konnte.

Ich hab mir tausendmal gesagt, dass Du in einer sehr schlechten Verfassung warst; jetzt klammere ich mich wie ein schwachsinniges Kind an den Gedanken, dass Du erholt und durch Deine Wohnung beruhigt sein wirst. Ich muss ehrlich mit Dir sein: wenn Dir überhaupt an mir etwas gelegen ist, woran ich natürlich meistens zweifle, wirst Du Dich in der nächsten Zeit sehr zusammennehmen müssen. Wenn Du Dich ein einziges Mal wieder so gehen lässt, werde ich mich auf lange von Dir zurückziehen und Dich mehrere Monate nicht sehen. Es wäre unverantwortlich und wahnsinnig, Dir zu verheimlichen, dass Du zu weit gegangen bist und mein Vertrauen auf jede Weise, von jeder Seite erschüttert hast. Ich bin kein Gegenstand, an dem man herumzerren kann; ich bin genau wie ich bin und Du kennst mich lange genug, um zu wissen wie ich bin und Dich danach zu richten. Ich bin froh, dass Du weggefahren bist. So ist eine Hoffnung, dass Du verwandelt zurückkommst, so wie ich Dich mochte. Bleib so lange Du kannst, es wird Dir bestimmt gut tun. Schreib mir noch ausführlich von dort, sooft Du kannst, aber erwähne um Gottes willen nichts von den Dingen die geschehen sind. Schreib mir über die Leute, die Landschaft, die Steine, das Malen, über alles was neu ist und über nichts was mit den Qualen zusammenhängt. Ich hab das Gefühl, dass Du noch alles heilen könntest, wenn Du nur wirklich wolltest. Aber weiss ich, ob Du wirklich willst?

Ich war in Amersham, vor fünf oder sechs Tagen, und es war der einzige Tag, wo ich mich etwas ruhiger gefühlt habe. Jetzt glaube ich, werde ich wieder arbeiten können, auch morgen: ich muss in ein paar Tagen den Vortrag machen, das wird nicht leicht sein. Aber es ist mir eigentlich gleichgültig, wie er wird; für die Leute ist er auf alle Fälle zu gut.

Ich hab einen einzigen Wunsch: dass Du *ehrlich* fühlst, wie hässlich Du Dich zu mir benommen hast; denn wenn Du das kannst, kannst Du auch diese allerschlimmsten Wunden wieder heilen. Ich kann es nicht. Lebwohl, und schreib mir viele, schöne, kluge, liebe, liebste Muli-Briefe. PIO

Von 1948 bis 1960 lebt Marie-Louise in der Wohnung, die Elias für sie besichtigt hat, in 14 Compayne Gardens, West Hampstead. Sie teilt sie mit verschiedenen Mitbewohnerinnen, unter anderem mit Georgette Lewinson (1922–2008), einer Spezialistin für russische Literatur, und Julia Altschulova. Elias hat von 1951 bis 1957 sein eigenes Zimmer dort, in dem er oft arbeitet. – lease: Mietvertrag. – rates: Kommunalsteuer. – Im Spätsommer 1948 hält Canetti einen Vortrag über Proust, Joyce und Kafka an der Summer School of Music in Bryanston in Dorset. Ursprünglich sind drei Vor-

träge vorgesehen, die er dann jedoch zu einem zusammenfasst. Das Manuskript zum Vortrag befindet sich in Marie-Louises Nachlass und wird 2005 veröffentlicht (Werke X, Seite 9–48).

Marie-Louise von Motesiczky an Elias Canetti

London, Sommer 1948

Lieber liebster Pio,
Ich sende Ihnen den kleinen Scheck der nur über die Reise reichen soll. Alles andere wollen wir später besprechen.

Ich weiss nicht ob Sie, nach allem was wir gestern gesprochen haben – mich heute wirklich sehen wollen? Ich werde da sein, den ganzen Nachmittag bis zum Abend. Aber ich könnte es verstehen wenn Sie mich nicht sehen wollen – weil Sie Sammlung brauchen und aus vielen, vielen anderen Gründen. Ich bin bei Ihnen in jeder Minute – nein Sekunde. Ich habe Sie so lieb wie ich es nicht sagen kann. Wenn alles was ich gestern sagte Sie daran zweifeln lässt so kann ich nur sagen wie's bei mir selber aussieht – ich hab Sie nie lieber gehabt wie jetzt – und Sie müssen wissen was das heisst – nur noch zärtlicher wissender und erwachsener hab ich Sie lieb – als wie früher. Wenn ich früher einmal gerne blind für Sie durchs Feuer gegangen wäre – so möchte ich's heute gerne sehend tun – das ist alles.

Ich würde mir schrecklich wünschen die Vorträge – vor allem den ersten zu hören bevor Sie gehen. Aber wenn es nicht möglich ist so werde ich ihn nachher hören wenn Sie zurückkommen und es wird schön sein wenn Sie mir noch dazu alles erzählen. Ich bin so felsenfest überzeugt dass alles gut gehen wird. Es wird nur tausendmal *zu gut* sein für die Leute dort. Aber das werden *die nicht* merken und sich selber nur sehr klug vorkommen. Und die Diskussion ist das letzte wovor Sie sich fürchten müssen. Ach wenn Sie wüssten wie sehr ich in diesen Dingen von Ihrer Überlegenheit überzeugt bin! Da bin ich noch immer die Muli die Sie immer gekannt haben und die *weiss* – ganz einfach *weiss* dass Sie die Dinge wissen und beherrschen wie sonst niemand. Oh, Pio vielleicht wird eine Zeit kommen wo Sie gerade die Muli (und nicht die Clement oder sonst wen) bei sich haben müssen um getragen zu werden und stark zu sein. Pio wenn's um eine Diskussion geht bin ich der der weiss wer dumm gefragt und wer klug geantwortet hat. Und ich traue mir das zu trotz aller *Unwissenheit* denn ich war lange bei Ihnen – 9 Jahre lang – und ich bin Ihnen gefolgt und hab an Sie geglaubt wie kaum ein anderer Mensch – und das ist an sich eine Art Schule die doch nicht »gar nichts ist« nicht wahr?

Ihr Muli immer immer
Ihre Muli

Im September 1948 reist Henriette von Motesiczky zum ersten Mal nach dem Krieg wieder nach Wien. Ihre Tochter begleitet sie auf der umständlichen Fahrt.

Marie-Louise von Motesiczky an Elias Canetti
Zürich, Poststempel 20. September 1948

Liebster Pio,
Schreiben ist nicht so leicht da ich ja kein Zimmer allein habe – deshalb müssen Sie entschuldigen wenn mein Brief nicht sehr schön wird. Die Wiener Reisewehen sind jetzt endgültig beendet und wir fahren morgen um 10^{Uhr} Früh nach Villach, dort müssen wir fürchte ich 6 Stunden die Nacht am Bahnhof verbringen und um 2/8 8 geht ein Zug nach Wien wo wir um ½ 7 abends sein werden. Scheusslich wie?!

Hier war's schön mit der Trudi und Zürich gefällt mir immer besser. Wie schön wäre es wenn wir einmal hier leben könnten! Einen Abend bin ich allein den See entlang gegangen der war voll kleiner Segelboote die Berge waren schon in blauem Herbstdunst aber die Menschen und das Ufer und die Cafés noch ganz sommerlich – die Schalen und Teller klapperten im Freien (ein Geräusch das man in England ganz vergessen hat – Sie wissen was ich meine – eine niedere Hecke und dahinter all die Menschen an den Tischen und die Kellner die hin und her schiessen) und Beete mir zinnoberroten Gladiolen so dumm angepflanzt wie nur an solchen Orten wo die Menschen gegen Abend auf und ab promenieren. Ach alles alles gefällt mir hier – wahrscheinlich nicht weil es so viel schöner ist als der Regent's Park – nur anders und so wie in der Kindheit und doch ganz neu. Am Sonntag waren wir in Einsiedeln – das grosse

Kloster – kennen Sie's? Es war gerade Wallfahrtstag – unzählige Menschen, Bäuerinnen in Trachten Kerzeln Buden, Musik am Platz – der übrigens mit dem Kloster und einer Treppe die herunter geht was grossartig Theatralisches hat – eine riesige Barockkirche und vielen Altären und kreuzelschlagenden schwarzen kleinen Weiberln mit grossen Hüten – es war wunderwunderschön!!! Pio man braucht gar nicht nach Afrika zu irgendwelchen Eingeborenen

Dies alles schreibe ich in Eile da ich den Brief noch heut aufgeben will und es ist schon spät und ich muss noch packen. Meine Mutter kann gar nichts recht geniessen weil sie so aufgeregt ist wegen Wien – wenn nur die ganze Geschichte schon überstanden wäre! Vor allem diese tolle Reise macht mir Sorgen aber es gibt *gar keine* andere Möglichkeit. Sie wartet glaube ich die ganze Zeit dass ich das erlösende Wort »wir fahren nicht« ausspreche – aber ich tu's nicht. Hoffentlich hab ich nicht unrecht. Zum Unglück kennt Trudi hier einen Fabrikanten der mit Amerika zu tun hat und sagte er hätte Weisung von dort alles Geschäft u. s. w. zu liquidieren wegen Krieg – das hat natürlich die Reisestimmung nicht besser gemacht.

Bisher hab ich noch keine Nachricht von Ihnen und warte und wünsche mir sie schon sehr – um Ihnen richtig zu schreiben ist mir so als müsst ich erst einen Brief von Ihnen haben – –

Es umarmt Sie lieber liebster Pio

Ihr Muli

Ich telegraphiere von Wien – nehme an dass wir in der Wipplingerstrasse wohnen aber sicher weiss ich es nicht – Baldass Burgring 5 erreicht uns auch immer.

Wir wollen keinesfalls länger als 14 Tage in Wien bleiben.

Elias Canetti an Marie-Louise von Motesiczky

London, Ende September 1948

Freitag

Mein liebes Muli,

Gottseidank, Dein Telegramm ist gekommen; vor der umständlichen Reise nach Wien hatte ich nach Deinem Brief nicht wenig Angst. Fürchte Dich nicht, in Wien zu sein; es kommt in den nächsten zwei Monaten bestimmt nicht zu einem Krieg.

Was im Frühjahr sein wird, weiss Gott; vielleicht geht noch alles gut und friedlich aus, vielleicht ist es aber auch die letzte Gelegenheit, die Ihr hattet, Wien zu sehen; und ich bin überzeugt davon, dass Deine Mutter zum Schluss noch froh sein wird, dass sie in Wien war.

Im Brief, den Du noch aus Amersham geschrieben hast, war überhaupt keine Adresse der Trudi drin, also auch keine Hausnummer; ich wusste nur Scheuchzerstrasse und habe drum nicht nach Zürich geschrieben. Mit der Marie habe ich oft telephoniert; es geht ihr sehr gut. Ich wäre heute zu ihr hinausgefahren und bis Sonntag oder Montag geblieben; es ist herrliches Herbstwetter; aber sie hat morgen die Seidler und Montag den Emil; so hab ich meinen Besuch auf Mittwoch verschoben, damit ich dort ruhig arbeiten kann.

Ich versuche mich wieder zusammenzufassen und die quälenden und unwürdigen persönlichen Gedanken aus mir hinauszutreiben. Es gelingt nur langsam, aber es *gelingt* und manchmal bin ich schon wieder ich selbst, ein *denkendes* Wesen, mit dem reinen Verantwortungsgefühl für alles. Nur so kann ich leben; anders will ich nicht leben; die Enge kleiner persönlicher Wünsche und Ziele ertrage ich nicht; wer den Sinn seiner Anlage so klar erkannt hat wie ich, soll sich daran halten und durch nichts verirren lassen. Es ist merkwürdig, wie die Gefahr, in der die Menschen jetzt alle wieder schweben (nicht augenblicklich, aber doch in einer absehbaren Zukunft) das Gefühl von der Dringlichkeit und Wichtigkeit meines Werkes wieder erhöht; es ist mir oft beinahe so zumute wie während des letzten Krieges; da hatte ich nie einen Augenblick des Zweifels an mir selbst. Du musst mir helfen, wenn Du zurückkommst, und mich in der strengen und abstrakten Verfassung belassen, die ich für die nächsten sechs oder sieben Monate brauche. *Wenn mein Werk einmal da ist*, werde ich mich schon durchschlagen oder eben zugrundegehen; darauf kommt es dann nicht mehr so an.

Ich habe plötzlich grosse Sehnsucht nach Wien; das Gefühl, dass ich es nie wieder sehen werde, verlässt mich nicht; dass Ihr beide dort seid, macht mich irgendwie froh, so als könnte es den Stachel aus der schrecklichen letzten Londoner Zeit wegnehmen; als würdest Du von dort wiederkommen, Du selbst, und mich wiederfinden, mich selbst, und als würden wir dann, *ohne ein Wort darüber zu sprechen*, wissen, was wirklich wichtig ist. Ich denke auch gern an Deine Mutter dort, beinahe mit Zärtlichkeit; soweit ihr Leben aus dem Allerengsten und Banalsten herausgekommen ist, hat sie sogar geliebt. Sie *musste* hin; es wäre ein entsetzlicher Verfall gewesen, wenn sie nie hingelangt wäre.

Ich möchte, dass Du viel von Wien siehst, Bezirke, Strassen, Plätze, Häuser. Der letzte Herbst, den ich dort war, vor zehn Jahren, war der merkwürdigste meines Lebens; damals spürte ich den Krieg und allen andern Untergang der bevorstand, und mitten in meiner ungeheuern Angst nahm ich mir vor, mein Werk so stark und verpflichtend zu machen, dass es in der Welt wirklich etwas ändert. Du kannst natürlich einwenden, dass das keineswegs geschehen ist. Aber solche Dinge sind nicht in zehn Jahren zu messen.

Es ist notwendig, dass ich jetzt sehr viel allein bin. Aber in Wien bin ich mit Dir. Ich kann eigentlich von gar nichts anderm schreiben, an gar nichts andres denken, als an meine Einsamkeit und ihren Gehalt, das was sie erfüllt und wichtig macht. Dahinter seh ich eine Zeit, wo wir einander wieder so achten können, als wäre nichts Furchtbares geschehen, als hätten wir nur eine teuflische Komödie aufführen müssen, *gegen* unsern wirklichen echten Willen; uns schlecht *gestellt*, um von allem übrigen nicht zu verschieden zu sein; und was schliesslich ist alle Feigheit andres als die Angst vor dem Anderssein, die Angst so zu sein wie man eigentlich ist.

Lebwohl, Muli, lass es Dir schrecklich gut gehn in Wien und dann in der Schweiz (in Einsiedeln war ich als Bub, es hat mich auch sehr beeindruckt) und bring mir viel, viel zum Erzählen mit, und schreib mir so oft Du Lust dazu verspürst.

Es küsst Dich Dein Pio.

Grüsse herzlichst Deine Mutter.

Emil Wohl ist der Bruder von Erna Wohl, einer Wiener Freundin der Familie. Er hat sich in Slough, westlich von London, niedergelassen und ist den Motesiczkys in vielen Dingen, zum Beispiel mit der Bankkorrespondenz, behilflich.

Im Sommer 1950 besucht Georges Canetti seinen Bruder in London.

Marie-Louise von Motesiczky an Elias Canetti

London, Sommer 1950

Mein lieber Pio,
Sie müssen verstehen dass es für mich nicht leicht ist – Ihr Bruder war 6 Tage in London und davon haben Sie mir beide einen Abend gewidmet aber die übrige Zeit hatte ich nichts aber auch gar nichts mit Ihnen beiden gemeinsam. Ich verstehe die verschiedenen Gründe sehr gut – trotzdem hätte ich erwartet oder gehofft, dass wenn man mir schon keine natürliche Wärme entgegenbringt Ihr Bruder das tun würde was jeder Fremde tut wenn er im Ausland wo eingeladen ist – nämlich zu sagen: wenn es mir möglich ist wollen wir doch noch mal zusammen sein aber wenn ich gar zu viel zu tun habe müssen Sie recht bald mal nach Paris kommen – konventionelle Leute pflegen in so einem Fall Blumen zu senden oder anzurufen und zu sagen wie nett der Abend war u.s.w. Aber Ihr Bruder ist ein Gelehrter und kennt vielleicht nicht diese einfachsten Formen der Höflichkeit.

Sie haben gewiss Ihr möglichstes getan aber andererseits kennen Sie mich gut genug um zu wissen wie empfindlich ich in so einer Situation sein muss. Ich war den ganzen Freitag und Samstag zu Hause und Sie hatten allen Grund in dieser Woche besonders nett zu mir zu sein. Ich habe ein Halstuch aus ganz feiner Wolle besorgt um es Ihrem Bruder zu geben oder durch Sie zu senden falls sich noch eine Gelegenheit bietet. Es war nur grosse Rücksicht gegen Sie wenn ich Sonntag abend Becki und Frau Fischel einlud denn ich war fest entschlossen mir von all dem nichts anmerken zu lassen und das ist leichter wenn man unter anderen Menschen ist.

Es war mir sehr viel daran gelegen Ihrem Bruder gut zu gefallen – nachdem ich aber ganz und gar nicht ein Mensch bin der aus sich einen *Stil* gemacht hat und alles einmalig und dem ungewissen Augenblick überlassen ist so ist es nicht leicht für mich in einem Mal gut auszusehen, gut zu kochen und gute Bilder zu zeigen – wissend dass sich vielleicht in Jahren erst eine zweite Gelegenheit finden wird. Es ist schwer in einem Mal Kontakt zu finden und es wäre gut gewesen wenn von vorhinein für zwei Begegnungen gesorgt worden wäre. Nun, es ist alles gut wie es ist, jedenfalls glaube ich dass Ihr Bruder mich nächstes Mal weniger »rührend« finden wird – hingegen könnte ihm ein bisschen mehr Stil nichts schaden. Das Erfreulichste an dem Ganzen ist wohl dass er gesund genug ist zu reisen und – dass er sich um Ihre Arbeit kümmert das hat mich wirklich gefreut.

Es ist nun 6 Uhr ich habe auf Ihren Anruf gewartet doch habe ich jetzt das Bedürfnis auszugehen.

Schon bald darauf reist Marie-Louise nach Paris und anschließend nach Südfrankreich.

Marie-Louise von Motesiczky an Elias Canetti

PARIS, le 13 VIII 1950

Liebster Pio,
So, und nun gestehe ich Ihnen bei einem ¼ – nein bei dem zweiten Viertel Rosé den ich hier allein – wer schreibt schon Briefe wenn er nicht allein ist – trinke – dass ich in Paris recht oft an Ihren Bruder denke. Und wissen Sie warum ich mich *unter anderem* über ihn geärgert habe – weil *ich* den grünen Schnürlsamtrock an hatte der mich, Sie wissen schon wo, gar so arg dick macht. Und welche Frau (am Ende auch Mann?) würde sich über den anderen nicht *ärgern wenn* er *selbst* das Falsche an hatte. (Deshalb war ich rührend – weil ich so einen grossen dicken Rock anhatte – wie?) Aber wenn ich im Winter aus Wien zurückkomme werde ich über Paris fahren und so *tödlich* elegant sein dass Ihr Bruder noch blässer werden wird als er ohnedies schon ist (verzeihen Sie Pio das kommt nur durch den Schwips und ist nicht garstig gemeint) wenn er mich sieht. Er wird dieselben Gefühle haben wie wenn Sie einen riesen Artikel in – – Gott weiss wo gehabt hätten – So – – und das ist dem Elias seine – – – wird er denken. – Und so manches denke ich was er noch denken wird –. So und nun weiss ich Pio dass Sie über das ganze Gesicht strahlen abgesehen von dem Entsetzen über meine Offenheit (irre ich mich???) denn obwohl Sie sich eifersüchtig nennen möchten Sie doch nichts lieber als dass ich Ihren Bruder sehr sehr gerne habe. (Und so was wettert gegen Familie!) Ich versichere Ihnen ich würde heute nicht über ihn schreiben wenn er mir nicht gefallen hätte. Aber Piolein was mich mehr freut als alles andere ist – – dass ich in meinem Schwips herausgefunden

habe was Ihnen wirklich Freude machen könnte – und dass es noch dazu wahr ist. – Hab ich nicht recht? Nun machen Sie gerade das strahlend liebe gute Gesicht dass ich so gerne habe. Wissen Sie Ihr Bruder gefällt mir – aber Sie sind für mich das ganze Leben (mauvais caractère que vous êtes) das ist nur um mich im Französisch zu üben – *ohne jeden Sinn* – und er – ist nur ein kleiner Teil davon.

Das Lokal schliesst – es war ein schöner Abend with you and me – but not without a certain distance – – between us

Yours ever
Ihr immer

Muli

Cherchez, Cherchez,
et vous n'allez
donc pas trouver
une qui est comme moi
et est à toi.

Es gibt Wunder aber ein solches Wunder als dass Sie mir ein Telegramm senden würden »charmante lettre reçue« solche Wunder gibt's nicht – denn – das wären wirkliche Wunder!

mauvais caractère que vous êtes: auch wenn Sie ein Schuft sind. – with you and me ...: mit Ihnen und mir – und nicht ohne eine gewisse Distanz zwischen uns. – Cherchez ...: Suchen Sie nur, Sie werden doch keine finden, die so ist wie ich und Dir gehört. – charmante lettre reçue: bezaubernden Brief erhalten.

Marie-Louise von Motesiczky an Elias Canetti

La Favière
Bormes
Var
18r VIII 50

Liebster Pio,
Ich weiss dass weder mein Telegramm noch meine Briefe noch meine Karten das Richtige waren. Ich treff's nicht und trotzdem sollen Sie nachsichtig sein. Es war so schön dass Sie gut zu mir waren als ich abfuhr obwohl es gewiss sehr sehr schwer für

Marie-Louise von Motesiczky
Südfrankreich, 1950

Sie war. Aber ich war auch dankbar dafür und so hab ich sehr gut durchgehalten – kann gut schlafen und die hier finden dass ich viel besser aussehe wie vor einem Jahr. Wollen Sie lieber Pio mich nicht im Stich lassen und mir Nachricht geben, falls Sie sich nicht zum Schreiben kriegen konnten – *bitte* ein Telegramm, wenn Sie diesen Brief erhalten. Ob Sie wohl nach Schottland fahren? – komisch, wenn ich in London bin glaub ich ich weiss »alles« und hier scheint mir als wüsst ich überhaupt nichts über Sie und eigentlich ist der Unterschied gar nicht so gross: Sie dürfen nicht vergessen den Anzug zu probieren! So, das sag ich nur weil mir dann scheint ich wäre eine richtige Frau und eingeweiht in alle Einzelheiten Ihres Lebens.

Ich blieb noch einen Tag länger in Paris denn Sonntag bekam ich ein Telegramm von Mutter: Nirensteins sind 14.–15. in Paris. Ich sah sie also Montag mittag und dann noch 2 Stunden abends und Dienstag früh reiste ich direkt nach Toulon. Auf die Weise war's ganz nett mit den Niren, denn es war so kurz dass es keine

Moses-Diskussionen gab. Otto war so gnädig mich nach Photos von meinen Sachen zu fragen aber ich hatte natürlich keine mit. Alles andere erzähl ich bis ich komme.

Und hier Pio ist es schön nur malerisch bin ich nicht mehr oder noch nicht so entzückt wie vor einem Jahr. Vielleicht kommt's noch – vielleicht ist's auch gut – wegen »unserer Londoner« Bilder die »wir« noch malen wollen?

Nun liege ich in einer grossen Bucht auf viel weichem Seegras keine Seele weit und breit zu sehen. Ich brauchte keinen Badeanzug aber Ihretwegen zieh ich ihn an denn es könnte ein Schiff vorbeifahren u. s. w. Die Schrift ist spassig wegen der Position im Seegras

Ihr salziges Muli

Fanny Löwenstein (1899–1991), eine Cousine Marie-Louises, war Anfang der zwanziger Jahre als ihre Gouvernante tätig. 1922 heiratete sie den Wiener Kunsthändler Otto Kallir-Nirenstein (1894–1978), der in seiner Neuen Galerie Künstler wie Egon Schiele und Oskar Kokoschka ausstellte. Otto Kallir emigriert 1939 in die Vereinigten Staaten. Er gründet in New York die Galerie St. Etienne, wo er sich auf deutsche und österreichische Expressionisten spezialisiert und die Malerin Anna Mary Robertson Moses (1860–1961) entdeckt, die als »Grandma Moses« im hohen Alter berühmt wird.

Elias Canetti an Marie-Louise von Motesiczky

London, 19. August 1950

Samstag

Mein liebes Muli,
eben ist Deine Karte gekommen, mit der Pariser Ansicht aus Bormes, und wo immer Du wirklich bist, bin ich froh, dass ich Nachricht von Dir hab. Der »betrunkene« Brief aus Paris hat mich sehr beunruhigt. Ich hatte natürlich keine Ahnung, in wessen Hände Du dort geraten warst, und wie immer gross mein Misstrauen sein mag, meine Sorge und Angst ist jedenfalls grösser. Ich weiss, wie lieb Du den Brief gemeint hast, aber die Vorstellung, dass Du betrunken in Paris bist, kann einem schon einen gehörigen Schrecken einjagen.

Hier hat sich kaum etwas ereignet, bis auf eines, das sehr wichtig werden kann. Blacher war da und ich gab ihm eine *längere*

Fassung der »Affen-Oper« (etwa 15 Seiten), an denen ich inzwischen gearbeitet hatte. Sie gefällt ihm ganz besonders gut: wir wollen eine neue Form zusammen versuchen, eine »Ballet-Komödie«, wie er es nennt, mit viel gesprochenem Text von mir, einem Tänzer für den Affen und Musik-Einlagen von ihm. Es soll so lustig werden wie ein Offenbach; er will Sänger möglichst vermeiden, weil sie für diesen Text zu blöd sind; was zu singen ist, soll auch von Schauspielern gesungen werden können. Das Stück soll abendfüllend sein und mit kleinem Orchester auf jeder Bühne zu spielen sein. Da seine Sachen über 50 deutsche Bühnen gehen, heisst das, dass unser Stück (es heisst »Die Affen-Oper«) überall aufgeführt werden kann. Ich glaube, es wird eine Freude sein, mit ihm zu arbeiten. Er hat so gar nichts von einem »Künstler« an sich, und am allerwenigsten, Gottseidank, von einem Musiker. Er ist sehr intellektuell, nur an neuen Dingen interessiert, macht nie dasselbe zweimal und hat vor allem eine Eigenschaft, die mir ganz abgeht: er macht alles gleich fertig, er lässt nichts liegen. Ich habe das Gefühl, dass wir noch viel miteinander machen werden. (Er hat sich übrigens in Berlin die »Blendung« verschafft und findet sie grossartig und *spannend*, das letzte ist ein wichtiges Wort bei ihm; ich schreibe Dir das nur, damit Du weisst, wie er zu mir steht). Die »Komödie« hat er sich nach Bryanston mitgenommen und will mir dann sagen, was man in Deutschland damit versuchen könnte. Das Deutsche Theater in Berlin kommt wegen der veränderten und verschärften »Kunstpolitik« in der Ostzone nicht mehr in Frage, man wird etwas im Westen finden müssen. –

Ich fahre am Freitag (25. August) nach Schottland und will dort etwa 14 Tage bleiben. Um den 9. oder 10. September herum muss ich in London zurück sein. Blacher ist dann auch hier, und ich werde 2 oder 3 Tage mit ihm scharf arbeiten.

Ich bin ein veränderter Mensch seit diesen neuen und sehr ernsten Aussichten; jetzt geht es zum ersten Mal in meinem Leben auch *praktisch* um Theater.

Hoffentlich geht es Dir gut in Bormes. Bleib so lange es Dir Spass macht und fahr auch ruhig nach Holland, wenn Du Lust hast. Ich selbst werde kaum vor etwa dem 12. September verfügbar sein.

Wenn Du die Farbstifte aus Paris auch *verwenden* würdest, würde ich mich schrecklich freuen.

Ja, richtig, die Georgette hatte eine Karte von dieser Frau aus Holland, die genaue Adresse lautet: Leon Goldberg, Pension Zomerzorg, *Bloemendal.* Die Frau hatte noch nichts bekommen und die Georgette bittet Dich *sehr* um genaue Nachricht, sobald Du etwas aus Holland weisst.

– Lebwohl, liebstes Muli, werde schön braun und munter und komm mir weniger spröde zurück, und *male* gleich. Schreib mir sofort, dann erreicht mich Dein Brief noch in Maida Vale. In Schottland wird die Post furchtbar sein.

Tausendmal umarmt und küsst Dich Pio.

Der deutsche Komponist Boris Blacher (1903–1975) hält einige Jahre lang Kurse an der Summer School of Music in Bryanston. – Erste Entwürfe zur »Affen-Oper« stammen schon aus den dreißiger Jahren. Sie schildert die Geschichte eines Zirkusaffen, der im Anzug seines Direktors und mit dessen Geld als »Mensch« zum »Konzentrator« und Parteigründer aufsteigt. Als er kein Geld mehr hat, verliert er seine Macht und wird als Affe entlarvt. Trotz des anfänglichen Enthusiasmus scheitert Canettis Zusammenarbeit mit Blacher letztendlich. – Aymer Maxwell (1911–1987) entstammt einem bedeutenden Adelsgeschlecht und ist wohl der engste Freund, den Elias in England hat. Im August 1950 besucht Elias ihn zum ersten Mal auf Monreith, dem Stammsitz seiner Familie in Schottland. Bei dieser Gelegenheit ist auch Clement Glock zugegen.

Marie-Louise von Motesiczky an Elias Canetti

Bormes, Ende August 1950

Liebster Pio
Als nach *14* Tagen Ihr erster Brief kam hab ich mich ganz furchtbar gefreut. Ach war das ein schöner Abend! Sie können sich's gar nicht vorstellen. Und all die guten Nachrichten. Der Blacher die Affenoper – ich halte fest fest Daumen dass alles weiter so gut geht. Bin neugierig wie ihm die Komödie gefallen wird und hoffe dass die 3 Tage gut sein werden wenn Sie zurückkommen.

Aber Pio, Sie haben mir Ihre Adresse nicht gegeben – Ihr Brief kam am 23. Nachmittag und hier geht nur einmal Post und so hatte mein Brief nicht vor 24ⁿ Abend abgehen können und hatte Sie auf keinen Fall erreicht. Nun weiss ich nicht wohin ich schreiben soll und der Gedanke dass Ihnen die Fischel Post von mir nachschickt ist so unerfreulich. Bissel kränkt's mich auch dass Sie mir Ihre Adresse nicht geben wollten. Das ist doch das alleraller*erste* – dass ich Sie immer erreichen kann wenn was los ist. Wie soll ich mir da vorstellen können dass Sie Sorge um mich haben wenn Sie auf einmal auf 14 Tage verschwinden! Und an und für sich ist es ein scheussliches Gefühl (Es gibt nichts Unglücklicheres auf der Welt als ein »Liebhaber ohne Adresse« sagt der Nestroy). Aber Ihr Brief war trotzdem schön!! Ich kämpfe hier dauernd mit der Hitze – nein ich darf nicht mehr um die Jahreszeit herkommen – es bekommt mir einfach nicht weil ich meist das Gefühl hab so als hätte ich eine ordentliche Influenza. Ich hab nichts arbeiten können und bin oft scheusslich deprimiert. Am besten ist's wenn ich im Wasser bin aber wenn man so stundenlang badet und unter einem Schirm sitzt fängt man auf einmal an das Meer zu hassen. Es ist so aufdringlich und man möchte nur weg, weg, weg und kaum kommt man ins Hinterland steht einem der Schweiss auf der Stirne und im Haus sekieren einen die Fliegen. Trotzdem gibt es schöne Momente – abends und vor allem nachts die Bucht mit dem Mond – das Schilf der Wein und all die wunderbaren Gerüche von Kräutern. Zu allem kommt wohl dass ich mich dauernd wie ein kleines Mäderl fühle das brav sein muss Englisch reden u.s.w. Es ist meine »ewige Situation« aber ich ertrag sie halt immer schwerer. Aber meine Hauptsorge und Kummer ist dass ich nicht arbeiten kann. Hätt es mir vielleicht gar nicht vornehmen sollen nun Schwamm drüber.

Und Sie Pio – wie's Ihnen wohl geht bei der Dame in Schottland – ich kann mir's gar nicht vorstellen hätte so gerne einen Brief und gar keine Hoffnung dass Sie mir noch schreiben werden.

Morgen fahren wir mit dem Auto nach Cannes und vielleicht besuche ich von dort aus doch Käthe obwohl mir bissel davor gruselt. Jedenfalls gut von hier wegzukommen.

Piolein ich freu mich auf Compayne Gdns.!!!

Ich umarme Sie

Ihr halbbraunes Muli

Heute morgen hat's *geregnet*, herrlich! Hab gleich angefangen zu zeichnen.

Zeitweilig leidet Marie-Louise sehr unter der Tatsache, dass sie nicht wirklich ein unabhängiges Leben führt, sondern immer für ihre Mutter verantwortlich ist, mit der sie die meiste Zeit ihres Lebens auch zusammen wohnt, keinen richtigen eigenen Haushalt und keine eigene Familie hat. – Die Journalistin und Beckmann-Verehrerin Käthe von Porada (1891–1985) ist seit Wiener Tagen mit Henriette von Motesiczky befreundet.

Der Alltag im Nachkriegsengland ist nicht leicht zu bewältigen, denn eine wirtschaftliche Besserung setzt nur langsam ein. Die Rationierung von Lebensmitteln endet erst im Juli 1954. Die im Dezember 1941 in Großbritannien eingeführte Punktrationierung umfasste eine Reihe von Lebensmitteln, die jeweils eine Anzahl Punkte (points) zugewiesen bekamen. Der Konsument erhielt eine bestimmte Menge von Punkten, die er im Laufe eines Monats für die betroffenen Lebensmittel ausgeben konnte.

Marie-Louise von Motesiczky an Elias Canetti *ohne Datum*

Ich muss allerhand sagen das mich bedrückt, nicht um Ihnen Kummer zu machen sondern nur damit Sie vielleicht ein wenig besser verstehen.

Erst von den leidigen Rationen, denn sie stehen für so manches andere. Ich bin gewiss keine geborene Hausfrau aber ich hab da doch auch meinen Stolz und Ehrgeiz. Sie wissen dass ich viele Jahre gar nichts zu sagen und zu verwalten hatte und als ich schliesslich ein »halbes Rationsbuch« bekam so hab ich es vielleicht nicht so gut gemacht wie man es machen könnte. (Aber ich möchte wissen ob viele andere Frauen es besser machen würden wenn sie auf solche Art und Weise einen »Haushalt« übergeben bekommen) Ich hab das Buch meiner Mutter übergeben noch in den Gedanken dass Sie ja die halbe Zeit in A. sein werden. Das will ich nun ändern und Ihre Sachen selber besorgen und Sie werden sehen dass es besser sein wird. Ich kann Sie nicht mit Details verschonen sonst können Sie mich vielleicht nicht verstehen. Mir ist eingefallen dass ich von dem Fett wenn Sie nicht kommen kleine Kuchen backen könnte. Denn sehen Sie alle Dinge auf der Welt müssen doch irgendwie mit Spass (um nicht zu sagen Phantasie) gemacht werden und was kann ich schon mit diesen langweiligen Rationen anfangen die noch dazu bis jetzt Mutter besorgte und die im Haushalt verschwinden der ja noch dazu nicht meiner ist. Mit Points kann man doch wenigstens Sachen besorgen die der andere gerne hat Biscuit, oder Salmon oder noch 20 andere verschiedene Sachen. Aber nun will ich das was man mir übergeben hat wenigstens gut machen.

Was nun den Haushalt in Amersham anbetrifft so haben Sie davon vielleicht kein ganz richtiges Bild – Ich hab früher nie viel darüber nachgedacht, erst als ich den Eindruck bekam dass Sie uns ungastlich und egoistisch finden und seit ich mit Maries Krankheit mehr damit zu tun habe fiel mir manches ein. Die Bedienerin, der alte Mann und Mr. Windsor bekommen in der Woche alle zusammen mindestens 7–8 komplette Tees mit 3 grossen belegten Broten und allem was dazugehört – Imbisse wie sie gewiss kein Engländer in ganz England seinen Leuten gibt (Letzte Woche haben die 3 Telephonmänner einen kräftigen Tee bekommen und heute z. B. kamen 4 Mann hoch). Nun hat sich auch noch ein junger Mann eingefunden der Gras schneidet und eine Kräftigung braucht von der Mrs Liss die oft hier ist und die die Mutter gerne verwöhnt nicht zu reden (denn die isst wie ein Spatz aber nur das Beste). Pio, nun habe ich Sie genug auf die Folter gespannt aber sehen Sie wenn wir auch nicht berechtigt sind viel von unserer Grosszügigkeit zu reden so ist es doch auch nicht so kleinlich wie Sie vielleicht glauben.

Eine andere Sache ist die Reise nach mit dem Adler. Ich zerbreche mir immer wieder den Kopf warum Sie mich nicht mitnehmen wollen. Wenn ich Sie frage so lächeln Sie mich gütig an mit einem Gesicht als wollten Sie sagen: aber liebes Muli wissen Sie denn nicht dass der Adler mich tief verehrt und es sein grösster Wunsch ist mir allein zu zeigen und dass Sie dabei ganz überflüssig sind. In Wirklichkeit machen Sie aber eine kleine Pause zwischen dem Lächeln und sagen mir dann dass es kein Zimmer dort gibt dass die Gegend nicht schön ist u. s. w. Wenn nun der Günther ein hochbegabter junger Dichter wäre mit dem sie allein die herrlichsten Gespräche führen wollten so könnte ich das verstehen. Wenn es Engländer wären die à la Wotruba »wichtig« sind könnte ich es verstehen. Wenn der Günther ein so rührender Mensch wäre dass man ihm diesen Akt der Dankbarkeit wirklich durch meine Anwesenheit nicht verpatzen dürfte könnte ich es auch noch verstehen. Aber wenn man so einen Günther nicht einfach dazu zwingen kann dankbar und geehrt zu sein wenn ich mitkomme (und Freude gemacht haben Sie ihm doch schon genug indem Sie ihm halfen und die Freude soll doch nun auf Ihrer Seite sein) so weiss ich wirklich nicht wen man mit gutem Gewissen zu etwas zwingen kann. Die Frage dass für die Leute zwei Gäste eine zu grosse Belastung sind wäre doch leicht zu lösen indem man sagt die Einladung nehme ich mit Vergnügen an unter einer Bedingung dass ich als *meinen* Gast die Marieluise mitbringe. Wenn Sie mir sagen dass die Gegend nicht schön ist so kann das doch nicht Ihr Ernst sein – ich interessiere mich doch nicht nur für grüne Bäume. Fabriken, Mauern andere Gesichter wie in A. sind doch sehr interessant für mich. Die Fabrik in der man die Knöpfe macht hätte mich sehr interessiert. Dass nun alles was mich für einige Tage aus A. herausreisst gut wäre wissen Sie doch. Schon der Gedanke ein kleines Kofferl zu packen und in einem Bus durchs Grüne zu fahren hätte mich ganz glücklich gemacht (»in Wald und Tal der Widerhall« das war ein Vers in einem Liederbuch dass ich als Kind hatte mit einem wunderschönen Frühlingsbild dabei). Nun ja und Bettina die sich so gerne mit mir anfreunden wollte – und die schönen Dinge die sie über mich sagten – wenn das alles wirklich so war kann es doch für die Leute nicht so schlimm sein. On top of it hätt ich Ihnen doch den Adler auf der Reise eher abnehmen können und der Gedanke dass Sie lieber 8 Stunden allein mit dem Kerl sind als mich dabei zu haben verletzt mich besonders. Zu guter Letzt fände ich sogar eher merkwürdig wenn der Adler und seine Frau es nicht selbst erwähnt hätten ob ich nicht mitkommen will? Es gibt also nach all den Überlegungen nur eine Möglichkeit und zwar die dass *Sie lieber* allein fahren und eben das kränkt mich und darüber zerbreche ich mir den Kopf. Es gibt einen einzigen Menschen den ich schrecklich gerne habe und doch lieber nicht auf einer Reise mithabe und das ist meine Mutter. Vielleicht ist es Mangel an Phantasie dass ich mir nichts anderes vorstellen kann als dass Sie ähnliche Gefühle mir gegenüber haben. Es ist dann so als ob der Mensch den man gerne *zu Hause* hat zu so einer Art *Tausendfüssler* würde, so ein Ding das man nicht mag das einen behindert – das schwer und umständlich ist, ein Ding trotz tausend Beinen *unbeweglich* und enervierend. Nun frage ich mich ob das stimmt? Wenn es so ist dann wüsste ich wenigstens dass es nichts mit mir sondern mit Dingen die in Ihnen vorgehen zu tun hat und brauchte mir nicht so den Kopf zu zerbrechen. Wenn Ihnen das alles übertrieben scheint so bedenken Sie doch dass ich seit ich mit Mary vor 3 Jahren in Swanage war die paar Tage ich hier in England nie gereist bin. Eine andere Geschichte die mir z. B. zu denken gibt ist so etwas wie mit der Ursula. Als Sie mich fragten ob ich Ursula absichtlich nicht bemerkte (und dass diese das annahm weil sie der Vesa eine Wohnung verschaffte) dachte ich erst in meiner an Idiotie grenzenden Gutmütigkeit – – Ach da war eine gute Bekannte von Ihnen und ich war vielleicht nicht höflich – oh wie schade, so eine Gelegenheit da hätte ich jemand sehen können von dem ich immer nur höre (wie von der Veronica und dem George und dem Simon u. s. w.) ich hätte so nett zu ihr sein können und so höflich so dass sie Ihnen Nettes von mir erzählt hätte. Ein Mensch der Sie so gut kennt unter all den fremden Menschen – das wäre nett gewesen. Plötzlich aber fange ich an über so etwas zu grübeln. Warum nimmt diese Person an dass ich ihr grolle – also hat sie einen Grund dazu. Warum kommt sie nicht auf mich zu und sagt: ich bin die Ursula – wir haben schon viel von einander gehört das ist nett dass wir uns nach so vielen Jahren wieder begegnen. Warum benehmen sich die Leute nicht nett und offen zu mir wie eben zu einer Frau die zu Ihnen gehört. Ich denke weiter – dass das gewiss nicht an der Ursula liegt denn Sie haben ihr sicher deutlich gezeigt dass Sie mich nicht mit ihr zusammenbringen wollen also hat sie ganz recht wenn sie mich nur aus einer Ecke anschaut und nicht mit mir spricht. Und ich denke weiter – – das ist also ein Mensch den Sie erst kennenlernten als wir uns schon kannten und der sich inzwischen mit Vesa anfreundete. Ich habe sie vor etwa 3 oder 4 Jahren einmal gesehen und nun unter 50 Menschen wiedergesehen kein Wunder dass ich sie nicht erkannte. Es kann also nicht an mir liegen dass ich mich nicht mit ihr anfreundete. So haben Sie das so bestimmt. Ach ja und Ihre Wäsche wird auch dort gewaschen. Wieso wagt diese wildfremde Person eine so intime Sache über mich zu denken wie z. B. dass ich ihr grollen könnte weil sie nett zu Vesa ist. Was weiss sie von mir und was geht sie mich an. Da fällt mir die Lund ein – wie offen und vertrauensvoll ich zu ihr war – und nun wird ihre beste Freundin Vesas Freundin. Dann packt mich ein ganz sinnloser und ohnmächtiger Groll über das alles.

Plötzlich fällt mir ein: nun ja ich habe mich nicht um Ihre Wäsche gekümmert. Da fällt mir Ritschi ein die mir einmal ganz ratlos sagte: jetzt hab ich dem Herrn Canetti schon 3 Hemden und ein Pyjama ausgewaschen und da bringt er mir ein Stückel Seife, was soll ich denn damit machen. Da hab ich Sie damals ganz bescheiden um Seife gefragt und Sie sagten leider könnten wir keine bekommen. Und da packt mich von neuem ein Groll. Eben weil ich noch nie eine Hausfrau war sollte man mir helfen und besonders nett zu mir sein darin um mir nicht das Gefühl zu geben dass ich versage und mir nicht alles besonders schwer und unangenehm zu machen.

biscuit: Keks. – salmon: Lachs. – Mr. Windsor ist der Gärtner der Motesiczkys in Amersham. – Mit »Tees« meint Marie-Louise wahrscheinlich »high tea«, eine kleine warme Mahlzeit am frühen Abend, zu der Tee serviert wird. – Liss Gray, eine Nachbarin und Freundin von Henriette von Motesiczky, stammt aus Aachen. Sie ist mit dem Filmmusikkomponisten Allan Gray verheiratet. – Der Dichter und Historiker Hans Günther Adler (1910–1988) kommt 1947 aus Prag nach London und ist eng mit Elias und Franz Baermann Steiner befreundet. Seine Frau Bettina (1913–1993), eine Prager Bildhauerin, war schon 1938 übersiedelt. Das Reiseziel, für das Marie-Louise Raum freigelassen hat, ist nicht mehr zu ermitteln. – Elias' »Zwillings«-Freundschaft mit dem Wiener Bildhauer Fritz Wotruba (1907–1975) geht zurück bis in die dreißiger Jahre. Fritz Wotruba leitet nach seiner Rückkehr aus dem schweizer Exil die Meisterschule für Bildhauerei an der Akademie der bildenden Künste in Wien. 1955 heiratet er seine zweite Frau Lucy. – on top of it: außerdem. – Die Bildhauerin Mary Duras (1898–1982), gebürtig in Wien, hatte sich beruflich in Prag niedergelassen, bevor sie 1939 nach England emigriert. Die Kriegsjahre verbringt sie in Amersham und freundet sich mit Elias und Marie-Louise an. 1944 veranstaltet das Czechoslovak Institute in London eine gemeinsame Ausstellung von Mary Duras und Marie-Louise von Motesiczky. – Die Lyrikerin Ursula Vaughan Williams (1911–2007) ist die zweite Frau des britischen Komponisten Ralph Vaughan Williams (1872–1958). – Die dänisch-isländische Sängerin Engel Lund (1900–1996) kam zu Beginn des Zweiten Weltkriegs nach England. Sie ist berühmt für ihre Fähigkeit, Volkslieder aus verschiedenen Ländern in ihrer Originalsprache vorzutragen.

Im Mai 1951 wird Georges Canetti wieder sehr krank. Elias besucht ihn in Paris. Der Monat Juni erinnert die Brüder an den Tod ihrer Mutter am 15. Juni 1937 in Paris.

Elias Canetti an Marie-Louise von Motesiczky *Meudon, 1. Juni 1951*

Freitag

Liebstes Muli,

Nun ist es Freitag und ich hab Dir noch immer nicht geschrieben. Meine beiden Telegramme hast Du hoffentlich bekommen. Mittwoch war ein herrlich hoffnungsvoller Tag, nach all der Angst. Inzwischen hat sich aber alles wieder sehr zugespitzt; es sieht nicht mehr gut aus. Gestern bekam er plötzlich hohes Fieber, 39.5, und heute früh war das Fieber noch immer gleich hoch. Die Schmerzen sind furchtbar. Was das Gefährlichste ist: sein eigener Mut lässt nach. Zum erstenmal scheint er am Erfolg ernsthaft zu zweifeln. Das Fieber nimmt ihn sehr her. Er ist so mager, Muli, so entsetzlich mager. Ich bin sehr verzweifelt, aber äusserlich halt ich mich gut. Heute Nachmittag darf ich 5 Minuten mit ihm sprechen; sonst habe ich ihn nur durch ein Guckloch manchmal sehen können, ohne dass er es wusste. Aber heute verlangt er mich *unbedingt* zu *sehen*; gegen den Arzt; das ist auch kein gutes Zeichen. Die Ärzte sind sehr pessimistisch.

Ich bin bis Montag ausserhalb Paris, mit meinem anderen Bruder, in einer Pension, auf halbem Weg zum Sanatorium. Die Adresse hier ist: Villa Mériadec, 43 Avenue du Château, *Meudon,* Seine. Die Telephon-Nummer ist Paris-Observatoire 1484

Freitag nachmittags: Ich war eben bei ihm. Die Ärzte befürchten das Schlimmste in den nächsten Tagen. Es ist ganz wenig Hoffnung. Ich danke Dir für Deinen Brief, er hat mir schrecklich wohlgetan. Liebstes, liebstes Muli, ich kann nichts mehr sagen: er sieht jetzt so aus wie meine Mutter damals, genau so, vor 14 Jahren.

Schreib mir jeden Tag an die Adresse vom Georg in Vanves, die ich Dir hinterlassen habe. Lebwohl, lebwohl. Hab keine Sorge um mich. Grüsse alle herzlich von mir. Ich schreib Dir wieder sobald ich nur kann. Ich umarme Dich Elias (Pio)

Dienstag, 5. Juni 1951

Liebstes Muli,
Heute ist der erste Tag, an dem ich Dir schreiben kann, ohne dass mir der Bleistift von seiner Pein zittert. Es geht ihm wirklich etwas besser: die Temperatur ist auf 38° gesunken. Ich bin froh, dass ich Dir keinen der früheren Briefe abgeschickt habe; Du hättest vielleicht doch merken können, in welchem Zustand sie geschrieben waren. Ich lege Dir nur *einen* solchen Zettel vom Freitag bei.

Ich wohne hier draussen in Meudon, wo es herrlich ist. Rodin hatte hier sein Atelier, und Rilke war bei ihm Sekretär. Im Garten meiner Pension gibt es wunderbare Bäume wie in England. Durch eine Zeder vom Libanon sieht man den Eiffelturm, und weit dahinter Sacré-Cœur. Aber was ich nicht fassen kann, so schön ist es, ist eine Allee von Linden in *vier Reihen*, die zum Schloss von Meudon hinaufführt. Sie ist einen Kilometer lang, es ist die Allee, von der ich immer geträumt habe. Meine Pension, die einen bretonischen Namen trägt, liegt an dieser Allee. Fünf Minuten von mir sind die Reste des Schlosses von Meudon, wo Marie Louise (die von Napoleon allerdings) und ihr Kind, der Herzog von Reichstadt, während des Feldzugs Napoleons in Russland gewohnt haben. Ich nehme auch das hin, weil Du Deinen Namen von ihr hast. Dafür hat ein paar Häuser weiter unten Wagner den »Fliegenden Holländer« geschrieben. Noch ein bisschen weiter ist das Haus von Manet. Jedermann weiss, dass es hier ist, aber niemand hat es mir bis jetzt noch zeigen können. So ist Marieluise ganz nahe bei Manet, und den Richard Wagner dazwischen muss man sich wegdenken.

Im Garten spielen meine dreijährige Nichte Françoise und mein zweijähriger Neffe Bernard. Beide sehen genau so aus wie ich und sind trotzdem bezaubernd. Ich kann mich an ihnen nicht sattsehen (aber nicht, weil sie mir gleichsehen). Sie lassen mir nie Ruhe, meine Taschen werden immer nach Schokolade durchsucht bis wirklich kein Bröckerl mehr da ist. Es ist gut, dass ich keine Kinder habe. Ich könnte an nichts anderes als sie denken, Tag und Nacht, es wäre mir alles und jeder andre Mensch gleichgültig, ich würde vor Angst um sie stündlich sterben. Es ist mir unbegreiflich, wie Menschen mit Kindern am Leben bleiben. Was für Klötze, was für private, verfressene, eigensüchtige Naturen diese Leute sein müssen! Das Ärmchen eines Kindes ist aufregender, schöner und fesselnder noch als ein Baum. Ich weiss wirklich nicht, was ich mehr liebe, die Lindenallee oder meine Nichte, die sich Fafa nennt (statt Françoise); ich heisse Tonton Ya (für oncle Elias).

Ich würde für mein Leben gern hier wohnen bleiben; aber in einigen Tagen gehen die Kinder in die Stadt zurück, und es ist auch viel zu tun. Ich werde in der Wohnung vom Georg in Vanves sein, wo ich auch jetzt täglich hingehe, um nach seinen Büchern zu schauen. Es ist sehr hübsch bei ihm, und vor allem ruhig. Er hat einen wunderbaren, ganz langen, starken Bauerntisch, drei Meter lang und einen Meter breit; auch der Tisch (wie die Allee) ist genau der Tisch, von dem ich immer geträumt habe. Seine Bedienerin, eine sehr liebe alte Frau, wird mir Frühstück machen und aufräumen.

Mein liebes, liebes Muli, ich schreibe Dir absichtlich von allen möglichen Dingen und nicht vom Georg: es ist ein herrlicher Morgen und ich habe, seit ich ihn gestern gesehen habe, endlich Hoffnung. Um *ein einziges Mal* auszuspucken, muss er sechs oder sieben Stunden arbeiten, genau wie bei einer schweren Geburt und jeder Atemzug während dieser Stunden ist *buchstäblich* ein heftigster Dolchstich für ihn. Ich habe nie gewusst, dass ein Mensch so viel Schmerzen aushalten kann. Es zu *sehen* allein ist schon die Hölle.

Liebstes Muli, schreib mir bitte sehr, sehr oft nach Vanves; Dein einziger Brief, den ich am allerschrecklichsten Tag bekam, hat mir so wohlgetan. Lebwohl. Ich umarme Dich und küsse Dich auf das Zärtlichste Dein Pio.

Samstag

Liebster Pio,

Ich danke Ihnen für Ihren lieben lieben Brief der endlich kam. Noch vor ich den beigegebenen überholten Brief las wusste ich wie böse Zeiten Sie dort durchmachen – am Dienstag war mir so bang dass ich Paris anrief – ich hoffe Sie sind mir nicht böse deshalb – ich erfuhr die Nummer ganz leicht durch die Zentrale. Die Bedienerin war sehr lieb am Telephon und sagte dass es Ihrem Bruder ein wenig besser ginge. Da war mir ein Stein vom Herzen. – Und als Ihr Brief kam war ich ganz glücklich dass Sie trotz all dem in der schönen Umgebung waren mit den Kindern (ein wenig weh hat's mir getan – das von den Kindern – aber das macht nichts) und dass Sie mir von der Allee schrieben und von dem schönen Tisch bei Ihrem Bruder. Der Tisch hat freilich meinen Ehrgeiz angestachelt – so möchte ich dass es aussieht wenn Sie in Ihr Zimmer kommen und der Tisch ist leider noch ein ganz wunder Punkt. Ich bin mit Volldampf wieder nach Portobello, Bell Street u.s.w. gelaufen habe aber noch nicht das Richtige erjagt. Die Räume hier sind nicht leicht einzurichten, das sehe ich an Georgettes Wohnung wo mit paar Sachen schon alles vernünftig aussieht. Sonderbar Pio dass Sie mir von den Kindern schreiben – gerade in den Tagen stand ich oft ganz in Bewunderung versunken vor dem dummen Waldmann-Baby – es steht den ganzen Tag in der Sonne allein vor dem Haus, da kann man sich's gut ansehen. Nicht zu glauben dass es von diesen scheusslichen Eltern ist – so rund und süss und kräftig sieht es aus und lächelt mich so freundlich an. Eigentlich fühlt man sich geehrt wenn man von einem Baby angelächelt wird. Auch ich habe die Form der Arme und Hände und Beine bewundert (sonderbar nicht wahr?) und ich dachte sogar ich möchte einmal eine farbige Zeichnung machen.

Meine Tante und Mado kommen nun doch Montag nachdem sie erst abgesagt hatten – meine Mutter macht mir viel Sorge in der letzten Zeit – aber davon will ich jetzt nicht schreiben. Ich war oft ganz desperat die letzten Tage und nur das Kaufen für die Wohnung hat mich über Wasser gehalten. Die Stadt ist halt meine Leidenschaft auch wenn man müd und schmutzig wird dabei – heut war ich auf meinen obskuren Wegen in einer Tierhandlung wo's ganz sonderbare Reptile gibt – in Camden Town – und der Geruch von kühlen Gemüse- und Obstgeschäften um diese Jahreszeit – das ist halt mein Weihrauch momentan – jeder hat wohl den seinen – nicht wahr Pio?

Ich schliesse denn ich gehe jetzt mit Nell in Hamlet den Film und will den Brief noch einwerfen.

Seien Sie umarmt – und noch danke, danke! für Ihren lieben Brief

Immer Ihr Muli

Mado war die schweizer Gouvernante von Kees Leembruggen. – »Hamlet« ist die mehrfach preisgekrönte britische Filmadaption von William Shakespeares Theaterstück aus dem Jahr 1948, in der Sir Laurence Olivier sowohl Regie führt als auch die Hauptrolle spielt.

Elias Canetti an Marie-Louise von Motesiczky

Meudon, 13. Juni 1951

Mittwoch den 13. Juni

Mein liebstes Muli,
Das war eine Woche! Heut sieht es zum ersten Mal wirklich so aus, als ob das Allergefährlichste vorüber wäre, mit Vorbehalt natürlich. An demselben Tag, an dem Du angerufen hast (was schrecklich lieb von Dir war, es hat auch ihn sehr gefreut), musste seine Wunde wieder geöffnet werden. Wir erfuhren das erst am nächsten Tage, als Du meinen beruhigenden Brief bekamst. Es war eine ganz gefährliche Infektion in der Wunde, man musste öffnen, um die Infektionsherde zu entfernen. Du kannst Dir vorstellen, welche Wirkung es auf ihn hatte, dass er eine Woche nach der Operation, nach all diesen unvorstellbaren Schmerzen, noch einmal operiert wurde. Er fing an, den Mut zu verlieren, der diese ganzen Jahre über ihn am Leben erhalten hatte, er gab sich selber auf. Es war so schrecklich, wie man es nicht schildern kann, er sah Tage und Tage wie ein Toter aus, gelb und eingefallen, und das einzige an ihm, was lebte, waren die fieberleuchtenden Augen. In alle dem waren noch die sonderbarsten Schwankungen. Einen Tag sank das Fieber um ein Zehntel Grad und man versuchte, Hoffnung zu schöpfen, am nächsten war es wieder höher. Keines von den zahllosen, mo-

dernen Mitteln, die man in den letzten Jahren entdeckt hat, wurde unversucht gelassen. Heute sagte er mir, mit einem erleichterten Lächeln, dass kein Milliardär noch je so behandelt worden ist, er meint, dass der französische Staat für ihn Medikamente im Werte von vielleicht 20 000 ?? Pfund ausgegeben habe, Mittel, die nur im Laboratorium experimentell hergestellt würden, für die es überhaupt noch keine fabriksmässige Erzeugung gebe. Das meiste wirkte überhaupt nicht auf ihn, sein Körper ist natürlich saturiert. Aber schliesslich muss doch etwas verfangen haben, denn das Fieber ist nur noch um 38° und die allergefährlichsten Bazillen in der Wunde waren heute nicht mehr da. Das heisst nicht, dass sie nicht wiederkommen, aber es ist viel mehr Hoffnung.

Es ist eigentlich schrecklich dumm von mir, dass ich Dir das alles schreibe, ein Durcheinander, das mir selber nicht verständlich wäre, wenn ich nicht die ganze Zeit damit gelebt hätte. Aber es ist bloss die Erleichterung, die mich geschwätzig macht. Heute ist ein herrlicher Tag, und es ist der erste Tag, an dem alle Ärzte übereinstimmend günstig klingen. Du musst wissen, dass aus ganz Frankreich Ärzte gekommen sind, Verehrer von ihm, die ihre Arbeit verschoben oder Urlaub genommen haben. Der Direktor aus dem Sanatorium bei Grenoble, wo ich gewohnt habe (1948) ist auch da. Er hat seinen Urlaub dafür geopfert, um in der Nähe zu sein und ihn öfter zu sehen. Ich glaube, diese Ärzte haben das Ganze buchstäblich als einen verzweifelten, konkreten, akuten, leidenschaftlichen Kampf ihrer Wissenschaft mit dem Tod angesehen. Sie waren alle, jeder auf seine Weise, nicht weniger daran beteiligt als ich. Rührend ist seine kindische Freude darüber, dass man so viel Geld für ihn ausgegeben hat. Er ist nämlich im Grunde sehr bescheiden und will nicht einsehen, dass es auch im Interesse der französischen Wissenschaft liegt, ihn zu erhalten, dass Leute wie er ganz und gar unersetzlich sind.

Heute kam auch Dein Brief. Hätte ich nur jeden zweiten Tag einen gehabt! Aber es scheint, dass Du auch schwierige Sachen gehabt hast. Schreib mir doch, liebes Muli, was mit Deiner Mutter los ist, ich muss es doch wissen! Es sind doch hoffentlich nicht wieder diese Thrombosen? Bist du oft in Amersham? Es muss jetzt herrlich sein draussen. Ich kann mir nicht helfen, aber ich empfinde jetzt England wirklich als meine Heimat, besonders London. Ich kann jetzt mit gutem Gewissen bald Engländer werden. Ich spüre, wie ich auf die Franzosen hier als *Engländer* reagiere, und nicht mehr wie früher als Wiener, Schweizer oder Balkanese.

Die kritische Zeit dauert jetzt noch 14 Tage. Später fährt er wieder in die Berge nach St. Hilaire.

Ich schreibe Dir noch immer aus dem Garten in Meudon. Ich gehe täglich in die Wohnung von Georg, aber ich schlafe noch hier in der Pension. Ich hätte bei ihm wahrscheinlich überhaupt nie schlafen können, vor Angst. Hier sind viele Leute, und meine Schwägerin hat etwas ungemein Beruhigendes, Angst scheint ihr völlig fremd.

Lebwohl, mein liebstes Muli. Plag Dich nicht zu sehr mit der Suche nach dem Tisch. Er darf auch 2 ½ Meter lang sein statt drei. Drei wären natürlich schöner. Grüsse alle sehr herzlich.

Schreibe mir *bitte* öfter. Es können wieder weniger gute Tage kommen und ein lieber Brief wäre da ein Segen.

Lebwohl und lass dich tausendmal umarmen von

Deinem *hoffnungsvollen Pio*

Elias Canetti an Marie-Louise von Motesiczky *Meudon*

Mittwoch, 20. Juni 1951

Mein liebstes Muli,
Den letzten Brief an Dich trug ich drei Tage lang in der Tasche herum. Ich konnte mich nicht entschliessen, ihn einzuwerfen: noch am selben Tag, an dem ich ihn geschrieben hatte, schlug alles beim Georg wieder um: die gefährlichen Bazillen waren plötzlich wieder da und die Temperatur ging nochmals in die Höhe. Man gewöhnt sich zwar an diese Schwankungen, aber sie haben eine katastrophale Wirkung auf ihn: er fängt an, den Mut zu verlieren und manchmal spricht er schon die schrecklichen Dinge, die man nicht sprechen soll und die in seinem Zustand äusserst gefährlich sind; denn wie niemand *lebt* er von seinem Mut und seinem Willen. Als es wieder ein bisschen besser war, warf ich den Brief ein. Auch jetzt ist es eher besser. Ich werde das nicht mehr tun; ich werde jeden Brief sofort aufgeben gehen und nie mehr auch nur eine halbe Stunde warten, denn ein Telephonanruf kann alles umstossen und ich krieg dann plötz-

lich eine abergläubische Furcht vor dem, was ich geschrieben habe.

Überhaupt Aberglauben! Vor dem 15. Juni, dem Todestag meiner Mutter, hatte ich solche Angst, dass ich den Kalender am liebsten ver*schoben* hätte. Vielleicht war das auch mit ein Grund, warum ich den Brief an Dich erst am 16. einwerfen konnte. Ich war fest davon überzeugt, dass er an diesem selben Tage sterben wollte. Der Vorabend des 15. war sehr schwül. Um 10 Uhr nachts begann ein Gewitter, das die ganze Nacht andauerte, bis nach sechs Uhr früh, acht Stunden lang, bis in den hellen Morgen des 15. hinein. Es war das längste und heftigste Gewitter, das ich je erlebt habe. Du weisst, wie ich Gewitter liebe, Blitze sind für mich das Schönste, was es auf der Welt gibt, wirklich wie Gedanken, aber diesmal stand ich zitternd die ganze Nacht an meinem Fenster, sah Blitz um Blitz über Paris, das etwa so weit von Meudon liegt, wie Wien von Grinzing, und versuchte ihre Bedeutung zu enträtseln. War es ein gutes Zeichen, dass dieser Tag mit einem solchen Gewitter, mit Hunderten und Hunderten von Blitzen begann, war es schlecht? Um 9 konnte ich endlich im Spital anrufen: es ging ihm schlechter, aber er lebte. Durch das Gewitter war das Fieber bei allen Lungenkranken gestiegen!

Ich habe Georg erzählt, dass Du aus London angerufen hast, es hat ihn sehr gefreut und er lässt Dich herzlich grüssen. Ich bin noch immer in Meudon, obwohl die Kinder mir schon so auf die Nerven gehen, dass ich sie zum Teufel wünsche; sie machen einen solchen Lärm, dass man keinen ruhigen Augenblick hat. Das Mädchen hat ein teuflisches grausames Lachen und quält alle Tiere und ihren kleinen Bruder. Der Bub, der überaus sanft und empfindlich ist, weint bei jeder Gelegenheit, und man hört so nichts als Weinen und Lachen. Der Garten hier ist zwar gross, aber kaum setze ich mich zum Schreiben nieder, kommt die Kleine herausgerannt, stiehlt mir meine Bleistifte, bekritzelt mein Papier, rennt mit Manuskripten davon, wie ein kleiner Höllenkobold. Sie ist von einem unverwüstlichen Temperament, ihre Männer tun mir jetzt schon leid, sie wird denen einmal mitspielen, dass ihnen Hören und Sehen und Lieben vergeht.

Ich könnte ganz in Vanves sein, wo ich mich einen Teil des Tages aufhalte, aber ich habe Angst allein beim Georg zu schlafen, solange es ihm nicht besser geht. Hier kann ich doch *meistens* schlafen, es sind viele Leute in der Pension, und es ist auch die wunderbare Lindenallee, die ich so liebe.

Ich hätte so gern, liebstes Muli, dass Du mir ausführlich über alles in London schreibst. Über Dich, die Wohnung, mein Zimmer; über Deine Mutter (geht es ihr besser?); die Marie; Amersham; Deine Tante – für alle die Dinge, über die ich immer spotte, habe ich eine wunderbare Zärtlichkeit, seit ich hier bin, und Dich habe ich sehr, sehr lieb. Ich war noch in keiner Ausstellung und ein einziges Mal ganz kurz im Louvre; es ist jetzt gerade eine grosse Toulouse-Lautrec-Ausstellung, die ich gern sehen möchte. Ich schäme mich sehr, dass ich Dir noch von keiner Ausstellung berichten kann. Ich habe Raymond Queneau kennengelernt, einen berühmten und trotzdem guten Dichter, der Hauptlektor bei Gallimard ist. Er war in dem Komitee, das mir den Preis gab und hat sich für das Buch mit grosser Leidenschaft eingesetzt. Er dachte, ich bin ein Professor in London (alle glauben, ich bin der Kien) und war angenehm überrascht, dass ich nicht erst mitten in den Flammen lache. Er will alle meine Werke für Gallimard (den besten Verlag) und ich habe ihm die Komödie gegeben. Es ist vielleicht gar nicht so schlecht, dass ich hier bin. Aber ich schäme mich doch sehr, an meine eigenen Dinge zu denken, während der Georg noch so arg daran ist. Er im Gegenteil *drängt* mich, alles zu tun! Lebwohl, mein geliebtestes Muli – vielleicht hast Du schon Ruhe und kannst wieder malen? Es umarmt und küsst Dich Dein

Pio

Der später als Schriftsteller bekannte Raymond Queneau (1903–1976) ist seit 1938 bei dem Pariser Verlagshaus Éditions Gallimard tätig. Er schätzte »Die Blendung« schon vor ihrem Erscheinen in Frankreich und verschaffte Canetti 1949 den Grand Prix International du Club Français du Livre.

Im Februar 1952 findet eine Einzelausstellung von Marie-Louise von Motesiczkys Gemälden im Kunstzaal Van Lier in Amsterdam statt, die dann im März zum Kunstzaal Plaats in Den Haag weiterreist.

Marie-Louise von Motesiczky an Elias Canetti

Amsterdam, 26. Januar 1952

Samstag

Liebster Pio,

Hier sitze ich nun in meinem Zimmerl im Frauenclub. Es gab noch einige Aufregungen wegen der Bilder. Als wir im Hoek am Donnerstag abend ankamen erkundigte ich mich gleich beim Zoll aber dort sah man in einem Buch nach und konnte nichts von Bilderkisten finden – man zeigte mir 3 enorme Kisten ohne Adresse – bloss Oil Cloth stand darauf. Am nächsten Morgen rief ich Hudig und Pieters an und van Lier. Die Bilderkisten waren doch noch Donnerstag in Amsterdam am Zoll angekommen jedoch konnte van Lier sie bis jetzt nicht aus dem Zoll herausbekommen da sie ohne jedes Dokument ankamen. Ich ging selbst am Freitag in Amsterdam zum Zoll – sah meine Kisten! – aber nun müssen erst Formulare in den Haag geschickt werden und so Gott will wird man die Kisten Anfang nächster Woche freibekommen. Ich bin aber nicht mehr besorgt nur im allgemeinen etwas verschreckt – ohne jeden Grund. Ich habe mich bei Bep gemeldet die sehr nett ist, habe heute dort gegessen und Tee getrunken und den Vater kennengelernt, ein langer Holländer – sicher und freundlich – sonst kann ich eigentlich nichts über ihn sagen. Bei Suzanne habe ich mich noch nicht gemeldet – will es aber noch heute Abend tun. Jeder Anruf kostet mich grosse Überwindung, selbst wenn ich weiss dass ich wirklich willkommen bin – ich hoffe nur dass ich im Lauf der Woche diese furchtbare Schüchternheit überwinden werde. Merkelbach fragte mich wer die Ausstellung eröffnet – niemand soviel ich weiss – mir fällt auch bei bestem Willen niemand ein den ich darum bitten könnte. Ich muss mich halt auf die Wirkung der Bilder verlassen – das ist alles. Heute morgen war ich noch mal in der Beckmann-Ausstellung – dort sah ich als fast den einzigen Besucher Lütjens den Kunsthändler – er erkannte mich nicht – ich beobachtete ihn lange – er stand lange und feierlich vor den Bildern, man konnte sehen dass es ihm viel bedeutete – dann erschien eine dicke mittelalterliche Dame mit Goldhut, wohl eine die man zum Kaufen kriegen wollte – die führte er durch alle Räume und erklärte ihr alles wobei sie sichtlich nichts verstand. Es war irgendwie phantastisch und traurig. Ich dachte immer soll ich nun hingehen und sagen: »ich war mit Quappi bei Ihnen vor einigen Jahren – u. s. w.« aber ich tat es nicht. Das war also der Abschied von diesen herrlichen Bildern – sie haben mich mehr überzeugt denn je.

Liebster Pio – Sie fehlen mir ganz schrecklich – ich habe nur einen Wunsch, bald wieder mit Ihnen in Compayne Gdns. zu sein. So stark ist der Wunsch dass er eigentlich gar nicht gut ist. Muli wird noch oft allein in die Welt müssen. ?

Liebster Pio schreiben Sie mir bitte – ich brauchte es so sehr. Ich will auch bald wieder schreiben und vielleicht wird der nächste Brief schon munterer und mutiger sein

Ich umarme Sie mit aller Kraft

Ihr ganz kleines Mulatti

Heute Nacht muss ich ein Plakat entwerfen – die Sekretärin bat mich 6 Plakate für die Museen zu machen – das liegt mir *gar nicht* – die Leute wollten sich wohl die Kosten des Drucks ersparen. Habe mir Plakatfarben und das Nötigste besorgt.

Leni und Berthe sind bis Freitag in Paris das ist schade. Habe sicher mit dieser Gesellschaft hier gerechnet.

oil cloth: Wachstuch. – Hudig & Pieters ist die holländische Reederei, mit der Marie-Louises Bilder verschifft wurden. – Die holländische Journalistin und Bibliothekarin Suzanne van Thijn (ca. 1904 – ca. 1983) floh 1940 mit dem Fahrrad aus Amsterdam, wurde dann von einem SS-Auto durch Frankreich mitgenommen und landete schließlich in England, wo sie sich in Oxford und später in London niederließ. Sie hat einige Freunde mit Marie-Louise gemeinsam, wie zum Beispiel Nell und Arthur Clegg und Henri Wiessing (1878–1961), ein holländischer Journalist, Kunstkritiker und Verleger, mit dem van Thijn lange Zeit liiert ist. – Marie-Louise lernte den holländischen Architekten Benjamin Merkelbach (1901–1961) wahrscheinlich 1927 in Frankfurt am Main kennen. – Von Dezember 1951 bis Januar 1952 veranstaltet das Amsterdamer Stedelijk Museum eine Gedächtnisausstellung für Max Beckmann, der 1950 in New York gestorben war. – Der deutsche Kunsthistoriker Dr. Helmuth Lütjens hatte 1923 die Amsterdamer Niederlassung des Kunsthändlers Paul Cassirer übernommen. Er half Beckmann im Exil und versteckte seine Bilder vor den Deutschen. – Die holländische Malerin Berthe Edersheim (1901–1993) hatte Mitte der zwanziger Jahre mit Marie-Louise an der Académie de la Grande Chaumière in Paris studiert und zeitweise mit ihr zusammengewohnt.

Marie-Louise von Motesiczky an Elias Canetti

Amsterdam, 29. Januar 1952

Dienstag

Liebstes Piolein
Die Bilder sind frei, kommen wohl heute Dienstag – zu van Lier, ein nettes Plakat habe ich entworfen – Rahmen werden fertig – alles ist in Ordnung nur *ich* bin hoffnungslos vernagelt und verblödet. Auch habe ich wieder einen riesen Schnupfen bekommen. (Ich habe dauernd das Gefühl dass ich überhaupt nicht weiss was ich mit Menschen reden soll) Morgen soll ich Sandberg kennenlernen – ob er dann später Zeit hat meine Ausstellung zu sehen ist noch eine andere Frage – mein persönlicher Eindruck den ich auf ihn machen werde wird nicht sehr glänzend sein. Liebes Piolein halten Sie mir die Daumen so wie auch ich Sie Ihnen halte!? ja? Schliesslich ist ja nichts wichtig auf dieser Welt – oder alles – wie man's nimmt. Ich wollt ich wär in einem Mauseloch – aber als dauernder Wohnort will man dann doch auch wieder kein Mauseloch?

Gestern war hier überall Schnee – so hätte ich Ihnen Amsterdam gerne gezeigt.

Nun muss ich mit dem Plakat zu van Lier und sehen ob die Bilder wirklich da sind. Verzeihen Sie diese armseligen Brieferln – gell Sie verstehen wie's alles in mir ist und haben Nachsicht!

Es umarmt Sie immer

Ihr Muli

P.S. Habe eben Suzanne und H. zu einem Essen mit viel Rotwein eingeladen. Alles ist etwas besser. Die einzige Möglichkeit ist dass ich hier ab und zu trinke. Ja. Ich weiss wirklich nicht wie ich's sonst überstehe.

Die Dummköpfe haben ein s statt c gedruckt.

Willem Sandberg (1897–1984) ist nach dem Zweiten Weltkrieg bis zu seiner Pensionierung 1962 Direktor des Stedelijk Museums in Amsterdam. – Marie-Louise hat zeitlebens Probleme mit ihrem Namen, der weder einfach auszusprechen noch zu schreiben ist. So reichen die Schreibweisen von »Motesicky« bis »Moteschitzky«. Den Vornamen gibt es ebenfalls in vielen Varianten. Sie selbst unterschreibt meist mit Marie Louise Motesiczky.

Elias Canetti an Marie-Louise von Motesiczky

London, 30. Januar 1952

Mittwoch

Liebster Maler Mulo,

Gestern kam Dein erster Brief, mit nur begreiflicher Verspätung. Er jagte mir keinen kleinen Schrecken ein. Ich dachte, Du wirst die Bilder nicht mehr herausbekommen. Heute zum Glück kam der zweite, der mich beruhigt hat. Ich bin froh, dass Du ein bisschen besser gelaunt bist. Dieser Brief wird Dich wahrscheinlich am Tag vor der Eröffnung erreichen, und er soll Dir Glück bringen. *Alles wird gut gehen*, ich verspreche es Dir. Vergiss nicht, immer rechtzeitig ein bisschen Wein zu trinken, aber nie zu viel. Für Leute wie Dich ist der Wein ein Segen. Ich weiss nicht, ob Du schon den Mut aufgebracht hast, den Kunstleuten zu sagen, dass das frühe Selbstbildnis aus Privatbesitz ist. Aber ich erinnere Dich daran, tue es rechtzeitig, denn die Folgen einer Nachlässigkeit in dieser Sache wären sehr ernste und ganz jenseits von meinem Willen und meiner Macht.

Schreib mir bald und mehr. Ich habe mir einige hundert Daumen angeschafft, um sie alle für Dich zu halten, ich bin mit Daumen förmlich behängt, ich trag einen Daumenrock – wenn das nichts nützt, dann hätte nichts genützt. Aber es wird nützen. Liebes, liebstes Muli, Du siehst, wie ich mit grossen Kinderbuchstaben schreibe, damit Du es alles lesen kannst, und da ich so schreibe, komme ich mir wirklich vor wie ein Kind und sage: Jetzt muss ich schliessen. Hier ist alles genau so wie Du es verlassen hast, in der Wohnung, bei mir, und nur Deine Mieterin Tanja hat keinen Nachtdienst mehr.

Lass Dich tausendmal umarmen. Es küsst Dich Dein

sehr deutlicher PIO

Marie-Louises »Selbstporträt mit rotem Hut« aus dem Jahr 1938 gehörte für einige Jahrzehnte Elias.

Selbstporträt mit rotem Hut
1938

Marie-Louise von Motesiczky an Elias Canetti

Amsterdam, Februar 1952

Donnerstag

Liebster Pio,
Kein Wort von Ihnen – und so, so sehr würd ich es brauchen. Wenn's Ihnen nur halbwegs gut geht – so weit bin ich schon gekommen dass ich mir nicht zu grosse Sorgen mache – so sind Sie eben – haben mich ja schon oft eine Woche und mehr ohne Nachricht gelassen. Aber gerade jetzt – – –. Mit dem Sandberg gestern war's nix besonderes. Der W. hat sich's nett ausgedacht aber letzten Endes hat er es *miserabel* gemacht. Und ich war schüch-

tern wie zu erwarten. Der Sandberg hatte schon einige Bilder bei van Lier gesehen und sagte er fände sie sehr gut – van Lier hat mir das auch nachher bestätigt. Aber von wirklichem Interesse beim Sandberg glaub ich ist keine Rede. Das liegt alles ganz anders. Beckmann mag er und versteht er gar nicht – sagte es auch obwohl er zugibt – – – u. s. w. Ich glaube in seiner Jugend hat er Mondrian und solche Sachen vertreten – progressiv nennt man das – wie? Er hat eben eine grosse Legée (weiss nicht wie sich's schreibt) – Sie wissen der abstrakte Franzose – Legéeausstellung gemacht – die macht ihm wirklich Freude – und zwar weil Legée Kommunist und Parteimitglied ist. Der Legée malt nun nicht mehr abstrakt sondern benützt die abstrakten Formen um auf riesen Bildern die *»freudige Arbeit«* darzustellen. Das Gerüst eines Gebäudes im Bau, rot blau weiss schwarz, wie ein Plakat – und darin ein paar Arbeitermanderln. Ich war mit W. und Suzanne in der Ausstellung – da hat W. zugegeben dass das nicht viel mit Kunst zu tun hat. Aber vor dem Sandberg fühlte er sich auf einmal ganz inspiriert und will darüber schreiben – beide fanden es herrlich – ein berühmter abstrakter Franzose – Parteimitglied – Arbeitermanderln – zurück zu den einfachen Lokalfarben – Beginn einer neuen Kultur – klappt alles – mir wurde ganz übel. Dazu gibt's einen Holländer van der Leck – der lebt nicht mehr – hat zur Mondrian-Gruppe gehört und der hat angeblich Legée beeinflusst – also haben's die Holländer erfunden – *national* sind nämlich diese Burschen auch noch dazu.

Ach Piolein wenn ich mich nur über alles das mit Ihnen unterhalten könnte.

Piolein – wie geht es Ihnen gesundheitlich? wie ist Ihre Erkältung – ich hoffe dass Sie in diesen Tagen schon ganz gesund und in Ordnung sind. Wenn Sie mir gar nicht geschrieben haben wär's schön wenn Sie mir ein Telegramm senden würden Piolein – Herr im Himmel wie entfernt bin ich von Lustigkeit – bald aber will ich's wieder sein – auch wenn die Ausstellung ein Misserfolg wird. Das verspreche ich Ihnen und umarme Sie und küsse Sie viel viele Male Ihr Muli

Henri Wiessing vermittelt erfolgreich den Ankauf von »Finchley Road bei Nacht« durch das Stedelijk Museum, allerdings zu der recht geringen Summe von 25 Gulden. – Fernand Léger (1881–1955) zeigt 1952 im Am-

sterdamer Gemeente Musea seine neuesten Arbeiterbilder. – Der holländische Maler und Designer Bart van der Leck (1876–1958) war neben Theo van Doesburg und Piet Mondrian der Mitbegründer der Gruppe De Stijl, verließ die Gruppe jedoch schon bald und arbeitete in relativer Abgeschiedenheit.

Im Juli 1952 reist Marie-Louise über Holland nach Paris.

Marie-Louise von Motesiczky an Elias Canetti

Paris, 17. Juli 1952

17th VII

Liebster Pio,
Keine Nachricht von Ihnen aber vielleicht haben Sie doch nach England geschrieben? Ich kann es kaum begreifen – ich hab wohl keinen Brief erwartet aber als wir uns verabschiedeten – morgen sind es 14 Tage – haben Sie doch gesagt Sie würden mich benachrichtigen wo Sie sind? In Holland nichts – hier bei Poste Restante nichts. Montag Dienstag hiess es ginge keine Post und so ging ich Mittwoch wieder zu Poste Restante – aber nichts.

Das Geld wollte ich erst absenden bis ich Ihre Adresse habe – so sende ich es morgen an Georg.

Ich habe es hier sehr schön gehabt – den ersten Tag mit Cousinen und Freundin haben wir italienische und mexikanische Ausstellungen angesehen. Montag Dienstag waren leider alle Galerien zu aber ich ging so viel herum auch Nachts um recht viel zu sehen vom 14. Juli – so dass ich mir gestern mein neues Paar Sandalen zum Sohlen geben musste. Dienstag rief ich bei Frau Scharf an und da war Renée – grossen Hollo – getrüffelte Gansleber u.s.w. Abends kamen Baldasse die ganz nahe von hier wohnen. Bin also nicht allein und doch allein im Hotel von wo die Aussicht – bin im 4. Stock mit Balkon – auf den Garten des Palais Royal ganz herrlich ist. Das Wetter ist wie im Mai unglaublich und gar nicht heiss. Die mexikanische Ausstellung ist sehr hässlich aufgestellt so dass ich erst ganz enttäuscht war aber es sind wohl schöne Sachen. Aber davon muss ich Ihnen selber erzählen, im selben Haus eine ganz grosse Rouault-Ausstellung. Sie ist viel reicher und schöner als ich mir dachte – wirklich ganz wunderbar und ich glaube ich habe einiges verstanden was ich früher nicht wusste. Dann ist noch die Stilleben-Ausstellung – und die italienische ist auch wunderschön – man kann so viel gar nicht in einem aufnehmen und da ich's auch sonst diesmal so gut hier habe und Soph mir etwas Geld gab bleibe ich bis Samstag –. Pio nicht wahr es ist doch richtig so – und Sie können doch auch nichts dagegen haben? Ich habe so eine unglaubliche Freude an dieser Stadt – ganz abgesehen von den Ausstellungen – gestern abend fuhr Renée mich herum kreuz und quer und in den Bois und heute führte sie mich in das Restaurant wo Princess Margaret essen geht habe eine Forelle gegessen die nach Weihrauch schmeckte.

Ja ich vergass zu sagen von Wiessing hatte ich ein langes Telegramm – ein Auftrag – aber ich müsste dazu sofort nach Ommen Ost-Holland kommen *Wand*landschaften – ich habe ein Absage-Telegramm geschickt aber noch nicht geschrieben was mich schon wieder sehr drückt.

So nun wissen Sie das meiste freilich über alles was ich gesehen habe möchte ich Ihnen selber erzählen

Es umarmt Sie immer Ihr Muli

Renée Scharf ist die Tochter des österreichischen Malers Victor Scharf (1872–1943). Ihre Mutter Marie Louise Chauvin Scharf stammt aus einer südfranzösischen Familie von Weinbauern und Schafzüchtern. Renée Scharf wurde in Paris geboren und ist seit 1950 mit dem New Yorker Banker Allerton Cushman verheiratet. Sie besitzt eine Rinderfarm in Arizona.

Im August 1952 macht Marie-Louise Urlaub in Judenstein bei Innsbruck (auf dem Weg dorthin besucht sie Elias kurz in Paris). Sie plant, im nächsten Sommer mit Elias zusammen wiederzukommen und bereitet alles vor für den Urlaub, der ihr einziger gemeinsamer bleiben wird. Elias macht in der Zwischenzeit einen Krankenbesuch bei der Schriftstellerin Friedl Benedikt (1916–1953), einer ehemaligen Nachbarin aus Wien, später seine Schülerin und bis 1951 seine Geliebte. Sie leidet an der Hodgkinschen Krankheit und muss regelmäßig in die Klinik.

Elias Canetti an Marie-Louise von Motesiczky

Paris, 7. August 1952

Donnerstag

Mein gutes Muli,
Dein Telegramm hat mir grosse Freude gemacht, und ich schreibe Dir jetzt nur ganz kurz, damit Du einen Brief von mir in Judenstein vorfindest.

Ich habe mich sehr zusammengenommen, während Du da warst – die Nacht von Samstag auf Sonntag und der Sonntag selbst waren die allerschlimmsten Tage, darum habe ich nicht mit Dir sein können, wie ich es gern gewesen wäre. Es war ein Glück für mich, dass Du an den schlimmsten Tagen da warst.

Gestern und heute ist eine Besserung eingetreten. Das Fieber ist von über 40° auf 38° herunter und sie isst sogar. Ich wage es schon nicht mehr zu glauben, dass es anhalten wird. Aber vielleicht geschieht jetzt das Wunder, das ich allein nicht zustande gebracht habe.

Liebstes Muli, pass schrecklich auf Dich auf und schreib mir viel. Ich bleib auf alle Fälle noch 10 Tage hier, ich kann es nicht über mich bringen, jetzt weg zu gehen, ich habe das Gefühl, meine Abreise könnte sie töten.

Ich hoffe, Du weihst mir Judenstein so schön ein wie Zürich, und sag Dir immerzu, dass Du für mich leben und alles schön machen musst, und bitte betrüg mich doch nicht, aber *freiwillig*, nicht als Forderung.

Dein dankbarer Pio,

der Dich zärtlich küsst, umarmt und mit Dir überall spazieren geht.

Marie-Louise von Motesiczky an Elias Canetti

Rinn, 12. August 1952

12 VIII

Mein liebster lieber Pio,
Heut Früh bekam ich also Ihren Brief! Wie froh ich war! Ich las ihn im rattelnden Bus nach Innsbruck hinunter. Ich bin so dankbar dass mein Besuch Ihnen ein bisschen gut getan hat. Für mich war es etwas ganz Seltsames Wunderbares wovon ich

Ihnen später einmal erzählen werde. Vielleicht war es ein ganz ganz tiefes Glück dass Sie mich einmal »gerufen« haben? Mir war's als würd ich Sie kennen wie immer und doch so als wär's unsere erste Begegnung. Manchmal ist auch das »Leben« nicht nur die Kunst – eine Sache über die man staunen muss.

Das ist sehr ungeschickt ausgedrückt aber vielleicht können Sie es trotzdem verstehen. Ich verstehe es dass Sie bleiben müssen. Sie müssen wohl das tun was das Menschlichste und Gütigste ist und vielleicht können Sie erst reisen bis Friedl das sichere Gefühl hat dass sie Sie bald wiedersieht?

Ich habe hier mit dem Bauernhaus und diesem Ort grosses Glück. Es ist unbeschreiblich schön und ich frage mich ob es gerade dieser Ort ist oder das Gebirge im allgemeinen. Nein, aber es ist ganz ganz wunderbar hier! Ob's auch einmal zum Malen ist? Ich weiss es nicht – das ist das einzige was mir Sorgen macht – aber ich bin einfach ganz toll von den Gerüchen, den Ausblicken und all den Spaziergängen die ich machen will – in der Früh treibt's mich schon hinaus und ich weiss gar nicht in welche Richtung ich gehen soll so wunderbar ist alles – in den dunklen Wald mit dem Moosteppich und den winzigen blauen Glockenblumen und den Farnen oder hinauf auf Windeck oder in die kleinen Dörfer mit den spassigen bemalten Häusern und den Barock-Kircherln. Oh Pio die Judensteiner Kirche mit dem von Juden ermordeten heiligen Anderl-Kindlein. Ganz grässlich heidnisch ist das aber sehr amüsant. Ausflügler oder Fremde gibt es nur sehr wenige und ich bin absoluter Alleinherrscher in dem grossen Bauernhaus. Frau Schuler ist reizend und so lieb besorgt um mich dass ich nicht allein weit gehe. Es ist niemand im Haus ausser ihr und zwei liebe Kinder die mir in der Küche ihre Lieblingsplatten vorspielen »Waldfrieden« und »das Echo«. Dabei grunzt ein süsses kleines Ferkel welches eben zur Pflege in einer grossen Butte liegt und aus dem Flascherl trinkt. Ja und noch ein paar Menschen die arbeiten und wie ganz groteske Tiroler Masken aussehen geistern auch noch herum. Mein Zimmer ist *gross* und die Stube unten in der ich Ihnen eben jetzt schreibe mit dem grossen Kachelofen sehr angenehm – ja es ist wirklich mein eigener Palast.

Heut hab ich mir Schuhe gekauft das war das Nötigste. Und eine Landkarte – in der Buchhandlung war ein junger Mann aus London ein »unsriger«. Er erklärte der Verkäuferin (ein einfaches Tiroler Weiberl) mit ungeheurem Redeschwall die englischen politischen und sonstigen Verhältnisse – er legte sich so ins Zeug als würde er mindestens mit Ihnen reden. »Ja wias halt schon so ist – ja wia mas halt schon so liest – hams' schon recht« meinte das Weiberl. »Pämm, don't you think so« »*Pämm* Darling« sagte der junge Mann zu seiner jungen echt englischen Frau mit ungeheurem Stolz. Schon ein komisches Gezücht »wir Engländer«.

Gestern Sonntag gab's hier in Judenstein ein grosses Fest vom Verschönerungsverein, kostümierter Zug mit Andreas Hofer hoch zu Ross an der Spitze, verrückt geschmückte Ochsen ein Hochzeitspaar in einer Kutsche jung und alt Schützen und zwei Holzkanonen die fürchterlich schossen. Ein Tanzboden im Wald – eine »Stimmungskapelle« und eine Tanzkapelle – aber lustig waren die Leute und gern getanzt haben sie – das muss man ihnen lassen.

So Piolein und morgen gehe ich mit Frau Schuler und meinen lieben hässlichen bequemen dunkelbraunen Kindersandalen auf Windeck. Aber die Hauptsache – immer immer denke ich wie Sie hier sein werden, in welchem Zimmer Sie wohnen werden – wie ich alles für Sie vorbereiten werde – das ist vielleicht das Allerschönste von allem.

Es umarmt und küsst Sie Ihr Muli

Nach einer Tiroler Legende wurde der dreijährige Andreas (Anderl) von Rinn am 12. Juli 1462 von ortsfremden Juden im Zuge eines Rituals auf einem großen Stein, dem »Judenstein«, ermordet. – Bei dem jungen Mann in der Buchhandlung handelt es sich wohl um einen ehemaligen Emigranten. – Marie-Louise und Elias sind inzwischen britische Staatsbürger.

Elias Canetti an Marie-Louise von Motesiczky

Vanves
Donnerstag, den 14. August 1952

Mein liebstes Muli,
Mit unseren Briefen scheint diesmal schon ein besonderer Unstern zu walten: ich schrieb Dir letzten Mittwoch und warf den Brief Donnerstag ein. Du hättest ihn Samstag in Judenstein ha-

ben müssen. Wenn der auch noch nicht angekommen ist, dann weiss ich wirklich nicht mehr, was mit der Post geschehen soll. Ich werde jetzt diesen normal, nicht mit Luftpost schicken, vielleicht ist das besser. – Von Dir bekam ich: ein sehr liebes Telegramm, einen Brief aus Zürich, begeistert, und so dass ich gleich hinfahren möchte, bei denen wohnen, einen Brief aus Judenstein, enttäuscht, wegen Post. Seither war nichts mehr da. Solltest Du am Ende schon nach London geschrieben haben?

Ich fahre Sonntag oder Montag nach London zurück – bitte schreibe mir oft und ausführlich dahin.

Hier ist etwas wie ein kleines, ein ganz kleines Wunder geschehen. Seit einer Woche ist das Fieber unter 38° geblieben, sie hat gegessen und schöpft ein wenig Kraft. Man hat ihr das neue Wundermittel gegen Tuberkulose eingegeben, das auf viele Krankheiten einwirkt, und es hat zumindest vorübergehend sehr genützt. Das Jucken ist noch in aller Stärke da, und da es das eigentliche Symptom der Krankheit ist, bedeutet das, dass die Krankheit innerlich weiter arbeitet. Aber eine Pause ist jetzt bestimmt da, und wenn sie noch 14 Tage andauert, wird sie vielleicht versuchen können, sich wieder auf die Beine zu stellen. Wie bescheiden man wird! Wie *furchtbar* bescheiden!

Liebes, gutes Muli, ich wünsche Dir, dass Judenstein Dir so gut gefällt wie das Haus in Zürich und dass Du alles entdeckst und ausprobierst, was Du mir später zeigen wirst.

Denk Dir, ich war so erleichtert, dass ich vor ein paar Tagen in die Rouault-Ausstellung ging – ich finde den Mann *herrlich*, viel schöner als ich immer schon dachte. Es tut mir schrecklich leid, dass Deine wenigen Stunden in Paris gerade in die schlimmste Zeit fielen, zu gern hätte ich die Rouaults mit Dir zusammen gesehen. Aber wenigstens sind wir zusammen über die Seine spaziert – ein guter Anfang für später.

Leb jetzt wohl, sei vielvielmals umarmt und geküsst und schreib bald Deinem etwas besser gestimmten PIO

Das 1928 von Alexander Fleming entdeckte »Wundermittel« Penicillin kann Anfang der fünfziger Jahre in Europa endlich in größeren Mengen industriell hergestellt werden. Es wird vermehrt und erfolgreich zur Bekämpfung der Tuberkulose und anderer bakteriell verursachter Krankheiten eingesetzt.

Marie-Louise von Motesiczky an Elias Canetti

Rinn, 20. August 1952

20 VIII

Liebstes Piolein,
Nun sind Sie in London? Ich kann's gar nicht recht glauben. Es sind so viele Fragen die ich stellen möchte – was Sie in London vorgefunden – wie es in Paris war als Sie wegfuhren (eine weitere Besserung?) – nun aber ich muss doch abwarten was Sie mir schreiben und was nicht ... Aber dass Sie bei Rouault waren bin ich froh – er ist ein wunderbarer Maler – nicht wahr? Wenn Sie nun nur noch das Beckmann-Triptychon sehen könnten – vielleicht ist die Ausstellung in der Tate verlängert?

Nun muss ich berichten: Onkel Ernst ist hier und von Samstag auf Montag war Baldass hier der auf der Rückreise von Luzern es sich nicht nehmen liess mich hier zu besuchen. Ich habe den Brief aufgehoben den Pauly und er mir schrieben um ihn anzusagen (wegen Eifersucht hebe ich ihn auf für Sie obwohl ich mir gleichzeitig lächerlich vorkomme denn Sie können doch nicht eifersüchtig sein in dem Fall! – da gehörten Sie schon in ein Museum der Eifersüchtigen – aber irgendwie ist es mir schon so in Fleisch und Blut übergegangen dass ich damit rechnen muss – und lieber sollen Sie mich auslachen als alles andere!). Also ich schreibe alles ganz genau: Onkel Ernst von dem ich wusste dass er sich riesig freut auf ein Zusammentreffen im Salzkammergut schrieb ich von hier dass ich Ende dieser Woche nach Salzburg komme und fügte hinzu oder komme nach Judenstein hier ist es wunderschön und billig. Freitag bekam ich ein Telegramm von Ernst: am Weg zu Dir nach Judenstein mit Lambretta, gleichzeitig den Baldassbrief. Also Samstag abend kam Baldass sehr munter an aber gleich hatte er einen Asthmaanfall und seinen Kofferschlüssel verloren so dass er nicht zu seinen Medikamenten konnte – der Knecht hier musste den Koffer aufbrechen die Schuler und ich standen besorgt dabei – aber alles ging gut ab. Am Sonntag kam Onkel Ernst – völlig durchnässt – er hatte ein Abenteuer – in einer einsamen Schlucht kam eine kleine weisse Wolke auf ihn zu – und plötzlich war er in der Wolke die ein nussgrosser Hagel war und auf ihn herniederprasselte. Er hatte keine Zeit sich was anzuziehen noch sich wo unterzustellen – so stand er eine halbe Stunde über seine

Lambretta gebeugt und dachte seine letzte Stunde sei gekommen – mit nur einem Baskenmützchen am Kopf. Das Wasser strömte von den Bergen so dass es ihm bis über die Knöchel ging. Danach musste er noch 15 Kilometer fahren und übernachtete schliesslich in einem Ort wo durch das Unwetter das Licht kaputt war – schlotternd und durchnässt. Als er hier ankam steckte ich ihn gleich ins Bett mit zwei Tuchenten. Dann tranken wir Schnaps und Tee und er erzählte sein Abenteuer glückselig in dem netten Bauernhaus hier am Ziele und geborgen zu sein. Am Montag war Regen und Föhn – Baldass konnte nicht viel aus dem Haus wegen Asthma und O. Ernst blieb im Bett. Ich aber machte zwischendurch einen ganz herrlichen Spaziergang und kaufte ein in Rinn um meine beiden rüstigen Kavaliere zu bewirten. Ich dachte immer wie Sie mich auslachen würden Pio mit meinen tapferen Rittern hier und das stimmte mich ganz heiter. Auch war es ganz nett nach der vielen Sonne Regen und Gesellschaft zu haben. Ich bin hier schon so zu Hause – beim Greissler, beim Tischler bei den Gastwirten – gewiss schon 12–15 Menschen ich mein Hiesige die mich grüssen. Gestern brachte ich Baldass hinunter an die Bahn und wir sahen noch einiges an – in Kirchen u. s. w. Es sind jetzt auch die »Wiener Kunstschätze« da das Ende der grossen Ausstellung die in London Holland u. s. w. war. Sonderbar dass man von Judenstein aus sich schnell den wunderbaren Tizian ansehen kann! Finden Sie nicht auch?

Ich bin hier schon mitten in Einrichtungsproblemen. Frau Schuler lässt Holzläden machen und hinterm Judensteiner Waldel ist ein Bursch der macht ihr Edelweiss und Enzian darauf (und scheusslich!). Frau Schuler hat Vertrauen zu mir und ich will das natürlich verhindern ohne jemanden zu kränken. Das Haus wo der Bursch wohnt hat eine Stube aus dem 17^{en} Jahrhundert, Holz und alles und unseres ist auch alt vielleicht 15^{es} J.? das sieht man an dem schönen Gewölbe wenn man hereinkommt – da soll man doch nicht Postkarten auf die Läden kopieren!

Ihr Zimmer – welches jetzt meines ist aber es ist das schönste und einzig mögliche für Sie bekommt einen Balkon hoffentlich schon für nächstes Jahr. Ach ja, da gibt es so vielerlei zu besprechen! Und 3 Minuten von hier auf »unserem Grund« ist ein Kirschbaum und ein Haselnussstrauch – ein schattiges Plätzchen und *Aussicht* über *alles*. Da soll ein Tisch und ein Bankerl hinkommen für Sie zum Arbeiten. Piolein – schreiben Sie mir bald wie Sie über das alles denken!!!! Ja, wegen O. Ernst und Motorrad brauchen Sie keine Angst zu haben – ich *bin* und *werde nicht* darauf sitzen denn er hat jetzt selber einen Graus davor. Hat es heute nach Innsbruck gebracht da ihm hier die Wege zu steil sind und will sich nur einen Tag in Salzburg aufhalten und dann nach Wien.

Wir fahren Freitag oder Samstag (den 22^{en} oder 23^{en}) nach Salzburg wo ich bisher nur folgende Adresse weiss: bei Schwester G. Baumgartner, Getreidegasse 40, Salzburg. Das ist die Rupésche Kinderfrau – dort soll ich nachfragen wo mein eigentliches Quartier ist – ein etwas dummes Arrangement von Louise. Trotzdem lieber Pio – schreiben Sie mir dorthin sonst dauert es zu lange, ich und Rupés werden sicher immer hinschauen.

Ich bin überhaupt noch nicht auf Kaffeehaus und Getriebe eingestellt. Am Sonntag wird Louises Geburtstag und Karins Verlobung gefeiert.

Piolein leben Sie wohl – hab noch viel zu plaudern – aber wenn ich Ihnen alles schreibe hab ich dann gar nichts mehr zu erzählen! Ich traf im Wald einen Hitler mit einem Sohn Hans Hermann – sie waren leider sehr nett und schenkten mir viele Schwämme.

Es umarmt Sie ihr altes wichtigmacherisches munteres

Muli

P.S. Ich meine wenn Sie mich gerne umarmen und küssen würden sollen Sie nicht vergessen es mir zu schreiben – – da es mich sehr freuen würde …

Wenn die Post hier kommt so bläst sie! Dann kommen wir aus den Häusern und holen sie vom Bus! Ah! Sehen Sie solche Küsse hätten Sie mir senden können die ausgeblasen werden! Wenn sie nicht schon unterwegs sind ist's zu spät!

Ich les auch Bücher! Dicke!

Der Motorroller Lambretta wird seit 1947 von dem italienischen Unternehmen Innocenti hergestellt. – Tuchenten: Bettdecken. – Greißler: Krämer. – Louise Rupés Tochter Karin (geboren 1933) verlobt sich mit dem holländischen Archäologen Jan Willem Salomonson (geboren 1925). – Schwämme: Pilze.

Elias Canetti an Marie-Louise von Motesiczky

London, 26. August 1952

Dienstag

Mein liebstes Muli,

Nun bin ich wieder in London, schon fast eine Woche, und stecke beinahe die ganze Zeit in Compayne Gardens. Es ist alles in Ordnung hier; es gefällt mir gut und ich versuche zu arbeiten.

Als ich Paris verliess, schien alles ein bisschen besser. Ich hatte in über 6 Wochen geduldig und erfinderisch und mit aller Liebe ihre Seele von allem zu entlasten versucht, was sie quälte und ich fuhr erst weg, als es gelungen schien. Aber am Tage *nach* meiner Abreise war das hohe Fieber wieder da, die Drüsen schwollen überall an, es ist jetzt alles wieder in der Schwebe. Manchmal, wenn ich besonders unglücklich bin, kommt es mir vor, als wäre ich ganz umsonst dort gewesen. Vielleicht hätte ich dort bleiben müssen, – aber wie, wie? Oft sieht es so aus, als sei die ganze Krankheit nur entstanden, weil sie nicht bei mir sein konnte; aber jetzt ist sie *da*, und die Ärzte sind so hoffnungslos, dass man schon so wie dieser wunderbare junge Mensch sein muss, der Allan, um nicht ganz zu verzweifeln und verzagen.

Judenstein klingt wunderbar, und wie habe ich mich darauf gefreut, fast wie auf eine Rettung aus meinem Unglück. Aber seit ich in London bin, ist meine »Nachsicht« zu Ende, und die Nachricht, dass dein asthmatischer Ritter, der Baldass, schon dort war und sich ins Bett gelegt hat, damit Du ihn pflegst (und ich kenne dich, wenn jemand krank ist), hat mich mit einem ganz furchtbaren Zorn erfüllt. Ich schrieb Dir den bösesten Brief meines Lebens; aber ich hatte noch den Verstand, ihn drei Tage zurückzubehalten, und jetzt schicke ich ihn gar nicht ab. Muli, wenn es schon nichts anderes ist, wie kannst Du so *gedankenlos* sein und ihm erlauben, hinzukommen! Da kommst Du nach Paris und ich habe Dich lieber als je und Du gehst *uns* diesen Ort vorbereiten, Du beteuerst tausendmal, dass niemand hinkommen wird, bevor ich dort war, – und schon ist der lächerliche Esel dort! Wie kann man *so dumm* sein! Ich bin nur froh, dass Du den andern Brief nicht gesehen hast, er war *furchtbar.* – Ich werde etwa vom 7. bis 15. September nicht in London sein. Wenn Du also noch gern irgendwo bleiben möchtest, wo es Dir gefällst, dann tu es ruhig. Komm entweder am 1., damit ich Dich eine Woche sehe, oder nach dem 15., aber nicht dazwischen. Ich verzeihe Dir Deine Dummheit, weil Du in Paris so lieb warst, aber bitte, bitte pass jetzt auf und kränk mich nicht mehr so schrecklich. Dein sehr sehr trauriger und reizbarer

Pio.

Grüsse bitte alle herzlichst, besonders Louise und Mirli.

Der Amerikaner Allan Forbes, der zeitweilig als Kameramann arbeitet, ist Friedl Benedikts Begleiter in ihren letzten Lebensjahren. – Mirli ist der Spitzname für Louise Rupés Tochter Anne Marie (geboren 1931).

Marie-Louise von Motesiczky an Elias Canetti *1. September 1952*

Drobollach
Karnerhof
Kärnten
1 IX

Liebster Pio,
Ich schreibe in grosser Eile habe *eben* Ihren Brief von Salzburg nachgeschickt bekommen. Ach Pio warum tun Sie das – es war alles so paradiesisch auf dieser Reise – wenn Sie wüssten wie ich eigentlich die ganzen Wochen sozusagen Hand in Hand mit Ihnen gegangen bin – immer denkend – nächstes Jahr. – – – da werden wir zusammen sein. Ich kränke mich so – und dass Sie nun nicht da sein werden wenn ich komme – ich glaub ich hab noch nie so gut ausgesehen seit wir uns kennen – ich mein so sonnenverbrannt – wozu ist das nun alles – bis Sie kommen ist alles vorbei – und so erfüllt war ich von allem – eigentlich ist's jetzt schon vorbei – ich weiss nicht ob ich morgen nach Venedig fahre wozu – wozu überhaupt das alles. Dass Baldass nach Judenstein kam konnte ich nicht verhindern da er schon unterwegs war (in Luzern) als ich den Brief erhielt. Ich hätte eigens abreisen müssen – ich habe das überlegt – da ich ja schon wusste dass Sie vielleicht böse sein würden – aber von der kurzen herrlichen Zeit am Land extra wie ein Narr abzureisen um sich vor jemandem zu verstecken noch dazu dem harmlosesten Menschen der Welt – nur um Ihnen keinen Anlass zu Vorwürfen zu geben – also sozusagen zu agieren als wäre man von einem

Mann verfolgt – wenn man's gar nicht ist – nein Pio ich glaube das könnte ich nicht – das könnte nur ein vollkommen kindischer und verschreckter Mensch – der ich doch eben nicht sein soll – das wäre doch auch nicht Ihr Wunsch.

Ich muss spätestens am Samstag zurück sein weil Marie wie es scheint ins Spital muss – habe Mutter telegraphiert (die mich übrigens schon die ganze Zeit mahnt dass ich zurückkommen soll) »wie lang darf ich bleiben«. Spätestens Samstag war die Antwort. Ich würde nichts lieber als etwas länger hier bleiben es ist hier sehr malerisch. Es ist ganz unbeschreiblich schön. Es tut mir furchtbar weh dass Sie mir nicht sagen wohin sie gehen – besonders da ich wieder *die Absicht* spüre mir weh zu tun. Ach warum das alles – vielleicht überlegen Sie es noch – Sie verletzen mich furchtbar damit.

Ich habe jahrelang gewartet dass »wir« einmal wohin gehen werden – ich ging an einen der einsamsten Orte die es gibt – ich habe – nicht durch mein Verschulden dort Besuch von Baldass und O. Ernst gehabt. Ist das wirklich so schlimm? Übrigens Baldass lag nicht im Bett – ausserdem habe ich weder sein Schlafzimmer gesehen noch betreten. Er fühlte sich nur unsicher ohne Medikamente – das war alles.

Die Post geht – und ich laufe in den Ort mit dem Brief. Pio um das was ich in Paris für Sie fühlte, Liebster tun Sie mir das nicht an dass Sie mir Ihre Adresse nicht lassen ich verdiene es nicht

Ihr Muli

Geben Sie mir eine Adresse wo man Ihnen Post nachsendet wenn Sie die wirklich nicht geben wollen aber nicht gar nichts – darüber könnte ich nicht so leicht hinwegkommen.

Elias Canetti an Marie-Louise von Motesiczky *Paris, Februar 1953*

Samstag

Mein liebstes Muli,
ich wollte Dir schon längst wieder schreiben, aber es war alles so unsicher; eine Zeitlang sah es so aus, als würde ich F. überhaupt nicht sehen können. Jetzt aber habe ich sie gesehen, nach grossen und komplizierten Vorsichtsmassregeln bin ich vorgelassen worden. Ich will es Dir lieber nicht sagen, wie sie aussieht. Seit

gestern gehe ich täglich auf eine Stunde hin. Ich habe nie gewusst, dass ein Mensch so aussehen kann. Es sind ihre letzten Augenblicke, und dank den übermenschlichen Bemühungen Allans und des Arztes, der sie tief liebt, hat man sie darüber hinwegtäuschen können. Sie ist die meiste Zeit eingeschläfert.

Ich habe eine Geschichte erfunden über eines ihrer Bücher, das der Aymer unter meiner Leitung als Ballett aufführen lässt und ich bin in Paris, um mit französischen Autoren und Regisseuren darüber zu verhandeln. Wie ein Mensch sich noch freuen kann, wenn er schon aus nichts mehr besteht! Ich will ihr jetzt jeden Tag diese Geschichte weiterspinnen. Es hilft ihr über das schreckliche Atmen hinweg; sie erstickt langsam und nichts kann ihr helfen. – Ich weiss nicht genau, wie lang ich noch bleibe, vielleicht vier Tage, vielleicht noch eine Woche. Du brauchst um mich gar keine Sorge zu haben. Ich bin merkwürdig ruhig, seit ich das Stück fertig habe. Lebwohl, sei vielmals umarmt, und bitte schreib mir über Dich und ob Du ganz gesund bist. Schau auf Dich!

Dein Pio

Friedl Benedikt veröffentlichte unter dem Pseudonym Anna Sebastian drei Romane in englischer Sprache. 1944 waren »Let Thy Moon Arise« und »The Monster« erschienen, 1950 folgte »The Dreams«. – Canettis drittes Theaterstück »Die Befristeten«, an dem er von 1951 bis Anfang 1953 arbeitet, wird 1964 im Hanser Verlag erscheinen.

Elias Canetti an Marie-Louise von Motesiczky *Paris, Februar 1953*

Montag

Mein liebstes Muli,
es war eine böse Woche und ich wäre froh gewesen, ich hätte etwas mehr von Dir gehört. Schreiben konnte ich schwer, weil es viel zu arg war. Ich habe nie gewusst, dass ein Mensch so lange und so genau zwischen Leben und Tod hängen kann. Sie weiss noch immer nicht, wie es wirklich um sie steht. Ich glaube, es war gut, dass ich da war. Sie hat ihre *eigentliche* Familie um sich gehabt: die einzige Schwester, die sie mag, Allan (der wie ihr Kind ist) und mich, den Vater. Ich fahre spätestens Donnerstag nach London zurück, vielleicht schon Mittwoch. Du darfst nicht

enttäuscht sein, wenn ich schwer über etwas sprechen kann. Es ist das Furchtbarste, was ich je erlebt habe, und am meisten quält mich daran die *Täuschung*, zu der ich selber so viel beitrage. Der Arzt hat ihr auf das Leben seiner Tochter geschworen, dass sie in 3 Monaten gesund sein wird. Ich habe für diesen Sommer eine Reise nach Oesterreich in allen Einzelheiten mit ihr besprochen. Sie *glaubt* mir, und sie glaubt dem Arzt. Was unterscheidet mich von einem Priester? Sie glaubt dem Arzt, weil er geschworen hat, und mir, weil ich der Mensch bin, dem sie am meisten auf der Welt vertraut. Sie quält sich durch einen Erstikkungsanfall nach dem andern und sie kommt durch im Vertrauen auf den Arzt und mich. Es kann jeden Augenblick zu Ende sein und es kann noch eine Woche dauern. Sie sieht jetzt aus auf wie die Annie Schey, nur viel, viel magerer. Sie isst nicht. Sie flüstert. Sie atmet nur keuchend. Meist liegt sie mit geschlossenen Augen da. Manchmal phantasiert sie flüsternd und sagt Sachen, die so kindlich und herzzerreissend sind, dass man vor Gram selber sterben könnte. Aber man darf sich nie das Leiseste anmerken lassen, denn plötzlich öffnet sie die Augen und frägt einen etwas verteufelt Gescheites oder sie macht eine Bemerkung, die so witzig ist, als wäre sie vollkommen gesund und bei Kräften. Sie hat sich in den Arzt verliebt und wartet auf ihn wie auf den Erlöser. Es ist sonderbar, aber ihr Gefühl für mich hat das in keiner Weise angetastet.

Lebwohl Muli, Mittwoch nacht oder Donnerstag spätestens sehe ich Dich. Lebwohl und sei vielvielmals umarmt von Deinem sehr sehr unglücklichen Pio.

In ihren letzten Lebensmonaten muss Friedl Benedikt ununterbrochen im American Hospital bleiben, wo sie von ihrer Schwester Susanne und Allan Forbes betreut wird. Sie stirbt am 3. April 1953. Elias erfährt von ihrem Tod durch einen Telefonanruf aus Paris, den Marie-Louise entgegennimmt. – Annie (Anny) Schey (1887–1948), geborene Schindler, war in erster Ehe mit Henriettes Bruder Robert (1878–1913) verheiratet, dann mit Henriettes Cousin Fritz von Schey (1890–1966).

Inzwischen hat der geplante Urlaub in Judenstein stattgefunden. Im Anschluss daran reist Elias nach Salzburg.

Elias Canetti an Marie-Louise von Motesiczky

Salzburg, Sommer 1953

Sonntag

Mein liebstes Muli,
letztes Mal hast Du nur eine ganz kurze Note bekommen, weil ich in schrecklichster Eile war. Inzwischen war ich im »Prozess«, den der Schuh inszeniert hat. Er hat mich dazu eingeladen, ich glaube, es lag ihm daran, dass ich es sehe. Seine Inszenierung ist ausgezeichnet. (Von der Oper selbst spreche ich nicht, sie gefällt mir gar nicht). Aber er hat Sinn für das Groteske und Unheimliche, und ich könnte mir vorstellen, dass er aus der Komödie etwas Besonderes macht. Aber er zögert ein wenig wegen des wienerischen Charakters der Komödie. Er will nichts daran verderben, er findet sie »grossartig« und ist »glücklich, dass er so ein Stück gefunden hat.« Aber wie weit kann man das Wienerische der Sprache abmildern, ohne dem Stück zu schaden? So werden wir uns also Dienstag Nachmittag zusammensetzen und das Stück durcharbeiten. Der Allan fährt mich nach Strobl (am Wolfgangsee) und holt mich nachts da wieder ab. – Ich glaube, wenn ich dem Schuh zuerst ein Stück geben würde, das keine Wiener Figuren enthält, wäre er sehr froh. Das würde aber dann bedeuten, dass er die Komödie zurückstellt, für später. Er will auf alle Fälle etwas von mir machen. Vielleicht hat ihm Wotruba von der »Affenoper« erzählt und vielleicht ist er heimlich darauf aus. Es wäre leichter für mich gewesen, hätte ich zuerst mit Wotruba gesprochen, der ein sehr intimer Freund von ihm ist. Ich bin zum ersten Mal in der Lage, dass ein erfahrener Theaterpraktiker mich als grossen Dramatiker behandelt, obwohl ich unaufgeführt bin, und dass ich drei Sachen für ihn hätte, aber sehr vorsichtig sein muss, um meine alten Sachen nicht durch die neuen zu gefährden. Ich habe auch bis jetzt nie lange mit ihm gesprochen – er ist wahnsinnig beschäftigt, und erst Dienstag wird man fünf oder sechs Stunden zusammen sein und sich genauer kennenlernen. Meine Angst ist, dass er sich sofort auf »Die Befristeten« stürzen wird, wenn er sie kennt, und dann ist es um die Komödie geschehen. Aber ich will ihn doch mit allen drei Sachen *bekannt* machen. Du siehst, es ist gar nicht leicht, alles klug zu machen, und zum ersten Mal, seit ich lebe, scheint es mir der Mühe wert, für mich klug zu sein, es geht

schliesslich um den dreissig Jahre alten Traum, dass ich eigentlich *Dramatiker* bin.

Liebes Muli, alle diese Dinge, bitte ich Dich sehr, für Dich zu behalten und mit *niemand* zu besprechen.

Wir sind gestern aus dem »Goldenen Hirschen« ausgezogen und haben hier in Parsch Quartier gefunden, privat. Meine Adresse ist also jetzt, für die kommende Woche: Dr. E. C., Lambergstrasse 20, Salzburg-Parsch. Du kannst also hieher schreiben, oder, wenn es Dir lieber ist: Salzburg, Hauptpost, Postlagernd, da ich auf alle Fälle meine englische Post dort holen gehe. Bitte schreibe mir *oft*.

Ich denke nur an die letzten *schönen* Tage in Judenstein und das bezaubernde Zimmer, in dem ich Dich gelassen habe. Der Pauly bin ich von *Herzen* dankbar, dass sie etwas so Schönes für Dich gefunden hat. Ich habe überhaupt keine hässlichen Gedanken und wünsche mir, dass Du auch keine hast und froh bist und mich magst.

Es umarmt und küsst Dich viel, vielmals Dein Pio.

»Der Prozeß«, beruhend auf dem gleichnamigen Roman von Franz Kafka, ist eine Oper in zwei Teilen von Gottfried von Einem. Sie wird am 17. August 1953 bei den Salzburger Festspielen uraufgeführt. Das Libretto stammt von Boris Blacher. – Der deutsche Dramaturg, Regisseur und Intendant Oscar Fritz Schuh (1904–1984) übernimmt 1953 die Direktion des Berliner Theaters am Kurfürstendamm und wechselt später nach Köln und Hamburg.

Marie-Louise von Motesiczky an Elias Canetti

London, 25. September 1953

Mein liebstes Piolein,
Nun liege ich in meinem schönen Bett in Compayne Gdns. wo ich übernachtete. Hab gestern viel hier erledigt und meine Freundinnen gesehen die Mieterin begrüsst u. s. w. Das Flat ist unbeschreiblich lieblich luftig still und wunderbar!! Alles ist in bester Ordnung, die Mieterin tadellos das Kind von der Georgette wie ein herziger kleiner *Pigmäe* (ich meine die kleinen Afrikaner) die Julia »schön« jedenfalls mit so mancher Wienerin

kann sie es noch aufnehmen. Und Mittags fahre ich wieder nach Amersham. Dort ist auch alles in Ordnung – die Mutterln schauen *wunderbar* aus rosig und frisch wie die Herbstäpfel – sie hören die vielen Geschichten von Wien und Tirol und Erla und Salzburg – vom bösen Koks vom armen Baldass vom dummen Titti vom wilden Wotruba von der verrückten Erna und dem komischen Onkel Ernst von Erla dem Dornröschenschloss ohne Dornröschen und – – vom *unglaublichen* Pio – wie die Hitzewelle gekommen ist – – – wie er triumphiert hat als der Baldass ins Spital musste (das fand die Ritschi besonders komisch) und wie ein Mann der Schuh heisst so begeistert von dem Stück war dass der Pio nun reich berühmt und glücklich werden wird wenn wir nur alle fest auf Holz klopfen. »Ah komisch und der heisst Schuh« meinte Marie gedankenvoll und meine Mutter streichelte ihre »Franzi« den Windhund noch etwas inniger wobei man sich dann denken kann was man will. Übrigens ein wunderschöner Hund und sehr anregend, malerisch, plastisch und graphisch – man kann gar nicht wegschauen so merkwürdig dünn ist er, rosenholzfarben und alles kann er zusammenklappen wie ein Taschenmesser.

Ja Piolein und die Reise – haben Sie meinen Brief *von unterwegs bekommen*? Die Überfahrt war phantastisch – es waren schreckliche Stürme am Tag zuvor (haben Sie's in der Zeitung gelesen?) und die See ganz wild. Nach einer halben Stunde bot das Schiff einen Anblick wie ich ihn noch nie gesehen habe. Fast alles lag am Boden mit Lavoirs und kotzte. Nur ab und zu wurden tiefgebeugte schwankende Gestalten – halb getragen oder gestützt von der Schiffsmannschaft vorbei geschleppt. Draussen peitschte ein warmer Regen und Sturm und starke Männer stürzten sich an Deck in der Hoffnung dass die frische Luft helfen würde – von Regen und den Wellen war aber alles so nass und glitschig dass sie hinfielen oder mit Müh und Not die Brüstung erreichten um von dort umso heftiger ins Meer zu kotzen denn am äusseren Rand schaukelt das Schiff ja noch mehr. – Ja Piolein und nun kommt natürlich die Pointe der ganzen Geschichte – mir war nicht schlecht! Mir war auch nicht gut aber ich befolgte den Rat der Lupton (ein alter Seemannstrick). Stellte mich in die Mitte des Schiffes und machte die Bewegungen mit als ob *ich* das Schiff in Bewegung brächte, nicht *es* mich. Piolein ich versichere Ihnen es war ein heroischer Anblick –

einer nach dem anderen fiel – die Weiber, die noch eben hysterisch giggelten krümmten sich innerhalb von Minuten wie die verwelkenden Schneeglöckchen, Bärenlackeln zappelten am Deck am Boden herum. Ein altes Ehepaar hielt sich auf einer Kiste sitzend umklammert während der Frau schlecht war. Und ich stand in der Mitte – allerdings etwas starr – mit »erhabenem Haupt« – denn es erforderte Konzentration – (ich kombinierte mit dem Lupton-System Joga-Atemtechnik). Aber tatsächlich war mir nicht schlecht. Wissen Sie Piolein – es hat mir zu denken gegeben – mit *Schlau*heit + Willenskraft kann ich also etwas was andere nicht können. Ich habe es mit eigenen Augen gesehen. Zweifel in dem Fall ganz unmöglich. Es war eine sehr interessante Erfahrung. Dafür war mein Träger in Dover der letzte und der Zug fuhr mir davon musste Bahnhof wechseln und kam erst zum Nachtmahl nach Amersham.

Mein Piolein – heut ist Freitag morgen ist der Vortrag – oh bitte bitte schreiben Sie. *Und viel und deutlich!* Das ist doch ein ordentlicher Brief und verdient eine Antwort!

Heut Früh waren Nebel – die Häuser vis-à-vis in Compayne Gdns. nicht zu sehen nun scheint die Londoner Herbstsonne. Haben Sie ein wenig Sehnsucht – Sie sehen – ich muss die Londoner Nebel zu Hilfe rufen vielleicht fällt dabei bisschen was für mich ab.

Es küsst Sie und umarmt Sie immer

Ihr Muli

Grüsse den *Wotru Batschi* (passt gut, wie? wie die Faust aufs Auge)

Anfang September 1953 wird Georgette and George Lewinsons Sohn David geboren. – Mit »Mutterln« meint Marie-Louise ihre Mutter Henriette und ihre ehemalige Amme und spätere Hausangestellte Marie Hauptmann. – Schloss Erla, ein ehemaliges Kloster in Niederösterreich, ist im Besitz von Hermann Goldschmidt (1881–1970) und seiner Frau Gerda (1886–1972), geborene Schey, einer Cousine Marie-Louises. – Martin Baldass (1925 – ca. 1955), genannt Titti, ist der Sohn von Ludwig und Pauly Baldass. – Lavoir: österreichischer Ausdruck für Waschschüssel.

Elias Canetti an Marie-Louise von Motesiczky

Wien, 28./29. September 1953

Montag, 28. Sept.

Mein liebstes Muli,
das war ein reizender Brief, der heute von Dir kam. Amüsant und witzig, voll von Übertreibungen wie von einem Dichter, beinahe so wie ich übertreibe; ich habe meinen Augen kaum getraut, – und doch war er ganz vom Muli. Ich habe ihn schon dreimal gelesen und mich jedesmal wieder gefreut. Auf so einen Brief kannst Du immer eine Antwort erwarten – ungeschaut.

Aber Du möchtest vielleicht wissen, wie die Vorlesung war. Als Deine Vertreter habe ich eingeladen: 1. Herrn und Frau Prof. Baldass. 2. Dr. Ernst Lieben. 3. Frl. Erna Wohl. 4. Isabella. Du kannst also vier verschiedene Berichte einfordern. Hier ist meiner, als Ergänzung: Um 5 Minuten vor 8 gingen Fritz, Csokor und ich die Treppe in der Galerie hinauf. Herunter kam Saiko und krähte: »Ihr Name verbreitet eine gähnende Leere! Meine Frau und ich sind die einzigen im Saal.« Ich blickte in den Saal, wo 60 Stühle aufgestellt waren: da sass mutterseelenallein die Frau Saiko. Mir war nicht angenehm zumute. Ich zog mich in mein kleines Zimmer daneben zurück und wartete verlegen. Ein paar Minuten später kam die Lucy zu mir und sagte: »Wir müssen Stühle von unten holen, es ist so voll.« So rasch ging das. Schliesslich *standen* noch hübsch viele Leute. Der Csokor stellte mich vor, der Heer hielt eine lange, sehr feierliche und schwer verständliche Rede, in der ich so gelobt wurde, dass Du mir's nicht geglaubt hättest. Dann las ich. Erst aus dem 1. Kapitel der »Blendung«, und dann den 1. Teil der Komödie. Ich las so gut wie früher. Schade, dass Du's nicht gehört hast. Es hätte Dir gefallen, wie die Leute mitgingen, wieviel gelacht wurde und wie gespannt alle waren.

Nach der Vorlesung zog ich mich gleich zurück. Ich hielt mich lange versteckt, bis der grössere Teil der Hörer weggegangen wären, denn nur etwa 25 waren zur Gesellschaft später eingeladen. (Eine Kompromissidee vom Fritz). So habe ich Deine Vertreter alle nicht mehr gesehen. Ich nehme an, sie waren entsetzt, denn niemand rief mich am nächsten Tag an. Oder sie waren beleidigt, weil ich nicht herauskam.

Als ich dann herunterging, stellte sich heraus, dass viel zu viele geblieben waren. Eigentlich waren die meisten noch da, und nun ging es ans Gratulieren und Loben.

Dienstag
(Fortsetzung)

Die meisten waren schon beim Fritz gewesen. So ungeheuerliche und phantastische Sachen wurden ihm gesagt, dass er sich etwas ärgerte und es mir nachher nur zögernd alles widergab. Der böse Saiko war ganz verwandelt und streute Weihrauch, dass es nur so roch. Ich will Dich nicht mit Namen langweilen, die Du ohnehin gar nicht und ich meistens nicht kenne. Aber da Du auch alles Negative wissen willst, muss ich Dir sagen, wer *nicht* kam. Der Gaertner sagte im letzten Moment ab, er habe so lange in Stadlau zu tun gehabt. Den Gütersloh behielt er gleich bei sich draussen. Vom Burgtheater kam *niemand.* Ich bin jetzt überzeugt davon, dass ich da Feinde habe, und zwar glaube ich, dass der Hochwälder mir die Leute im letzten Moment von dort fernhielt. Hingegen war der Dramaturg der Josefstadt da und er war ausserordentlich beeindruckt und besteht darauf, dass die Josefstadt etwas von mir machen müsse. Er ist aber nicht der Direktor und da ich ihn erst Donnerstag wieder sehe, weiss ich auch nicht, wie weit ich seine Reden ernst nehmen kann.

Ein Hofrat Winter war da, der mir als Essayist vorgestellt wurde, ein angenehm aussehender Mensch, der mir sagte, es gäbe für ihn drei grosse literarische Oesterreicher: Musil, Kafka und mich. Deutschland hätte nichts, was man damit vergleichen könne. Er will ein grosses Essay über die Komödie schreiben. Von der Existenz der Komödie hatte buchstäblich *niemand* in Wien eine Ahnung.

Für Dich etwas: der »regierende« Fürst Schwarzenberg war da, ein langer, schwarzer, grüner Mensch mit einem rührenden Gesicht, der mir nachher nicht von der Seite ging und lange auseinandersetzte, wie er den Wotruba und mich beneide, weil wir so »schöpferisch« seien.

Liebes Muli, es muss langweilig für Dich sein, solche Aufzählungen anzuhören, es wären noch zwei Dutzend Leute und ihre Sprüche zu erwähnen, aber da ich die, die geschimpft haben, nicht gehört habe, so hör ich lieber auf, sonst glaubst Du, es ist alles erfunden.

Mir hat es jedenfalls Spass gemacht, mehr als Spass, denn erst seit ich alle meine Figuren *ausgesprochen* habe, komme ich mir wieder wie in Wien vor. Jetzt erst *höre* ich die Leute wieder wirklich, wie sie auf der Strasse sprechen, diese sonderbare Befangenheit und Feindschaft, die ich früher hatte und mir nicht erklären konnte, ist plötzlich verschwunden. Ich weiss auch, dass ich meine Figuren noch lesen kann, dass der Ton mir noch im Ohr ist, und das ist nach so langer Abwesenheit beruhigend. Ich habe durch die Emigration nichts verloren, und nur gewonnen (z. B. das Muli). Auch wenn überhaupt nichts Praktisches dabei herauskommt, – es war gut, dass ich hier war. Samstag wird in der Ravag etwas aufgenommen, das Montag gesendet werden soll. Ich weiss leider nicht die Zeit, wenn ich es noch rechtzeitig herausbekomme, schreibe ich's Dir, damit ihr's hören könnt.

Ich bleibe noch bis 9. oder 10. hier und jetzt tut's mir schon ein bisschen leid, dass ich fahre. Briefe, die Du bis Mittwoch den 7. einwirfst, kannst Du nach Wien adressieren. Von da ab schreibe mir bitte nach München Hauptpostlagernd.

Ich war heute einen Sprung bei den Baldass. Es hat sich herausgestellt, dass der Alte mit dem Peter bei der Vorlesung war, während die Pauly wegen Kopfweh zu Hause geblieben ist. Dem Alten geht es viel besser, er fährt morgen auf 10 Tage in die Schweiz und vielleicht auch nach Rom.

Die Erna hat eben angerufen, es scheint, dass ihr die Vorlesung gefallen hat. Sie sagt, sie hat Dir schon darüber geschrieben.

Liebes, liebes Muli, Dein Brief, den ich nochmals gelesen habe (eben wieder) macht mich ganz glücklich und ich frage mich: *1.* ob Du nicht doch vielleicht auch ein Dichter bist. *2.* ob Du mich doch am Ende gern hast. Ich sehne mich nach vielen, vielen, vielen Cups of Tea in Compayne Gardens. Ich küsse und umarme Dich

Dein *alter* Pio.

Grüsse mir zärtlichst Deine Mutter und die Marie.

Der österreichische Schriftsteller und Dramatiker Franz Theodor Csokor (1885–1969) ist seit 1947 Präsident des Österreichischen P.E.N.-Clubs. – George Saiko (1892–1962) ist ein österreichischer Schriftsteller und Kunsthistoriker. – Friedrich Heer (1916–1983) ist ein österreichischer Kulturhistoriker, Schriftsteller und Publizist. – Der Maler, Zeichner und Karika-

turist Professor Eduard Gaertner (1890–1966) ist im Kulturamt der Stadt Wien tätig. Er ist Marie-Louise bei ihrem Bemühem, Ausstellungsmöglichkeiten in Wien zu finden, behilflich. – Der österreichische Maler und Schriftsteller Albert Paris Gütersloh (1887–1973) ist der geistige Vater der Wiener Schule des Phantastischen Realismus. – Der Dramatiker Fritz Hochwälder (1911–1986) ist einer der meistgespielten österreichischen Bühnenautoren nach 1945. Viele seiner Werke werden am Burgtheater uraufgeführt. – Karl zu Schwarzenberg (1911–1986) ist der derzeit »regierende« Fürst Schwarzenberg. – Ravag ist die Abkürzung für die am 30. September 1924 gegründete österreichische Radio-Verkehrs-Aktiengesellschaft. – Ludwig Baldass' Sohn Peter (1923–1991) ist ebenfalls Kunsthistoriker.

Marie-Louise von Motesiczky an Elias Canetti
Amersham, 1./2. Oktober 1953

1 X 53

Liebstes Piolein
3 Briefe auf einen! Und das ist schon mein 4er. Habe noch *keine* Nachricht von Ihnen. Bitte bitte schreiben Sie Luftpost, das macht einen grossen Unterschied. Haben Sie auch das bunte Papier bekommen in meinem letzten Brief. It will come in handy dachte ich mir.

Also denken Sie die Browse bei Delbanco hat den Lobster genommen. Sie sah ihn einen Augenblick gierig an und sagte dann – sie wolle ihn. Sonst hat sie sich weiter kein Lob entlokken lassen – nur dass er schön gerahmt sein soll. Es würde eine sehr schöne Ausstellung sein – Fische vom 17^n^ Jahrhundert bis heute. Das beste aber ist, ich habe ein viel schöneres Stilleben mit 4 Fischen gemalt – es ist beinahe fertig – ich werde es einfach dazu einsenden und die können dann sehen was sie machen – vielleicht hängen sie beide?! 4 Fische – 3 komplette mit Kopf und Schwanz und ein goldener Bückling ohne Kopf. Es ist besser komponiert und hat auch mehr Einfall als der Lobster – und gar nicht schlampig gemalt – richtige Malerei obwohl ich es in einem Zug gemalt habe – in 2 Tagen beinahe das ganze Bild. Allerdings haben die Fische dann schon gestunken dass ich sie wegwerfen musste. Hoffentlich irre ich mich nicht weil ich eben jetzt eine so gute Zeit habe. Ich meine damit dass das Bild gut ist – darüber dass die Fische gestunken haben war kein

Irrtum – das ganze Haus hat danach gerochen. Es umarmt Sie Ihr sehr glückliches

Muli

Piolein, heute kam Ihr Brief! Da hab ich mir den Brief fürs Couvert »aufbewahren« gewünscht und nun ist er *wirklich schon* gekommen – ganz ohne dass Sie von meinem Wunsch noch wussten.

Ich glaube es kommt im Leben alles auf eine Art hellseherischen Zustand an. Das Schreiben das Malen und das Liebhaben – eben alles. Erklären lässt sich das nicht aber es kommt mir eben immer immer mehr so vor. Leider kann man's nicht *wollen* das ist etwas beängstigend dabei.

Das ist keine Antwort auf Ihren Brief – ich will nur meinen gestrigen schnell einwerfen – denn wer weiss wie lange Sie in München bleiben. Da müssen Sie doch jedenfalls wissen wie sehr sehr sehr glücklich ich über Ihren Brief war. Und auch stolz – stolz weil Sie so schön gelesen haben – das hat Erna mir schon berichtet – ihren Brief hebe ich übrigens auf – sie ist doch gar nicht so dumm wie man glaubt. Und stolz natürlich auch weil Sie mich loben. Schreiben glaub ich könnt ich nicht – aber so eine Dame im 18ⁿ Jahrhundert wär ich gerne gewesen – furchtbar reich und mächtig auf einem Kanapee liegend und allen ihren Freunden und »Günstlingen« schreibend. Wer weiss – mit furchtbar viel Geld wär das sogar in unserer Zeit möglich – aber nur eben dann – So aber ist nur der Pio der erkennt dass sein Muli eine »femme à lettre« sein könnte vielleicht ist das noch schöner so!

Leben Sie wohl liebster Pio – hoffentlich wird Deutschland gut – ich halte fest die Daumen. Haben Sie meinen Brief mit dem *bunten* Papier bekommen. Soll ich noch so einen senden? Es umarmt und küsst Sie tausendmal Ihr Muli

It will come in handy: Das wird einmal nützlich sein. – Lobster: das Gemälde »Hummer« von 1953. – Lilian Browse (1906–2005) ist zusammen mit Henry Roland (1907–1993) und Gustav Delbanco (1903–1997) Besitzerin der Galerie Roland, Browse & Delbanco in der Londoner Cork Street. Die Ausstellung »The Renaissance of the Fish. Paintings from the 17th to the 20th Century« findet im Oktober und November statt.

7 X 53

Liebstes Piolein,
Wenn ich boshaft wäre würde ich Ihnen das sagen was Renée mir vor kurzem schrieb: »Mir scheint Du hast Dich für dieses Jahr ausgeschrieben aber ich bitte Dich – greife tief in den Dichterschatz von 1954.« Ich sag's aber nicht sonst bekomme ich am Ende gar keinen Brief mehr von Ihnen. Aber *ein* Brief und das ist schon wieder 9 Tage her! Möchte doch so gerne wissen wie es in Wien weiter geht *ging* – mit dem Fritz mit dem Josefstadtmann mit all den Leuten und auch wie Sie sich fühlen! Also übermorgen reisen Sie nach München wahrscheinlich. Da werden Sie nun in einer tollen Abschiedshetzerei sein stelle ich mir vor.

Hier geht's inzwischen gut weiter – ich kann es kaum glauben – die Fische sind fertig und ich nehme sie morgen in die Stadt ob die Delbancos sie auch nehmen weiss ich nicht – aber ich weiss dass sie besser sind als der Lobster – also darf ich mich durch eine Ablehnung nicht aus der Fassung bringen lassen. Und ich bin schon mitten im nächsten Bild. Und dabei schreibe ich täglich 10–15 Seiten Briefe. Warum das alles so ist habe ich keine Ahnung. Wär eigentlich was für einen Arzt – so ein moderner Drüsenjäger – übrigens ich glaube nicht dass er darauf käme – noch dass was erfunden werden könnte was so was herbeiführt – was noch wichtiger wäre. Auf die Briefe Piolein brauchen Sie nicht eifersüchtig zu sein – sie sind an Renée – an den Kallir wegen Ausstellen u. s. w. Aber gerade für die faden Sachen hab ich jetzt den richtigen Schwung.

Die Wiessings sind selig im Flat. Ich habe seit Montag nur telephoniert mit ihnen – morgen fahre ich hinein. Wenn Menschen etwas Nettes Hübsches (das Flat ist hübsch und es war wirklich verdammt nett dass ich sie in mein Zimmer gelassen habe) *so* schätzen hat man selbst auch Freude daran. Ausserdem war's ein Glück denn in dem Atelier bei der Nell hätte er sich wahrscheinlich wirklich eine Lungenentzündung geholt. Er ist bisher noch nicht ausgegangen.

Hier ist sonst nichts Neues – ich bin ganz eingesponnen in Gedanken. Da hab ich z. B. herausgefunden was der Allan wirklich ist – ich meine der Teil der einen stört – (nicht der nette, den

Sie gerne haben). Er ist ein kleiner Schmock. Eben kein Snob und kein richtiger Amerikaner. Sondern der gute alte Schmock – ein Begriff der aus der Mode ist – ich weiss nicht recht warum. Wie kann man es sich sonst erklären dass er einem in einem Wirtshausgarten wie von der Tarantel gestochen den Popo zudreht um Mozart zu hören – noch dazu von einer grauslichen kleinen Radio – und dass er dann bei einer Knödelsuppe unbedingt den Unterschied zwischen Mozart und Haydn feststellen muss. Ist das nicht der Schmock par excellence? Auch die Lumpen und die schönen Anzüge gehören dazu – vielleicht eine amerikanische moderne Variation – aber sicher: ein Schmock. Nun sind Sie mir vielleicht böse – aber ich hab noch viele andere kostbare Gedanken – wirklich Juwelen Piolein – nur dass ich fürchte dass Sie im Augenblick keinen Sinn dafür haben. (z. B. über den Gaertner und die Sozialisten – das ist noch *viel* gemeiner wie das über den Allan.) (Mein Racheakt ist übrigens schon fertig – in Form eines Briefes) Muss nur aufpassen dass ich nicht zu viel Schwung habe bei meinen Unternehmungen. Nur vorsichtig, vorsichtig – –. Aber bald wird alles sowieso »versinken« und dann kann ich wieder 3 Wochen brüten über einem armseligen Brief. Warum nicht die schöne Zeit ausnützen solang sie *da* ist.

Ach Pio – wie merkwürdig doch das Leben ist – haben Sie Ihr Muli gern so frisch und munter. Ich denke mir Sie werden auch eine ganz verrückte Zeit haben wenn Sie zurück sind. Glauben Sie nicht auch??

Ich habe unter anderem auch ein Bett erfunden es heisst Katterpillo. Ich werde ein kleines Modell bauen sicher etwas womit man reich werden kann.

Piolein Doktor – schreiben Sie mir doch *bald bald*. Ich bin doch schliesslich nicht nur eine Frau sondern auch ein Mensch – Sie können's auch umdrehen, wie Sie gerade gelaunt sind. Es küsst Sie von ganzem Herzen Ihr Muli

Mit »die Wiessings« meint Marie-Louise nicht Henri Wiessing und seine Frau Rozina, sondern Suzanne van Thijn, seine langjährige Geliebte. – Schmock: österreichisches Schimpfwort für einen Neureichen oder Angeber. – caterpillar: Raupe. – pillow: Kissen.

Elias Canetti an Marie-Louise von Motesiczky

München, 13. Oktober 1953

Dienstag, den 13. Oktober

Mein lieber, guter Maler Mulo,
so schöne Briefe habe ich von Dir gekriegt und so gute Nachrichten, und ich antworte erst jetzt! Aber Du kannst Dir von dem zunehmenden Betrieb der letzten Wiener Wochen überhaupt keine Vorstellung machen. Ich sah, nach der Vorlesung, mehr und mehr Leute, und da war der Fritz, in dessen Leben sich die gefährlichsten Dramen abspielten und wo nur mein Eingreifen die Beziehung zwischen ihm und Lucy retten konnte. (Aber das ist *streng* unter uns). Dann war da der Sapper, der wie ein ertrinkendes Kind sich mehr und mehr an mich klammerte und für den ich zum Schluss unter unendlichen Mühen eine kleine Hilfe (500 Schilling monatlich auf 6 Monate) durchsetzen konnte. Darauf bin ich stolz und noch auf etwas anderes auch: ein paar Stunden nach meiner Ankunft in München traf ich zufällig *zwei* Leute, die durch meinen Brief auf ihn aufmerksam gemacht wurden, sein Manuskript studiert haben und ihn für den grössten lebenden deutschen Schriftsteller halten. O liebes Muli, wenn mir das je gelingt, die Schande seiner Existenz aus der Welt zu tilgen, werde ich so glücklich sein, als hätte ich zehn Jahre Leben zu meinem dazu bekommen.

Aber ich habe trotzdem Zeit gefunden, die Erna noch einmal zu sehen. Ich war zwei Stunden mit ihr zusammen und ich habe es nicht bereut. Ich nehme alles zurück, was ich je gegen sie gesagt habe und ich *schäme* mich auf das Tiefste dafür. Sie ist ganz aufgegangen und war plötzlich angenehm, klug und menschlich. Sie hat mir wunderschöne Sachen von Dir erzählt; und dann sprachen wir auch von Frankfurt. Stell Dir vor, sie war oft in der Pension, wo ich damals mit meiner Mutter und meinen beiden Brüdern in Frankfurt wohnte und hat da eine Dame besucht, die mir durch ihre Bildung und ihren Witz tiefen Eindruck machte. Die Erna ist die weitaus Interessanteste von allen Wohls und nur in Deiner Gegenwart macht sie einen so verkrampften Eindruck; das ist, weil sie Dich liebt und braucht: Du bist die ganze Geschichte ihres Lebens, aber das weisst Du. –

Über den Hummer und die Fische habe ich mich schrecklich gefreut. Wenn Du nur so gut weiter machst, Deine Briefe sind reizend und amüsant, dass ich mich immer schon auf den nächsten freue, und das nicht nur, weil sie von Dir sind. In München fand ich gleich *drei* vor: das war schöner als das Oktoberfest, das ich zum Glück versäumt habe. Mein lieber, lieber Maler Mulo, was für ein begabter Bursche Du doch bist! So ein Maler, und dann erst noch eine femme de lettres! Was Du über den Allan schreibst, ist natürlich richtig, aber er hat viele andere Seiten, die Du nicht kennst. Du hast ihn vor allem nicht gesehen, als die allerschwerste Forderung an ihn gestellt war, und da hat er sich besser gehalten, als irgendein Mensch, den ich kenne, es vermocht hätte (und ich schliesse mich da ein). Dem Gaertner hast Du hoffentlich nicht zu schroff oder verletzend geschrieben. Es ist schon richtig, dass er etwas gegen mich hat. Teils ist es Eifersucht; aber zum Teil bin ich ihm auch mit dem Sapper auf die Nerven gegangen. Ich *musste* es tun, aber er *musste* genug davon kriegen. Ausserdem ist er sehr empfindlich und eitel. Er hat von zuviel Seiten »Ungeheures« über mich gehört, und das haben Sozialdemokraten nie gern, ich auch nicht. Die Hauptsache ist doch, dass er für *Dich* alles tut. Ich mache mir meine Freunde jetzt schon selbst.

Die Radio-Vorlesung ist sehr gut gegangen. In England kann man auf dieser Welle nicht hören. Letzten Dienstag war der neue Direktor der Josefstadt beim Wotruba zum Essen. Er interessiert sich ernsthaft für die Komödie. Er will, dass der Wotruba die Bühnenbilder macht; ich musste natürlich einwilligen. Er sucht jetzt noch einen ganz grossen Regisseur dafür und überlegt sich, ob er die Schauspieler zusammenbringt – das ist nicht leicht. *Das Ganze ist noch in Schwebe*, aber der Fritz ist jetzt wie ein Teufel dahinter her und ich habe ein gutes Gefühl. Von Schuh kam ein Brief aus Berlin: er *ist überzeugt davon*, dass er mein andres Stück (das neue) zu den Festspielen machen kann, und hat mir den Vertrag nur darum noch nicht geschickt, weil er den Termin erst in einigen Wochen bestimmen kann.

Hier in München werden zwei Radio-Vorlesungen und eine im Theater vorbereitet. Ich bleibe bis zum 25. Oktober hier und fahre dann nach Stuttgart. Ich wohne vorläufig im Hotel Schottenhamel, aber das ist sehr teuer und ich muss was andres finden. Schreib mir also bitte weiter Hauptpostlagernd München. Das ist *ganz sicher*.

Liebes liebstes Muli, jetzt dreh ich Dich auf die andre Seite herum, vom Menschen zur Frau und teile Dir mit, dass ich oft richtig und einfach und schlicht Sehnsucht nach Dir habe. Ich hoffe, Du rechnest mich noch unter Deine Günstlinge und schreibst mir nicht nur entzückende Briefe. Wenn ich zurückkomme, könntest wieder einmal Du in Deinem Zimmer sein statt Wiessing (denn daran denke ich nicht gern). Aber es ist schön, dass sie sich so freuen, *solange mein Zimmer eisern abgesperrt bleibt.* Sei umarmt und geküsst, viel, vielmals von

Deinem Pio

Grüsse herzlichst die Mutter und Marie.

Bitte schick mir gleich die Adresse der Gretl Rupé. (wegen meiner Vorlesung)

Von 1921 bis 1923 hatte Elias in der Pension Bettina in Frankfurt gewohnt. Die Dame, die ihn damals beeindruckte, war wohl Fräulein Kündig, eine Lehrerin. – 1953 wird Ernst Haeussermann (1916–1984) Direktor des Theaters in der Josefstadt. Ihm steht gleichberechtigt Franz Stoß (1909–1995) zur Seite, der das Theater seit 1951 leitet. – Gretl Rupé (1912–2000) ist die Tochter von Hans Rupé aus seiner ersten Ehe mit Gertraut Bienert. Sie ist eng mit Marie-Louise befreundet und hilft ihr bei der Vorbereitung von Ausstellungen in München.

Als Begleiter eines Filmteams fliegt Canetti im März 1954 für drei Wochen nach Marrakesch, einer Einladung Aymer Maxwells folgend. Er ist gerade abgereist, als Marie Hauptmann stirbt.

Marie-Louise von Motesiczky an Elias Canetti

Amersham, Poststempel 3. März 1954

Liebster Pio,

Gestern nach 9 Uhr morgens ist Ritschi gestorben. Den Abend vorher sprach ich noch am Telephon mit dem Arzt – sie hat die Operation gut überstanden – nun käme es auf die nächsten 48 Stunden an. Da hatte ich noch glückliche Stunden. 20 Minuten nach 9 am Morgen rief er an dass sie vor 10 Minuten gestorben war. Man bedauerte dass man mich nicht gerufen hatte aber man hat nicht erwartet dass es so plötzlich geschehen würde. Die

Nacht und den Morgen war sie viel ruhiger wie vorher. Sie war die ganze Zeit bei Bewusstsein denn sie hatte keine Narkose sondern lokale Betäubung. Wenn ich das gewusst hätte, hätte ich doch noch versucht bei ihr zu sein obwohl die Angst ihr Kraft zu nehmen mir auf jeden Fall schwer am Gewissen gelegen wäre. Am Vormittag fuhr ich hinüber. Ich ging zu Fuss von Stoke Mandeville. Es lag Schnee. Ich war ganz ruhig. Hab ja schon vorher Abschied genommen. Dort sprach ich noch eine kleine nurse, die sagte mir Marie hätte sie heute Morgen noch angelächelt. Sie hätte bestimmt nicht gewusst dass man ihr das Bein abgenommen hat. Dann hatte ich all ihre kleinen Sachen zu packen. Ich wurde gefragt ob ich ein post mortem erlaube denn man sei der Krankheit eigentlich nie ganz auf den Grund gekommen und vielleicht könnte dadurch jemand anderem geholfen werden. Ich willigte ein und musste ein Papier unterschreiben. – Dann verlangte ich sie zu sehen. Das ist Ihnen wohl unbegreiflich aber ich musste das tun was ich selbst für richtig hielt. Ich dachte immer früher einen geliebten Menschen so zu sehen könne man nicht ertragen aber nun führte mich ein Mann durch die langen Gänge und ich ging ganz ruhig neben ihm her. Wir gingen über einen Hof zu einem kleinen Häuschen dort wurde ich einem anderen Mann übergeben. Der führte mich in einen kleinen Raum wo sie ganz allein lag mit einem blauen Tuch bedeckt. Er enthüllte den Kopf aber dieses Köpfchen hatte nichts, nichts mehr zu tun mit dem was meine Ritschi war als sie noch lebte. Es ist nicht ein Bild das mich je verfolgen könnte und so hat meine Ritschi mir auch diesen Schrecken genommen und mich gelehrt alles was lebt und einmal gelebt hat noch mehr zu lieben. Verzeihen Sie mir dass ich das schreibe, vielleicht sind das Dinge die man nicht schreiben sondern nur sagen sollte aber nun wo Sie so weit fort sind geht's halt nicht anders. Piolein, ihr liebes Köpfchen hat mehr so ausgesehen wie die Figuren die wir in Tirol in den Kirchen sahen – so fremd – nur die Züge um Augen Stirn und Nase waren so unbeschreiblich fein und schön. – Der Mann der die Arbeit bei den Leichen verrichtet und mich hineingeführt hatte sagte er sei noch nicht fertig – »es« würde noch schöner werden. Da bin ich erschrocken dass es noch irgend jemandem erlaubt würde sie zu sehen und sagte, niemand ausser mir wird sie sehen. Da schien er ganz traurig und enttäuscht und hat mir leid getan und ich habe mich bei ihm bedankt.

Ach Piolein, Ritschis kleines braunes Handtascherl das sie in ihren lieben Händen gehalten mit ihren kleinen Sachen darin und ihrer Brille und dem Nähzeug hat mir tausendmal mehr Schmerzen gemacht. Nun muss ich alles tun was noch zu tun ist nach Aylesbury zu einem Amt fahren und hier zum undertaker gehen. Ihrer Schwester und Schwager hab ich schon geschrieben. Zum Pfarrer muss ich hier wohl auch noch gehen. Auch könnt ich nur ganz allein den Sarg begleiten. Vor dem Begräbnis ist mir bang. Aber auch das wird ja vorüber gehen. – Gestern da war ich ganz ruhig aber heut Nacht und heute da weiss ich mir nicht recht zu helfen vor Sehnsucht und Heimweh nach ihr. Jeder Millimeter hier im Haus und im Garten ist von ihr erfüllt. Und nun muss ich noch ihre Sachen verpacken und ihrer Schwester und Nichte schicken.

Piolein nun sind Sie gerade in Marrakesch angekommen. Und hier liegt Schnee. Morgen werde ich hoffentlich Nachricht bekommen. Und dann wird ein Brief kommen – das wird schön sein – wenn er nur recht leserlich ist.

Leben Sie wohl liebstes Piolein, Sorgen brauchen Sie sich nicht um mich machen nur schrecklich traurig bin ich halt.

Ihr Muli

Der kleine Ort Stoke Mandeville mit dem gleichnamigen Krankenhaus befindet sich bei Aylesbury, Buckinghamshire. – nurse: Krankenschwester. – post mortem: Obduktion. – undertaker: Totengräber.

Elias Canetti an Marie-Louise von Motesiczky

Marrakesch, März 1954

Donnerstag

Mein liebstes Muli,
Die Reise ist sehr gut verlaufen, ich habe im Flugzeug geschlafen. In Casablanca, wo wir umsteigen mussten und 4 Stunden Aufenthalt hatten, wurden wir rechts und links übers Ohr gehauen (von Trägern, Taxis u. s. w.), aber das gehört zur Einführung in diese fremde Welt.

Hier in Marrakesch geht es unglaublich zu. Es ist ein Reichtum an Gesichtern wie in der Hölle und Blinde, Blinde und hungrige Kinder überall. Zehn blinde Bettler, die sich am Ärmel halten und immer dasselbe singen, wie auf einem orientalischen Brueghel. Ganz kleine Kinder, die »pour manger, pour manger« wimmern, in den jämmerlichsten Tönen. Bettler zupfen einen hinten und vorn und man erschrickt unaufhörlich über ein solches Elend.

Aber dann gibt es diesen phantastischen Marktplatz: da werden Suppen gekocht, Heuschrecken geröstet und gegessen, Schlangen gebändigt, Männer rasiert, Briefe geschrieben für ganze Familien, da wird getanzt, es gibt Geschichtenerzähler, die man leider nicht versteht, und es gibt einen Feuerfresser mit einem sehr kühnen Gesicht. In den Souks – das sind die Bazare – geht es herrlich zu, aber leider ist es lauter moderner Fabriksdreck, den man verkauft, und ich werde lange suchen müssen, bis ich etwas Hübsches für mein Muli finde. Verkaufen ist hier alles, es wird unaufhörlich gehandelt, Handeln ist wie Luft, es gilt als unwürdig und beleidigend, wenn man nicht handelt, eine verkehrte Welt für den Pio.

Ich war im Judenviertel, einem richtigen Ghetto, und jetzt endlich kann ich mir eine Vorstellung davon machen, wie die Juden im Mittelalter und länger gelebt haben. In einer Judenschule gab es vielleicht 150 kleine Buben, ganz kleine, die sich hin und her wiegten und das Alphabet lernten. Der Lehrer liess für mich lesen – und war beschämt über seine schlechten Schüler. Ich war auf dem jüdischen Friedhof, um eine winzige Kapelle sassen vielleicht 50 Krüppel und Bettler, es war wie im ..... . Ich habe aber keine Juden gefunden, die noch Spanisch sprechen.

Liebes, liebstes Muli, ich warte so sehr auf Post von Dir, mit angehaltenem Atem. Ich bin hier und doch ganz bei Dir, und wie immer es ist, weiss ich, Du wirst tapfer sein für *Deinen Pio*, der Dich schrecklich lieb hat und Dich vielvielmals küsst und umarmt und tröstet. Jetzt sag ich Dir lebwohl und schreib bald wieder.

Dein Pio

Grüsse sehr herzlich Deine Mutter von mir.

Pieter Brueghel der Ältere schuf 1568 das Gemälde »Der Blindensturz«. Im zweiten Band seiner Autobiographie, »Die Fackel im Ohr«, gibt Elias

Canetti eine ausführliche Beschreibung dieses Gemäldes, das motivische Schlüsselfunktion für seinen Roman »Die Blendung« hat. – pour manger: etwas zu essen.

Elias Canetti an Marie-Louise von Motesiczky

Marrakesch, März 1954

Sonntag

Mein liebes, allerliebstes Muli,
Nun habe ich Deinen Brief bekommen und ich denke an Dich mit einer Zärtlichkeit und Wärme, die Du Dir gar nicht vorstellen kannst. Ich will, dass Du Deinen Gedanken nicht zu sehr nachgibst. Du bist weit gegangen, und das Schreckliche ist sehr in Dir. Aber darf ich Dir, als ein Mensch, der dem Gram und dieser ganz besonderen Trauer so nachgibt wie kein andrer Mensch auf der Welt, etwas sagen, das ich daraus gelernt habe. Man kann, was man verloren hat, nur *in sich* lebendig halten; und das kann man nur, indem man so ist, wie man war, als es noch lebte. Die Trauer *fälscht*. Es ist eine *falsche Schuld*, die man sich gibt. Es kommt nur auf eines an: wie sehr man Menschen liebt und geliebt hat. Ich will Dir sagen, mein liebes, liebes, liebes Muli, Du hast sie geliebt wie nie einen andern Menschen, so sehr, dass Du es vielleicht gar nicht genau gewusst hast. Aber *sie* hat es gewusst und sie hat es gefühlt, und *das* war ihr Leben, und das *ist* ein Leben.

Ich *meine*, was ich Dir da sage, und ich sage es Dir nicht, um Dich zu trösten. Ich kenne Dich sehr gut, und seit ich es voll erfasst habe, wie sehr Du lieben kannst, bin ich Dir noch viel mehr gut. Sie war *nicht*, *nie* unglücklich. Du bist *nie* von ihr weg. Sie hat Dich *immer* gehabt, ihr eigentliches Kind, bis in ihr hohes Alter. Für *sie* (nicht für Dich oder für mich) war es besser, dass sie *kein langes, untätiges* Alter erlebt hat. Sie hätte es nie gemocht, wie immer gut Du zu ihr gewesen wärest. Das schwache Alter wäre ihre erste wirkliche Traurigkeit geworden; eine lange Traurigkeit, ein wirkliches Leiden. Sie hat *gedient*, aber ihrem *nächsten Menschen* (so wie eine Frau nicht unglücklich ist, die ihrem geliebten Manne dient). Sie hat kaum gelitten. Ich schwöre Dir, mein gutes Muli, dass sie in der ganzen Zeit, in der ich sie kannte, kaum je gelitten hat. Es ist ungestillter Ehrgeiz, oder äusseres

Elend oder *lange* Krankheit und Schwäche, worunter Menschen eigentlich leiden, sonst nichts.

Ich möchte, *dass Du jetzt in die Stadt ziehst* und nicht in Amersham bleibst. Nimm die Mutter mit in die Stadt. Es ist nicht gut, dass Du jetzt in Amersham bist. Ich glaube, Du wirst sehr bald das zwingende, unabweisliche Bedürfnis fühlen, ein Bild von ihr zu malen. Es ist eine Gnade, dass Du das kannst. Es ist eine Gnade, um die ich Dich aus tiefstem Herzen beneide, der einzige Neid, den ich fühlen kann. Vielleicht wirst Du, bevor Du das malst, das angefangene Porträt beenden wollen. Du ahnst nicht, wie gut es wäre. Es würde Dir genau das Geringe an Distanz geben, das Du brauchst, um dann *sie* zu malen. – Du sollst Deine Freunde sehen. Du hast *gute* Freunde. Du hast Freunde, die es so echt sind (Julia, Georgette, Nell, Milein), wie ich es sonst kaum bei jemand kenne. Wenn ich mich von ihnen ein wenig ferngehalten habe, so war es *nie* aus den Gründen, die ich sagte, sondern nur, weil ich wollte, dass es *ganz Deine* Freunde sind. Du musst mir versprechen, alles zu tun, um Dich nicht in gefährliche und sinnlose Zweifel zu spinnen. Du musst ausgehen und Du musst unter Deine Bilder gehen. Du musst *wissen*, was ich weiss, seit ich Dich kenne, dass Du ein *grosser Maler* bist und die gesegnete Gabe hast, Menschen zu *bewahren*, wie sie wirklich sind. Dafür liebe ich Dich und darum brauche ich Dich, Du gibst mir etwas, was ich nicht habe und ohne das ich nicht leben könnte. Muli, ich will, dass Du mir viel, viel schreibst, genau wie Dir zumute ist; und wenn Du je fühlst, dass es Dir zu schwer wird, schick mir ein Telegramm und ich komme mit dem nächsten Flugzeug zu Dir.

Heute kann ich dir nichts über diesen Ort schreiben, weil ich von Dir zu voll bin. Aber morgen schreibe ich Dir einen wirklichen Brief. Ich umarme Dich auf das Zärtlichste und sag Dir Muli, Muli, liebes, liebes, liebes Muli und wenn ich Dir bald Maler Mulo sagen kann, werde ich sehr froh sein. Ich hab Dich so lieb, dass ich nicht weiss, *wie* ich es sagen soll, und das passiert mir selten. Grüsse mir Deine Mutter.

Dein Pio,

der Dich küsst und lange lange bei Dir sitzt und Du sagst ihm alles, alles.

Marie-Louise greift Elias' Vorschlag, Marie Hauptmann postum zu porträtieren, auf und malt »Marie im Eingang« als Andenken an ihre Amme und lebenslange Begleiterin. – Im Februar 1954 beginnt Marie-Louise ein Porträt von Ursula Vaughan Williams. – Die Malerin Milein Cosman, die 1921 in Düsseldorf geboren wurde, ist mit dem österreichischen Musikologen Hans Keller (1919–1985) verheiratet.

Elias Canetti an Marie-Louise von Motesiczky

Marrakesch, 9. März 1954

Dienstag

Liebes, liebstes Muli,
Den letzten Brief habe ich Dir nach Compayne Gardens geschickt, und erst nachträglich, als er schon eingeworfen war, fiel es mir ein. Vielleicht habe ich mir so sehr gewünscht, dass Du dort bist. Vielleicht habe ich mich bloss aus alter Gewohnheit geirrt. Ich hoffe, dass Dich die Mrs. Campbell angerufen hat, falls Du nicht schon in der Stadt warst. Heute war kein Brief von Dir da. O wie ich mir wünschen würde, dass wenigstens jeden zweiten Tag ein Brief von Dir kommt!

Gestern sah ich auf dem grossen Platz einen alten Mann in den üblichen Lumpen, blind, der seinen Bettelsatz sang. Er stand anders da als Bettler hier sonst, mehr für sich und mit irgendeiner Art von Würde, die ich nicht verstand. Ich ging auf ihn zu und legte ihm eine Münze in die Hand. Zu meinem grössten Schrecken steckte er sie gleich in den Mund und spuckte sie dann wieder in die Hand zurück. Ich dachte: vielleicht war er sehr zufrieden mit der Münze und wollte auf diese besondere und wie mir schien originelle Art danken. Aber ein junger Araber kam und gab ihm eine sehr kleine Münze. Er steckte sie sofort in den Mund, und spuckte sie dann in die Hand zurück. Dasselbe geschah rasch hintereinander einige Male. Die Verkäufer in den Buden sahen mein Erstaunen, einer kam auf mich zu und sagte: »C'est un Marabout.« – Das ist ein Heiliger. »Warum nimmt er alle Münzen in den Mund?« fragte ich. »Das macht er immer so.« Eine andre Erklärung bekam ich nicht. Ich werde natürlich noch herausbekommen, was es bedeutet. Aber dass *mir* das passieren muss! Wenn Geld je schmutzig war, so ist es noch schmutziger hier. Vielleicht gilt der Speichel des Marabout als heilig, und da jedes Almosen dem Geber Verdienst im Himmel verschafft, könnte es sein, dass der Speichel des heiligen Mannes das Almosen noch wertvoller macht.

Bettler gibt es jeder Art. Du kannst stundenlang einem Manne zuhören, der ein einziges Wort ausstösst. Er ruht sich nie aus, ob er was bekommt oder nicht. Man hört diese Rufe schon von weitem, sie erinnern genau an unsre Tierplatten. Es gibt entsetzlich viele Blinde, mit den sonderbarsten Veränderungen an den Augen. Ein kleiner Junge hat die Füsse nach rückwärts gekehrt und geht sehr geschickt und rasch auf verdrehten Absätzen. –

Jetzt werde ich schon wieder unterbrochen. Du musst nämlich wissen, dass alles hier am Zusammenbrechen war, (der Film u. s. w.) und ich es inoffiziell in Ordnung bringen musste. Das heisst, dass ich kaum eine Minute Ruhe habe, wenn ich erreichbar bin, also sitze. Ich kann nur in das Gewühl des Marktes verschwinden oder in die engen Gassen, aber auch da hat mich der Aymer auf seinem Fahrrad oft erwischt. Der arme Kerl ist völlig verstört, ich glaube, ich habe es jetzt alles halbwegs in Ordnung gebracht. Ich habe ihm einige neue Ideen für den Film gegeben, und er gibt sie als seine eigenen weiter. Dadurch schafft er sich ein bisschen Ansehen, das er dringend braucht. Heute Nachmittag kommt die Gesellschaft im kleinen Lust-Pavillon ausserhalb der Stadt, die der Allan als vulgärer Amerikaner geben soll. Da sie viele Leute dafür brauchen, werde ich auch dabei sein, und so wirst Du mich einmal in dem Film zu Gesicht bekommen. Natürlich spiel ich keine Rolle, und ich möchte auch nicht, dass man es weiss, da der Film (unter uns gesagt) sehr schlecht ist. Aber ich kann's dem Aymer schwer abschlagen.

Muli, liebes, liebes Muli, das wird wieder kein Brief in dieser Unruhe. Ich begann ihn mit Druckbuchstaben, damit Du ihn gut lesen kannst und wollte, dass er Dir viele, merkwürdige Sachen von hier bringt. Aber nun stehen schon drei Verzweifelte hinter mir, ich komme mir wie eine Telephonzelle vor, in die jeder eintritt.

Ich schreibe Dir bald wieder. Ich küsse und umarme Dich auf das Zärtlichste und bitte Dich sehr, sehr viel an mich zu denken und alles zu tun, wie ich es Dir im letzten Brief schrieb. Lebwohl mein gutes, liebstes Muli. Dein Pio ist die ganze Zeit bei Dir, wo immer er ist.

Grüsse herzlichst Deine Mutter.

Von der Lucy kam ein Brief. Der Wotruba ist gesund und hat nichts!

Mrs. Campbell ist Marie-Louises Mitbewohnerin in Compayne Gardens. – Aymer Maxwell ist als Produzent an dem Film beteiligt. Es könnte sich hierbei um den Spielfilm »Another Sky« handeln, bei dem Gavin Lambert Regie führt und der 1960 in die Kinos kommt.

Marie-Louise von Motesiczky an Elias Canetti

London, Poststempel 13. März 1954

Mein liebes liebstes Piolein,
Vorgestern kam Ihr Brief – er hat mir geholfen – ich sag das so einfach aber Sie wissen schon was es bedeutet. Ich hab ihn oft gelesen und ich muss das alles glauben was Sie schreiben. Sie glauben es auch selbst, das fühle ich und deshalb hat er mir Augenblicke von Ruhe gegeben. Ich werd versuchen es immer mehr glauben zu können. Ich kann noch nicht aufhören mich zu quälen und zu beschuldigen aber jedes bisschen Ruhe tut so gut. Es ist eben eine so wilde schreckliche Leidenschaft die einen überfällt wenn ein geliebter Mensch nicht mehr da ist. Aber Sie wissen das ja alles. Es gibt nur Augenblicke in denen ich nicht an sie denke und all die andere Zeit muss ich an sie denken. So kann man aber nicht existieren und so werd ich versuchen mir täglich ein Stückchen abzuringen und ich zweifle nicht dass es gehen wird. Als heut Ihr Brief kam und ich von dem Bettler las der die Münze in den Mund gesteckt hat, das war so ein Augenblick. Ich werde mir alle Mühe geben und ich weiss dass es gehen wird. Ich hab auch viel geschlafen die letzten Tage. Meine Mutter war von Dienstag bis Donnerstag hier – ich glaube Sie wären zufrieden mit ihr – sie tut wirklich was sie kann. Wir waren mit dem Hund bei Georgette und bei Julia – sie möchte dass ich jeden Tag wen sehe wenn auch nur kurz und sie meint ich müsse das tun wenn ich auch keine Lust darauf habe. Ich hab Ihnen nicht gesagt – ihre Idee war Maries Asche nach Wien zu bringen und in die Gruft zu meinem Vater zu tun – ich war gerührt darüber hab aber dann doch anders entschieden.

Sie hat mir bei der Gelegenheit etwas erzählt was Sie unterhalten wird. Als K. Erhard sie heiraten wollte (ich glaub ich hab Ihnen erzählt sie war als Witwe kurze Zeit verlobt mit ihm) hat sie als Bedingung gestellt dass sie bei meinem Vater begraben wird. Als der Erhard bereitwillig darauf einging hat sie ihn dann trotzdem nicht geheiratet. Piolein, Gräber sind eigentlich dazu da um die Menschen zu erheitern – Ich mein es im Ernst – es lenkt irgendwie ab und bringt alles auf eine ruhigere friedlichere Ebene. Wenn ich hier so durch die Strassen gehe so wie gestern und ich daran dachte was für einen Stein ich Ritschi geben werde war ich ruhig, beinahe als ob ich malen würde. Sehen Sie solche Minuten rechne ich schon zu denen die wieder ins Leben zurückführen. Ich dacht es werden zwei steinerne Schalen sein die in einer schönen Form miteinander verbunden sind – eine für Wasser und eine für Korn, für die Vögel.

Pioleinchen ich möcht viel hören von dort bei Ihnen – wie schade eigentlich dass der Film nicht gut ist. Hauptsache aber dass für Sie was gut ist dabei, wenn schon nichts anders als dass Sie so diesen phantastischen Ort kennenlernten. Sie müssen sich nur alle Zeit nehmen um recht viel zu sehen und Sie sollen wissen dass ich Ihr Angebot Ihnen zu telegraphieren annehme – das heisst Sie können sich darauf verlassen dass ich's tun würde wenn ich nicht mehr weiter könnte aber davon ist gar keine Rede. Ich will damit nur sagen dass Sie ruhig sein können und alles so machen wie Sie es für richtig halten ganz abgesehen von mir.

Leben Sie wohl liebstes Piolein es umarmt Sie immer Ihr

altes Muli

Sagen Sie dem Allan er darf ein wenig nein sehr glücklich sein denn *er* hat wirklich alles getan.

Elias Canetti an Marie-Louise von Motesiczky

Marrakesch, März 1954

Donnerstag

Mein liebstes Muli,

Gestern endlich habe ich etwas Grosses hier gesehen, etwas was ich nicht zufällig für mich allein entdeckt habe. Wir hörten durch Zufall von einer Festlichkeit in den Bergen, eine Versammlung und Lustbarkeit anlässlich der Wahl eines neuen Kaïd – das ist so etwas wie der marokkanische Gouverneur einer Grafschaft. Es war etwa 100 km von hier entfernt, hoch in den Bergen oben. Wir überredeten den Aymer hinzufahren, es war eine lange, gewundene Strasse, gar nicht gut für seinen Wagen, und er fluchte nicht schlecht. Aber dann, als wir oben waren – Muli, es war das Erste, was Dir *wirklich* entgangen ist, denn das passiert nur immer, wenn ein Kaïd gewählt werden muss, weil der alte gestorben ist. Hunderte von Berberfrauen, in den buntesten Farben, tanzen vor einem Zelt, in dem der Kaïd und die Würdenträger sitzen und bringen ihm ihre Huldigung dar. Sie sind unverschleiert und man konnte stundenlang ihre Gesichter studieren. Wir wurden nämlich durch einen Franzosen, den wir kannten, ins Zelt eingeladen und sassen den ganzen Tag lang unter den Würdenträgern. Da wurden wir auch bewirtet, sieben oder acht Gerichte zu Mittag, die man mit den Fingern ass, wie es hier üblich ist. Ich glaube, ich habe in meinem ganzen Leben noch nie so wunderbare Sachen gegessen. Ein Glück, dass ich meine Zimperlichkeit überwunden habe, ich schämte mich einfach vor dem Gastgeber, nicht von allem zu essen. Zuerst gab es einen halben gerösteten Hammel, dann Tauben mit Mandeln gemischt in einem dünnen Teig (es schmeckte ein bisschen wie Baklawa, aber viel besser), dann Huhn mit Zitronen, dann Truthahn, dann Kuskus u. s. w. Man isst mit der rechten Hand allein, die linke soll indessen ruhig auf dem Knie liegen. Man reisst sich die Stücke Fleisch sehr unzart aus Hammel oder Truthahn heraus, oder man fischt im Brei herum, es ist schon erstaunlich, wie man sich in *fünf Minuten* an diese Art zu essen gewöhnen kann, die einen früher mehr als alles in der Welt geekelt hätte, – bloss weil alle andern es ebenso tun. Während des Mahls tanzten die Frauen fast ununterbrochen; viele unter ihnen hatten die Speisen gekocht, die wir assen. Es waren alles Bäuerinnen aus den umliegenden Dörfern, jede von ihnen hatte für den Kaïd ein Gericht beizustellen. Manche von ihnen waren sehr hübsch, auf eine bäurische Weise, es sind Bergmenschen; das Ganze spielte sich in einer Mulde ab, die von hohen Bergen umgeben war, auf denen noch Schnee lag. Der Atlas ist ein Gebirge, das sehr an die Alpen erinnert. Stell dir nun in einem solchen Alpenkessel ein grosses Fest vor, bei dem die Menschen strahlend in Weiss, Gold und Rot gekleidet sind! Nach den Frauen tanzten die Männer, während die Frauen sich vor ihnen auf den Boden hockten und hie und da ihren Jubelruf ausstiessen. Dieser Ruf heisst Juju, er gehört den Frauen, klingt wie etwas zwischen einem starken Vogeltriller und einem Jodler. Wann immer Frauen hier etwas gefällt, oder eher wann immer sie sich *freuen*, stossen sie diesen Juju aus. Es ist ihre Art von Applaus, und zugleich ihr Jodler. Du wirst es nicht glauben, aber von allem was ich in Marokko gesehen oder gehört habe, gefällt mir dieser Juju der Frauen am besten. Man denkt sich, sie können nicht unglücklich sein, wenn sie ihn so oft ausstossen. Es ist so, wie wenn wir etwas zusammen anschauen und ich in »Wunderbar! Wunderbar!« ausbreche. Aber diese Vogeltriller sind so viel hübscher. Ich will versuchen, sie zu lernen, um es Dir vorzumachen.

Liebes, liebes, liebstes Muli – ich habe inzwischen einen Brief von Dir gehabt und mir schwere Vorwürfe gemacht, dass ich Dir nicht mehr erzählt habe. Aber Du ahnst nicht, wie es hier zugeht. Ich bin wirklich der Leib-Psychiater vom Aymer, der alle fünf Minuten mit einem neuen Blödsinn zu mir kommt. Ich kann ihn wirklich nicht leiden und nur als Chauffeur ist er erträglich. Aber es ist doch ein Glück, dass ich hier bin. Leb jetzt wohl und sei auf das Zärtlichste umarmt und geküsst von Deinem

Pio.

Grüsse herzlichst Deine Mutter.

Elias Canetti an Marie-Louise von Motesiczky

Marrakesch, März 1954

Montag

Mein liebstes Muli,
ich bin ein bisschen ratlos, weil ich keinen Brief von Dir habe. Ich weiss, dass keiner da sein kann, weil Dein Telegramm kam; aber ich möchte so schrecklich gerne wissen, wie Du Dich fühlst, und ob Du alles so getan hast, wie es richtig ist. Machen Dir Postkarten Spass oder sind sie Dir lästig?

Gestern waren wir in Mogador, einer weissen Stadt am Meer, wo es mir sehr gefiel. Allan und zwei seiner Freunde aus der Gruppe kletterten auf Felsen herum und waren plötzlich in Gefahr, durch die Flut abgeschnitten zu werden. Aymer und ich schauten vom Strand aus zu und ich geriet in grosse Angst. Zum Glück sind sie rechtzeitig entwischt. – Die Stadt ist ganz von einer Mauer umgeben, auch gegen das Meer zu; und da sieht man Leute vollkommen verhüllt und reglos liegen. Ich machte Bekanntschaft mit ein paar Buben und die erklärten mir, dass das Araber sind, die Alkohol getrunken haben. Wenn sie innerhalb der Stadt erwischt werden, sperrt man sie ein, denn es ist ihnen verboten zu trinken. So legen sie sich ans Meer und schlafen ihren Rausch aus; es ist ein sonderbarer Anblick, weil sie ganz bedeckt sind. Drei von den Buben waren Brüder, sie sahen dunkel aus, wie hiesige Juden; aber ich erfuhr von ihnen, dass ihr Vater vor 22 Jahren aus – Deutschland eingewandert war und in die Fremdenlegion ging, ein Jude. Er heiratete eine Marokkanerin und hatte 7 Kinder mit ihr, alle hier geboren. Es war das letzte, was ich in Mogador erwartet hätte, Refugees wie in Hampstead!

Wir waren in einer Judenschule – bezaubernde Kinder und ein ohrenbetäubender Lärm. Man zeigte uns auch die Kammer eines »heiligen« Rabbiners, der vor 120 Jahren lebte, die Juden in Mogador sind sehr stolz auf ihn. – Überall in diesem Lande nisten Störche und sie sind sehr zutraulich. Es ist herrlich, sie fliegen zu sehen. – Heute stiessen wir vor der Mauer von Marrakesch knapp nach Sonnenuntergang auf eine grosse Karawane von 107 Kamelen. Sie lagen in kreisrunden Gruppen um ihr Futter und sahen genau so aus wie eine englische tea party. Die Treiber, die nach ihnen schauten, waren sogenannte »blaue Männer«, das sind Leute aus dem Süden, die ihre Gewänder blau färben. Aber die Farbe geht auch auf ihre Haut und so sind sie im Laufe der Jahre zu »blauen Männern« geworden. Wir kamen ins Gespräch mit einem sehr schönen Kaufherrn, einem alten weissen Araber aus Marrakesch, der Französisch konnte, und er erklärte uns, dass diese Kamele 25 Tage lang aus der Wüste unterwegs waren und hier von ihm und andern Kaufleuten zum *Schlachten* gekauft werden, man isst ihr Fleisch. Er ging mit uns herum und erklärte uns, wieviel jedes Kamel wert war, es war recht traurig zu denken, dass sie ihre letzte Mahlzeit assen. Man kann gar nicht in wenig Sätzen sagen, wie einem bei all den Dingen hier zumute ist.

Ich bin auch hier viel unter den Juden gewesen und hab mit

Aymer Maxwell und Elias Canetti
Marrakesch, 1954

einigen von ihnen Freundschaft geschlossen. Jetzt hoffen sie alle auf Stellungen, die ihnen der Allan bei den Amerikanern hier verschaffen soll. Natürlich kann er es nicht, aber die Leute sind sehr arm. Die Saison ist schlecht, weil das Wetter kalt war. Aber jetzt waren drei herrliche Tage. Der Allan hat seine Party gegeben, in einem Lust-Pavillon des Sultans, er hat gar nicht schlecht gespielt. Er ist ungeheuer aufgeregt und kränkt sich, weil der Film als solcher so schlecht ist.

Liebes, liebstes Muli, ich bin schon wieder geholt worden. Die Unruhe ist schon schrecklich. Ich kann nirgends ruhig sitzen. Das nächste Mal fahre ich nur mit meinem Muli. Ich werde Dir trotzdem viel zu erzählen haben. Wenn Du *nicht* telegraphierst, bleib ich noch etwa 10 Tage hier, ich hoffe immer auf ein wenig Ruhe. Es ist eigentlich herrlich, nur müsste man sich irgendwo verstecken können. Muli, gutes, liebes Muli, denk daran, wie schrecklich lieb ich Dich habe. Vielleicht malst Du jetzt schon wieder, o wie froh ich wäre, wenn Du es könntest!

Jetzt umarme ich Dich auf das Zärtlichste und erzähle Dir Stunden und Stunden und Stunden, was ich nicht schreiben kann. Grüss Deine Mutter herzlichst. Dich selbst küsst viele, viele Male Dein

PIO.

refugee: Flüchtling. – Der Stadtteil Hampstead im Norden Londons, ein beliebtes Künstlerviertel, war ein Zentrum deutschsprachiger Emigranten.

Marie-Louise von Motesiczky an Elias Canetti

London, 19. März 1954

Freitag

Liebstes liebes Piolein,
Sie fragen ob ich die Karten gerne habe – ich leb doch davon. Sie stehen alle 3 neben dem Telephon und der Lampe und sehen ganz festlich aus. Und heute ist ein Brief gekommen. Da schreiben Sie mir von den Kamelen und den blauen Männern – und wie viel werden Sie mir noch erzählen! Sie müssen nur bleiben so lange Sie können. Mit mir geht es schon. Die Ursula war schon 2mal da – mit dem Malen geht's nicht sehr gut aber ich rege mich darüber nicht auf, irgendwie werde ich das Bild schon zu Ende bringen. Vor einigen Tagen hab ich mir die Bibel aus Ihrem Zimmer geholt denn Sie haben einmal gesagt wenn ich sehr unglücklich bin dann würde ich darin lesen können. Im Neuen Testament hab ich auch Dinge gefunden die mir geholfen haben. Freilich auf sonderbare Weise – Sie würden vielleicht lächeln und meinen ich habe alles falsch verstanden – aber wenn's nur hilft Piolein, nicht wahr – dann ist es schon gut. Ja ich geh herum, kauf ein, koche – wasche die Pinsel, nur Menschen sehen ist mir schrecklich. Meine Mutter ist in A. und am Sonntag muss ich hinaus um Ritschis Sachen zu ordnen das wird ein schwerer Tag für mich sein. Aber in 10 Tagen kommt eine Frau Stössler statt der Frau Geister und sie wird in das Zimmer ziehen. Vielleicht ist's besser so wenn ich doch überhaupt weiter nach Amersham muss. Als ich begann Ritschis Sachen zu ordnen sass ich da drinnen auf dem kleinen Sesselchen das mein Kindersesselchen war und wo sie immer sass wenn sie

nähte und Radio hörte – da kam dann die Susi zu mir und eine unheimliche Wärme begann sich in mein Herz zu schleichen, das darf nicht sein, das kann man nicht ertragen.

Heute abend gehe ich in die Universität, da bekommen die Georgette und der George ihre Diplome. Georgette ist sehr lieb und denkt immer daran wie sie mir helfen könnte. Julia ist noch immer nicht wohl, fährt morgen mit Malachta auf die Isle of White, hoffentlich wird die Ruhe und die Seeluft ihr gut tun. Meine Mutter ist auch sehr, sehr gut zu mir und rührend dankbar dass sie nun einigemal hier übernachten durfte. Die Post kann ich doch nicht ganz verstehen – hab doch sicher 6 bis 7 Briefe geschrieben und aus Ihrer Post kann ich nicht entnehmen ob Sie ausser dem ersten überhaupt welche bekamen?

Piolein Liebster ich hoffe dass Sie mir noch weiter so lieb schreiben werden, es ist das was mich aufrecht erhält

Ihr Muli

Elias macht sich während seines Aufenthaltes in Marokko keine Notizen. Erst nach seiner Rückkehr schreibt er die »Aufzeichnungen nach einer Reise« nieder, die 1968 als »Die Stimmen von Marrakesch« veröffentlicht werden. – Frau Stössler und Frau Geister sind Bedienerinnen, die nach Marie Hauptmanns Tod den Haushalt der Motesiczkys in Amersham führen. – Susi ist Marie Hauptmanns Hund.

Vom 21. August bis 19. September 1954 stellt Marie-Louise von Motesiczky, zusammen mit der deutschen Malerin Erna Dinklage (1895–1991), ihre Bilder in der Städtischen Galerie in München aus.

Marie-Louise von Motesiczky an Elias Canetti

München, 7./8./9. August 1954

7 VIII

Liebster Pio,

Nun muss ich Ihnen nochmals alles genauer berichten. Also das war ein Schrecken als ich die vielen Räume sah – und ein ganz entsetzlicher Grieche hatte einen Raum – später erfuhr ich dass der eine Stiftung gemacht hat und jedes Jahr Studenten nach

Griechenland nimmt und dort arbeiten lässt – da muss man ihn halt ausstellen lassen. Abends rief ich bei Gretl an, sie war da aber ausgegangen aber den ganzen Freitag waren wir dann zusammen, waren zusammen beim Direktor Rümann u. s. w. Der Rümann ist ein alter recht eitler lächerlicher Mensch der furchtbar viel schwätzt aber nachdem ich bescheiden bin werd ich wohl mit ihm auskommen. 2 Stunden waren wir da weil der Alte so viel quatschte und dabei dachte man immer man soll ihn nicht zu lange aufhalten und anstrengen wegen seiner Herzkrankheit. Zu besprechen war ja nicht viel. Katalog bekommt ein winziges Bild, das hat die gute Gretl herausgeschunden. Mit den Rahmen konnte man noch nichts machen weil die Bilder noch nicht da waren. Immerhin war's gut dass ich da war denn so erfuhr ich wenigstens was für Räume ich haben kann und was überhaupt los ist, konnte mit der Sekretärin die Bilderliste für den Katalog durchgehen. Da der Rümann am nächsten Tag verreiste war's wirklich gut, sonst wär ich über alles 6 Tage im ungewissen gewesen. Die Rahmen wird ein Mann von der Kunstsammlung Luisenstr. machen obwohl Gretl gerne einen jungen Maler dafür gehabt hätte aber der war unauffindbar zur Zeit – vielleicht besser so – denn die Sekretärin meinte auf ihren Mann könne ich mich verlassen. Als ich hörte dass der Peter Beckmann die frühen Bilder von Beckmann in der Luisenstr. ausstellen wollte war ich etwas beruhigt (es kam zwar nicht dazu weil sie zu gross waren und nicht bei der Tür hineingingen – aber immerhin) mir kam nämlich das Ganze schon wie ein ganz gottverlassener Ort vor obwohl das Gebäude und die Räume wirklich schön sind. Ich glaube die Bilder von dem alten senilen Griechen haben mich erschreckt. Leider gab ich der Gretl das ein wenig zu fühlen und erwähnte ob der Gurlitt nicht doch besser gewesen wäre – ob sich da irgendwer um die Presse kümmern wird u. s. w. Die arme wurde plötzlich sehr besorgt, was mir furchtbar leid tat, denn sie war doch so stolz dass sie alles so gut gemacht hatte. Sie sagte der Gurlitt hatte ihr gesagt »ja die 1000 Mark brauchte man auch um die Presse zu *schmieren*«. Und nun meinte die Gretl plötzlich ob man nicht einen anderen Weg finden könne um die Presse zu schmieren. Ich erschrak über so viel Weltfremdheit – es ist doch ganz ausgeschlossen dass man die Presse so einfach schmieren kann! Jedenfalls darf die rührende Gretl das nicht plötzlich versuchen. Also Sie brauchen nicht Angst zu haben dass ich und die Gretl plötzlich nachts durch München streichen mit 1000 Mark in der Hand um »die Presse zu schmieren«. Ich versteh die Sache nicht ganz – nun, ich werd mir nicht allzu sehr den Kopf zerbrechen – schad ist es schon dass ich keinen vernünftigen Menschen hier kenne.

Gestern Samstag waren die Bilder noch nicht angekommen (da aber der Katalog in Ordnung, ist weiter kein Grund zur Aufregung). So ging ich ein wenig in München spazieren. Am besten gefällt mir der unglaubliche Duft von Linden. Ich sah mir auch das Theater an in dem Sie die Vorlesung hatten da wird gerade Hamlet gegeben. Das Residenztheater ist zu – eröffnet aber Ende des Monats wieder mit Festspielen – vielleicht kommt da der Gins – das wäre schön. Dann ging ich zu Gurlitt und Stangerl und Franke und in den Kunstverein. Da war alles abstrakt.

Montag Früh

Ach Piolein, mit dem Schreiben auf Reisen klappt's nicht immer ganz. Am Samstag fielen mir die Augen zu. Die plötzliche Klimaveränderung macht glaub ich ganz müde. Gestern ging ich in die riesige jährliche Ausstellung im Haus der Kunst, Malerei aus ganz Deutschland 900 Bilder! Der erste Saal Koks – und dann – mein Gott da gibt es alles alles – interessant war's schon für mich aber wirklich gefallen hat mir nur eine grosse Plastik aus Eisen geschweisst, ein Arbeiter – komisch dass mir gerade das am besten gefallen hat. Beckmanns Einfluss ist nicht so stark als ich dachte. Natürlich musste ich unwillkürlich meine Bilder mit all denen vergleichen, das ist auf jeden Fall gut und lehrreich – nicht etwa dass mir irgend etwas so sehr imponierte aber trotzdem – meine Bilder sind von Ihren liebevollen Blicken sehr verwöhnt – nun müssten sie von dieser Liebe gestützt noch viel stärker und klarer und besser werden. Das klingt wie eine Phrase aber Sie verstehen schon wie ich es meine. Gute Vorsätze können jedenfalls nicht schaden. Dann erlebte ich was Sonderbares. Eine Frau kam auf mich zu die ich 20 Jahre nicht gesehen hatte. Marie Louise Scheliha (Medinger) ich verbrachte den ganzen Nachmittag mit ihr. Sie hat meinen Bruder und vor allem mich mit meinem Bruder zusammen in so starker Erinnerung weiss noch Gespräche die wir vor 30 Jahren miteinander führten – sie meinte mein Bruder war ein »Feuergeist« und ich wäre sein Kompass gewesen und 30 Jahre hat sie diese Erinnerung behalten von einem Geschwisterpaar wie sie seither keinem mehr begegnete. Sie können denken dass mich das gerührt hat. Und heute liegt ein Greco-Buch in ihrem Zimmer das sie liest weil wir vor 30 Jahren so begeistert von Greco waren. Von ihrem Schicksal erzähl ich Ihnen ein andermal.

Nun muss ich aufstehen und die Luisenstr. anrufen. Leben Sie wohl lieber Pio

Es umarmt Sie immer Ihr

altes Muli

Hoffe dass *bald* Post kommt. Maud soll nachsenden Adresse von Campbell: 14 Oldfield Crescent, Southwick, Sussex.

Bitte die Pflanzen giessen!! Die Linde kann im Wasser stehen 3–4 Tage wenn man zu faul ist zum Giessen. Nur *genug* Wasser muss sie haben!

Die Campbell kommt am 15. auf eine Nacht dass dann nicht gerade wer drin schläft!

Der Kunsthistoriker und Kinderbuchforscher Arthur Rümann (1888–1963) ist Leiter der Städtischen Galerie. – Der Kardiologe Peter Beckmann (1908–1990) ist der Sohn von Max Beckmann und seiner ersten Frau, der Malerin und Opernsängerin Minna Beckmann-Tube (1881–1964). – Der Berliner Kunsthändler und -sammler Wolfgang Gurlitt (1888–1965) hat sich nach dem Zweiten Weltkrieg in Österreich niedergelassen. Er ist an der Gründung der »Neuen Galerie der Stadt Linz, Wolfgang-Gurlitt-Museum« beteiligt, in die er den Großteil seiner Sammlung moderner Kunst einbringt. – Nachdem er aus seinem Engagement am Hessischen Landestheater in Darmstadt 1933 entlassen worden war, fand der deutsche Schauspieler, Regisseur und Theaterleiter Ernst Ginsberg (1904–1964) für einige Wochen Unterschlupf bei den Motesiczkys in Hinterbrühl. Im Oktober 1933 emigrierte er mit seiner Frau Ruth und seinem Sohn Johannes in die Schweiz. – Mit »Stangerl« meint Marie-Louise vermutlich die Moderne Galerie Otto Stangl, 1948 von Otto (1915–1990) und Etta Stangl eröffnet, die sich für die Rehabilitierung der von den Nationalsozialisten als »entartet« diffamierten Kunst einsetzt. – In seiner Münchner Galerie spezialisiert sich Günther Franke (1900–1976) auf die Kunst des deutschen Expressionismus. Er widmet Marie-Louise 1967 eine Einzelausstellung. – Marie Louise von Scheliha, geborene von Medinger, war mit dem deutschen Diplomaten und Widerstandskämpfer Rudolf von Scheliha (1897–1942) verheiratet. – Maud ist Marie-Louises Bedienerin in Compayne Gardens.

Freitag 13. August 1954

Mein liebstes Muli,
Dein erster Brief kam aus einem mir ganz unerklärlichen Grunde erst vorgestern Mittwoch an, und dann stand erst nichts drin. Zum Glück kam gestern der lange Brief und heute die Postkarte. Ich bin froh, dass Du alles erledigt hast und noch ein bisschen nach Salzburg kannst. Über die Ausstellung mach Dir keine Sorgen. Es genügt, dass man Deine Bilder *sieht*, damit sie den Eindruck machen, der ihnen gebührt. Wie immer es mit der Presse steht, ob sie darüber schreiben oder nicht, die Hauptsache ist, dass Du Dich ans Ausstellen gewöhnst und dass Leute Deine Bilder öfters *sehen*. Ich habe eine *unerschütterliche* Zuversicht in die Wirkung Deiner Bilder. Ich hoffe, nach den ersten unvermeidlichen Enttäuschungen, Du hast sie jetzt auch.

Ich habe mich schrecklich gefreut, über Deine Begegnung mit der Medinger, so knapp nach meiner mit der Ruth Domino. Das sind die schönsten Sachen, die einem passieren können; sie machen einem Lust darauf, recht alt zu werden.

Hier ist alles in Ordnung. Jan Willem und Karin sind bald wieder nach Amersham und jetzt nach Devon gefahren. Ich hatte noch einen angenehmen Abend mit ihnen und dem Rudi Nassauer, der ihnen ungeheuer gut gefällt. Der Jan Willem hat mich zu sich nach Amsterdam eingeladen, ich kann immer bei ihm wohnen. Er ist wirklich ein netter, feiner und kluger Junge. Von Herbert Read hatt ich einen angenehmen Brief. Er schreibt, dass die Entscheidung nicht von ihm abhängt; dass *er* aber von der Bedeutung meiner Arbeit überzeugt ist und sich mit einer *»strong recommendation«* dafür einsetzen wird. Er ist schon weggefahren (nach Ascona) und konnte mich darum nicht mehr sehen. Aber er will mich bei seiner Rückkehr Ende September treffen. Der Brief hätte nicht günstiger klingen können, und mir sind *zehn* Steine vom Herzen gefallen.

Der Allan hat sich auf jede Weise bei mir entschuldigt. Er hat sehr interessante neue Pläne. Er will die Haydn-Society erweitern, um *Dichtwerke* auf Platten aufzunehmen. In einem Jahre hofft er so weit zu sein, dass meine »Komödie« ganz auf Platten aufgenommen und so verkauft wird. Diese Pläne sind zum Teil schon geglückt. Er hat bereits einen Vertrag mit den Penguin-

Leuten und wird mit klassischen Werken beginnen. Aber das ist *streng geheim*. Die Idee ist nämlich neu. Man könnte sie ihm leicht wegschnappen. Du darfst niemand was davon sagen (ganz besonders nicht Milein, wegen Keller). Mit Filmen macht er auch weiter. Er hat jetzt ein festes Programm. In *zwei* Jahren meint er, könnte er so weit sein, die »Affen-Oper« zu verfilmen.

Und jetzt kommt eine grosse Überraschung, etwas, das mich überglücklich macht: in einer Woche muss er wieder nach Florenz, zu neuen Aufnahmen, und da fahre ich mit! Wir fahren am 20., genau heute in acht Tagen, von hier weg; wir sind 5 Tage unterwegs; da schauen wir uns einige Kathedralen an. In Florenz bleiben wir etwa 4 Tage, vielleicht 6; aber leider muss er auch nach Bologna und Mailand; und so werde ich mit ihm dann noch eine Woche in verschiedenen Städten in Italien herumfahren. Die Fahrt kostet mich natürlich nichts, nur das Leben. Etwa um den 12. September muss er nach England zurück. Da fahre ich dann direkt nach München, um Deine Ausstellung zu sehen und meine Sachen in Gang zu bringen. Ist das nicht herrlich? Es ist natürlich sehr kurz für Italien, gerade über 14 Tage, aber besser als nichts. Nächstes Mal fährst Du mich hin, in *unserem* Wagen. Ich habe auf einmal das Gefühl, dass meine Sachen wieder gut gehen und bin nicht mehr so unglücklich.

Von Deinem Onkel kam ein Brief, der sehr nett ist. Du musst ihm gleich schreiben, er wartet auf Dich. Die Julia wird vielleicht nicht können, aber lass Dich dadurch nicht abbringen. Portugal wird wunderbar für Dich sein. *Wir müssen alle Reisen machen, die sich ergeben,* und nie mehr auf einem Fleck hocken. Wer weiss, wie lange es die Länder noch gibt!

Liebstes Muli, schreib *sofort*, damit Dein Brief mich noch hier erwischt. Deinen letzten Brief *hieher* musst Du *Dienstag* einwerfen; nachher erreicht mich nichts mehr vor Florenz.

Lebwohl und sei vielmals umarmt und geküsst von Deinem auflebenden

Pio.

Schau, dass Du die Bilder *schön hängst*! Grüss die Gretl und die Milein von mir.

Die Schriftstellerin Ruth Domino (1908–1994) war in erster Ehe mit Fritz Jerusalem, einem Wiener Jugendfreund von Elias Canetti verheiratet. Seit

1950 ist sie mit dem italienischen Professor Mario Tassoni verheiratet und lebt in Bergamo. – Der deutsche Weinhändler und Schriftsteller Rudolf (Rudi) Nassauer (1924–1996), flieht kurz vor dem Zweiten Weltkrieg nach England. 1947 heiratet er die englische Schriftstellerin Bernice Rubens (1923–2004). – Der englische Dichter und Kunstkritiker Herbert Read (1893–1968) vertritt die amerikanische Bollingen Foundation in England. Finanziert von Paul Mellon und seiner Frau, verleiht die Stiftung einen jährlichen Dichterpreis und vergibt Stipendien an Schriftsteller. Canetti bekommt bis Ende der fünfziger Jahre eine bescheidene, aber konstante finanzielle Unterstützung von der Bollingen Foundation, um »Masse und Macht« fertigzustellen.

Marie-Louise von Motesiczky an Elias Canetti

München, 16. August 1954

Pension Liesecke
Widenmayerstrasse 6
Montag

Liebster Pio,
Das war aber gut als heute morgen Ihr Brief kam! Ich war schon ganz unglücklich als ich gestern Sonntag abends als ich vom Mondsee hier ankam keine Post vorfand.

Ihr Brief hat mir *sehr wohl* getan, das meine ich in bezug auf das *was Sie über* das *Ausstellen* sagen. Ich bin verfolgt von allerlei dunklen Gedanken über meine Bilder – aber was ich nicht geleistet habe muss eben später durch Arbeit in Ordnung gebracht werden – und die Ausstellung soll laufen wie sie eben läuft – daran muss man sich gewöhnen.

Und was für Neuigkeiten, Piolein Sie gehen auf Reisen! Und nun werden Sie Italien sehen!! Und wie munter Sie schreiben – ich bin sehr glücklich darüber und meine Ausstellung werden Sie sehen – ich habe *Angst* davor – ist das nicht zum Lachen als ob Sie weiss Gott meine Bilder zum ersten Mal sehen würden! Aber bedenken Sie bloss – Sie kommen aus Florenz! Ja da werden Sie dann wahrscheinlich auch Quappi in München sehen – ich bekam eben einen Brief von ihr, zwischen 15. und 20. kommt sie nach München mit ihrer Schwester – wir müssen nur sehen dass wir immer in *Kontakt bleiben* Pio – ich habe grosse Angst dass ich plötzlich in Portugal sitze und keine Ahnung habe wohin ich Ihnen schreiben soll – in Italien oder München oder wo Sie eben gerade herumgondeln! Bitte bitte passen Sie auf dass das nicht passiert, Quappi wird so gut wie sicher nicht nach England kommen und so dachte ich mir ich werde von Portugal über Holland zurückkommen und sie dort sehen denn sie bleibt dann nach Bayern noch bei ihrer Schwester in Holland. Wegen Reisegeld wird das auch für mich einfacher sein und meine Mutter wird dann wohl auch nach Holland kommen. Das wird dann meine letzte Station bevor ich nach Hause komme. Mein Gott, was werden wir uns zu erzählen haben!!! Übrigens Sie werden schon Geld hier vorfinden, weiss nur noch nicht genau wieviel.

Ja und all die Pläne vom Allan – wenn nur halb so viel herauskommt wär's fein – und wenn er sich richtig zum Arbeiten kriegt – das wäre fabelhaft (ich glaube doch es wäre gut wenn er früher aufstehen würde – da müssen Sie auf der Reise ein gutes Beispiel sein Piolein, *das ist sehr wichtig* und in Italien ist es morgens am schönsten wenn's noch nicht heiss ist).

Ja und der Read!! Ich werde alle Daumen halten – schade dass Sie ihn nicht mehr sprachen – aber das macht wohl nichts. Ja wie hell könnte die Welt sein. Freilich da gibt es die Dunkelheiten die keine Wendung des Schicksals wieder gut machen kann. Sie haben einmal gesagt dass das was die Marie war, viel vertreten ist in der Welt – da sah ich nun all die Blumen in Österreich in dem Gärtchen blühen und die Frauen stehen am Herd und kochen – aber für mich war sie halt die einzige die das wirklich konnte und oft wundere ich mich dass die Blumen auch anderen Menschen gedeihen (»deihen« hat die Ritschi immer gesagt) und die bunten Kopftücher liegen in den Auslagen und ich kann ihr keins mehr bringen so wie früher. Verzeihen Sie dass ich davon schreibe aber ich hab sie so unsagbar lieb gehabt.

Und nun muss ich Ihnen noch von Österreich erzählen. Erst war ich bei Gretl und Tetta. Ich habe das Haus Getreidegasse 40 so gerne nur dass das Bett so hart ist dass ich nach den 2 Nächten wie gerädert war – Ich kam in recht traurigem Zustand in Mondsee bei Milein an habe mich aber in den 2 Tagen dort fabelhaft erholt. Es waren die sonnigsten schönsten Tage des Jahres und Milein war ganz verblüfft dass man sich in 2 Tagen so erholen kann. Mit Tetta und Gretl war ich einen Abend im Kasino »spielen«. Die Tetta war so herzig – sie ist so gross wie ein 10jähriges Kind, weisse Haare und anscheinend war es ein lang gehegter Wunsch einmal das »Spielen« zu *sehen*! Sie war so aufgeregt und glücklich als man aber unsere Pässe beim Kartennehmen verlangte, sagte sie ganz treuherzig »ich bin aus Salzburg« da wollte man sie nicht hereinlassen – schliesslich wurde der Direktor geholt und beschlossen dass sie *ohne* Karte zum *Zuschauen* hereingelassen würde – sie war selig. Ich habe 120 Schilling verspielt, Gretl spielte nicht und studierte die »Spielerleidenschaft« und Tetta war so fasziniert dass ich die beiden mit Mühe und Not um 1 Uhr Nachts losreissen musste weil ich Angst hatte noch mehr zu verspielen.

So weit kam ich – jetzt ist's Abend – heute war ich beim Direktor die Räume endgültig bestimmen – ich war leider ¾ Stunden zu spät weil ich mich irrte, dachte er bestellte mich für 3 – na das hat er sehr nett hingenommen sagte mir *sehr* schöne Dinge über die Bilder – es sei eine starke Malerei und echt und käme vom Herzen – von Ihrem Selbstportrait war er hingerissen aber auch zum Glück von einigen anderen z. B. den weissen Blumen. Er hasse sonst das süsse Lächeln der Österreicher überhaupt die Wiener hasse er – aber das, das (auf das Selbstporträt) gefiele ihm. Ich sagte da sei für der Beckmann vielleicht ein gutes Gegengewicht gewesen. Das leuchtete ihm sehr ein – er ist nämlich kein Beckmannianer – findet der Beckmann hätte zu seinen *frühen* Sachen »zurückfinden« müssen (bei aller Hochachtung für den grossen Meister natürlich) auf diesem Weg hätte Beckmann nur mehr abstrakt werden können – na das ist ja nicht interessant – halt ein alter Herr aber ich glaube anständig (bisschen viel verlangt dass ein grosser Maler auch noch für seine Entwicklung nach dem Tod sorgen soll). Ja – und mein »Werk« (Werk sagte er!) sei so einheitlich. Überhaupt er schien sehr zufrieden. Blöde Welt – wenn einer sagt »Ihr Werk ist einheitlich« freut man sich – wenn einer sagt »Sie haben keine Entwicklung« ist man traurig. Wegen der Einheitlichkeit zog er die oberen Räume vor. Wenn er das nur nicht getan hat weil er den Levy unten haben will! Da hab ich zu wenig Erfahrung. Oben ist halt furchtbar viel Licht – mitunter Sonne, so dass man die Vorhänge vorziehen muss und die Farbe der Wände nicht so gut – blau und marillenrosa. Obwohl er mir die Wahl liess war er so entschieden für oben dass schwer was zu machen war. Nun davon wird's letzten Endes auch nicht abhängen. An eine Wand stellte er die Conny und die Finchley Road und sagte ganz begeistert – ist das nicht schön!

und es sah wirklich schön aus. Ich erzähl Ihnen das alles weil ich weiss dass es Ihnen nicht allzu fad ist.

Und nun noch von Österreich. Ich war in der Kokoschka-Manzú-Ausstellung bei Welz alte Graphik und paar schlechte neue Aquarelle und Bischöfe von dem Manzú – der Manzú sei hingerissen vom Kokoschka und in der Schule auf der Burg hätten sie sogar eine echte junge bildschöne Nonne die krempelt sich beim Zeichnen die Ärmel auf. Nun das kann man sich ja alles vorstellen. Ich hatte so eine Wut auf den Welz dass ich auf ihn zuging und sagte »Sie haben Photos von mir ich möchte sie zurückhaben«. Er war dementsprechend unfreundlich und sagte: wenden Sie sich an die Sekretärin. – Sonst sah ich noch eine Makartausstellung, der hätte ein guter Maler sein können wenn er in Paris nicht gefeiert gewesen wäre. – Und Rottmayr ein Barockmaler. Den Gombrich hat sich der Koks auch nach Salzburg geholt – spricht auch über Barock. Und als ich zu Milein kam schwärmte sie auch von Barock. Ich kann damit nichts anfangen.

Milein war furchtbar nett. Der Keller hat dort unendlich viel Familie was Milein auf die Nerven geht und sie schusselt herum zwischen Salzburg und Mondsee – hat ins Radio gesprochen (Reklame für Salzburg und ihr Buch) und zeichnet hinter vorder und unter den Bühnen. Und sehnt sich nach der grossen Malerei.

Nun bin ich schon ein bisschen müde vom Erzählen. – Die Gretl ist ein Schatz, ich berichte ihr jeden Schritt beim Rümann und sie ist mütterlich besorgt. Der *Anatol* der Russe geht für immer nach Frankfurt und sie hat eine schwere Zeit. Auch mit den Ribiseln geht es jetzt zu Ende und es ist das einzige das ihr gegen Konstipation hilft. Ja such is life und leider wird es immer sucher, für sie.

Piolein schreiben!! Jetzt sieht's gut aus mit der Ausstellung aber wer weiss was noch alles kommt – und Sie im *Auto* unterwegs das macht mich immer sehr unruhig. Bitten Sie den Allan von mir vorsichtig zu sein.

Gute Nacht Piolein es umarmt Sie immer

Ihr Muli

und küsst Sie tausendmal

Ich habe ein wundervolles Zimmer hier! Grösser als in Compayne Gdns. Balkon Blick auf Bäume. Schreibtisch, Tisch – ob das nicht was wäre für Sie? Kostet 5 Mark ein Tag (ohne Frühstück, Frühstück 1.80). Die Isar rauscht und man hört den Verkehr aber es hat Doppelfenster zum Teil nette alte Möbel – wirklich *ein Prachtgemach*, Zimmer *Nr. 14.* Wenn Sie rechtzeitig schreiben? Ja und eigenes Badezimmer am Ende des Gangs das niemand sonst benützt. Allerdings nur kaltes Wasser aber warmes wird jederzeit gebracht. – 9 Schritte kann man darin machen nach jeder Seite, wirklich grossartig!

P.S. I Habe nochmals Quappis Brief gelesen. Sie kommt erst ungefähr *Ende Oktober* nach Holland zurück. Da fahre ich gewiss direkt nach England zurück und gehe erst im November vor ihrer Abreise sie sehen. Denn so lange könnte ich ja gar nicht in Portugal bleiben.

II Nicht wahr Pio, Sie werden nicht vergessen sich von meiner Mutter zu verabschieden. Telephonisch wenigstens. *Bitte!*

III Bitte die Maud für weitere 4 Wochen bezahlen. Den Schlüssel lässt die Maud immer vor der oberen Türe. Da wär's doch wirklich vielleicht sicherer sie hätte beide Schlüssel bei sich solang niemand im Flat ist.

IV Nicht vergessen *Fridge* abzustellen und *Milch* (schon damit die Flaschen nicht vor der Türe stehen wegen Einbrechern)

Quappi Beckmanns ältere Schwester Hedda von Kaulbach (1900–1992), zunächst mit dem Bildhauer Toni Stadler verheiratet, lebt mit ihrem zweiten Ehemann, dem Organisten Valentijn Schoonderbeek in Holland. Nach dessen Tod 1954 kehrt Hedda nach Ohlstadt in Oberbayern zurück, wo sich der einstige Sommersitz der Familie befindet. – Grete (Margarete) Baumgartner, genannt Tetta, war die österreichische Kinderfrau der Familie Rupé. – Zeitgleich mit Marie-Louises Ausstellung findet in der Städtischen Galerie in München eine Gedächtnisausstellung des deutschen Malers Rudolf Levy (1875–1944) statt. – Im Sommer 1954 zeigt die Galerie Welz in Salzburg Arbeiten von Oskar Kokoschka und vom italienischen Bildhauer Giacomo Manzú (1908–1991). Ein Jahr zuvor gegründete Kokoschka, zusammen mit Friedrich Welz, die »Schule des Sehens«, eine internationale Sommerakademie für bildende Kunst auf der Festung Hohensalzburg. – 1957 erscheint Milein Cosmans »Musical Sketchbook«, in dem sie Zeichnungen von Musikern veröffentlicht, die unter anderem bei Proben und Aufführungen in London und Wien und den Festspielen in Edinburgh und Salzburg entstanden sind. – Anatol der Russe, ein enger Freund

Gretl Rupés, war entweder desertiert oder von den Amerikanern gefangengenommen worden, die ihn dann vermutlich für Spionagetätigkeiten einsetzten. – fridge: Kühlschrank.

Bei der Eröffnung ihrer Ausstellung in der Städtischen Galerie lernt Marie-Louise Günther Freiherr von Pechmann (1882–1968) kennen, den Direktor der Neuen Sammlung in München. Pechmann ist beeindruckt von ihren Bildern und schlägt eine Ausstellung in Darmstadt vor, die er initiieren will. Elias ist zu dieser Zeit auf Italienreise mit Allan Forbes.

Elias Canetti an Marie-Louise von Motesiczky

Florenz, 26. August 1954

Mein liebstes Muli,
Gestern kamen wir hier an, und heute kam Dein Brief: ich bin überglücklich über Deine Ausstellung, ich freue mich so darüber, als ob es eine Aufführung von mir gewesen wäre; nein, eigentlich mehr, denn ich zweifle nicht an meinen Sachen, Du aber oft an Deinen, und so ist eine äussere Bestätigung für Dich wichtiger als für mich. Ich glaube, Du hast Dich auch *persönlich* gut gehalten, davor hatte ich am meisten Angst. Vielleicht hättest Du den Galerie-Menschen doch noch mehr ermutigen sollen; jedenfalls lass nicht locker. Darmstadt wäre sehr schön. Ich freue mich *ungeheuer* auf die Ausstellung; und was Italien anlangt, so ist es wirklich kein grosses Vergnügen mit dem Allan zu reisen. In jeder Stadt hat er irgendwelche Mädchen; das ist mein Glück; denn da er sich vor mir schämt, sucht er sie zu verstecken; er muss sie aber alle sehen, und so bin ich viel allein. Er sieht sich wirklich als Don Giovanni, mit dem originellen Zusatz, dass er ihnen allen davonläuft, *bevor* es zu etwas kommt. Sein Geheimnis, das ist mir jetzt klar, ist Impotenz; er hat es mir nicht gesagt, aber ich weiss es. Seine Leidenschaft ist, jede Frau zu einer Liebeserklärung zu zwingen, *obwohl* er impotent ist.

Über Italien wäre so viel zu sagen, dass ich gar nicht anfangen kann. Den stärksten Eindruck haben mir bis jetzt kleinere Städte gemacht. *Parma* war am schönsten, da musst Du unbedingt mit mir hin. Florenz ist natürlich interessant, aber für mich mehr *historisch*. Die Architektur hier ist durchaus nicht meine Sache. Wunderbar gefallen mir die armen Vorstädte und die Menschen darin. Das Innere ist, was die Leute anlangt, Salzburg zur Festspielzeit verhundertfacht, also geradezu *ekelerregend*, und im Grunde kann sich da nur so ein Amerikaner wie der Allan wohlfühlen. Vielleicht, wenn *kein einziger* Fremder da wäre, würde mir manches besser gefallen. Aber diese Horden und Horden und Horden von Leuten sind nicht auszuhalten. Nun, ich habe ihn dazu gekriegt, dass wir in zwei, drei Tagen von hier wegfahren und in kleinere, schöne Städte gehen, wenn auch nur auf sehr kurz. Dann kommen wir am 1. oder 2. oder 3. September nach Florenz zurück. Schreib mir also weiter an »American Express« Lungarno, Florenz. Bis zum *Mittwoch den 1. September* kannst Du Briefe in München für mich hieher einwerfen. Die hole ich dann auf der Rückfahrt von Siena und Arezzo hier ab. Inzwischen gebe ich Dir die nächste Adresse an – vielleicht Verona, vielleicht Bologna, aber das ist noch ganz unsicher und dürfte von A.s Arbeit oder Mädchen abhängen.

Ich bin sehr froh, dass Du nach Portugal fährst. Nach diesem Rummel wird es das einzig Richtige sein. Aber schreib mir Deine Adresse dort *gleich*, ich hab sie nämlich nicht. – Ich wäre Dir sehr dankbar, wenn Du mir etwas Geld in München und Zürich lassen könntest. Es ist wahnsinnig, was man in Italien ausgibt; alles ist teurer als in Frankreich, und ich habe grosse Angst, dass ich von München sofort nach London zurück muss, wenn es so weiter geht, und zwar gleich, nachdem ich die Ausstellung gesehen habe. Der Allan muss etwa um den 12. nach London zurück und ist dieses Mal selber sehr knapp. Aber wenn es nicht geht, mach Dir keine Sorgen. Dann muss ich eben später wieder nach Deutschland. Vielleicht ist das Schönste, dass wir uns beide so viel zu erzählen haben werden. Ach, wäre das schön, wenn wir beide herumfahren könnten, und überall bleiben, wo wir Lust haben! Diesen Winter jedenfalls werden wir beide wunderbar arbeiten.

Liebes, liebes Muli, lieber Maler Mulo, jetzt sag ich Dir adieu. Ich küsse und umarme Dich tausendmal, und merk Dir: ich habe *noch nie*, seit ich Dich kenne, an Deinen Bildern gezweifelt.

Dein Pio in Florenz.

Grüss von mir, wen Du grüssen möchtest.

Marie-Louise von Motesiczky an Elias Canetti

Zürich, 8. September 1954

8 IX

Mein liebster Pio,

Hab Ihren so sehr lieben Brief noch gerade in München bekommen. Ärmster Pio – ich kann es mir so gut denken wie schrecklich das jetzt in Italien sein muss – und dabei wären Sie zu einer anderen Jahreszeit wahrscheinlich ganz entzückt gewesen – obwohl das mit der Architektur – ich hab mir's nur nie getraut einzugestehen aber seit Sie das von den Banken schreiben – das ist vernichtend.

Piolein – das ist noch immer kein Brief – Sie können sich denken wie die letzten Tage München waren – all die Menschen noch sehen die so reizend waren – am Sonntag noch eine Ausstellungseröffnung bei Franke von Baumeister – *mit Reden* und alle abstrakten Maler auf einem Haufen – der *Mist* den sie gesprochen haben war einfach haarsträubend – ich meine in den Reden. Aber der Franke war sehr nett zu mir – hatte schlechtes Gewissen dass er noch immer nicht in meiner Ausstellung war – sagte er habe von so *vielen* Seiten so Schönes darüber gehört – und hat schon angetragen nach – ja sehen Sie ich hab vergessen wohin – zu schreiben – eine *wichtige deutsche* Stadt – wegen einer Ausstellung. Ich sagte: sehen Sie sich's erstmal an. Der Thwaites der eben von Frankreich zurück war – gratulierte mir – er war auch noch nicht dort – aber hatte gehört dass »es was ist«. Die *Carwin* meine Radiokritikerin stand daneben und rief gleich zum Thwaites »*schämen* Sie sich« dass er noch nicht in meiner Ausstellung war. Also wissen Sie – ich war bei der Eröffnung wo ich mich doch sonst ganz klein und zerdrückt gefühlt hatte mit all den abstrakten Feinden – ja ich war ein richtiger kleiner »somebody«. Dass der Nemitz 2mal schrieb war wohl sehr gut. Also das ist nur ein Abschlussbild von München – alles andere muss ich Ihnen in Portugal schreiben.

Gestern in aller Früh hier die Visas besorgt Portugal und Spanien – denn denken Sie ich bleibe 2 Nächte in Madrid und gehe morgen in den Prado. Hätte bei direktem Flug aufzahlen müssen 1. Klasse und da ist das doch vernünftiger. Nicht wahr?

Ich schreibe also jetzt in grosser Eile – nur noch zwei Stunden bis zur Abfahrt nach Madrid und muss noch Visa holen.

Ja gestern Nachmittag Ginsberg – abends Theater Gins als Bleichenwang in »Was ihr wollt«. Er ist ein *wunderbarer* Schauspieler. Ganz wunderbar!! Alles andere später.

Und nun *noch Wichtiges*: Die Gretl war unbeschreiblich lieb und mehr wie das, klug umsichtig und von einer Einfühlung – wie ich das noch kaum je erlebt habe! Ich könnt mich ohrfeigen wie ich erst über sie schrieb. ¾ von allem *habe ich ihr zu verdanken*. Sie wird Ihnen viel erzählen.

Die Bilder bleiben im Winter in München. Wegen *Licht und Luft* wäre es gut wenn die besten bei Freunden hängen würden. Aber ich sagte Gretl soll das noch mit Ihnen besprechen – ich glaube man muss vielleicht ein wenig bremsen dass sie sie nicht in alle Windrichtungen verteilt – sie ist nämlich so begeistert von dem Plan. Im Keller der Luisenstrasse ist es vielleicht doch nicht ganz trocken. Dass ich in der Wohnung *Raum* habe und das Gefühl ich muss was Neues Schönes malen ist der *positivste* Teil der Sache – ich versichere Ihnen das wird *uns* gut tun.

Piolein – ich hab Angst ich versäume mein Flugzeug – – – – Tausend tausend Dinge noch zu sagen.

Küsse Küsse Muli

Mein Zimmer Pension Liesecke *Nr. 14* habe schon gesagt dass Sie vielleicht kommen

Der britische Kunstkritiker John Anthony Thwaites (1909–1981) setzt sich für die internationale Anerkennung deutscher Kunst ein. – Die Journalistin Susanne Carwin berichtet über Marie-Louises Ausstellung in der Sendung »Gestern, Heute, Morgen« des Bayerischen Rundfunks am 21. August 1954. – Der Münchner Kunsthistoriker Fritz Nemitz (1892–1968) schreibt eine Ausstellungskritik für die »Süddeutsche Zeitung«.

Marie-Louise von Motesiczky an Elias Canetti

Madrid, 10. September 1954

Freitag

Mein liebes Piolein,

½ 8 Uhr morgens Madrid! Wie das merkwürdig klingt!

Das wird kein langer Brief denn ich fürchte er erreicht Sie nicht mehr in Innsbruck – da schreibe ich lieber alles in Portugal nach München – *zunächst zu Gretl* – bevor ich weiss wo Sie sind – hoffe sehr es wird Liesecke, Sie würden sich sicher wohl dort fühlen – Zimmer Nr. 14 – und dem Stubenmädchen Fanny müssen Sie sagen dass Sie mich kennen – die wird gut für Sie sorgen. Geld ist bei Gretl an die 40–50 Mark.

Ich hatte einen wunderbaren Tag gestern – war viele Stunden im Prado – es ist überwältigend – nur nicht leicht sich mit so vielen der grössten Maler *zugleich zu unterhalten* – noch schwerer als die Eröffnung einer eigenen Ausstellung! Stellen Sie sich vor da ist der Garten der Lüste von Bosch und der Heuwagen und vielleicht 100 Goyas – als ich in die Räume kam wo die späten Goyas hingen hab ich ganz starkes Herzklopfen bekommen – und dann möchte man doch noch ein Wort mit den Tintorettos haben und den Tizians die da so nebenbei hängen. Und der Raum der voll mit Grecos gepflastert ist (entsetzlich gehängt und furchtbar dicht) kommt einem vor wie eine ehemalige grosse Liebe für die man plötzlich nicht mehr genug Zeit hat. Aber zum Glück habe ich noch heute Vormittag. Um 4 Uhr fahre das heisst fliege ich nach Portugal.

Es gibt tatsächlich Leute die wie die Gespenster vom Steiner aussehen und kleinwinzige Pärchen – eine sehr schöne Rasse ist das gerade nicht – aber vielleicht sind alle Rassen zunächst mal recht hässlich und die schönen Exemplare muss man sich dann erst suchen gehen. Ein reizendes kleines Kindermädchen sah ich mit einem weissen Häubchen in einem Park – und sehr spanisch – aber gleich kam so ein schielender Steiner und setzte sich zu ihr.

Pioleinchen gehen Sie gleich zu Gretl oder schreiben Sie mir rasch wohin ich schreiben soll. Hab doch noch viel zu erzählen. Wäre schön wenn Sie zur Schuler gehen könnten. Dann würd ich wahrhaftig glauben dass Sie mit mir reisen wollen wenn Sie an diesen Ort so viel Anhänglichkeit hätten.

Die Kritiken finden Sie auch bei Gretl – habe sie im Koffer am Flugplatz sonst würd ich sie gleich senden. Ich bin ja so neugierig ob Sie das Interview hören werden! Hoffentlich ist's nicht zu arg! Es umarmt Sie immer Ihr Muli

Gespräch in der Bibliothek
1950

Elias Canetti an Marie-Louise von Motesiczky *München*

Freitag, 17. Sept. 54

Mein liebstes Muli,
Nun bin ich also in München, wo ich vorgestern ankam. Als erstes ging ich in die Ausstellung, allerdings mit der Gretl, der ich nicht gut nein sagen konnte. Ich war sehr glücklich darüber, es sieht wunderschön aus. Die meisten Bilder kommen gut zur Geltung; das einzige, das wirklich schlecht gehängt ist, ist die Georgette mit Bankert, das bemerkt man kaum – aber vielleicht war kein anderer Platz. Das sage ich nur, um *einen* Einwand zu machen, weil sonst mein Lob falsch klingen könnte. Die Räume finde ich ausgezeichnet. Kannst Du Dir vorstellen, wie mir zumute war, sie alle wieder vorzufinden, in einer neuen Nachbarschaft, so frisch und strahlend und Du selbst dreimal als Porträt

an der Wand, ich wenigstens als Karikatur. Deine Überzeugungen über den höheren Wert mancher Bilder im Vergleich zu andern haben sich bestätigt. Aber manche Vorurteile habe ich doch verloren. Die Zischka finde ich jetzt viel schöner. Ich glaube, es war ihr Platz am Stiegenaufgang bei uns, der sie mir verleidet hat. Das Kuhbild ist mir womöglich noch gewachsen, es hat etwas Wildes, abgesehen von seiner malerischen Qualität. Aber das muss Dich langweilen, Du hast es hinter Dir und ich will Dir nur noch sagen, dass ich schrecklich glücklich war, als ich die Ausstellung verliess. Deine Nachbarin hätte man sich schlechter und lächerlicher gar nicht wünschen können.

Ich bin dreimal nach Florenz zurück, wegen Post von Dir; und ich war entsetzt, als ich nichts fand. Das hat auf meine letzten Unternehmungen in Italien nicht gut gewirkt, aber da kann man eben nichts machen. Es steht mir schlecht an, mich über meine eigenen ärgsten Sünden bei andern zu beklagen, und wenn ich keine Briefe bekomme, so habe ich es zehnmal verdient, allerdings, nicht von Dir. – Ich war in San Gimignano, in Arezzo und in Siena. Da ich in all diesen drei Orten *allein* war, mit Bahn oder Autobus und ohne den amerikanischen Kretin, war ich begeistert. Der Piero della Francesca ist etwas, was Du um jeden Preis sehen musst. Von allen Fresken – und meine ganze Italien-Reise war eigentlich eine Fresken-Tour – waren sie der Gipfel. Manchmal sage ich mir, sie sind überhaupt das Vollkommenste, das ich in der bildenden Kunst kenne; aber dann antworte ich mir rasch mit den Namen der Maler, die mir viel mehr bedeuten und frage mich: was ist schon Vollkommenheit? –

Die kleineren Städte in der Toskana sind viel schöner als Florenz; es ist herzbrechend, sie nach einem Tag zu verlassen. Das Herumfahren im modernen Tempo ist zum Verzweifeln; und ich fühle Verachtung gegen mich selbst, weil ich mich dazu habe kriegen lassen. Man soll nicht nachgiebiger werden. Mit 50 soll man wissen, was man will und danach handeln.

In Venedig war ich nicht, das ist etwas. Es gibt eine Unmenge in Italien, für das ich mir noch Zeit nehmen kann. Vielleicht hätte ich nicht so bald nach Marokko fahren sollen. Daran gemessen war Italien wie *nichts*. Ich bin noch voll von Marokko. Aber da war ich 20 Tage an einem Ort. So rechne und hadere ich mit mir herum. Ich bin einfach unzufrieden. Denn auch aus den

2 Tagen in Innsbruck ist nichts geworden. Ich schrieb Wotruba aus Italien, dass ich nicht nach Salzburg und Wien komme. Da kam er mir entgegen, mit seinem kleinen Volkswagen und der Lucy als Chauffeuse. Ich hatte solche Angst, dass er mir nach München mitkommt, dass ich ihn *südlich* des Brenners traf, in einem sehr hübschen Dorf namens Sterzing. Da blieb ich mit ihm drei Tage, vom 11. bis 14. Es wäre schön gewesen, wenn er mir mit dem »Buch« nicht so im Ohr gelegen wäre. Aber ich hab's geschafft. Aus dem Buch ist ein Aufsatz von 6 Seiten geworden. Das schreib ich gern über ihn; so viel hab ich wirklich zu sagen; und es ist auch keine Demütigung. – Dann fuhr ich über Innsbruck, wo ich nur ausstieg, um Deine Post zu holen, nach München durch. Er (der Fritz!) wurde nach Wien spediert. Er sah dass es auf keinen Fall ein Buch gibt und dass ich nicht wieder bei ihm wohnen werde. Muli, war das ein Kampf! Der Mensch war so verzweifelt, dass er mir schon beinahe leid tat. Aber ich war stark und gab nicht nach. Von Anfang an sagte ich: sechs Seiten oder nichts! und dabei ist es geblieben.

Sobald ich Deine Briefe in Innsbruck fand, war ich erlöst. Ich hatte schon meine blöde Angst gekriegt, dachte mir aber, ich mach mich nicht lächerlich und telegraphiere *nicht*. In München kam ich fröhlich an: Ich war Italien und den Wotruba los und hatte Deine Briefe.

In der Pension Liesecke wusste man überhaupt nichts von mir und es war auch kein Zimmer frei. So brachte mich die Gretl in einer anderen Pension unter, wo ich ein kleineres, aber *ideales* Zimmer habe: Da ist ein richtiger Schreibtisch mit genau dem Stuhl, den ich mir seit Jahren wünsche. Kaum sass ich an meinem Schreibtisch, als mich eine tolle Arbeitslust packte. In London will ich schreiben wie ein *Vieh* und nie mehr Zeit mit Leuten verlieren. Wichtig ist nur, was man *macht*. Die Parasiten sollen andre Trotteln finden, wo sie sich Blut holen. Ich habe furchtbar viel Ideen zum Schreiben, seit ich hier bin. Muli, Muli, wir müssen beide arbeiten wie nicht gescheit diesen Winter. – Nun willst Du meine Adresse wissen: Dr. E. C., Pension Gisela, Giselastrasse 15, *München* 23.

Meine Leute, die ich hier finden wollte, sind noch alle weg. Rouvier hat mir geantwortet. Sein liebster Mensch ist ihm gestorben (eine Frau!) und er lebt seit sechs Wochen irgendwo in den französischen Bergen, darum hat er sich nicht bei Dir gemeldet. Mein aufgeblasener Zwilling Franz (vom letzten Jahr) ist unter grossem Krach in die Staaten zurückberufen worden und mit Sack und Pack davon. Bergold kommt dieser Tage. Hennecke und Hartung sind hier, aber ich seh beide erst Sonntag.

Ich bin froh, dass ich mich bewegen kann und will unbedingt nach Zürich und nach Stuttgart. Bitte schreib mir *gleich*, was Du bei Ginsberg vorbereitet hast. Hast Du herausbekommen, was er von der Komödie hält? Und weisst Du, ob er jetzt in Zürich bleibt? Oder kommt er nach München?

Wotruba hat Schuh übrigens überhaupt nie gesehen und nie mit ihm gesprochen. Schuh ist im Augenblick sehr krank, aber er hat *nie* erklärt, dass er mein Stück nicht macht. Das hat mich etwas erleichtert; trotzdem werde ich nicht mehr auf ihn warten.

Liebes, gutes Muli, das ist ein langer, etwas wirrer Brief. Schreib gleich und viel und sei tausendmal geküsst und umarmt von Deinem Pio

In »Mutter mit Kind«, ca. 1954, porträtiert Marie-Louise Georgette Lewinson und ihren kleinen Sohn David. – Bankert: uneheliches, lebhaftes oder ungezogenes Kind. – »Gespräch in der Bibliothek«, 1950, zeigt Elias Canetti und Franz Baermann Steiner, gestikulierend und diskutierend. Marie-Louise überzeichnet die physischen Eigenheiten der beiden und lässt Steiner klein und dünn, Canetti dagegen breit und schwer wirken. – Die Wienerin Rosa Zischka ist seit den dreißiger Jahren mit den Motesiczkys befreundet. Kurz vor der Flucht aus Österreich malte Marie-Louise ihr Porträt. – Der kostümierte Umzug, der Marie-Louise im August 1952 in Judenstein begeisterte, inspiriert sie zu dem Bild »Dorffest in Tirol«, 1953, in dessen Mittelpunkt eine festlich geschmückte Kuh steht. – Fritz Wotruba bat Canetti um ein Buch über sein Werk, wozu sich dieser aber nicht in der Lage sieht. Er verfasst stattdessen einen Aufsatz, der 1955 in dem Band »Fritz Wotruba« in englischer und deutscher Ausgabe im Wiener Verlag der Gebrüder Rosenbaum erscheint. – Werner Bergold ist der Chefdramaturg der Münchner Kammerspiele. – Der Kritiker und Übersetzer Hans Hennecke (1897–1977) setzt sich im Nachkriegsdeutschland für deutsche, französische und englische Literatur ein. – Der Dichter und Literaturkritiker Rudolf Hartung (1914–1985) ist ein guter Freund von Canetti. Er arbeitet als Verlagslektor beim Weismann Verlag, als dort »Die Blendung« und »Komödie der Eitelkeit« erscheinen sollen.

Marie-Louise von Motesiczky an Elias Canetti

Portugal, 22. September 1954

Mittwoch

Liebstes Piolein,

Gestern fand ich Ihren Brief als ich von Costa Caparica zurückkam wo ich 2 Tage und eine Nacht bei Onkel Ernst war – übernachtet hab ich im Hotel 10 Minuten Autobus an der Küste – wissen Sie, da ist so eine Stimmung wie in einem kleinen ungarischen Nest – so Balatonfüred gemischt mit Woolworth – recht gottverlassen und nicht so eigentlich schön – aber das ist ja egal – wichtig ist Ihr Brief!! Ich hab ja schon sehr gewartet – und mich sehr, sehr gefreut – ach Piolein es ist mir gar nicht gleichgültig was Sie über die Ausstellung schreiben – obwohl's wahr ist – jetzt ist's alles hinter mir – ich wollte Sie wären nochmals allein dagewesen – aber dazu war wohl keine Zeit mehr – erst erschrickt man nämlich etwas – und ich finde die *Fehler* springen einem nur so ins Gesicht das zweite Mal ist das besser – ich könnte Gift darauf nehmen dass es Ihnen auch ein wenig so ging. Aber ich will nun nicht das Schöne was Sie mir geschrieben haben wieder auflösen – und von der »Abrechnung« die ich selber machte – Sie verstehen so wie Ihre Abrechnungen in der Neujahrsnacht – will ich ein andermal sprechen.

Und nun zum Ginsberg – ich will Ihnen genau schreiben – nicht schön sondern *genau* – Sie werden *sehr unzufrieden* mit mir sein und doch ich versichere Ihnen – unter den Umständen hätte ich es nur schlechter nicht viel besser machen können. Und vielleicht war es auf *längere* Sicht sehr gut, so wie die Begegnung war. Um Sie nicht auf die Folter zu spannen sage ich gleich – Ginsberg wusste *nichts* von Ihnen – er hatte *nie* Ihren Namen gehört – es klang nicht mal an etwas in seinem Ohr was er je gehört hatte – er schüttelte nur nachdenklich den Kopf – nein – er hätte den Namen *nie* gehört (Eine einzige Möglichkeit – dass er Ihr Stück in der Hand hatte und da ihm der Name unbekannt war dies überhaupt nicht mit mir in Verbindung brachte).

Ich war nur von Montag bis Mittwoch in Zürich. Es kostete mich Überwindung Gins anzurufen aber Dienstag Mittag tat ich es also (wollte auch erst die Rennerei für die beiden Visas spanisch und portug. hinter mir haben). Er war sehr nett am Telephon, freute sich sehr – fragte wann man sich sehen kann –

am Abend spiele er – am nächsten Vormittag wusste ich dass es schwer möglich sein würde (musste noch die Visas abholen und um 1 Uhr beim Autobus zum Flugplatz sein) es blieb also nur der Nachmittag. Wir verabredeten dass ich um 5 Uhr zum Tee komme in seine Wohnung zu ihm und seiner Frau und den Sohn würde ich auch sehen – der ist jetzt 18 – damals war er 3 Jahre alt. Er fragte mich wie es mir ginge am Telephon und ich sagte so in meiner Art: »no so – ganz gut« – »wie« sagte er »mit vielen so sos und la las«. Da hab ich wohl mit meinem »no so« einen etwas kleinlauten Eindruck gemacht – das hab ich gleich gespürt. Auch habe ich als er mich fragte ob ich ins Theater kommen kann falls er eine Karte bekommt erst gesagt dass wenn meine Freunde nicht mitkommen können es vielleicht schwierig sein wird da es der einzige Abend sei. Ich glaube aber beides hab ich beim Wiedersehen wieder gut gemacht. Ich schreibe das alles nur aus Genauigkeit – weil ich weiss dass Sie auf so was Wert legen. Die Begrüssung war sehr herzlich. Gins ist ganz unverändert, nur dass er sich gleich tief bückte und mir seine Glatze zeigte – oh je er und seine Frau hätten sich sehr verändert – aber auch seine Frau sieht noch sehr hübsch und nett aus. Sie wohnen in einer netten Wohnung – bescheiden aber sehr hübsch – ebenerdig mit Garten. Ja und dann hatte man 2 Stunden und erzählte sich halt so viel als möglich. Ja und etwas hab ich vergessen (oder verdrängt) am Telephon fragte er mich und wie geht es Ihrem Mann – da sagte ich: »ich bin nicht verheiratet – aber ich lebe seit 15 Jahren mit jemandem – das kommt ja aufs selbe heraus« das gab eine kleine Verlegenheit – »so – – ich dachte – – Sie sind verheiratet – und ist er hier mit Ihnen«. »Nein« sagte ich »das ist er nicht er ist in Italien und kommt dann nach München« – So also – man trank Tee und man sprach sehr viel von der Vergangenheit – denken Sie Gins war einmal als er jetzt nach dem Krieg in Wien war ganz allein in der Hinterbrühl im Garten – er hat eine grosse Treue und Anhänglichkeit an diese Zeit die ihm wie er behauptet das Leben rettete – da wir ihn (durch Heinz Simon) aufnahmen – »einen wildfremden Menschen« – wie er sagt. Und als er in dem Garten war hat er geweint – gestand er. Er hat auch eine starke Erinnerung an meine Mutter als »Persönlichkeit« (und ich glaube wenn Sie ihn sehen sollten Sie das nicht zerstören denn das Ganze ist bei ihm ein komplettes Bild – *nicht* wegen meiner Mutter – sondern wegen Ihnen und mir – meine ich – er meint dass er auch Mutter was zu »verdanken« habe – Er erinnert sich noch wie ich die Treppe herunter kam – und die barocke Steinfigur – und das Ganze kam ihm vor wie aus Gottfried Keller – und ich sagte »Sie brauchen keine Angst vor meiner Mutter zu haben – sie ist viel netter als sie aussieht«. Ja, über das alles sprachen wir – und mein Bruder meinte er sei ein halber Nazi gewesen – er wusste gar nicht dass er nicht mehr lebt – das klärte ich gründlich auf – ich weiss auch wieso er das von meinem Bruder dachte – er lernte ihn erst in der Schweiz – (schon Emigration) kennen – vorher war ja mein Bruder in Norwegen – und da erklärte ihm mein Bruder sicher dass Hitlerjugend und alles was eben an kommunistischen Tendenzen im Nationalsozialismus war – ihm lieber sei als reiche Leute die einen grossen Garten und ein Haus haben das niemand geniesst. Na ja – Sie sollen nur wissen wie's alles war – auch dass meine Mutter Jüdin ist war ihm dem Gins nicht ganz klar – er hielt uns noch irgendwie für mehr gemischt und die Brühl für so was wie ein »Schloss«. Na ja. Also dann fragte er mich was meine Ausstellung eigentlich war – und ob ich Erfolg hatte u. s. w. Und ob ich eine *Kritik* bei mir hätte – als Theatermensch weiss er wohl dass Kritiken einem wichtig sind. Das hatte ich nun nicht aber ich erzählte einiges und als er fragte wie ich mich entwickelt habe in welcher Richtung sagte ich: »bewusst nicht abstrakt –« und erklärte warum aber nicht umständlich und lang sondern kurz und gut – und beide besonders die Frau waren sehr erfreut darüber und sagten mit einem warmen Brustton »ach wie schön«. Gins meinte das einzige was ihn an der abstrakten Malerei stutzig mache sei dass so viele gescheite Menschen »dafür« seien aber er selbst könne damit nichts anfangen.

Ich wartete immer auf den Moment von Ihnen zu reden. Schliesslich fing ich an und da stellte sich heraus dass er gar nichts von Ihnen weiss. Pio es war unmöglich ihm *Sie* zu erklären in der kurzen Zeit – es wäre auch nicht gut gewesen – zumindest können Sie sicher sein dass ich nichts verpatzt habe – nichts Kleinlautes – *nicht* dass irgend etwas *schwierig* ist – weder persönlich noch was Ihre Arbeit anbetrifft. Nur dass ich Ihre Arbeit für sehr »wichtig halte«. Ich habe versucht selbst einen möglichst guten Eindruck zu machen, das ist zwar herzlich wenig aber doch nicht nichts. Hätte ich von Ihren Stücken angefangen so wäre viel mehr Zeit nötig gewesen – und ausserdem hoffte ich da noch dass ich Gins nach dem Theater wiedersehen würde und vielleicht allein mit ihm sprechen könnte.

Ja und dabei hat es mich so gebrannt – denken Sie der Gins will nun auch filmen – er sagt ganz offen um *Geld* zu verdienen – er hätte bisher sich nie viel darum bemüht aber nun da sein Sohn es brauchen kann – und überhaupt für später – und dies sei eben doch die einzige Möglichkeit. Für einen Schauspieler sei Film im Grunde scheusslich – nur der Regisseur der die Sache *übersieht* für den könne es schön und interessant sein. Er hatte schon mal einen grossen Film machen sollen aber das sei aus irgendwelchen Gründen verschoben. Und da dachte ich natürlich an die *Affenoper*. Piolein ich habe dann Gins abends spielen gesehen – er wäre ein grossartiger Affe – glauben sie mir's! Ich konnte gar nicht einschlafen so aufgeregt war ich bei dem Gedanken. Nun also – hätte ich gesagt der Canetti hat ein wunderbares Manuskript u. s. w. So wäre das ganz unmöglich gewesen und ich hätte damit mehr verdorben als genützt. So sind Sie zwar noch ein unbeschriebenes Blatt für ihn aber wenn wir's nur klug machen könnte doch die alte Freundschaft die zwischen mir und Gins zweifellos besteht etwas nützen. Und mehr Hilfe kann *ich* ja auf keinen Fall bei der Sache sein. Ich weiss dass was immer ich ihm schreibe oder schicke er nicht ganz einfach beiseite legen wird. Er wird ab Januar auf ein Jahr in München sein *ganz dort wohnen* weil das hin und her zu anstrengend ist aber die Schweiz will er *nicht* ganz aufgeben – eine Emigration steckt ihm und vor allem der Frau noch in den Knochen und er möchte nicht *nochmals* im Leben *fort* müssen. Er wird im Januar und Februar grosse Aufführungen haben in München, die *Orestie* (??) – übrigens OKessey weiss Gott wie man ihn schreibt – der irische Dramatiker den auch Sie so schätzen liebt er sehr (Red Roses). Übrigens wenn ich in München bin kann ich immer Freikarten haben hat er mir versichert! Aber ich möchte schon noch ein bisschen mehr wie das. Ja Piolein vielleicht hat sich inzwischen was gemacht und der ganze Gins ist nicht mehr so aktuell. Aber ich schreib's halt alles. Ja und sehen Sie nach der Aufführung musste ich Gins einen Mantel und Schirm zurückgeben da ein furchtbares Ungewitter war als ich um 7 von dort wegging. Und da entschuldigte er sich leider weil er morgens früh Probe habe aber in so herzlicher netter Weise mit allen Versicherungen dass man sich bald wiedersehen müsse dass ich's nicht übelnahm obwohl ich ein wenig enttäuscht war. Ich wäre noch gerne nach dem Theater eine Stunde wo mit ihm gesessen. Aber sehen Sie irgendwie imponiert's einem auch dass ein Mensch so viel Disziplin hat und nach 15 Jahren seine Zeit bemisst gleich das erste Mal – aber vielleicht hat er auch eine gewisse Scheu gehabt – man hätte dann eben doch noch mehr und in die Nacht hinein sprechen müssen – vielleicht war's auch noch was anderes – als das Ungewitter losging und der Himmel ganz gelb wurde bei den Ginsen und der Hagel herunter prasselte schaute Gins hinaus, konnte sich gar nicht satt sehen an dem Himmel – und zweimal sagte die Frau – nun setzen wir uns doch wieder Gins – da kommt Piz aus London nach so vielen Jahren und Du siehst den Himmel an! Wir wollen doch noch etwas reden! Das war aber alles nur eine Sache von *Minuten* – das sind nur die feineren Feinheiten die man sonst lieber verschweigt – ich sag Ihnen aber alles. Am nächsten Tag habe ich Gins eine Photo von dem Bild von meiner Mutter geschickt und den Zeitungsausschnitt von Nemitz mit meinem Selbstporträt und einen Brief geschrieben wie gut mir sein Spiel gefallen hat (das mit dem Zeitungsausschnitt finden Sie vielleicht einen Fehler? aber nachdem er mich danach fragte?). Also ich denke als erstes Wiedersehen nach so vielen Jahren war's nicht schlecht.

Nun ist nur die Frage soll ich ihm schreiben dass Sie ihn in Zürich aufsuchen? Wie soll man's am besten machen? Am liebsten hätte ich ihm ja schon längst ein Manuskript von Ihnen geschickt – aber das erlauben Sie mir gewiss noch immer nicht?? Oder sollen wir warten bis zum Winter und vielleicht fahren wir dann beide nach München? Da würde es sich ganz selbstverständlich ergeben dass man sich sieht und kennenlernt. Oder wollen Sie lieber von jemandem ganz anderen eingeführt werden und dann sagen Sie sind *der der* zu mir gehört. Ich fürchte dass was immer ich vorschlage Sie das Gegenteil für besser halten. Wenn Sie Wünsche haben in welcher Art ich Gins noch über Sie schreiben soll können Sie mir's aufsetzen?

Und nun wächst Ihnen das Ganze schon beim Hals heraus! wie? Aber denken Sie nur wenn so einmal der Affenfilm zustande käme – und ich hätte ein klein bisschen dazu beigetragen!!

Übrigens noch zur Frau Gins – sie ist eine besonders nette Frau. Sie geht nicht sehr gerne nach München – sie erwähnte dass der Gins ganz im Theater und den Menschen die damit zu tun haben aufgeht – sie aber sei in so einer Stadt wie München mehr allein und sehe mehr von den Menschen auf der Strasse und in den Geschäften und die seien ihr nicht sehr geheuer in Deutschland. In der Schweiz sei sie einigermassen zu Hause aber in Deutschland – eben weil es ihre Heimat sei ist's schwerer – man sei eben nirgends mehr zu Hause – (ist vielleicht auch schwer sich von dem Sohn zu trennen der jetzt Medizin studieren wird.) (Der ist 8ter in der Weltmeisterschaft für Fechten als Hobby)

Ach Piolein der Brief geht ins Unendliche und ich habe Angst Ihnen schon sehr auf die Nerven zu gehen damit!

Dass Sie mit dem Wotruba »stark« waren imponiert mir sehr – weiss Gott kann ich mir denken dass es nicht leicht war!

Um nochmals auf Gins zu kommen – vielleicht glaub ich an Wunder und zwar nicht *auch* sondern nur mehr an Wunder – und vielleicht kommt durch so eine einfache menschliche Beziehung etwas heraus was durch einen Literaten der dem Gins was von Ihnen erzählt und ihn auf »Sie vorbereitet« nicht zustande kommen kann. Ein Wunder wär's oder vielleicht ist man schon so verdreht dass man das Selbstverständlichste von der Welt – als Wunder ansieht. Aber ich könnt mir denken dass der Gins noch einer der wenigen Menschen in der Theaterwelt ist der etwas unbeeinflusst lesen und »erkennen« kann.

Frau Carwin die so furchtbar nett zu mir war am Radio hab ich *viel von Ihnen* erzählt – ich sagte wenn Sie nach München kämen würden Sie sie vielleicht anrufen. Susanne Carwin, Tel: 34835, Cherubinstrasse 2. Sie hat ein Buch geschrieben: Faith and Revolution. Sie war wirklich wahnsinnig nett zu mir. Wollen Sie's nicht doch machen, ich glaube Sie werden es nicht bereuen sie kennengelernt zu haben. Mich würde es halt sehr freuen.

Haben Sie übrigens das Interview gehört oder fanden Sie es so furchtbar dass Sie nichts darüber schrieben?

Piolein ich küsse Sie tausendmal ich *stürze* zur Post! Sie sollen den Brief bald haben. Von   bald mehr! Ich umarme Sie – –

Ihr Muli

Bei Liesecke hab ich Ihren Namen gesagt und Fr. Heitzer hat sich die Zimmer-Nr. und Raum notiert für 15en! Aber schön dass Sie nun auch ein gutes Zimmer haben.

Die Kaufhauskette Woolworth ist berühmt für ihr großes Angebot an preiswerten Waren. – Heinrich (Heinz) Simon (1880–1941) war von 1914 bis 1934 der Redaktionsleiter der »Frankfurter Zeitung«. Seine Frau Irma (1894–1983), geborene Schey, eine Cousine Marie-Louises, führte 1920 Max Beckmann bei den Motesiczkys ein. 1934 ging Irma Simon nach Wien, um ihren Vater zu pflegen. Kurz vor dem »Anschluss« gelang ihr die Ausreise in die Vereinigten Staaten. Ihr Mann folgte ihr 1939. – Henriette von Motesiczky, die aus einer assimilierten jüdischen Familie stammt, ließ sich vor ihrer Hochzeit protestantisch taufen. – Sean O'Casey (1880–1964) schrieb über die Dubliner Arbeiterklasse. »Red Roses for Me« von 1942 ist ein teilweise autobiographisches Stück, das zur Zeit des Eisenbahnstreiks 1911 spielt.

Elias Canetti an Marie-Louise von Motesiczky *München*

28. September 1954

Mein liebstes Muli,
endlich ein Brief von Dir, ich war schon sehr unruhig – es war 10 Tage nach dem letzten Brief!

Gestern sah ich auf eine halbe Stunde die Quappi. Gretl machte ausfindig, dass sie bei Günther Franke sein wird und ich rief dort an. Da ich um 1 auf die Bahn musste (Günter Eich und seine Frau, die Ilse Aichinger, erwarteten mich am Chiemsee), konnte ich nicht mit ihr »lunchen« und sie bat mich, wenigstens auf kurz zu Franke zu kommen. Sie gefiel mir ganz besonders gut. Sie sah sich Bilder von Beckmann an und erzählte dazu. Sie wirkt jung – eigentlich wie Du – und hat sehr viel natürliche Würde. Nichts, was sie sagte, war falsch, alles hatte den rechten Ton; sie ist die erste »Witwe«, die so ist, wie sie sein sollte; nach meinen früheren Erfahrungen dachte ich, das gibt es nicht. Sie lebt mit den Bildern, mit jedem einzelnen Bild, wo immer auf der Welt sie sich befinden. Sie sprach sehr lieb und herzlich von Dir und legte Dich dem Franke immer wieder aufs Herz. Aber er ist auch von selber für Dich eingenommen. Es war sehr schön – ausser Deiner Ausstellung (wo ich natürlich *dreimal* war, Du Idiot), der schönste Augenblick für mich in München.

Morgen fahre ich nach Stuttgart. Ich denke, in einer Woche, so um den 5. oder 6. herum, bin ich wieder in London. Du schreibst nicht, wann Du kommst; ich nehme an, um dieselbe Zeit. Hoffentlich erreicht Dich dieser Brief noch in Portugal.

Über Zürich bin ich natürlich sehr traurig. Ich kann es noch immer nicht glauben, dass der Heinrich Fischer so unverschämt gelogen haben soll, noch dazu wiederholt, *jedesmal* wenn ich ihn traf. Vielleicht hat Ginsberg das Stück bekommen und es nicht gelesen. Dass er meinen Namen nicht kennt, ist möglich; dass er von der »Blendung« noch nie gehört hat, ist *ausgeschlossen*, weil nicht weniger als drei Leute am Züricher Theater sie in ihren Bibliotheken stehen haben und zu *Wildfremden* davon sprechen, wie ich zufällig erfuhr. Du hast wohl die »Blendung« nicht erwähnt. Es hat natürlich keinen Sinn, dass ich hinfahre. Der Hirschfeld, den ich gut kenne, ein Direktor des Theaters in Zürich, ist in Berlin, wo er ausgerechnet den schwerkranken Schuh vertritt. Er hätte mich natürlich leicht mit Ginsberg zusammengebracht. Aber da er weg ist, und weder der Heinrich Fischer noch Du den Ginsberg auf mich vorbereitet haben, hat es überhaupt keinen Sinn. Du bist schon ein rechter Held! Aber es macht nichts. Es ist nur schade, weil ich jetzt schon da bin. Vielleicht können wir ein anderes Mal nach München. – Was ich hier ausgerichtet habe? Einige Leute kennen nun die »Befristeten«. Bergold, der Dramaturg der Kammerspiele, hat sie gleich gelesen und ist sehr beeindruckt davon. Er will Schweikart, den Dichter, dazu bereden, sie aufzuführen. Es klingt plausibel, aber ich glaube kein Wort davon. Man müsste hier sein und die Leute daran erinnern. Dass Deine Ausstellung *zustande* kam, erscheint mir ein phantastisches Glück, weil es alles aus der Ferne gelungen ist. Hennecke kann einen guten Verlag für das Stück finden und ausserdem will er mit dem Dramaturgen des Darmstädter Theaters darüber sprechen, den er gut kennt. Auch er ist sehr begeistert. Sie sind es alle, solange ich da bin. Ich kann sie in zehn Minuten gewinnen, wie damals den Jancke in Stuttgart. Aber kaum ist man weg, lassen sie alles liegen. Man müsste zweimal im Jahr auf mindestens einen Monat herkommen, dann würde etwas ge*schehen*. Vielleicht dass auf die Dauer Ginsberg doch meine Sachen kennenlernt und richtig sieht. Auf längere Sicht gesehen klingt alles, was Du schreibst, sehr gut.

Hab ich Dir übrigens schon geschrieben, dass das Formular der Bollingen-Foundation aus Amerika an mich gelangt ist, ein sehr günstiges Zeichen. Ich habe es natürlich ausgefüllt und eingesandt. Ich glaube, im Laufe des Oktober ist die Sitzung und ich werde etwas erfahren. Da bin ich nun sehr optimistisch. Zwei

Jahre! Wenn ich zwei Jahre wirklich ohne jede Angst arbeiten kann! Da mache ich das Machtbuch fertig *und* einen grossen Roman. Rouvier ist angekommen und ich muss jetzt zu ihm. Lebwohl. Sei tausendmal geküsst und umarmt. Ein Brief von Dir kann mich nirgends mehr erreichen. In 8 Tagen bin ich bei Dir.

Pio.

Elias Canetti lernte die österreichische Schriftstellerin Ilse Aichinger (geboren 1921, verheiratet mit dem deutschen Schriftsteller Günter Eich, 1907–1972) wohl 1948 durch ihre Zwillingsschwester Helga kennen, die 1939 nach London geflohen und Schauspielerin geworden war. – Max Beckmann zog mit seiner Frau im Sommer 1947 in die USA, wo er zunächst in St. Louis und dann in New York arbeitete. Er starb am 27. Dezember 1950 an einem Herzschlag. – Kurt Hirschfeld (1902–1964), Dramaturg in Darmstadt, war nach seiner Emigration in die Schweiz 1933 am Neuen Schauspielhaus in Zürich. – Der Schauspieler, Regisseur und Autor Hans Schweikart (1895–1975) ist von 1947 bis 1963 Intendant an den Münchner Kammerspielen. – Der deutsche Autor and Kritiker Oskar Jancke (1898–1957) ist der Initiator und erste Geschäftsführer der Deutschen Akademie für Sprache und Dichtung.

Marie-Louise von Motesiczky an Elias Canetti

London, Poststempel 21. Januar 1955

Liebster Pio,

Um etwas muss ich Sie um Verzeihung bitten: ich hätte nie sagen dürfen dass jetzt etwas nicht mehr so ist wie früher und dass ich bloss hoffe dass es wieder so werden wird. Ich hab's gesagt um Ihnen weh zu tun aber doch auch nur weil mir selbst manches so weh tut. Das was im Anfang war und zwar: dass ein wunderbarer beinahe allwissender Mann gerade mich ausgesucht hat um mich für immer zu sich zu nehmen, – dass er mich besser und reiner und stärker machen will – dieses Gefühl ist im Grunde nie vergangen. Und selbst in den bittersten Kränkungen und Zweifeln ist alles doch nur deshalb so schwer weil ich immer noch meine es müsse so und nicht anders sein. – Wenn »damals« die Menschen in meiner Umgebung Sie verletzten, so war es doch auch nicht viel leichter für mich. Ich wäre doch so gerne auch äusserlich stolz gewesen. Und dass ich kein »mütterlicher« Mensch bin und Sie (und auch mich) nicht genug schützen konnte, dafür kann ich doch nichts? Und meine wirklichen Freunde wie die Julia und die Georgette und die Nell – die haben Sie doch nie verletzt? Nun haben Sie sich was Eigenes aufgebaut – in das soll ich nicht eindringen und will auch versuchen es wirklich nicht zu wollen. Aber vielleicht wird's einmal so sein dass das Flat oder das Haus ich denke dabei bloss an den Brief von Maria D. wirklich Ihres ist und selbst wenn dann die Menschen sich fragen: warum hat er da dieses alte weisshaarige Muli sitzen – dann braucht uns das doch nicht zu kümmern – solange wir schöne Dinge machen und schreiben (und malen.)

Pio ich kann nicht alles sagen was ich will und wenn ich's jetzt trotzdem versuche ist es nicht um Sie zu kränken sondern weil ich endlich – endlich wieder einen klaren Himmel über uns sehen möchte. Wenn Sie wüssten wie ich mich danach sehne. Sehen Sie – dass die Vesa nicht wirklich grosszügig zu mir ist sondern nur *anscheinend* und in *Worten* und dass Sie darin auf ihrer Seite stehen (bei Ihnen aus sehr komplizierten Gründen) das ist schwer zu tragen. Ich glaube dass ich dazu geschaffen wäre, zu einer »ersten Frau« liebevoll und ehrerbietig zu sein. Weil ich es aber nicht ändern kann so soll mir darin die Marie mein grosses Beispiel sein, nämlich: da wo man machtlos ist, trotzdem zu lieben und in der Arbeit die Sorgen zu vergessen.

Und noch etwas: es hat Sie zutiefst verletzt dass ich in Ihren Augen – Geld vor Ihnen verheimlichte. Aber wenn Sie wüssten, wirklich wüssten was für grausige Angst ich vorher ausgestanden habe – und zwar berechtigte Angst – denn wir hätten jetzt kaum mehr was zum Leben. Wenn Sie es wirklich wüssten, würden Sie es nicht so empfinden als hätte ich einen glücklichen Haupttreffer aus Selbstsucht verheimlicht. Dann würden Sie wissen dass es etwas gibt was man einfach nicht »nochmals« erleben kann und dass man versucht sich davor zu schützen wie ein Tier vor einer furchtbaren Gefahr. – Ich hab's dann doch gesagt weil ich so gerührt und erschüttert war dass Sie sich plötzlich auch Gedanken um mich machten. Das sollte doch die Bitterkeit wieder ein wenig gutmachen?

Ich hab noch viel am Herzen – jetzt ist es bald ein Jahr dass Marie ihre schwersten Tage hatte und wir alle, alle haben nicht gewusst was seit Jahren für sie das beste und einzig richtige gewesen wäre. Ich weiss es jetzt. Sind Sie mir nicht böse dass ich vor allem mich selbst aber eben auch *uns alle* daran erinnere.

Ich weiss nicht wie Sie den Brief aufnehmen werden aber lieber liebster Pio – es soll ein Friedensbrief sein und nun glaube ich dass ich endlich doch wieder zu malen versuchen werde.

Immer Ihr Muli

Marie-Louise träumt schon lange von einem eigenen Haus, das groß genug ist, um sowohl ihr als auch Elias genügend Raum für ungestörtes Arbeiten zu bieten. – Marie-Louise, die aus einer außerordentlich reichen Familie stammt, hat unter den Nationalsozialisten den Großteil ihres Besitzes verloren. Sie muss zwar nie einem Brotberuf nachgehen, kann aber Elias finanziell nie so absichern, wie sie das gerne möchte.

Marie-Louise von Motesiczky an Elias Canetti

London, ohne Datum

Lieber Pio,
Sie haben mir neulich am Telephon gesagt was Sie alles von mir denken (von der Anny Schey u. s. w.). Ich hab nur gedacht: Sie müssen das und wenn's auch alles nicht wahr ist – so hab ich's eingesteckt – Ihretwegen.

Jetzt möcht ich auch einmal sagen was ich mir denke. Was würden Sie sagen wenn nicht alle 2 bis 3 Jahr Handwerker – sondern jede Woche ein oder der andere Maler Bildhauer, Kunsthändler hier ein- und ausgingen – was ganz normal wäre – statt dass Sie alle heiligen Zeiten den Rudi hierher bringen wie ein Tierbändiger den Bären am Halsband – und mir nachher erzählen wie sehr er mich schätzt. Ich habe – vielleicht durch Anlage gar nicht den richtigen Verkehr aber Sie haben schön auch dazu beigetragen eine rechte Missgeburt aus diesem Verkehr zu machen. Sie sagen: Menschen werden von Ihren Appetiten geleitet oder von sozialen Ambitionen. Ich glaube bei mir ist weder das eine noch das andere ganz der Fall. Ich habe früher diese Dinge unbewusst gemacht – es ist eine Art Netz in das ein oder das andere hineingewoben wird wie es gerade kommt. Es kann einmal ein Appetit sein und sogar einmal eine *Ambition* – es kann etwas rein Malerisches sein es kann auch einmal Mitleid sein mit irgendeinem Frauenzimmer es kann so viel verschiedenes sein. Es kann auch ein Nachgeben sein, Menschen gegenüber die sehr versessen sind einen zu sehen, selbst wenn man sie nicht so schätzt (Sind Sie ganz frei von letzterem?). Immerhin – in mein Netz war der Beckmann und der Kokoschka hineingewoben und viele andere Freunde und Freundinnen die immer noch zu mir halten seit 30 Jahren. Aber hier in England haben Sie oft recht grausam in dieses Spinngewebe oder Netz oder wie Sie es nennen wollen – hineingebissen – gerade in dem fremden Land und gerade in der Zeit wo es sehr wichtig ist – denn man wird nicht jünger und auch zu Freundschaften hat man mit den Jahren eher weniger Lust und *Möglichkeit*. Mein Gewebe *hier* – sieht also recht miserabel und entstellt aus – mag auch meine eigene Schuld sein aber Sie haben schon auch noch dazu beigetragen. Was aber die Handwerker betrifft *so leugne ich dass sie auch nur das Leiseste mit »meinem tieferen Seelenleben«* zu tun haben. Ich glaube dass hier weniger Zeit verbraucht Schmutz *Lärm* gemacht wird als in jedem anderen gepflegten Haushalt. Wenn das Bild welches ich Ihnen mit einem Handwerker biete – Sie so verstört – so brauchen Sie sich's ja nicht anzusehen –

Und nun muss ich noch was sagen. Der Eindruck den Sie bei solchen Gelegenheiten machen ist auch nicht immer berükkend. Sie verbringen schlaflose Nächte. Bis 2 Uhr Mittag gehe ich auf Zehenspitzen als ob ein Schwerkranker im Haus wäre. Dann sitzen Sie wie eine dicke böse Spinne ganz still um sich auf das vermeintliche Opfer zu stürzen oder Sie verschwinden lautlos um unerwartet der Beute in den Rücken zu fallen. Sehr hübsch ist das nicht und wenn ich in Ihrer Phantasie eine verrückte Alte bin die junge Männer fischen will – so dürfen Sie sich nicht wundern wenn Sie sich in der meinen in eine Spinne verwandeln.

Sie haben das Ihre gesagt und ich das meine – und nun sind wir quitt.

Und wenn alles fertig ist verspreche ich dass lange lange Ruhe sein wird.

Immer Ihr Muli

Elias Canetti an Marie-Louise von Motesiczky *London, April 1955*

Dienstag

Liebes Muli,
Heute kam Dein Pariser Brief. Der frühere, vom Flugplatz, kam gestern und das Telegramm schon Sonntag. Ich bin froh, dass Du in Paris bist. Es ist die beste Zeit für Paris, und alles was Du dort tun und sehen kannst, wird Dir gut tun. Bleib möglichst lange. Die Männer hier werden Donnerstag bestimmt noch nicht fertig sein, ich schätze, es wird so bis zum Samstag dauern. Das Atelier ist fertig, ich habe darauf geschaut, dass es nicht zu dunkel wird. Die Maud hat die Küche wieder ganz eingeräumt und sie sieht jetzt schön und ordentlich aus.

Heute kam das Wotruba-Buch. Es hat einen eindrucksvollen Umschlag und ist überhaupt ein Buch, das man gern in die Hand nimmt. Leider hat der Gauner von einem Fritz ohne mein Wissen in die deutsche Ausgabe eine Einleitung vom Klaus Demus hineingeschmuggelt, die ganz fürchterlich geschrieben ist. Ich kann jetzt nichts mehr dagegen tun. Die englische Einleitung, vom Direktor des Bostoner Museums Plaut ist lesbar und mit Ausnahme einer politischen Bemerkung (gegen die Russen natürlich), (die mich ärgerte, weil sie mit dem Gegenstand des Buches überhaupt nichts zu tun hat und überhaupt dumm und falsch ist,) – mit dieser Ausnahme also nicht schlecht. Die deutsche Ausgabe hat sich der Trottel von einem Fritz mit der Demus-Einleitung verhunzt; sie ist der einzige »provinzielle« Rest am Buch. Aber mein eigener Text ist deutlich davon getrennt und ich bin nicht dafür verantwortlich. Sonst natürlich kein Wort vom Fritz. – Der Franzose, von dem ich Dir erzählt habe, hat die »Komödie« und die »Befristeten« heute nach Paris mitgenommen und ich setze grosse Hoffnungen darauf. Vielleicht fahre ich in ein paar Wochen selbst nach Paris. – Arbeiten kann ich noch nicht, aber ich gebe mir alle Mühe, ruhig zu werden, und Du musst mir helfen. Schau Dir viel an in Paris, damit Du hübsche Sachen zu erzählen hast. Lebwohl und schreib oft. Sei umarmt von Pio.

Klaus Demus, geboren 1927 in Wien, ist Kunsthistoriker und Lyriker. Bis 1987 arbeitet er als Kustos im Kunsthistorischen Museum in Wien. Er ist eng mit Paul Celan befreundet. – James S. Plaut (1912–1996) ist der Gründer und erste Direktor des Institute of Contemporary Art in Boston, wo im April 1955 gerade eine Wotruba-Ausstellung zu sehen ist.

Marie-Louise von Motesiczky an Elias Canetti *Paris*

22 IV 55

Liebstes Piolein,
Wie froh war ich dass Ihr Brief kam! Wie froh!

Bin schon neugierig auf das Wotrubabuch. Wie dumm dass der Mensch was hineinschmuggelt ohne sich mit Ihnen zu beraten (wird wahrscheinlich auch irgendeinen »Zweck« für ihn haben). Aber noch wichtiger ist der Mann der Ihre Stücke mit hat, ich werde hier in Paris fest fest die Daumen dafür halten.

Muss was gestehen: habe dem Georg einen sehr »würdigen« kurzen Brief geschrieben »Lieber Dr Canetti« … dass ich unerwartet plötzlich nach Paris eingeladen wurde und dass ich – obwohl nicht von Ihnen authorisiert da meine Abreise sehr plötzlich war – ich nicht in Paris gewesen sein möchte ohne mich bei ihm zu melden, und dass ich mich sehr freuen würde ihn in Place Pantheon zu sehen wo auch meine Freundin aus Arizona und deren Mutter seien. Wenn er sich meldet so will ich ihn mit Renée empfangen so dass es zu keinen Privat-Gesprächen kommt – das ist doch in Ihrem Sinne? Und in meinem Sinne dass ich höflich bin und ihm nicht aus dem Wege gehe. Aber wahrscheinlich meldet er sich sowieso nicht.

Mit gleicher Post schrieb ich der »wunderbaren« Rothschild und sie rief mich gleich an, war reizend am Telephon und morgen gehen wir Bilder ansehen.

Von der alten und der jungen »Scharf« hab ich viel zu erzählen aber das spar ich mir für die Rückkehr auf.

Ich hatte die Tage sehr böse meine Blasen-Sache und Schlaflosigkeit und heute war der Arzt von den Scharfs hier. Es sei nur Nervosität plus schwarzen Kaffee und er gab mir ein Beruhigungsmittel plus ein Aufwachmittel und so werde ich bald ganz in Ordnung sein (hat 1500 Fr. gekostet – nicht zu arg dafür dass er herkam).

Heut vormittag war ich im Louvre – und ich sah mir Sachen an die ich mir sonst nicht ansah und dachte mir dabei Sachen die mir sehr interessant vorkamen – aber das für London. Gestern war ich mit Renée bei einer Modeschau Jacques Griffe auch sehr interessant – die Mannequins schauen wirklich oft so mager und unheimlich aus – wie der Tod – (wie der Tod und das Mädchen in einem).

Vorgestern waren wir im Theatre de 10 Heures ganz nett – die alte Scharf ruht sich den ganzen Tag nicht aus und dann geht sie noch in so ein Theater – mit 80! Dazu muss man schon von französischen Bauern abstammen!

Piolein nun gehe ich mir meine Mittel holen und abends gehen wir ins Theater.

Leben Sie wohl lieber lieber Pio

Ihr Muli

mit Schrecken fällt mir ein ob die Campbell nicht schon am 23. kommt! Das Bett, und ihre Vorhänge. Könnte ich ihr zur Not antragen in meinem Zimmer zu schlafen bis ich komme? Ich dachte mir ich will am Mittwoch den 27. zurückkommen.

Das Théâtre de Dix Heures ist eine Chansonbühne im Pariser Stadtbezirk Montmartre.

Im Frühling 1955 bereitet sich Marie-Louise auf ihre Fahrprüfung vor.

Marie-Louise von Motesiczky an Elias Canetti *London, 15. Juli 1955*

Freitag

Lieber Pio,
Nachdem Sie also »allein« abgereist sind oder besser: in nassauerischer Einsamkeit, habe ich nichts von Ihnen gehört. Wie nett wäre es gewesen wenn Sie den Rudi gebeten hätten sich mal um mich zu kümmern und vor meiner Prüfung eine kleine Probefahrt mit mir zu machen. Aber ich nehme an dass alles noch so tief erschüttert war von Allans Vaters »Dahinscheiden« dass man so was Lächerliches wie einen driving test nicht erwähnen konnte. Ach Piolein, wenn Sie manchmal so ein kleines bisschen

aufmerksam wären, könnten Sie mir damit so viel Freude machen – – – und *was Wunder* wenn ich schliesslich selbständig werde wie ein altes Mannsweib und mir in nichts dreinreden lasse – wenn man vergeblich auf ein bisschen Hilfe wartet und sie nicht kommt so muss man sich schliesslich selber alles zurechtmachen. Heut Nacht hab ich sogar im Prefectbüchel studiert um zu erfahren wie oft ich/er »geschmiert« werden muss damit mich die Garagen nicht betakeln – ein Ausdruck der Männlichkeit und deutlich habe ich das Gefühl dass *ich nicht* zum Ingenieur geboren bin.

Genug des »gegrumbels«. Heiss ist's und die Maschine klappert und ich hoffe Sie haben's dort besser wie hier! Aber es kann jetzt wohl auch verdammt heiss sein in Paris?

Mit Karin habe ich ein wunderschönes weisses Kleid gekauft mit kleinen blauen Tupfen – sie sieht ganz reizend darin aus! Aber viel lieber hätte sie eine Keramikkuh gekauft für das selbe Geld. Mit Soph war's noch recht nett und gestern brachte ich sie im Prefect nach Liverpool Street Station – unterwegs wurde vor unseren Augen ein Hund überfahren – man kann nicht vorsichtig genug sein!! Leben Sie wohl Piolein und lassen Sie mich nicht allzu lange ohne Nachricht immer Ihr altes Muli

driving test: Fahrprüfung. – grumble: murren oder nörgeln.

Marie-Louise von Motesiczky an Elias Canetti London, 18. Juli 1955

Montag

Liebstes Piolein,
Ich bin noch etwas erschöpft von meiner Leistung! Die »distinction« war bloss Übermut in der ersten Freude aber ich habe glaube ich beim Fahren tatsächlich keinen Fehler gemacht. Bei der »mündlichen« hab ich auch alles gewusst nur zwei Sachen haben bisschen lang gedauert bis sie mir einfielen: »was für Gefahren birgt ein stehendes Fahrzeug?«: dass jemand rechts die Türe öffnet und heraus steigt oder dass jemand hinter dem Wagen hervorsteppt – sagte ich. Ja – sagte der Prüfer aber what do you do about it. Aufpassen sagte ich und meine Geschwindigkeit kontrollieren, sagte ich. Ja aber alle Strassen sind doch voll

stehender Vehikeln was tun Sie denn da – Pause – … fahren Sie da sehr nahe vorbei – nein! sagte ich in einer resonablen Distanz. Wie weit denn … fragte der Prüfer – no so ungefähr einen yard – das war also in Ordnung. Und beim links Überholen war auch eine Pause aber da fiel es mir von selber ein dass ich aussen auf Einbahnstrassen, Trams und in roundabouts auch Fahrzeuge links überholen darf die Zeichen gaben dass sie nach rechts fahren. Gefahren sind wir eine halbe Stunde und alles kam dran Kreuzungen reversieren Roundabouts *Halt*zeichen in Form von Tafeln beobachten (davor hatte ich die grösste Angst dass ich die übersehe.) Darin werden *Sie* grossartig sein, weil Sie immer die Augen überall haben. Aber ich sage Ihnen Pio langweilig war das die letzten drei Tage nicht zu beschreiben!! Bei dem mock test in der Schule konnte ich vom Highway Code keine einzige Frage beantworten und da kaufte ich mir noch ein Buch mit Fragen da sind Dinge drin die im Code verstreut sind zusammengefasst zu typischen Prüfungsfragen. Z. B. Was sind die 3 Dinge die bei einem Auto in Ordnung sein müssen. U. s. w. An die 60 Fragen. Alle 20 Minuten wurde ich beim Lernen so schläfrig vor Langeweile dass ich ein Stück Wäsche waschen musste, das erfrischte, trotz der grossen Hitze und so hatte ich zuletzt doch alles im Kopf und auch noch die Wäsche gewaschen.

So Piolein jetzt ist's aber genug sonst müssen Sie auch noch Wäsche waschen beim Lesen dieses Briefes!!

Nun bin ich ein bisschen traurig und unentschlossen – allerhand Kleinkram in der Wohnung (Motten haben unter Ihrem Bett ein Stück Teppich gefressen, ich weiss dass Sie es ihnen *gönnen* aber ich hab das doch nicht gerne) (Staubsauger kaputt Steppdecken müssen überzogen werden u. s. w. u. s. w.) – das alles schiebt sich aber vor eine tiefere Traurigkeit – so kann man nie die schönen Bilder malen – die manchmal – – – selten genug, auftauchen – auch das Auto wird dazu nicht beitragen – das Haus – – – ja das Haus das könnte helfen – aber wo wie und wann wird es zustande kommen. Die Gedanken wandern zurück in die Hinterbrühl – lange ungestörte Arbeitszeiten wo man nicht immer *hin* und *her* muss – – – Zweifel, Zweifel – – Piolein, und das alles steht nur vor einer noch tieferen Schicht von Traurigkeit, das Gelobte Land nach dem man sich sehnt – – Marie die nicht mehr da ist – was das Schicksal noch weiter bringen wird und bringen muss. – Ich muss wieder malen – sogar schlechte Arbeit verscheucht die Angst Bitterkeit und Zweifel – und erst gute Arbeit – –. Und wie geht es Ihnen dort in dem schönen Zimmer – ich habe das Gefühl dass Sie eine wunderbare Zeit haben werden, auch was die Arbeit anbetrifft – ganz plötzlich und unerwartet, vielleicht ist sie noch nicht da aber in einigen *Tagen* wird sie kommen, wenn Sie sich nur dazu bekommen, ruhig zu werden und nicht zu viel (und auch nicht zu wenig) Aktivität in die äusseren Dinge zu legen. Vielleicht alles Unsinn??

Am 27^{n} soll ich auf einige Tage zu Georgette auf »das Schloss«. Sie kommt am 27^{n} nach London zu einem Interview, ein Lecturer-Posten und da werde ich mit ihr – sie Karten lesend, nach Devon fahren. Unentschlossen bin ich auch ob ich inzwischen recht bald nach Amersham soll mit Malsachen oder ob ich hier durchhalten soll – wahrscheinlich wird's doch Amersham werden denn Karin fährt übermorgen nach Holland und das Bild welches ich mir so schön dachte kann ich vorläufig nicht weitermachen. Und meine Mutter – na Sie können sich's ja denken. Aber ein Stilleben möchte ich hier oder in A. doch noch fertigmachen vor dem 27^{n}.

Edith Yapou ist in London und heute kamen die Wiessings aus Russland an auf 3 Tage. Am liebsten möcht ich mich vor allen Leuten verstecken. Heut abend mach ich meine erste selbständige Fahrt zu Karin nach Golders Green. Piolein schreiben Sie mir *gleich* es umarmt Sie *Ihr* Muli

distinction: Auszeichnung. – what do you do about it: wie reagieren Sie darauf. – mock test: Probetest. – Highway Code: Straßenverkehrsordnung. – 1955 verbringt Karin Salomonson einige Monate in England, um ihre Sprachkenntnisse zu verbessern. Die Arbeit an ihrem Porträt, das Marie-Louise im Sommer beginnt, kommt nur schleppend voran und wird schließlich im folgenden Jahr beendet. – Die nach England emigrierte Kunsthistorikerin Edith Yapou (geboren 1907) ist die Tochter des tschechoslowakischen Diplomaten und Lyrikers Camill Hoffmann (1878–1944).

Mittwoch

Liebstes Muli,
Eben ist Dein langer Brief gekommen, und nun kenne ich auch die Einzelheiten der glorreichen Prüfung. Ich kann mir vorstellen, wie fleissig Du vorher warst. Ein Glück, dass Du nicht oft solche Prüfungen hast. Liebes Muli, jetzt musst Du Deiner »Auszeichnung« Ehre machen und *vorsichtig* fahren, weil ich sonst immer in Todesangst leben werde. Am liebsten würde ich immer dabei sitzen, damit nichts passiert. Ich werde es ja auch noch lernen müssen. Wenn Du nach Devon gehst, wird wenigstens die Georgette dabei sein.

Es war schön, wie ich am Samstag mit Dir gesprochen habe. Leider kam dann am Nachmittag drauf, mitten in der entsetzlichsten Hitze, Dein erster Brief. Ich bekam, wahrscheinlich wegen der Hitze, einen Zornanfall, wie ich ihn schon lange nicht gehabt habe und schrieb einen sehr bösen und empörten Brief zurück. Er stak schon im adressierten Kuvert, die Marken waren aufgeklebt, aber als ich ihn einwerfen wollte, fiel mir plötzlich ein, dass er Dich am Montag erreichen würde, gerade vor oder gerade nach Deiner Prüfung. Bist Du durchgefallen, dachte ich mir, so wirst Du sehr traurig sein und ich kann Dich doch mit einem bösen Brief nicht noch trauriger machen. Hast Du aber die Prüfung bestanden, so kann ich Dir nicht mit einem bösen Brief Deine wohlverdiente Freude zerstören. Ich steckte den Brief wieder in die Tasche und hob ihn auf. Am Sonntag schrieb ich einen andern, etwas weniger böse, aber immer noch unangenehm, so ungefähr wie Deiner, mit kleinen Giftigkeiten. Ich klebte ihn zu, schrieb die Adresse, tat die Marken drauf, aber als ich ihn einwerfen wollte, dachte ich, ich warte noch ein wenig, vielleicht kommt am Montag einer von Dir, in dem Du Dich entschuldigst. Statt dessen kam Montag Dein Telegramm, und da war ich stolz auf Dich, und meine Wut verflog. Die Lehre aus dieser Geschichte: *böse Briefe wirft man nicht ein*. Merk Dir das gut. Meine stehen zu Deiner Verfügung, falls Du sie in London sehen willst.

Und jetzt im Ernst und im Guten: schick mir nie mehr einen solchen Brief. Führe ein Tagebuch, in dem Du auf mich schimpfst, wenn Dir danach zumute ist. Briefe haben, auf einen

Dichter besonders, eine geradezu *katastrophale* Wirkung, und man ist nicht persönlich anwesend, um das gleich wieder gutzumachen. –

Hier bin ich vor Hitze beinahe umgekommen. Seit gestern schüttet es aber, Gottseidank, und ich atme auf. Der Georg ist seit ein paar Tagen weg. Er muss sich wieder einer kleinen Operation unterziehen, die aber nicht gefährlich sein soll. – Er wird mit Ehren überschüttet und hat bei der U.N.O. eine grosse Stellung angeboten bekommen. Er sollte für die ganze Erde den Kampf gegen Tuberkulose organisieren. Er hätte ein Jahresgehalt von 5000 Pfund bekommen. Aber es hätte bedeutet, dass er seine wissenschaftliche Arbeit, Paris und sein Laboratorium aufgibt. Er hat also *abgelehnt*, und ich bin sehr stolz auf ihn. Er verdient jetzt nicht einmal 1000 Pfund. Er wird die Leute, *ohne Gehalt*, von hier aus beraten.

Er lässt Dich sehr herzlich grüssen. Euer Gespräch hat ihm viel Freude gemacht. Er findet Dich besonders klug und angenehm (das sind seine genauen Worte). Man spüre, dass Du eine Künstlerin seiest, aber ohne das falsche Getue, das er sonst an Künstlern so peinlich findet. Das hat er nicht so schlecht beobachtet, was? Im Oktober geht er auf seine amerikanische Tournee, wo er in den zwölf grössten Städten sprechen soll. Hoffentlich übersteht er's. Die Bollingen hat seinen Respekt für mich verzehnfacht, und das ist das einzige, was mir diesmal an ihm missfallen hat. – Die anderen Verwandten haben mich richtig erwischt und sind mehr oder weniger zum Kotzen.

Mit meinen Übersetzern war ich zusammen. Sie arbeiten noch an den »Befristeten«. Alle Theaterleute sind wegen der Hitze aus Paris geflohen, und ich werde im Spätherbst wieder herkommen müssen (im Oktober, wahrscheinlich). Die Radiosache hier hat angeblich gute Aussichten, wenn ich ein wenig *kürze*, und das muss ich mir noch sehr überlegen.

Aus Frankfurt habe ich eine nicht ungünstige Nachricht. Es ist möglich, aber noch keineswegs entschieden, dass der grösste deutsche Verlag meine Theaterstücke übernimmt. Ich habe erfahren, dass der entscheidende Mann im Bermann-Fischer-Verlag ein *fanatischer* Anhänger der »Blendung« ist. Er möchte auch ein Kapitel aus dem Machtbuch als Vorabdruck für die »Neue Rundschau«. Alles das soll ich in Frankfurt mit ihm besprechen. –

In einer andern guten Zeitschrift, der »Deutschen Rundschau«, die in Baden-Baden herauskommt, ist ein grosser Artikel über mich erschienen. Ich soll auch nach Baden-Baden, einen Menschen am dortigen Rundfunk sehen. – Die Sendung, die Deine Mutter gehört hat, war von Frankfurt. Dasselbe wird jetzt auch von Wien gesendet.

– Bitte, Muli, ruf *sofort* für mich den Mr. Smith an und bestelle für mich: eine Fahrkarte II. Klasse von Paris nach Strassburg/Strasbourg und *retour*, eine Fahrkarte II. Klasse von Strassburg nach Frankfurt am Main, und retour nach Strassburg, eine Fahrkarte II. Klasse von Strassburg nach Baden-Baden und retour nach Strassburg. Ich muss II. Klasse fahren, weil ich sonst in der Hitze verrückt werde. Er soll mir alle drei Karten (mit Retourkarten) eingeschrieben hieher schicken: *Elias* Canetti, 8 Avenue du Parc, *Vanves*, Seine. Aber er muss das gleich machen, weil ich nächsten Mittwoch (den 27. Juli) von hier abreisen möchte. Falls er mir die Rechnung schickt, kann ich ihm einen Scheck von hier aus senden. Wenn er aber misstrauisch ist, sei so lieb und biete an, es selber zu zahlen, ich kann es Dir dann direkt geben. –

Ich sollte eigentlich auch nach Zürich gehen, wo der Thomas Mann sich sehr eingehend nach mir erkundigt hat, und nach St. Wolfgang, wegen dem Schuh, der jetzt ein neues und grosses Theater übernimmt, und wegen der Hilde Spiel, die den grossen Aufsatz über mich schreibt und mir die Sache mit Frankfurt so rasch vermittelt hat. Wie ich das alles machen soll, weiss ich nicht, ich habe bestimmt zu wenig Geld. Wenigstens die Fahrkarten muss ich mir alle aus London kommen lassen. Aus Genf habe ich keine Antwort, das scheint ins Wasser zu fallen. Das ist mir ganz recht, es wird mir sonst zuviel.

Mulilein, übe Dich schön ein, damit wir bald einmal zusammen losfahren können. – Die chinesische Oper hat Paris verlassen. Ich bin sehr traurig darüber. Falls sie schon in London sein sollte, *geh unbedingt* hin, damit Du mir alles erzählen kannst. Muli, sei nicht pessimistisch, wir werden ein Haus finden und beide herrlich arbeiten. Ich habe grosse Hoffnungen. Wir sind noch beide jung, und wir werden *grossartige* Sachen machen. Lebwohl und sei viel-, vielmals umarmt und geküsst von Deinem

Pio

Schreib gleich, aber *lieb und gescheit*

Thomas Mann hatte sich am 14. November 1935 Elias Canetti gegenüber enthusiastisch über »Die Blendung« geäußert. – Die Essayistin, Romanautorin, Übersetzerin und Literaturkritikerin Hilde Spiel (1911–1990) ist 1936 aus Wien nach London emigriert und bleibt dort bis 1963.

Elias Canetti an Marie-Louise von Motesiczky *Vanves*

Donnerstag, den 28. Juli 1955

Mein liebstes Muli,
Ich hoffe, Du bist gut angekommen. Ich schreibe Dir in schrecklicher Angst. Du musst vorsichtig fahren. Bitte, bitte, Muli, pass schrecklich auf. Ich habe eine grosse Bitte: *sofort*, wenn Dich dieser Brief erreicht, *telegraphiere mir nach Strassburg*, dass Du gut angekommen bist, und dass es Dir gut geht. Meine genaue Adresse ist: Dr. E. Canetti, p/a Cohn, 16 Rue Schwilgué, *Strasbourg*, France.

Gleichzeitig schreib mir auch einen langen Brief. Ich bin etwas verstört. Die Carol hat mich eben aus London angerufen: die Clement ist heut mittag gestorben, an einer Gehirnblutung. Ich habe sofort eine wahnsinnige Angst gekriegt, wegen Deiner verdammten Autofahrerei. Ich soll morgen früh nach Strassburg fahren. Diese netten alten Freunde von mir erwarten mich dort. Lust habe ich auf nichts mehr. Es hat ja wirklich nichts mit Deinem Autofahren zu tun, aber ich kann nichts dafür. Die ganze Zeit stirbt jemand. Man hat nicht mehr Zeit sich umzudrehen, und wieder ist jemand weg. Liebes, liebstes Muli, lass mich nicht in Angst, sei vielvielmals umarmt und telegraphiere und schreibe gleich und ausführlich, damit ich *spüre*, wie gut es Dir geht.

Dein Pio.

Ich kann jetzt einfach keine andern Sachen schreiben.

Elias ist entsetzt über den überraschenden Tod von Clement Glock. In seinem Nachlass befindet sich eine Photographie, die Clement bei ihrem gemeinsamen Aufenthalt in Monreith im August 1950 zeigt.

3. August 55

Liebster Pio,

Gestern kam Ihr Brief mit der freilich sehr erschreckenden Nachricht. Pio Sie wissen ja dass Clement »für etwas stand« was mir oft sehr weh tat aber als ich die Nachricht in Ihrem Brief las muss ich zu meiner Ehre gestehen dass nichts mehr davon vorhanden war. Ich war bloss traurig und bedrückt dass Sie etwas verloren haben das in dieser eigenartigen Weise niemand anderer Ihnen geben kann. Und nun ist's zu Ende mit all der Rastlosigkeit und dem Verbinden von Menschen – und dabei hatte sie scheint's mir eine Art von Phanatismus für Sie Pio der etwas Schönes und Reines war. – Mein Telegramm kam Ihnen wohl recht albern vor aber ich dachte Sie sollen schnell wissen wie gut's mir geht und da ist was Dummes besser wie was Gescheites. Der Francis ist wohl zu bedauern. Schwer für Sie jetzt nicht in London zu sein?

Aber vergessen Sie's nicht Pio wir haben noch ein Weilchen zu leben und wir müssen's gut machen. Und mit meinem Autofahren hat das alles gar nichts zu tun. Ich fahre schon recht gut und wenn ich allein fahre fahr ich noch langsamer ganz einfach weil es mir mehr Freude macht so – auf ganz leeren Strassen oft nur 25 Meilen – das würd ich mich genieren mit jemand anderem so zu machen aber mir gefällt's gerade so. Und so kam ich zu Woody Bay. Kennen Sie das? Eine ganz bewaldete Bucht mit grossen Steinen und einem kleinen Wasserfall der durch den Wald ins grüne Meer fliesst trotz Sonntag Bank Holiday waren nur wenige Menschen da und das Licht in der Bucht war so schön dass es die langweiligen Leute verzauberte und man sich einbilden konnte sie hätten sich zu einer ganz besonderen Gelegenheit dort eingefunden.

Hier im »Schloss« gibt's Mäuse und Flöhe und einen Banquetting-Saal der wirklich enorm ist. Die Landschaft ist eine Art *Über*-Amersham und das georgettische Familienleben sogar mir etwas zu dick. Georgette ist nicht dazu zu bewegen mit mir wohin zu fahren oder nur mit George und mir. Nein es müssen George ihre Mutter Anny das Mädchen, David und der *Hund* mit sein. So haben wir tatsächlich 2 Touren gemacht eine über den Tag nach Torquay. Mein armer Ford kann das die steilen

Berge nicht ziehen vor allem wenn z. B. ein Hund mitten am Weg liegt und man halten muss und von neuem starten auf einem Berg und bis man die Bande zum Aussteigen bekommt! Ist auch nicht gut für den Wagen. Überhaupt Hund und Kind schreien wie am Spiess wenn ich bloss zur Garage gehe weil sie immerfort in den Wagen wollen. Werde es mir aber zum Prinzip machen in hügeliger Gegend *nie* mehr wie zu 4. zu fahren. Am Weg sah man überall solche steckengebliebenen Familienautos, grausig! Nein 3 Menschen wären eigentlich das Maximum.

Ab Sonntag werde ich in Amersham sein.

Ich hoffe lieber Pio Sie lassen mich nicht ohne Nachricht. Vielleicht erwartet mich schon in London oder in Amersham ein Brief?! Und haben Sie Mut Pio, es geht nicht anders

Es umarmt Sie Ihr altes und getreues

Muli

Bin schon recht sonnverbrannt.

In den dreißiger Jahren war Elias Canetti mehrmals in Straßburg. Sein erster Gastgeber dort war Professor Hamm, ein Gynäkologe, der in der Salzmanngasse, direkt am Münster, wohnte. Bei späteren Aufenthalten wohnte er bei Dr. Willy Cohn und seiner Frau Madeleine. Nun erneuert er dort alte Bekanntschaften.

Elias Canetti an Marie-Louise von Motesiczky — *4. August 1955*

Strassburg.
Donnerstag, 4. August

Mein liebstes Muli,
Montag kam Dein Telegramm, Dienstag Deine Karte. Ich war sehr erleichtert. Ich bin froh, dass Du eine schöne »beach« gefunden hast. Ich habe keine Ahnung, wie lange Du bleibst und wann Dich dieser Brief erreicht. Aber ich versuche es auf alle Fälle, vielleicht habe ich Glück.

In Strassburg habe ich Willy und Madeleine Cohn getroffen, meine ältesten Freunde hier. D. h., er war in der Stadt und sie in den Vogesen, übers Wochenende fuhr er mich zu ihr hinaus. Sie waren beide reizend, aber es sind alte Menschen, 70, und mir war entsetzlich eng zumut. Strassburg kommt mir trostlos vor, ich begreife nicht, was ich ausser der Kathedrale früher daran so mochte. Hoepffner, dem ich so viel verdanke, ist am Tage abgereist, an dem ich ankam; ich hatte ihn nicht verständigt, was sehr dumm von mir war. Es war noch der kranke Professor Hamm hier, in dessen Haus ich 1933 in Strassburg wohnte; es ist das Haus, in dem Herder und Goethe sich trafen, ich glaube, ich habe Dir davon erzählt. Madeleine Cohn hat mich in den Vogesen zum *Struthof* gebracht. Das ist ein Konzentrationslager der Deutschen aus dem Krieg (eines der ärgsten), das die Franzosen genau in dem Zustand belassen haben, in dem es damals war. Das wird nun besichtigt, mit einem *Führer* (!), der lange Reden hält. Ich war anderthalb Stunden dort. O Muli, man hat es alles gewusst, aber sehen, sehen, das ist doch etwas anderes. Das war Montag und ich kann seither an nichts anderes denken. Vielleicht hängt das auch mit dem unheimlich plötzlichen Tod der Clement zusammen. Sie war sicher, dass sie uns alle überleben wird und pflegte es oft zu sagen. Sie war zäh und stark, ein Baum von einem Menschen. Der Tod wird mir immer unheimlicher. Ich weiss nichts. Er geht gegen die Sicheren, er geht gegen die Unsicheren. Die alte Phillimore, 95 Jahre alt, schwer krank, lebt. Als ich die Madeleine Cohn kennenlernte, vor 22 Jahren, wog sie 42 Kilo, sah wie eine schreckliche Mumie aus und jedermann wusste, dass sie nur ganz kurz zu leben habe. Sie wird im November 70, wiegt 60 Kilo, sieht besser aus als je und ist dabei ein unerhört zarter, gebrechlicher, empfindlicher Mensch. Vor zwanzig Jahren nahm sie mich auf eine Kathedralen-Tour durch Frankreich (Laon, Rheims, Beauvais, Senlis u. s. w.) und zeigte mir damals die Schlachtfelder des ersten Weltkrieges. Wir waren in Verdun, in der Champagne, überall. Sie ist so empfindlich, dass sie nichts von mir lesen kann. Diesmal zeigte sie mir (allerdings ohne selbst hineinzugehen) das einzige Konzentrationslager, das in seinem Original-Zustand belassen worden ist. Das soll keine Kritik an ihr sein, nur eine Feststellung. Alles ist verkehrt, nichts stimmt. Und so ist es möglich, dass ich, der ich vom Tod besessen bin und eigentlich in jedem Augenblick meines Lebens an ihn denke, hundert Jahre alt werde. Aber es ist auch möglich, dass ich diesen Brief nicht fertig schreibe und vorher sterbe. Liebes, liebstes Muli, pass auf, pass auf, ich baue so darauf, dass Du immer da bist, immer mein Muli, immer der Maler Mulo. Pass beim Baden auf, pass beim Fahren auf, *pass auf, pass auf.* Wenn Du diesen Brief erst Montag bekommst, telegraphiere mir bitte sofort nach *Frankfurt a. M., Hauptpostlagernd.* Es ist möglich, dass der Rudi nach Frankfurt kommt. Wenn er wirklich kommt, (er ist schon irgendwo auf dem Kontinent und hat mir hieher geschrieben), dann würde ich mich von ihm nach St. Wolfgang fahren lassen, um den Schuh wiederzusehen und mit der Hilde Spiel-Mendelssohn über meine Stücke zu sprechen (sie schreibt den Essay für die neue Wiener Zeitschrift). Ich würde, wenn der Rudi kommt, Dienstag den 8. oder spätestens Mittwoch von Frankfurt abreisen. Wenn Du, bei Deiner vertrackten Post, diesen Brief erst Montag hast, dann schreib mir gleich nach St. Wolfgang, bei Salzburg, Oesterreich, *Postlagernd.* Ich weiss noch nicht, wo ich da wohnen werde. Schreib mit bitte endlich einen anständigen ausführlichen Brief. Gleichzeitig *telegraphiere* nach Frankfurt, Hauptpostlagernd, damit ich ein Lebenszeichen von Dir habe.

Ich schicke heute auch einen kurzen Zettel nach Compayne Gardens, für den Fall, dass Du schon wieder zurück bist.

Lebwohl, liebes, liebes Muli, *pass auf* und sei umarmt und geküsst von Deinem immer noch verstörten Pio.

Lucy FitzPatrick »Lion« Phillimore (1869–1957), eine reiche Sozialistin, ist mit dem Philosophen Bertrand Russell befreundet. – Elias kennt Hilde Spiel, die mit dem Schriftsteller Peter de Mendelssohn verheiratet ist, aus Wien und hat sie nun dazu ausersehen, einen Artikel über ihn für die neugegründete österreichische Literaturzeitschrift »Wort in der Zeit« zu verfassen. Nach einem missglückten Besuch bei ihr in St. Wolfgang, bei dem er wohl bemerkt, dass sie seine Theaterstücke nicht sehr mag, entzieht er ihr den Auftrag. Daraufhin bricht der Kontakt für einige Jahre ab.

Marie-Louise von Motesiczky an Elias Canetti

London, Poststempel 26. August 1955

Liebstes Piolein,
Ob der Brief Sie noch in Wien erreicht? Ich dachte ja beinahe Sie würden schon diese Woche zurückkommen. Am Dienstag abend kam ich herein, hatte mir am Mittwoch allerhand ange-

Die letzten Äpfel aus der Hinterbrühl
1955

setzt Augenarzt Zahnarzt u.s.w. und Karin zum Zeichnen in der schwachen Hoffnung dass ich danach das Bild weitermachen kann. Am Mittwoch um ½ 1 standen der Rudi und die Bernice vor meiner Türe – ich fragte ganz entgeistert: und wo ist Canetti – ein Augenblick Schweigen – – – dann: Canetti ist in Wien. Ich bin schon so erschrocken. Da hab ich aber lachen müssen. Der Rudi brachte mir einen Sack Äpfel aus der Brühl wie Sie wohl wissen. Die habe ich ausgepackt und wie sie da lagen sie zu malen begonnen – es war doch aufregend Äpfel aus der Brühl zu bekommen. Eigentlich dachte ich ein rasches Bild zu malen und es dem Rudi zu schenken – so einfach nach zwei Tagen es hinüber zu tragen weil es doch sehr nett war dass er die Äpfel brachte. Es wird ganz gut aber ich getraue mich's doch nicht denn wenn es denen nicht gefällt und die Freunde es kritisieren ist es bisschen dumm – es ist ja auch nur so eine Farbstudie und ich weiss nicht ob er das versteht.

Mit Amersham ist's wieder schlimm denn ich sagte ich führe auf einen Tag und nun sitze ich wieder da mit dem Bild. Gestern bei Charoux war's nett und ein ganz unglaubliches Essen! Wenn er nur ebenso gut bildhauen würde als er kocht. Und so ein netter Mensch.

Heut hab ich versucht den ganzen Tag meine Äpfel zu malen

und nun bin ich müde und fühl mich nicht so ganz wohl (die verfluchte Blase). Wird aber schon in Ordnung kommen.

Piolein ist's nicht schon Zeit dass Sie bald kommen? Hoffentlich finde ich morgen oder übermorgen wenn ich hinaus komme Nachricht von Ihnen.

Es umarmt Sie immer Ihr Muli

Karl von Motesiczky ließ in den späten dreißiger Jahren in Hinterbrühl einen Obstgarten anlegen, um das finanzielle Überleben des Anwesens zu sichern. Da Marie-Louise schon seit einigen Jahren mit dem Gedanken spielt, ihren Besitz in Hinterbrühl zu verkaufen, und es im Sommer 1956 auch tut, stellt dieser Sack Äpfel eine letzte Verbindung zu der Zeit vor der Emigration und zu ihrem Bruder dar. – Der österreichische Bildhauer und Maler Siegfried Charoux (1896–1967) war 1935 nach London emigriert. Er ist Mitglied der Royal Academy of Arts und unterrichtet an der dortigen Bildhauerschule.

Ende Februar 1956 beginnt Marie-Louise eine ausgedehnte Reise durch die USA und Mexiko. Sie besucht Quappi Beckmann, Irma Simon, Fanny und Otto Kallir und ist lange mit Renée Cushmann unterwegs. Erst Ende Mai kehrt sie wieder zurück.

Marie-Louise von Motesiczky an Elias Canetti
Houston, Texas, Poststempel 13. März 1956

Liebstes Piolein,
Gott sei Dank ist Ihr Telegramm noch gekommen zu Irma. Das war das erste Lebenszeichen. Wenn nun hoffentlich nur wirklich ein Brief in Arizona ist. Quappi und Irma – das war alles etwas anstrengend und sie wollten mich vor lauter reden nichts ansehen lassen. Ich habe *nichts* von Washington gesehen ausser gerade das Museum und das war ein Kampf. Irma war erschütternd – sie hat das schwerste Leben von allen Emigranten die ich kenne. Sie macht bei der Navy Landkarten mit allen Signalen für Navigation – sie arbeitet mit ihrer ganzen Seele wie im Mittelalter ein Handwerker an einer Figur einer Kathedrale und ist dabei von allen gemieden wie eine Aussätzige weil sie

absonderlich ist und die Leute die gerade dort arbeiten sind eben so absonderlich normal. Nie nie bekommt sie ein gutes Wort. Dazu kommen noch Dinge die ich Ihnen nur erzählen aber nicht schreiben will. Kafka ist ein *Zuckerl* dagegen und das meine ich. Wenn ein so gescheiter rührender Mensch durch das Leben und die Umstände in den Wahnsinn getrieben wird so weiss man wirklich nicht mehr was man dazu sagen soll. – Hier hat mich Renée sehr nett empfangen Der Mann ist ein feiner netter Mensch. Ich bin todmüde und habe mich endlich in einem Zimmer allein! im Hotel gut ausgeschlafen. Hier ist voller Frühling Azaleen blühen in Mengen, südliche Bäume u.s.w. Alles was ich bisher sah war das Viertel der reichen Leute – wunderschöne weisse Häuser mit Säulen von südlichen Bäumen ganz luftig, beschatten sie gegen die Hitze (man badet schon) sieht aus wie im Bilderbuch »das Haus des reichen Mannes« nur nicht bloss eins sondern viele. Negerdiener in Weiss stehen vor den Türen.

Übermorgen gehen wir nach Arizona per Auto mit der Negerköchin die hat eine krächzende Stimme wie ein Vogel ist dick und bewegt sich immer so als ob sie tanzen würde. Es umarmt Sie

immer Ihr Muli

Wir werden 2 ½ Tage fahren, von früh bis spät

Elias Canetti an Marie-Louise von Motesiczky *London, März 1956*

Sonntag

Mein liebes Muli,
Ich wollte Dir den ersten Brief schon auf der neuen Maschine schreiben. Ich habe fleissig darauf geübt, aber bisher waren in jedem Brief noch Fehler, und so habe ich sie alle weggeworfen und nun musst Du doch noch einmal meine Schrift entziffern. Du sollst Dich nicht kränken, wenn es mir noch schwer fällt, Dir zu schreiben. Ich bin – und das geht jetzt schon Monate – in einer der grössten Krisen meines Lebens. Ich habe versucht, Dich nichts davon merken zu lassen, weil ich Dir helfen wollte. Aber ich glaube, ich habe mich übernommen, wie sehr, das merke ich erst jetzt. Ich hätte diesen Winter nicht in Deiner Nähe wohnen dürfen. Dann wäre es auch nicht zu jener furcht-

baren Beleidigung gekommen, in einer Zeit noch dazu, in der ich mich Dir zuliebe wirklich ganz, ganz zurückgestellt habe. Ich dachte, ich Narr, ich Idiot, ich würde Dich durch *Liebe* heilen. Statt dessen hast Du mich in einem wehrlosen Augenblick – man ist nämlich wehrlos, wenn man liebt – so tödlich verletzt, dass ich nicht und nicht weiss, wie ich es verwinden soll.

Du bist so mit Dir selbst beschäftigt, dass Du davon kaum Notiz genommen hast. Du bist einfach zu Deiner eigenen Tagesordnung oder -unordnung übergegangen. Niemand wünscht sich mehr als ich, dass alles sich in Dir klärt und Du wieder die geliebteste Muli wirst. Aber ich glaube, es wäre für uns beide katastrophal, wenn ich Dir nicht jetzt, wo Du die herrlichsten Sachen siehst und Dich *erneuerst*, die Wahrheit über mich sage. Du hast mich furchtbar getroffen – nicht durch das, was Dir geschehen ist, ich schwöre beim Andenken meiner Mutter, dass ich warten und warten und warten wollte, als läge noch die Ewigkeit vor uns! – dafür verurteile ich Dich nicht, wem könnte nicht das geschehen, was Dir geschehen ist, und schon gar einem so wunderbaren und wirklichen Künstler, wie Du es bist – aber Du hast mich furchtbar getroffen, durch die Dinge, die Du damals gesagt hast. Ich habe zu meinem Entsetzen erkannt, wie niedrig Du von mir denkst. Damit hast Du alles in Frage gestellt, was je zwischen uns war. Darüber kann ich mich nicht fassen. Hätte ich es früher je geahnt, dass Du so über mich denkst, ich wäre nie bei Dir geblieben.

Ich muss jetzt viel und viel allein sein, es ist sehr gut, dass ich es bin. Ich arbeite fast die ganze Zeit, aber immer spüre ich es wie ein leises Erdbeben unter mir. Es ist bei Gott nicht behaglich. Aber es ist die einzige Art, wie ich mich selbst wiederfinden kann. Ich werde lange allein sein müssen. Wenn Du Dein Gefühl für mich wieder finden kannst, wirst Du mich davon überzeugen müssen, dass Du mich siehst, wie ich wirklich bin. Man möchte denken, dass es leicht ist. Es ist traurig, dass Du, gerade Du der einzige Mensch auf der Welt bist, der mich anders, nämlich gewöhnlich und niedrig sieht. *Das* ist Deine Verblendung, und jede andere Verblendung, die Dir jetzt so wichtig erscheint und an der Du so leidest, dass es mich oft, wenn ich allein war, zu Tränen gerührt hat, – jede andere Verblendung ist daran gemessen ein Kinderspiel. Du kannst überhaupt nicht ermessen, was wir einander bedeuten, *auch ich Dir*, denn wenn Du es könntest, würdest Du Deine hässlicheren Instinkte gar nicht in meine Nähe lassen. Jeder hat sie, und man kann nichts dafür; ich hab Dich genug mit meinen gequält. Aber wenn ich Dich mit meiner Eifersucht gequält habe, wofür ich mich genug schäme, so galt diese Eifersucht Deiner Person, Dir, einem *Menschen*; das womit Du mich gequält hast, galt einem ganz äusserlichen Zufall, nämlich Besitz.

Ich schreibe Dir das alles rein und einfach wie es ist. Wenn ich mein Werk in die Hand nehme, das streng und herrlich ist, das mein ganzes Leben enthält und das die Menschen noch in Jahrhunderten ergründen werden, zu dem Du so viel geholfen hast, mit dem Du verbunden sein wirst solange es Menschen gibt, dann sage ich mir, dass Du es nicht warst, die so zu mir gesprochen hat, es kann nicht Du gewesen sein, es war der böse Dämon, der Dich gequält hat. Aber das musst Du auch erst selber wirklich erkennen, bevor es *gilt*.

Vielleicht hast Du doch hie und da Lust, mir über die Dinge zu schreiben, die Du jetzt siehst. Es wäre mein grösstes Glück, aber nur wenn Du Dich nicht dazu zwingen musst. Liebes, liebes Muli, ich kann nichts mehr sagen, ich bin zu *bewegt*, es ist das einzige Wort dafür. Sieh wieder

Deinen Pio.

Donnerstag: Ich habe mich nicht entschliessen können, diesen Brief abzuschicken. Es ist, als hänge mein Leben von ihm ab. Jetzt *muss* er weg.

Marie-Louise von Motesiczky an Elias Canetti *Bonita, Arizona*

1 IV 56

Liebster Pio,
Es ist dies schon der dritte Brief den ich schreibe. Zwei habe ich weggeworfen. Ich habe nur einen Wunsch das ist: dass Sie wieder Vertrauen zu mir fassen. Dass Sie ruhig sind, arbeiten und sich nicht quälen. Ich bitte Sie mir zu glauben dass ich Sie niemals für niedrig gehalten habe. Ich weiss wie tief wir verbunden sind, ich fühl es doch jeden Tag und jede Stunde. Aber gerade deshalb liebster Pio soll man sich nicht mit endlosen Worten quälen. Eben deshalb habe ich meine Briefe weggeworfen mit langen Erklärungen, Rechtfertigungen und Bitten. Ich

glaube wir haben beide dazu beigetragen uns das Leben recht schwer zu machen aber wenn wir jetzt vernünftig sind und jeder sich bei seinem eigenen Schopf packt werden wir wieder zueinanderfinden. Das ist mein tiefster Wunsch und ich will versuchen alles dazu zu tun was in meiner Macht steht in dieser für uns beide so schweren Zeit.

Wenn ich das was ich eben geschrieben habe durchlese so mein ich fast es ist der Churchill in einer Krise am Radio! Aber ich mach mir's nicht leicht Piolein. Aber ich kann nicht mehr so bitterbitterernst sein – denn ernst bin ich sowieso – und es ist lausig genug auf dieser gottverdammten Ranch. Der Wind bläst und man kann nicht vors Haus gehen und es ist einfach nichts und nichts. Reisebeschreibungen hab ich in den Papierkorb geschmissen samt den Briefen. Ich erzähl's Ihnen lieber. Es ist wie im Krieg. Endlose endlose riesige Landschaften haben wir durchquert. Heiss war's und müd war ich und Hunger und Durst hab ich gehabt und dann wieder geprasst in Phoenix unter Palmen mit Orangenblütenduft und offenem Holzfeuer in feinen Hotels. Beim cattle business bin ich dabei gesessen und hab mich gemopst und zwei Tage hab ich in die Wüste geschaut und dachte wir fahren bald – wohin – wozu? Indianerhütten hab ich gesehen wie die Maulwurfshügel in einsamster Einsamkeit aber Zeit war keine um hinzugehen denn wir mussten wieder einmal irgendwelche 300 Meilen machen.

Phoenix hat mich angeekelt mit seinen unzähligen Benzinstationen und cleaners und shopping centers und plötzlich dachte ich wieder (vom Auto aus) hier ist das Paradies – oder ich sitz im Kino. Es ist alles so ganz ganz anders wie in Amersham Tirol, Italien, Frankreich – Es ist halt Amerika – ich werd's Ihnen erzählen bis ich wieder bei Ihnen bin.

Im Heard Museum in Phoenix lag ein kleiner Bub vor einer Vitrine am Boden mit der Nase ans Glas gepresst und sah ein Skelett an, ganz allein. Ich fragte ihn ob es ihm gefalle und er sagte: I like skeletons more than anything in the world. Ich fragte: warum denn und er sagte: »weil wir es alle bei uns haben« – dann sagte er verträumt: it's supposed to be the skeleton of a little girl. Es war wörtlich so und ich dachte es würde Sie amüsieren es zu hören.

3mal in der Woche geht hier Post und die Zeit nähert sich in der ich den Brief jemandem geben muss der ihn in den Sack steckt der hier in der Ebene an einem Stock hängt. Ich kann ihn nicht mehr zerreissen denn Sie dürfen nicht ohne Nachricht sein und in der kurzen Zeit kann ich keinen neuen schreiben. Der Wind pfeift noch immer und diese Ranch macht mir oft so Angst. Am Mittwoch fahren wir nach Tuscon und von dort nach Mexico Adresse Mexico City *Hotel Francis. Ich bitte Sie* mir gleich nach Erhalt dieses Briefes dorthin zu schreiben.

Ich bitte Sie diesmal *besonders*, ich werde Ihnen später erklären warum. Lieber Pio, schreiben Sie mir von den kleinen und tatsächlichen Dingen des Lebens, von Compayne Gdns., von London von Menschen wenn ich auch nicht so recht weiss von welchen. Vom Wetter – – nur irgend etwas was mir die Wirklichkeit in Erinnerung bringt. Sind Sie in meinem Zimmer installiert?

Sollte Ihr Brief mich nicht in Mexico City erreichen, denn wir werden dort vielleicht nicht lange bleiben, so schreibe ich Ihnen baldigst unsere Adresse in Yucatan.

Das Malheur ist dass Renée eben eine Geschäftsfrau ist und nur mit Mühe unsere Unternehmungen »einschieben« kann und allein ohne Auto ist man in diesem riesigen Land ganz verloren. Mir ist ganz einfach bang.

Es umarmt Sie Ihr Muli die ihren ganzen Mut zusammen nehmen muss für diese »Vergnügungsreise«. Es küsst Sie

Ihr Muli

cattle business: Rinderhandel. – I like skeletons more than anything in the world: Ich mag Skelette lieber als alles andere auf der Welt. – it's supposed to be the skeleton of a little girl: es ist angeblich das Skelett eines kleinen Mädchens.

Elias Canetti an Marie-Louise von Motesiczky *London, 7. April 1956*

Samstag.

Liebes Muli,
Deine politische Erklärung oder soll ich lieber sagen Deinen Leitartikel habe ich eben empfangen. Ich habe es zur Kenntnis genommen, mehr kann man ja wohl über ein so kaltes und wohlerwogenes Dokument nicht sagen. Es tut mir leid, dass ich Dir einen so echten Brief geschrieben habe. Dein Instinkt hätte

Dir sagen müssen, dass man auf einen solchen Brief nicht mit glatten Phrasen antwortet. Der Churchill ist Dir zwar selber dabei eingefallen, aber statt daran zu denken, wie ein solcher Churchill-Brief auf einen Menschen wirkt, *der sich allen Ernstes tödlich beleidigt fühlt*, hast Du es lustig gefunden. Das ist es wirklich. Einem Menschen, der sich einen ganzen Winter lang täglich und stündlich mit aller Kraft gegen seine ganze Natur dazu gezwungen hat, sich in einem andern aufzugeben, der dafür auf die schwerstmögliche, man muss schon sagen ausgesuchteste Art beleidigt worden ist, dann zu sagen, dass er sich am eigenen Schopf packen soll, ist nicht nur dumm, es ist *unverfroren*. Ich hoffe, dass die zerrissenen Briefe besser waren.

Ich weiss nicht, was ich Dir aus der »Wirklichkeit« mitteilen soll. Das einzig Schöne, was passiert ist, war, dass ich Deine Bilder dem Bill Turnbull gezeigt habe. Er war begeistert und hingerissen, und zwar so echt, dass ich ihn zum ersten Mal seit ich ihn kenne, umarmt und geküsst habe. Gottseidank, dass die Bilder da sind. Man müsste sich sonst sagen, dass man in einer Fata Morgana gelebt hat. Aber die Bilder *existieren*, und *sie werden immer besser*.

Der Georg war auf eine Woche hier zu Besuch. Er hat mir sozusagen Deinen Reisebericht über Amerika gegeben. Sonderbar, dass Du Deine Reisebeschreibungen lieber in den Papierkorb wirfst als sie mir zu schicken. Sie sind nämlich das einzige, was mich jetzt freuen würde; ich dachte, ich habe das in meinem Brief klargemacht. Wahrscheinlich gönnst Du mir nicht einmal das. Deine Karte vom Grand Canyon hat mich schrecklich gefreut, auch was drauf stand, das warst wirklich Du. Ich glaube, so ein Erlebnis ist den »Hunger, Durst und die Strapazen« wert (der Churchill geht Dir sehr im Kopf herum, ich dachte an die berühmte Rede »blood, toil and tears«.)

Wenn Du mir aus Mexiko nicht viele schöne Karten schickst, womöglich täglich, werde ich so zornig werden, dass Du Dich freuen kannst. Ich bin jetzt sowieso ein bisschen wie ein zürnender Olympier, und solche Götter kann man nur besänftigen, indem man ihnen unaufhörlich Schlachtopfer bringt. Ich mag aber keine Kälber, Ochsen, Ziegen und Schafe, ich mag Landschaften und Städte und Mexikaner.

Liebes Muli, ich will nicht weiterschreiben, weil ich sonst plötzlich wieder nett werden könnte. Über meinem eigenen

Brief könnte ich Deinen vergessen, der mich so entsetzlich geärgert hat.

Zeichnest Du? Die Wohnung habe ich nicht erwähnt, weil knapp nach Deiner Abreise ein pipe burst war, die Decke in Deinem Atelier war hin (kein Bild ist nass geworden). Bei den Suons war es viel ärger. Die Markham hat gleich den grinsenden Winton geschickt, und in *nur 14 Tagen* war alles frisch gemalt und in bester Ordnung. Der Hund hat die Schlüssel, die er nicht von mir bekam, behalten und jetzt kämpfe ich darum, sie zurückzubekommen. Den Schaden trägt die Versicherung. Der Winton kommt sich wie ein Wohltäter vor, weil er Dich nichts kostet.

Ausserdem waren zum Schrecken der Campbell Mäuse in der Küche. Sie sind jetzt leider ausgerottet. Die Campbell ist weg. Es herrscht Grabesstille. An den Häusern wird noch immer tüchtig gebaut. In fünf Jahren werden sie fertig sein.

Manchmal leise wie eine Maus schleicht sich der Winton mit seinen Schlüsseln in die Wohnung ein, um mich zu ärgern. Wenn ich nicht da bin, stellt er irgendeine Kleinigkeit anders, damit ich sehe, dass er da war. Wenn ich da bin, verhalte ich mich noch stiller, um ihn beim Stehlen zu erwischen. Aber leider stiehlt er nicht. Er liebt nur die Schlüssel. Seine Frau solltest Du sehen! Ein schottischer Dragoner.

Lebwohl, scheussliches, hässliches, neidiges Muli. Es umarmt Dich trotzdem der unverbesserliche

Pio.

(Schopf!)

Die Bücher aus New York sind noch immer nicht gekommen.

Elias machte den Bildhauer und Maler Bill Turnbull, geboren 1922 in Dundee, mit Fritz Wotruba bekannt. – In seiner ersten Rede als Premierminister vor dem House of Commons am 13. Mai 1940 hatte Winston Churchill dem britischen Volk eine Zeit voller »blood, toil, tears and sweat« (Blut, Arbeit, Tränen und Schweiß) prophezeit. Diese Worte sollten den Durchhaltewillen der einen deutschen Angriff befürchtenden Briten anstacheln. – pipe burst: Rohrbruch. – Mrs. Markham ist Marie-Louises Vermieterin in Compayne Gardens.

Marie-Louise von Motesiczky an Elias Canetti

Mexiko-Stadt, April 1956

Liebster Pio,

Obwohl der Anfang Ihres Briefes so schrecklich war – war er doch so schön – – –. Mir war so leicht ums Herz mit einem Mal und glauben Sie mir's – kein bisschen Triumph war dabei wie Sie etwa denken könnten – Triumph meine ich dass Sie mich gern haben können, obwohl ich Ihnen so kalt und herzlos erscheine. Ich könnt's Ihnen erklären – ich könnt 100 Seiten schreiben – Piolein haben Sie Nachsicht mit mir – es wär nicht gut – lassen Sie mich Ihnen ein wenig von der Reise erzählen – nicht so gut und gescheit wie Ihr Bruder das wohl tut – aber Sie müssen bedenken der ist ein bekannter Mann und sieht tausend Leute – und wer bin ich?

Und nun gestehe ich Ihnen meinen Hauptstreich – ich bin allein nach Mexico gefahren und war 2 Tage allein hier – dann kam Renée die noch in Tuscon bei einem cattle congress zu tun hatte. Am Sonntag machten wir noch einen wunderschönen Ausflug nach Tepozetlan wo ein bezauberndes spanisches Kloster ist. Gold, Gold Gold, Engeln, Neger u. s. w. Ein tausendfaches Barock aber so wild und naiv dass einem ganz schwindlig wird. Das alles aber ist es nicht. Es sind die Menschen am Land – kaum ist man am Land so glaubt man man lebt 500 oder 1000 Jahre in der Vergangenheit. Wie diese Menschen gehen, was sie schleppen wie sie die Wäsche waschen im Fluss, was sie am Kopf tragen – wie sie in jedem kleinen Ort ihre komischen kleinen Fridatten auf einem Holzfeuer auf der Strasse braten. Und in allen Orten sieht man Musiker mit Instrumenten die spielen auf bei Hochzeiten und halt auch sonst wenn's nötig ist. Und am Bachrand wachsen die Callas die in London 7 Schilling das Stück kosten – wie die Vergissmeinnicht. – Den ersten Tag meines mir so abenteuerlich erscheinenden Aufenthalts bin ich mit einer Hoteltour nach Toluca gefahren – dort ist ein riesen Markt jeden Freitag. Mir tut jetzt schon das Herz weh was davon übrigbleiben wird – Sie haben Ihr Marokko aufgeschrieben! So schön und aufregend war's dass sich's für mich in Worten gar nicht beschreiben lässt. Ich wollte dort bleiben und abends mit dem Zug nach Hause fahren und wissen Sie wer mich davon abhielt! Ein Mann aus *Rustschuck* (weiss nicht wie man's schreibt – aber der Ort wo Sie geboren sind). Er war einer der Mitreisenden – Kanadier der in Britisch-Kolumbien lebt. Beim Mittagessen sprach man miteinander, jeder sagte woher er kommt – und da sagte der Mann er sei in Bulgarien geboren. »In Rustschuck« sagte ich und »Ja in Rustschuck« sagte er strahlend und war bei weitem nicht so erstaunt wie ich dass ich es erraten habe. Als ich mich nach Zügen erkundigte meinte er plötzlich sehr nett er würde mir doch abraten allein auf diesem Markt zu bleiben. Auch der Reiseführer schloss sich seiner Meinung an und meinte man würde mir halt alles stehlen was ich auf mir habe. Da ich aber mein ganzes Geld bei mir hatte habe ich die Sache schweren Herzens bleiben lassen. Alles war so kurz und wie ein Traum – wie soll man sich da was merken?! Wie sie die Körbe flechten, wie sie ihre Medizinkräuter ausgebreitet haben, wie sie die Truthähne tragen – der Blumenmarkt. Ach Pio – es ist ein Kreuz. – Aber das Merkwürdigste an dem Tag war vielleicht die Kirche Guadalupe Schrein – eine neuere Kathedrale mit einem riesen Platz – da rutschen von morgens bis abends Menschen auf den Knien über den ganzen Platz in die Kirche. Meist Frauen mit Kindern im Arm gestützt von einem Mann oder einer Mutter. Schön angezogen, bäurisch in glänzendem Sonntagskleid – in *dem Staub* mit nackten Füssen und *so rührend gläubigen Gesichtern* dass einem das Herz stehenbleibt. Oft trägt die Mutter oder der Mann noch einen riesengrossen Blumenstrauss. So rutschen sie und gehen Schritt für Schritt über den riesen Platz! Die Geistlichen hingegen in der Kirche sehen furchtbar aus – die Beichte spielt sich dort zum Teil ganz offen ab. Da sehen Sie Bauernfrauen auf den Knien denen die Verzweiflung auf der Stirne steht, die wie Ertrinkende ihre Gebete gegen eine Holzwand flüstern, auf der anderen Seite der Holzwand steht ein Geistlicher mit unerbittlichem *gleichgültigem* Gesicht. Überhaupt was man in den Kirchen zu sehen bekommt ist unglaublich. Da gibt's auch eine Art Bank mit Schaltern für die Spenden. Weiss aufgeputzte Kinder, Spitzenschleier, Blumen – ja allein in den Kirchen könnte man Tage verbringen. Und alle sind sie voll. Auch ein altes einsames spanisches Kloster hab ich gesehen an dem Tag. Sie müssen sich das so vorstellen – Sie fahren im Auto weg aus einer etwas schäbigen grossen modernen Stadt – etwa wie Avenue Montaigne in Paris – aber kaum sind Sie draussen sehen Sie die Hütten der Indios – solche

Kontraste gibt es glaub ich nirgends auf der Welt. – Am zweiten Tag war ich bei den Pyramiden – nun aber inzwischen bin ich seit Yucatan so ein Pyramidenfeinschmecker geworden. Ja – Yucatan!!!

Piolein ich war heute zu viel ohne Hut in der doch sehr starken Sonne und habe sehr Kopfschmerzen bald mehr – erzählen liesse sich's doch noch viel besser wie schreiben. Es küsst Sie *immer Ihr* Muli

cattle congress: Messe für Viehzüchter. – Fridatten: Frittaten, Pfannkuchen.

In Mexiko trifft Marie-Louise auch den surrealistischen Maler Wolfgang Paalen (1905–1959) wieder, der 1939 gemeinsam mit seiner Frau und der schweizer Photographin Eva Sulzer emigriert war. Er ist befreundet mit dem mexikanischen Maler Edward Renouf, der an seiner Kunstzeitschrift »DYN« mitwirkt.

Marie-Louise von Motesiczky an Elias Canetti *Mexiko-Stadt*

19 IV 1956

Lieber Pio,
Zu allererst – ich werde ungefähr *Ende* nächster Woche wieder auf der Ranch sein. Ich werde jetzt jeden Tag schreiben da Sie sich meinen mexikanischen Aufenthalt vielleicht noch abenteuerlicher vorstellen als er ist. Schön ist's freilich – und zum ersten Mal habe ich die Gedanken wirklich bei der Reise, Piolein wenn Sie wüssten! – das wäre wert bis auf den letzten Heller ausgeraubt zu werden und noch mehr – alles bis auf den Amöben-Tod – den wär's nicht wert. Also ich bin zu den Renoufs gezogen. Hier ist's nicht so heiss – es ist jetzt die grösste Hitze und noch dazu diese heisser wie sonst aber durchaus erträglich – angenehmer als im Juli in Wien. Ich mach's aber auch wegen der Sparerei. Gestern war ein netter Abend, Paalen holte mich im Hotel ab mit Sack und Pack, ist ziemlich unverändert, das letzte Mal sah ich ihn in einem Café in Paris, dann fuhren wir heraus nach St. Angela wo er mit einer Schweizerin Eva Sulzer ein Haus hat – *wunderschön* – stinkt nur leider erbärmlich nach Kat-

zen. Mit einem Whisky hab ich das aber überwunden und mich auch über die abstrakten Bilder die an der Wand hängen hinweggesetzt und dann zeigte er mir die Plastiken. Pio ich bin ganz toll damit. Der Paalen ist seit 17 Jahren verstrickt in diese Leidenschaft – ist ein grosser Kenner geht mit dem Moskitonetz in den Dschungel, hat die herrlichsten Sachen. Pio Hunderte und Hunderte Pyramiden und Sachen sind noch nicht ausgegraben, ich hab's gesehen – und allein was ich gesehen habe –! Paalen sagt in 20 Jahren wird man ungefähr so viel mehr wissen über diese Völker wie man heute über Ägypten weiss im Vergleich zu den 80er Jahren.

Und denken Sie alles was ich – im ganzen für £ 5! gekauft hab ist echt – ich hab also sicher ein Gefühl dafür. Am Montag fahr ich nach Tepozlan wo ich übernachten werde – ein altes Dorf mit nur Indios, alle 4 Wochen wird dort wer ermordet (aber sie morden einander nur gegenseitig.) Es gab dort auch noch vor 4 Wochen einen Räuber-Anführer Charamia – das heisst kein Räuber sondern einer *für den* die Bevölkerung ist, weil die Gouverneure der Provinzen sehr gemein und korrumpiert sind. Er hat aber 15 Leute aufgehängt und so musste er sich tief ins Gebirge zurückziehen. Ich schreibe Ihnen das alles *damit* Ihnen gruselt – aber es ist alles wahr!

Heute abend bin ich beim österreichischen Botschafter eingeladen. Sie sehen ich führe ein grossartiges Leben. Ich weiss so viel! Olmek würde Ihnen am besten gefallen – das ist eine der frühesten Kulturen. Meine Sachen sind Totonac, Tlatilco und Veracruz. Ich werde auch lernen das alles richtig zu schreiben – ein furchtbarer Vorsatz für mich.

Jetzt gehe ich das moderne Universitätsviertel ansehen. *Wir* werden einmal auf ein halbes Jahr herkommen – *sage ich*

Immer Ihr Muli

Aber wahrscheinlich fahren Sie dann doch lieber mit wem anderen?

Falls ich doch nicht täglich schreibe bitte keine Angst haben, manchmal ist's schwer.

Wolfgang Paalen gesteht Marie-Louise, als junger Mann in sie verliebt gewesen zu sein. Seine Gefühle werden durch den Besuch und die nachfolgende Korrespondenz wieder geweckt, und er macht ihr einen versteckten Heirats-

antrag. Marie-Louise bleibt lange eine Antwort schuldig. Als Paalen bald darauf Selbstmord verübt, meint Elias in ihrem Zögern einen Grund dafür zu erkennen. – Marie-Louise erwirbt Gegenstände aus den präkolumbianischen Hochkulturen der Olmeken (ca. 1200 bis 400 vor Christus), der Totonaken (4. bis 12. Jahrhundert nach Christus), vermutlich der Teotihuacaner und aus dem mexikanischen Bundesstaat Veracruz.

Elias Canetti an Marie-Louise von Motesiczky *London, 6. Mai 1956*

Sonntag

Liebes Muli,
ich weiss nicht, ob Du wirklich schon in Arizona zurück bist, Deine letzte Karte ist aus Mexiko. Aber ich schreibe Dir auf alle Fälle, damit Du irgendeine Nachricht hast. Nicht dass ich irgend etwas zu schreiben hätte. Hier hat sich überhaupt nichts verändert. Deine Mutter ist zurück, sie rief an, aber ich habe sie noch nicht gesehen.

Es ist schön, dass Du so viel herrliche Sachen gesehen hast. Ich freue mich für Dich und stelle mir oft die Dinge vor, die Du siehst. Meine eigene Unruhe und Reiselust ist mit jeder Karte von Dir gestiegen und ich möchte am liebsten in eine ganz andere Welt verschwinden, die es gar nicht gibt. Seit einigen Tagen ist es hier sommerlich warm, alles blüht plötzlich, vielleicht wird man doch einmal diesen entsetzlichsten letzten Winter vergessen können.

Es fällt mir so schwer, Dir zu schreiben. Mein Groll ist so tief, mit jedem Wort, das ich schreibe, steigt er in schweren Schwaden auf. Er ist am stärksten, wenn ich Dir *schreibe*, nicht wenn ich an Dich denke. Vielleicht kommt das daher, weil ich meinen ersten Brief an Dich so bitter bereue. Ich hätte ihn nie schreiben dürfen. Die Antwort darauf war so hässlich wie die erste Beleidigung, die ich nicht vergessen kann. Ich glaube, Du begreifst noch nicht, *wie tief* es diesmal alles sitzt. Vielleicht wird es alles weg sein, wenn ich Dich wieder sehe und Du wirklich voll von neuen Dingen bist. Dann wirst Du auch anders *aussehen*, nicht so wie letzten Winter. Vielleicht, nein sicher ist Mexiko eine wahre *Verwandlung* für Dich gewesen, vielleicht sind alle die hässlichen Dinge von Dir abgefallen, *wie Schuppen von Deinen Augen*, buchstäblich, o ich bete, ich bete, dass es so ist. Dein Pio.

Für Marie-Louise ist es ein schwerer Entschluss, ihr Anwesen in Hinterbrühl, das noch die letzte Beziehung zur Heimat darstellt, zu verkaufen. Sie träumt noch lange davon, sich dort ein kleines Atelier einzurichten. Durch den Verkauf an Hermann Gmeiner, der auf dem Gelände ein SOS-Kinderdorf errichtet, hofft sie das Andenken an ihren kinderlieben Bruder wachzuhalten.

Marie-Louise von Motesiczky an Elias Canetti *Wien, Juni/Juli 1956*

Liebster Pio,
Keine Nachricht, kein Wort von Ihnen und so hätt ich's gebraucht! Gestern hab ich meiner Mutter telegraphiert dass der Vertrag unterschrieben ist aber das ist nicht wahr – ich unterschreibe erst heute. Ich könnte immer noch alles rückgängig machen. Aber ich hab nicht mehr die Nerven dazu. Jetzt ist mir alles klar – wie ich's hätte machen sollen und abgesehen von den Nerven tu ich's jetzt wirklich für das Kinderdorf. Der schlechteste Faktor – wenn nicht gerade Lump – obwohl er das wahrscheinlich auch ist war unser eigener Vertreter der Bellazi. Ich nehme an dass er auch von der anderen Seite eine Provision bekommen hat und den Preis ganz bewusst gedrückt hat eben zu der Grenze die für ihn am vorteilhaftesten war. Auch ist der Vertreter von Gmeiner viel tüchtiger und brutaler – der Bellazi ist nur feig und verschlagen. Man hätte, wie mir gestern Nacht klar wurde die oberen Parzellen – oberhalb des Gartens mit Waldbestand der immer sehr wertvoll ist (das war mir halt auch nicht klar bis ich mich nicht in die ganze Sache eingearbeitet hatte) abtrennen können und sagen gut: 50 000 Schilling aber ohne diese Parzellen denn die braucht das Kinderdorf nicht. Man hätte auch nie dem Bellazi sagen dürfen dass er so weit mit dem Preis herunter gehen darf und ruhig die Verhandlungen scheitern lassen soll – die wären dann schon gekommen denn so was Schönes finden sie nicht so bald. Dass Liechtenstein Gründe schenkt war sicher nur ein Druckmittel, auch von Bellazi. Ausserdem hätte man gleich zu Anfang auch einem Realitätenbureau die Sache übergeben sollen um mit Angeboten die man bekommt einen gegen den anderen auszuspielen. Aber ich hatte so ein Vertrauen in den Bellazi und kam nicht auf die Idee dass man sich vor dem eigenen Vertreter schützen muss. Ein

Trost ist dass wir all die Menschen die da wohnen schwer herausgebracht hätten und dass wenn man nicht hier lebt man sich nie um die Sache so hätte kümmern können wie es nötig ist und dann bei einer Parzellierung noch viel mehr übers Ohr gehauen worden wäre. Also Schwamm über das alles. Ja und wenn man noch weiter gewartet hätte hätte man grosse Reparaturen gehabt weil im Hof u.s.w. Dächer und Balkone zusammengefallen wären und auch da wäre man von allen ausnahmslos betrogen und überhalten worden – denn die Menschen hier und auch anderswo sind eben Betrüger und Gauner – jedenfalls die, mit denen wir zu tun haben sind es – das scheint mir beinahe ein Naturgesetz. Also Schwamm drüber. Es ist noch viel, viel zu erzählen aber ich muss fort und will den Brief nicht länger liegen lassen. Jetzt geh ich unterschreiben.

Es umarmt Sie immer Ihr Muli

Die Stammburg der Fürsten von Liechtenstein befindet sich in Maria Enzersdorf, einem Nachbarort von Hinterbrühl. Im angrenzenden Schloss wird 1956 ein Auffanglager für Ungarn-Flüchtlinge eingerichtet, wodurch die Gebäude stark in Mitleidenschaft gezogen und bald darauf vom Fürstenhaus verkauft werden. In diesem Zusammenhang könnten Gerüchte über Grundstücksschenkungen aufgekommen sein.

Elias Canetti an Marie-Louise von Motesiczky *London, 6. Juli 1956*

Freitag

Mein liebes Muli,

Eben kamen Deine beiden Briefe und ich schreibe Dir gleich, obwohl ich nicht weiss, ob meine Antwort Dich noch in Wien erreichen wird. Es war gar nicht schön für Dich, das Ganze, und Du hast mir wirklich sehr leid getan. Aber weisst Du, wie immer die Leute gewesen wären, *in Dir* hättest Du auf alle Fälle dasselbe erlebt. Von etwas, das man sein Leben lang gehabt hat, kann man sich nicht ohne Zucken und Zerren trennen. Aber alle Pläne, die Du hattest, damit Deine Mutter oder Du noch in irgendeiner Form in der Hinterbrühl wohnen, waren schlecht. Vergiss nicht, dass ihr seit 17 Jahren weg seid; die Menschen dort sind anders geworden, und so schön die *Vorstellung* für

Deine Mutter war, in der Praxis wäre das Leben dort für sie schrecklich gewesen. Sie hätte es bestimmt nicht ausgehalten. Sie hätte nur täglich und stündlich gefühlt, wie sehr alles *anders* ist. Weisst Du, wenn ein Mensch sich vorgenommen hätte, eine Art von quälender Strafe für Deine Mutter auszudenken, – er wäre auf genau diese Idee verfallen: er hätte den Grund verkauft und sie dann zum Leben hingeschickt, sozusagen am Rand ihrer früheren Existenz. – Du selbst aber *kannst* Dich trösten. Du musst Dir sagen, dass Du ein Reich erobert hast, Mexiko, und dass Du dafür etwas aufgegeben hast, das Du auf alle Fälle immer *in Dir* haben wirst. Etwas anderes war es in Wirklichkeit ja doch nicht mehr.

Was den Verkauf selbst anlangt, so war ich von Anfang an, seit Deinem letzten Aufenthalt in Wien, der festen Überzeugung, dass sich etwas Derartiges vorbereitet. Man hat Dir schon damals in einer ganz schamlosen Weise geschmeichelt und Du hast allen, mit denen Du zu tun hattest, in einer geradezu kindischen Weise getraut. Ich hatte nicht die Macht, so wie die Dinge zwischen uns standen, das Geringste dagegen zu tun. Die Hauptspannung in Dir war gegen mich und mein Misstrauen hättest Du natürlich als Eifersucht gedeutet.

Nun muss ich Dir sagen, dass ich sehr erleichtert bin. Ich habe einen *privaten* Schwindel erwartet; statt dessen hast Du Deinen Besitz billiger verkauft, um bei der Gründung eines *Kinderheims* zu helfen. Deinen Bruder hätte das gefreut, und die Kinder wird es auch freuen. Das ist etwas sehr Schönes, wie immer die Leute sind, die dabei mittun. – Du kannst jetzt überall in Österreich sein, wo immer Du Lust hast, und Du kannst *abwechseln*. Es gibt so viele herrliche Orte auf der Welt, man ist 50, man ist also *wahnsinnig*, wenn man sich nicht vornimmt noch viele von diesen Orten zu sehen, statt irgendwo ewig festzusitzen.

Liebes, liebes Muli, alles was ich Dir sage ist einfach und wahr, und ist es nicht das Allerwichtigste, dass wir wieder begonnen haben, Vertrauen zueinander zu haben?

Lebwohl und sei viel vielmals umarmt und geküsst von Deinem

Pio.

Marie-Louise von Motesiczky an Elias Canetti
Wien, Poststempel 23. April 1957

Liebster Pio
Ist das nicht ein besonders schönes Luftpapier? »Funny journey« hab ich bloss telegraphiert damit's nicht immer das selbe ist und damit Sie sich ein wenig fragen was es war! Funny war bloss dass ich um Punkt 8 Uhr in Waterloo war – gewöhnlich dauert es dann noch 20 Minuten bis alles gewogen und abgefertigt ist – aber als ich ankam war der Bus zum Airport schon fort – ein junger Mann aus Düsseldorf war in der selben Lage und so blieb uns nichts anderes übrig als ein Taxi zum Flugplatz zu nehmen. Der junge Mann war sehr nett und die Kosten waren nur die Hälfte aber so etwas ist mir noch nirgends auf allen Flügen am Kontinent und in Amerika passiert. Komisch wenn ausgerechnet die Engländer besonders pünktlich sind. Ich hatte sehr wenig geschlafen und knapp bevor wir zum Airport kamen dachte ich, mir wird sicher schlecht – nachher ging's aber alles ganz gut und ein Glas Rotwein über dem Kanal hat mich wieder ganz auf gleich gebracht. Ich hatte eben Zeit meinen Hut herunterzunehmen, ein bisschen vor mich hin zu dösen und – – – – schon waren wir über dem Belvedere und dem Schwarzenberggarten das erste was ich vom Kontinent sah, denn bis dahin war *eine* grosse Wolkendecke – funny journey – es ist doch eigentlich wirklich Zauberei!

In der Pension ist es nett und gemütlich – mein Zimmer mit vielen Blumen und Ostereiern – gerade ein Stock über Mutter – – unten bei Mutter High Teas Onkel Ernst Erna – alles wie ich's mir dachte. Nur ein Krebsenritual gibt es da – ich wollte es ihnen *nicht* schreiben – aber tue es doch um Sie zu unterhalten und weil es Wasser auf Ihre Mühle ist – ja eine Krebsenzeremonie die sogar mir zu weit geht. Ein Sack Krebse sitzen und krabbeln schon den ganzen Nachmittag im fliessenden Waschtisch. Dann werden sie paarweise in einem Schnellsieder (mit Stab) gekocht. Während ein Teil noch munter im Waschtisch herumkrabbelt – siedet ein Paar und das schon gekochte Paar wird gegessen. Gelebt, gekocht, und gegessen alles zugleich – das ist sogar mir zu viel gewesen. Es ist sehr grosszügig von mir dass ich meine Mama so preisgebe denn sie ist reizend und es sollte eine besondere Ehrung für meine Ankunft sein. Die Krebse waren auch wirklich sehr gut. (Also auch noch die *Schande* – dass ich sie trotzdem essen konnte!)

Nachmittags ging ich gleich zu Baldass. Er ist besser als ich dachte – trotzdem immer mit Sauerstoffapparat. Ich will mich wirklich in den Kopf stürzen – trotz der knappen Zeit – schon um mir's zu beweisen dass so was möglich ist – denn schliesslich sind ja die Umstände dort günstig. Wenn's nicht geht wird es mich zwar sehr unglücklich machen aber versuchen will ich es. Will morgen gleich Farben besorgen. War auch einen Sprung im Museum – wo mir ein Maler Crespi aufgefallen ist den ich bisher nie bemerkte. – Gestern ein langer Spaziergang mit Erna – ich erzählte ihr alles von Emil – leider im Türkenschanzpark – Ernas Lieblingspark. – Abends ging O. Ernst mit Maria K. ins Burgtheater und ich ging auf gut Glück mit obwohl man behauptete dass unmöglich eine Karte zu haben sei. Die war ohne weiteres zu haben aber als ich schon auf meinem Platz sass entdeckte ich dass ein Stück von Hochwälder gespielt wurde »Die Herberge«. Es war wirklich nicht gut. Zusammengetragen von überall her. Es nannte sich eine Fabel – war aber nur fabelhaft bei den Haaren herbeigezogen und wirklich nicht einzusehen warum ein Mensch so was schreibt. Natürlich unterhält man sich trotzdem ganz gut denn es sind einige wirksame Sachen drin. Aber es ist schon sehr ungerecht dass hier für Sie nichts geschieht Pio.

Dienstag Früh. Ja – Piolein ein Malheur ist passiert! Ich habe Ihre *Bücherliste* verloren und zwar steckte ich sie in den Umschlag der Flugkarte den behalte ich immer noch Wochen nach jedem Flug. Aber in der Aufregung in Waterloo – als der Bus weg war und ich meine Karte vorzeigen musste liess ich den Umschlag liegen. Der Düsseldorfer schlug sogar vor (bei St. James's Palace!) nochmals zurückzufahren – aber dazu hatte ich nicht den Mut. Lieber Pio bitte senden Sie mir gleich eine neue Liste – umgehend – ja?! Wenn Sie nicht schreiben wollen senden Sie bloss die Liste. Gestern war ich in der Albertina in einer grossen Kubinausstellung – *sehr sehr* schön – mit vielen Blättern aus den letzten Jahren. Dass doch wirklich so ein grosser Künstler in dem Land lebt und wirklich »im Land« denn das Land ist überall in seinen Sachen zu sehen. Schade dass das nicht Ihr Freund ist statt des dummen Wotruba – aber es ist eben eine andere Generation.

Übrigens *bitter*kalt ist's und nicht so schön und frühlingshaft wie ich hoffte. Muss immer alle Wolljacken unterm Mantel anziehen um nicht zu frieren.

Werden Sie mir schreiben – auch ob Sie an dem Tisch sitzen – werden Sie mir etwas zu erzählen haben – wenn Sie wüssten wie sehr mich das freuen würde – wenn Sie es nur wüssten –

Es umarmt Sie und küsst Sie

immer Ihr Muli

Gibt's irgendeine Menschenseele die Sie sehen und die nach mir fragt?

In den Wochen, die Marie-Louise im April und Mai 1957 in Wien verbringt, arbeitet sie so intensiv an ihrem Porträt von Ludwig Baldass, dass sie kaum Zeit für andere Dinge hat. Entgegen ihrer üblichen Zurückhaltung zeigt sie es vor, obwohl es noch nicht ganz fertig ist. Die gemischten Reaktionen erschrecken sie etwas, wollte sie doch Ludwig Baldass bloß eine Freude machen. – Maria K. ist Maria Kupelwieser, die frühere Frau Ernst von Liebens. – Fritz Hochwälders Drama »Die Herberge« von 1955 wird am 30. März 1957 im Wiener Burgtheater uraufgeführt. Es erzählt von der Aufklärung eines Diebstahls, in der der Bestohlene selbst der Schuld bezichtigt wird. – Der österreichische Maler, Schriftsteller und Buchillustrator Alfred Kubin (1877–1959), von dem Marie-Louise viele Bücher besitzt, gehört zu ihren Lieblingskünstlern. Am 10. April 1957 wird in der Albertina die Ausstellung »Alfred Kubin zum 80. Geburtstag« eröffnet.

Elias Canetti an Marie-Louise von Motesiczky

London, 27. April 1957

Samstag

Mein liebstes Muli,

Das war ein reizender Brief, geradezu amüsant und ich habe mich riesig darüber gefreut. Ich habe ihn schon vorgestern bekommen und ich hätte gleich geantwortet, wenn nicht eine sibirische Kälte hier eingebrochen wäre: natürlich habe ich mich verkühlt und musste mich Donnerstag nachmittag, gerade nachdem ich Deinen Brief geholt hatte, mit ziemlichen Fieber ins Bett legen. Ich wollte nicht in dem Zustand schreiben, man wird missmutig, wenn man plötzlich nicht arbeiten kann. So nahm ich mein bewährtes Mittel, das Codis, das ich Dir für die Zukunft sehr empfehle. Gestern war das Fieber besser und heute bin ich schon ausgegangen und sitze jetzt in Compayne Gardens und schreibe Dir.

Bis zum Donnerstag habe ich wunderbar gearbeitet. Heute ist es noch soso lala, morgen muss es wieder ernst werden. Ich kann Dir nicht sagen, was für ein Glück mir die Arbeit jetzt ist, *es ist mein grosses Jahr*. Sonst ist nicht viel passiert: nur eine furchtbare Aufregung mit der Kathleen Raine und dem Gavin. Die Otter, das weisst Du, ist tot. Aber sie ist mit Absicht erschlagen worden, und zwar mit einer Pick-Axt, und die beiden drohen jetzt mit gemeinsamem Selbstmord. Es ist komisch und sonderbar zugleich. Die Einzelheiten sind schon interessant, ich erzähle sie Dir, bis Du zurückkommst.

Ich habe den Minos gesehen. Die Lysistrata war jetzt schon in Brighton, Blackpool, Leeds, Cambridge und ist jetzt wieder in Oxford. Er hat den definitiven Antrag vom Devine sie in London zu machen, fürs Royal Court Theatre. Das soll entweder im Juli oder November geschehen. Der Minos will unbedingt die »Befristeten« in London machen, nachher. Er glaubt, dass er den Devine dazu bringen wird. Er meint, dass man ihm *nach* der Lysistrata, die in London bestimmt ein Riesenerfolg werden wird, mit Anträgen aller Art kommen wird. Er spricht schon jetzt von einer Aufführung der »Befristeten«, als ob es sicher wäre. Ich bin aber ein gebranntes Kind und halte es nur für wahrscheinlich, nicht mehr. Die Komödie liegt dem Minos, glaube ich, weniger. Er findet, sie hat zu viele Figuren und erfordert einen enormen Apparat. Mir ist das sehr recht, denn so kann ich jemand andern für die Komödie versuchen, ohne dass der Minos beleidigt ist. Weisst du, was ich glaube? In der Komödie ist ein Stotterer, und der Minos fürchtet, der Tynan, (der elende Kritiker vom »Observer«) könnte die Figur auf sich beziehen. Er hat es nicht gesagt, aber gerade diese Figur mag er nicht, und er hat gefragt, ob ich bei der Kürzung der Komödie, die ja auf alle Fälle nötig wäre, den Schakerl opfern würde! Ich habe gesagt, ich halte ihn für gut, und er muss stehen bleiben, damit der Tynan sich ärgert. Da ist er blutrot geworden. So habe ich ihn erwischt. Wir stehen aber sehr gut miteinander. Er spricht überall von mir und sagt, die »Numbered« seien ein klassisches Stück und *das* Meisterwerk der modernen Bühne.

So, jetzt hast Du meinen Theaterklatsch. Der Hochwälder ist so schlecht, dass ich mich überhaupt nicht über ihn ärgern kann. Ich bin nur froh, dass Du es jetzt selber gesehen hast. Das hat mit Kunst gar nichts zu tun und ist nichts als geschickte Mache. – An Dein Bild, Muli, habe ich noch oft gedacht. Es hat mir einen sehr tiefen Eindruck gemacht. Ich wünsche mir sehr, dass Du mein Porträt weiter machst, wenn Du zurückkommst. Bitte grüsse die Baldasse herzlichst von mir. Hast Du schon zu malen begonnen? – Die Geschichte mit den Krebsen habe *ich* erfunden. Ich finde es grossmütig von Dir, dass Du mir meine eigene Geschichte nicht unterschlagen hast. Ich habe davon geträumt, dass ich dabei war und selber mitessen musste. Es war ganz furchtbar. – Es macht gar nichts, dass Du die Bücherliste verloren hast. Sie war viel zu flüchtig und eilig zusammengestellt und es standen Sachen aus Übermut drauf, die Du nirgends bekommen hättest. Ich werde Dir eine andere zusammenstellen, von Sachen, die ich wirklich dringend für meine Arbeit brauche und hier nicht bekommen kann. Aber nicht heute, ich bin doch noch ein bisschen müde vom Fieber und werde jetzt nicht mehr weiterschreiben.

Ja, das habe ich vergessen: am Mittwoch abend habe ich die Bep und ihren Mann gesehen. Sie sind ganz nett, aber gar nicht aufregend.

Mit dem Keller war ich ein paarmal im Kaffeehaus, ich habe ihn sehr gern bekommen und ich muss schon geradezu aufpassen, dass ich ihn nicht zu oft sehe. Die Milein war in Düsseldorf, dürfte aber jetzt schon zurück sein.

Liebes, liebes Muli, wirst Du als *mein* Muli zurückkommen? Wie ich mir das wünsche! Manchmal denke ich mir, es ist gar nichts passiert und zwischen uns ist alles wie früher. Solche Sachen können trügerisch sein. Man darf sich nicht zu früh freuen. Aber es ist schon schön, dass man sich's denkt. Denk Du Dir's auch! Sei tausendmal umarmt und *geküsst* von Deinem

Pio.

Grüss den Onkel Ernst, die Erna und Deine Krebsen-Mama.

Die Liebe der Dichterin und Kritikerin Kathleen Raine (1908–2003) zu dem Schriftsteller und Naturforscher Gavin Maxwell (1914–1969), Aymers Bruder, bleibt wegen Gavins Homosexualität unerfüllt. Gavin Max-

Elias Canetti
1960

well wird berühmt durch sein Buch »Ring of Bright Water« von 1960, in dem er beschreibt, wie er 1956 einen Otter aus dem Irak mitbringt, um ihn in Schottland aufzuziehen. Der Otter wurde als eigene Unterart klassifiziert und nach Maxwell benannt. Als Kathleen Raine den Otter verliert und er daraufhin erschlagen wird, geht die Beziehung in die Brüche. – Der griechische Theaterdirektor Minos Volanakis (1925–1999) inszeniert im Dezember 1957 Aristophanes' »Lysistrata« am Londoner Royal Court Theatre, dessen künstlerischer Leiter George Devine (1910–1966) ist. – Kenneth Tynan (1927–1980) ist ein einflussreicher britischer Theaterkritiker und Schriftsteller. – In der »Komödie der Eitelkeit« findet der stotternde Lehrer Fritz Schakerl in der Proklamierung der Verbote von Spiegeln, Photoapparaten und Porträts zu sicherer Aussprache. – Am 5. November 1956 wurden »Die Befristeten« unter dem Titel »The Numbered« in Oxford uraufgeführt. – Marie-Louise arbeitet lange an dem Porträt von Elias. Es wird erst 1960 vollendet.

27 IV 57

Liebster Pio,
Im Zug von Linz nach Wien. Linz hat mich total aufgekratzt! Der Mann, ein Herr Kasten, Deutscher – ist sehr nett. Die Sache interessiert ihn – es ist also eigentlich abgemacht. Der Kasten findet es müsste dann auch in Wien und Salzburg kommen. In Wien wird am Karlsplatz eine Moderne Galerie gebaut – das ist Gaertner (die Wiener protestieren – angeblich ein scheusslicher Bau, hab's noch nicht gesehen). Ich soll also mit Gaertner sprechen – ob er's dort macht wenn der Bau fertig ist. (nächstes Jahr oder vielleicht wie ich im geheimen hoffe erst 1959.) Salzburg würde der Kasten mir arrangieren. Die Räume in Linz sind wunderbar – nur fürchte ich zu gross! 38 grosse Bilder hängen jetzt dort Leihgabe von Wien – Corinths, Slevogts und so weiter auch ein wunderschöner Beckmann – aber grosse Schwarten! Ich müsste also wirklich noch wahnsinnig arbeiten – deshalb hoffe ich 59! Ich weiss nicht – bisher ist's ja nie geglückt – aber diese Sache würde mich wirklich anregen – vielleicht könnte ich endlich, endlich einmal »über mich hinaus malen«. Ach Piolein vielleicht hilft mir »Gott und das Vaterland«! Zum Lachen wie? Und alles scheint so günstig! Wenn der Bau am Karlsplatz wirklich erst in 59 fertig ist! Das wäre dann alles so natürlich. Übrigens 3–4 grosse Bilder könnte ich auch noch aus Holland mit dabei haben.

Gestern abend habe ich meinen ersten Komet gesehen – mit Schweif – vielleicht hat das was zu bedeuten?! Und Piolein das Schönste – dann würde mit uns zwei alles gut gehen – das weiss ich – wenn Sie wüssten ich arbeite für die grosse Ausstellung – würden Sie mich gerne haben –. Ach wenn es nur wirklich alles so wird! Ach – wenn ich nur nicht wieder völlig versage.

Und jetzt Pio – in diesem glücklichen Augenblick – alle Bäume blühen an der Donau – gelobe ich dass ich von dem Tag meiner Ankunft in London – nein von heute an, wirklich alles alles aufs Malen konzentrieren will (ich schwinge in Gedanken die ganze Zeit riesige Pinseln wie Keulen – wegen der grossen Wände in Linz). Und was ich von den 6 Bildern gesagt hab ist wahr und wenn wir von der Freiheit sprechen meine ich nicht eine blöde hysterische erotische Freiheit – sondern eine künstlerische wirkliche Freiheit – das werden Sie mir glauben – ich werd es beweisen. – Wenn mich nur der liebe Gott – und damit meine ich ebenso den Teufel – oder eben das »Unbekannte« über das man keine Macht hat und das einen erhebt und zerdrückt wie's ihm gerade passt – wenn also nur dieser Teufel von einem lieben Gott mich nicht wieder zum Narren hält zwischen Linz *und Wien*!

Denken Sie was mir passiert ist – als alles abgemacht war in Linz übernachtete ich in Erla – und mitten in der Nacht fiel mir ein dass ich ja gar nicht wusste welche Räume für mich bestimmt sind. Können Sie sich so was Idiotisches vorstellen. Es hängen da überall so interessante Bilder dass ich über all dem ganz meine Ausstellung vergass. Heut fuhr ich also nochmals mit dem Goldschmidt hin – das war aus verschiedenen Gründen ganz günstig. Beinahe hätt ich's nicht getan – aber der Gedanke dass der alte Baldass – der doch alles eingefädelt hat mich fragt: wo und wie sind die Räume? – und ich dann sage – das weiss ich eigentlich nicht – das wäre doch eine zu grosse Schande gewesen!

Piolein – das ist doch diesmal ein wirklicher Brief – beinahe hoffe ich dass Sie mir nicht geschrieben haben bis Sie diesen Brief bekommen denn – denn diesen können Sie mir nur mit einem guten Brief beantworten. Vielleicht ist bei Ihnen inzwischen auch was Gutes passiert? Vielleicht gilt der Komet uns beiden??

Ich umarme Sie und alle Millionen Löwenzähne die hier auf der Strecke blühen winken Ihnen zu und lassen Ihnen sagen wie schön gelb sie sind!

Ihr Muli

Professor Walter Kasten (1902–1984) ist ein Freund von Wolfgang Gurlitt und als dessen Nachfolger der langjährige Leiter der Neuen Galerie der Stadt Linz. Marie-Louise von Motesiczkys Ausstellung wird zunächst für 1958/59 verabredet, findet aber erst im Dezember 1966 statt. – Das Historische Museum der Stadt Wien, jetzt Wien Museum, am Karlsplatz wird 1959 eröffnet. Im Mai 1966 findet die Ausstellung nicht wie ursprünglich gedacht dort statt, sondern in der benachbarten Secession.

Im Februar 1958 ist Marie-Louise wieder in Wien und macht anschließend Skiurlaub mit Milein Cosman und Hans Keller in Kitzbühel.

Elias Canetti an Marie-Louise von Motesiczky London, Februar 1958

Freitag

Liebes Muli,
Diesen Brief gebe ich den Kellers mit, das ist dann wie eine persönliche Botschaft. Es fiel mir schwer an die Pension nach Wien zu schreiben, weil ich den Ton nicht mag, in dem Du und Deine Mutter über mich sprechen, so als wäre ich ein altes Möbelstück im Haus, das man hin und her schupft, und das bin ich ja nun wirklich nicht. Ich wollte aber auch nicht gleich an die neue Adresse in Kitzbühel schreiben, bevor ich dort von Dir Nachricht habe. So ist die beste Lösung, dass ich den Brief Menschen mitgebe, die uns beiden, jedem auf seine Weise, gut gesinnt sind.

Du hast meinen Stolz im Laufe der letzten Jahre immer wieder und auf jede mögliche Weise verletzt. Zuerst war es wahrscheinlich eine Art Zwang in Dir, und darum habe ich abgewartet. Dann, wie Du gesehen hast, dass es Dir so gut gelingt, hast Du meine Liebe und Geduld für Schwäche genommen und aus einer Art von Übermut immer weiter gemacht. Es gibt eigentlich nichts, das zwischen uns von Wert und Bestand war, auf das Du nicht losgeschlagen hast.

Ich habe mit wachsendem Staunen zugesehen und mich immer wieder gefragt: wie weit wirst Du gehen? Wann wirst Du fühlen und wissen, dass Du Dich selbst so zerstörst, auf die leichtfertigste Weise, bloss um Dir zu beweisen, dass Du tun kannst, was Du willst.

Muli, liebes, liebes Muli, ich habe mich tausendmal gefragt, ob Du ein schlechter Mensch bist, weil Du in diesen letzten Jahren zu mir so schlecht warst. Ich habe mir immer wieder vorgehalten, wie Du früher warst; es muss Dir oft sehr lächerlich vorgekommen sein, wenn ich wie ein sentimentaler alter Esel von früher sprach. Ich habe es aber tun *müssen*, um nicht zu erstikken, um nicht jeden Glauben zu verlieren. Wie oft bin ich daran, mir zu sagen, dass ich wirklich jeden Glauben an Menschen verloren habe.

Ich habe Dir Deine Geheimnisse gelassen, von denen ich leider einige kenne. Sie sind nicht alle schön. Aber jeder hat welche und vor allem *will* jeder welche haben. Aber meine furchtbare Angst um Dich ist, dass Du an diesen Geheimnissen *zerfällst*, sie halten Dich nicht zusammen, im Gegenteil.

Manchmal habe ich gespürt, dass Du wieder Du selber werden möchtest. Ich schreibe Dir einen so ernsten Brief, weil ich in solchen Augenblicken beschlossen habe, an Dir festzuhalten, denn ein Mensch kann sich immer wieder ändern, und ein Mensch ist eben sehr viel.

Du sollst Dich über diesen Brief nicht kränken, darum bitte ich Dich sehr. Dieser Brief ist *gut* gemeint, und ich wünschte mir, Du könntest je wieder so viel echtes Gefühl für mich haben als meines ist, das mich zwingt, Dir so zu schreiben. Man kann sich natürlich von allem lösen, das einen bindet und zusammenhält, weil es viel von einem erwartet. Nichts ist leichter, als in eine sinnlose und leere Leichtfertigkeit zu geraten, die einem alles erlaubt, was im Augenblick Spass macht oder lustig erscheint. Aber was bleibt dann von einem übrig? Wenn der Mensch, der einen am tiefsten achtet, die Achtung für einen verliert, was ist man dann noch? Ich weiss, dass Du irgendwo noch immer der Mensch bist, der den Beckmann gekannt hat, und vielleicht auch der Mensch, der mir begegnet ist. Ich rede so ernst zu Dir, weil niemand sonst es wirklich tut. Du besprichst Deine Dinge mit einem Dutzend Freundinnen und Freunden und so hat es relativ geringes Gewicht, was jeder einzelne von ihnen schliesslich sagt. Mit mir besprichst Du seit langem schon nur noch Scheindinge, die die wirklichen verdecken sollen. So sage ich Dir jetzt: ich spreche zu Dir, als hättest Du mir alles über Dich gesagt, und ich gebe Dir einen schrecklich ernsten Rat: Du musst alles tun, um mein Vertrauen wiederzugewinnen, und zwar nicht für mich (obwohl ich mir bei Gott nichts mehr wünsche) sondern für Dich selbst. Du *brauchst* mein Vertrauen. Du wirst es noch viel mehr später brauchen. Du kannst es jetzt, wenn es Dir wichtig genug ist und Du Dir grosse Mühe gibst, wiedergewinnen. Aber die Zeit vergeht, und wer weiss, ob es später überhaupt noch geht?

Liebes, liebstes Muli, ich möchte nicht, dass Du mir auf diesen Brief antwortest. Deine Antwort werde ich schon daraus entnehmen können, wie Du Dich bei Deiner Rückkehr benimmst.

Ich möchte, dass Du mir weiter über die Dinge schreibst, die Du siehst und erlebst. Ich habe mich über Deine Briefe aus Wien gefreut, d. h. eigentlich mehr über den zweiten. Ich sehe Dich sehr genau, auch wenn ich's jetzt weniger als früher sage. – Ich habe Keller inständig gebeten auf Dich aufzupassen, dass Du beim Skifahren keine Dummheiten machst. Du musst aber auch selber aufpassen. Wenn es Dir keine besondere Freude macht, fahr lieber schon früher nach Wien zurück. Da gefällt es Dir ja wirklich. Ich habe es auch gern, wenn Du mit den Baldassen bist, weil sie Dich ernst nehmen. Grüss sie sehr herzlich von mir, beide. Glaube ja nie, dass ich auf den Baldass eifersüchtig bin. Er hat sich Deine Freundschaft redlich erworben und nicht erschwindelt wie manche andere Leute.

Muli, mein zärtlich geliebter Maler Mulo, ich umarme Dich tausendmal und wünsche Dir, dass dieser Brief *Segen* bringt.

Pio.

Marie-Louise von Motesiczky an Elias Canetti

Wien/Kitzbühel, Februar 1958

20 II
Wien

Lieber, lieber Pio,
Noch keine Nachricht von Ihnen! Aber Pio, Sie wollen mich doch nicht absichtlich kränken? Sie können mir halt nicht schreiben – aber es ist doch nicht absichtlich? Ich hab den ersten Auftrag ausgeführt und an den zweiten mache ich mich sobald ich in Kitzbühel bin. Ein bis zwei Bücher sind sicher zu haben – war inzwischen 2mal bei Gerold und vielleicht ist schon ein Paket an Sie unterwegs.

Kitzbühel – es war noch so viel zu tun und so viel, viel zu schreiben ich dachte ich würde im Zug schreiben – da ist aber allerhand passiert – war in einer so gehobenen Verfassung – dachte ich habe alles so gut gemacht – wollte es Ihnen alles schreiben – es war das – was Sie bei sich das *Leuchten* nennen – eben auf meine Weise – alles hat geleuchtet – es hat viel mit Erinnerungen zu tun – man sieht eine Sache und sieht sie so scharf und ist so bewegt – weil nicht nur eine – sondern viel Erinnerungen mitschwingen – man braucht sie gar nicht alle aufzudecken – es kann ein Stück Himmel sein und dazu ein Häuserwinkel und ein Geruch in den Strassen – es kann ein Torbogen sein und ein Eingang in ein Gasthaus und ein Aquarium mit Fischen – und die Sommer in der Brühl und die Fische im Brunnen in Heiligenkreuz tauchen auf – Aber es hat keinen Sinn jetzt über all das zu schreiben – ich wusste auch nicht was ich daraus machen soll – künstlerisch meine ich – ich weiss nur – es ist das *Richtige* und etwas ganz Wunderbares.

Es war so – bis zu dem Augenblick da ich Ihren Brief bekam. Ich traf Kellers im Café und er hatte den Brief nicht mit – da hab ich noch alles erzählt – später ging ich dann mit zu den beiden ins Zimmer und las den Brief dort – dann gingen wir Abendessen. Ich war so verzweifelt und hatte immerfort Mühe das Heulen zurückzuhalten – natürlich haben die beiden es bemerkt – aber das ist ja auch ganz gleichgültig. Ich kann im Augenblick nichts antworten – Sie wollen es ja auch nicht. Ich würde jetzt überhaupt nicht schreiben doch muss ich Ihnen über eine Begebenheit in der Eisenbahn berichten. Wotruba und Lucy waren im Coupé nebenan. Wotruba war erst sehr unfreundlich und ich dachte mit dem Kerl rede ich kein Wort. Hatte aber das Bedürfnis in den Speisewagen zu gehen Kaffee zu trinken (war um 5h früh aufgestanden). Da hatte Wotruba es sich anscheinend überlegt und winkte mich mit einer herrischen Bewegung an seinen Tisch. »Wir müssen über allerhand reden« sagte er. Er fragte genau nach Ihnen und nach allem was Sie betrifft. Ich versichere Ihnen ich war in einer so guten Verfassung dass ich nicht und nie vorher – besser gesprochen habe. Dann fragte ich unvermittelt »waren Sie in einem Stück *›das Ei‹* in der kleinen Josefstadt«. Nein – er ginge nicht ins Theater – mürrisch. Ich sagte: ich fand es aber ausgezeichnet. Dann fragte ich: was ist das eigentlich für ein Theater das jetzt eröffnet wird »am Fleischmarkt«. Ja – sagte er: »über das woll ma eben reden: das Theater das bin ich«. Der Mautner-Markhof ist der Geldgeber – ein Architekt hat es eingerichtet der auch dem Wotruba *gehört*, alles gehört dort ihm – nun Sie kennen ja die Art. Dies wäre das erste Theater in Wien wo Sie aufgeführt *werden könnten ohne Ihren Ruf zu gefährden*! – Aber zuerst sollen die anderen die heissen Kastanien aus *dem Feuer holen*. Auch Lucy sagte: ja erst sollen die anderen die heissen Kastanien aus dem Feuer holen. Ich sende Ihnen Pio den Zeitungsausschnitt den ich mir in

Wien aufgehoben habe – ganz unabhängig um ihn Ihnen zu schicken. Das war also ein merkwürdiges Zusammentreffen? !! Und nun sagte Wotruba: jetzt müssen die Stücke her (anscheinend hat er sie nicht oder hat er sie verschlampt?). Er fragte mich genau aus wie weit das Machtbuch sei u.s.w. Und wie viel Stücke da seien. Ich sagte *6* Stücke. Ich sagte Sie hätten ein grossartiges Eifersuchtsstück geschrieben das noch niemand kennt. Er fragte ob ich es kenne – ich sagte ja Sie hätten es mir gelesen – allerdings nicht in einer Vorlesung sondern die einzelnen Akte und soviel ich beurteilen kann sei es grossartig. Darauf ist er nun besonders scharf – ich hoffe ich habe nichts angestellt? Ich war so stolz darauf! – Ja und dann sprachen wir noch vom Doderer den der Wotruba nicht leiden kann. Ich sagte es hatte eine Begegnung von Ihnen mit Doderer stattgefunden in London bei mir und da hatten Sie so wunderbar in einem Nachmittag Ihr Werk in einem Gespräch zusammengefasst und Doderer wäre ganz tief beeindruckt gewesen. Da sagte Wotruba das sei sehr gefährlich und Doderer sei ein Dieb und hätte den Musil bestohlen – und Sie sollen so was nicht tun und am Ende sei der Doderer schon am Werk um alles zu verwerten was Sie ihm sagten. Wotruba meinte es sei gut dass wir an diesem Tag in der Eisenbahn *feststellen* dass dieses Gespräch stattgefunden hat und wenn etwas in der Richtung passiert würde er dreinfahren! Ich hatte ihn in dem Augenblick direkt gerne. Ich habe auch meine Dummheit geschildert mit dem Brief und dass statt dessen Blumen und kein Brief als Antwort kam. Da sagte Wotruba schon der Anstand hätte es erfordert dass man nach einem solchen Gespräch schwarz auf weiss bestätigt dass es stattgefunden hat und sich bedankt. »Der braucht ma mir do net darzählen woher der Doderer seine Sachen hat und woher der Canetti sie hat. Und da geht der Saukerl hin – wo der doch wissen muss unter welchem inneren Druck der Canetti dort steht – und sagt er hat ihn nur ganz kurz gesehen – den Canetti«. Ich weiss nicht – aber da dachte ich – der Wotruba ist doch ein wirklicher Freund und ich war froh dass dieses Gespräch in der Bahn zufällig stattfand. Ich sage das umso *objektiver* – denn zum Schluss war Wotruba wieder was mich anbetrifft unmöglich – sie stiegen auch in Kitzbühel aus (angeblich nur auf einen Tag für eine Besprechung) (glaub es aber nicht und wollten aber sichtlich mir dort nicht mehr begegnen). Habe sie auch nicht mehr erblickt.

Als ich ankam war ich noch so erfüllt von der Theatersache und überhaupt fand ich's so schön dass wir wenn schon nicht zusammen so doch mit *gemeinsamen* Freunden wo sind – da war der Eindruck von dem Brief so schrecklich. Und auf dem Hang am nächsten Tag – nach *20* Jahren – haben nicht nur die Füsse weh getan – ich kam mir dick und alt und unbeweglich vor und hätt immer nur gerne geheult – so in der Skischule mit den Anfängern wo ich schon all die Berge herunter fahren konnte früher.

Ach aber all das ist ja unwichtig – ich meine das Skifahren – es ist bloss dieses dumpfe verzweifelte Gefühl – Es war tatsächlich an dem Abend so dass ich mich verirrte, ich wusste gar nicht mehr wo ich war. Aber es wird schon alles besser werden – nur werden Sie dann glauben ich hab's mir nicht zu Herzen genommen aber in dem Zustand kann ich ja gar nichts denken – so muss es erstmal besser werden –? Die Hauptsache ich hab Ihnen das von Wotruba geschrieben. Eigentlich wollt ich wegen Ginsberg nach München, aber das kann ich mir im Augenblick noch nicht vorstellen.

Ja mit dem Kasten ist abgemacht: Ausstellung in einem Jahr. Er war in Wien – war sehr nett – sagte er hatte immer gewartet – hatte mir sogar geschrieben (den Brief hab ich nie bekommen). Nun das wäre soweit in Ordnung. – Haischnek will ein Porträt und noch ein Mann der das Baldassbild sah – also zwei Aufträge in Wien. Draussen schneit's ganz stark und nun sag ich Ihnen lebwohl lieber Pio – eines muss ich nur sagen – ich habe nie im Leben und Ihnen zuallerletzt etwas zuleid getan aus Übermut.

Ich hätte fast vergessen zu sagen der arme Keller hat am ersten Tag sich an beiden Beinen die Muskelbänder gezerrt – der Arzt musste kommen und er kann bis auf weiteres nicht laufen – *kaum* gehen. Fürchte dass er in diesem Aufenthalt überhaupt nicht mehr gehen wird aber das darf man gar nicht aussprechen! Der Arme wo er so gerne läuft – so ein Pech! Nun geh ich zur Post und umarme Sie Ihr

altes Muli

Ja: »Das Ei« von dem Konkurrenzunternehmen gemacht auf das Wotruba Wut hat! Habe also durch Zufall viel besser informiert gewirkt – war die einzige Sache die ich sah – muss aber so gewirkt haben als hätte ich es absichtlich so ausgespielt!

Marie-Louise versucht, die Bücher, die Elias für seine Arbeit braucht und in England nicht finden kann, unter anderem über die Wiener Verlagsbuchhandlungen Gerold und Braumüller zu bekommen. – Stift Heiligenkreuz, eine Zisterzienserabtei, ist ein beliebtes Ausflugsziel im Wienerwald. – 1957 richtet das Theater in der Josefstadt das »Kleine Theater im Konzerthaus« als Studiobühne für experimentelles Theater ein. Das Stück »Das Ei« von Félicien Marceau hat dort am 29. Januar 1958 Premiere. – 1957 gründen Manfred Mautner-Markhof und Herbert Wochinz mit dem Wiener »Theater am Fleischmarkt« eines der ersten Avantgarde-Theater in Österreich. Nach nur einer Spielzeit, die sechs Erstaufführungen, unter anderem von Samuel Becketts »Endspiel«, umfasst, muss es jedoch wieder schließen. – Karl von Motesiczky hatte den österreichischen Schriftsteller Heimito von Doderer (1896–1966), dem er 1924 begegnet war, finanziell unterstützt und öffentliche Lesungen für ihn organisiert. Heimito von Doderer schrieb 1928 das Gedicht »Lebhafte Erinnerung«, das er Marie-Louise widmete. 1966 hält er die Eröffnungsrede für ihre Ausstellung in Wien.

Elias Canetti an Marie-Louise von Motesiczky *London, 3. März 1958*

Montag

Liebes Muli,
Ich hab mich sehr gefreut über die Ausstellung. Das ist also wirklich abgemacht? Ganz besonders freue ich mich auch über die beiden Porträts. Ich hoffe, wenn Du von Kitzbühel nach Wien zurückfährst, fängst Du *gleich* mit einem an – oder kann man gleichzeitig an zwei Porträts malen? Das müsste eigentlich ganz sonderbar sein.

Auf die Art Gesellschaft in Kitzbühel, wie Du sie mir schilderst hab ich im Augenblick nicht nur keine Lust; sie flösst mir die tiefste Abneigung ein. Ich habe die erste Hälfte des Winters in Angst und Verzweiflung verbracht. In der zweiten Hälfte ist es mir endlich gelungen, wieder ganz in die Arbeit zu kommen. Es ist das einzige, was ich habe, und es ist auch überhaupt wichtig. Wenn ich jetzt unterbreche, kann ich mich gleich begraben lassen. Bevor aber das geschieht, will ich wenigstens das Werk fertig haben. Ausserdem werde ich in spätestens 2 Monaten nach Deutschland fahren *müssen*.

Nein, der Gedanke an mannstolle Skiweiber in Kitzbühel ist nicht, was ich jetzt brauche. Ich träume vom Süden. Ich möchte nach Italien und noch viel mehr nach *Spanien* oder auf eine Schiffsfahrt durchs Mittelmeer bis nach Griechenland. Sobald ich fühle, dass es der richtige Moment für eine solche Reise ist, werde *ich* Dir vorschlagen, was ich möchte, und dann wird die Reise auch schön sein. Falls Du nicht schon das ganze Jahr mit *Plänen* besetzt hast, möchte ich eine solche Reise noch in diesem Jahr mit Dir machen. Aber ich will sie nicht planen, sondern sie spontan vorschlagen, ohne vorher darüber viel zu sprechen.

Es ist auch gut, dass Du mir viel über Kitzbühel und Wien zu erzählen haben wirst. Keller tut mir schrecklich leid, und ich hoffe nur, dass er noch ein wenig zum Skifahren kommt. Bitte grüsse die beiden sehr herzlich von mir. Sag Keller, dass ich gestern seine Beethoven-Analyse im Radio gehört habe und sie sehr schön fand, noch besser geglückt als die erste, wenn das möglich wäre.

Nun muss ich Dich für etwas loben. Ich habe nämlich vor, in Zukunft ganz streng und wahrhaftig mit Dir zu sein, aber auch *gerecht*. Wenn mir etwas gefällt, werde ich es sagen und wenn mir etwas nicht gefällt, werde ich es nicht verschweigen, wie ich es früher aus einer Art von Affenliebe für Dich getan habe. Du bist viel zu begabt, um auf diese familiäre Weise getäuscht zu werden. Was Du brauchst, ist jemand, der Dich sehr gut kennt und vor Dir selber schützt, indem er die Wahrheit sagt. Höflinge sind eine Sache der Vergangenheit. Ich will aber auch wirklich *gerecht* sein.

Die Sache mit den Büchern hast Du diesmal sehr gut gemacht. Eben ist das *zweite* Buch gekommen, und ich kann Dir nicht sagen, wie wichtig es für meine Arbeit ist. Es war in keiner Londoner Buchhandlung oder Bibliothek zu finden, nicht einmal in der London Library. Ich habe es seit drei Jahren vergeblich gesucht. Es ist eine Riesen-Erleichterung für mich, dass Du bei Gerold warst und dass ich jetzt eine Buchhandlung habe, auf die man sich verlassen kann und die sich wirklich die Mühe gibt, die Sachen, die man braucht, zu finden. Du kannst vielleicht gar nicht ermessen, was das für eine grosse wissenschaftliche Arbeit bedeutet. Ich werde Dir nach Wien eine andere Liste schicken, zum Teil mit Sachen, die sie mir antiquarisch suchen sollen. Du musst sie natürlich fragen, ob sie das tun.

Ich danke Dir also wirklich sehr herzlich für die Ausführung Deines *ersten* Auftrages. Es freut mich auch darum, weil Du auf diese Weise wieder etwas mit meinem Werk zu tun hast. Die schönste und beste Zeit zwischen uns war die, als Du wirklich und ernsthaft an meinem Werk beteiligt warst, denn da wusste ich, dass Du mich liebst. Du bist nie dazu »gezwungen« worden, wie Du später einmal in einem Augenblick zerstörenden Schwachsinns gesagt hast. Gezwungen hat Dich Dein *Gefühl* für mich und vielleicht auch die Einsicht, dass Du es mit dem Lebenswerk eines der gewaltigsten Geister zu tun hast, die je gelebt haben. Das bin nämlich ich, falls Du es vergessen hast. Wenn Du Dich ein wenig dazu gekriegt hättest, im Manuskript zu lesen, das *sieben Jahre* !!!!! bei Dir lag (seit dem Herbst 1950), statt Aufsätze von Kretins über Deine eigene Kunst, in der Du ein *Meister* bist, zu lesen und zu kommentieren (!!!), wärst Du nie so in die Irre gegangen: Du hättest nie vergessen, wer ich bin, und Du hättest auch nicht das kostbarste und schönste Gefühl Deines Lebens, das für mich, so gefährden können. Aber ich habe mir zugeschworen, über diese beschämende Sache nicht zu sprechen und werde es auch nicht mehr tun.

Liebes Muli, ich hatte unangenehme Sachen mit meinen Augen, die ganz entzündet waren und habe sie im Spital behandeln lassen. Sie sind jetzt viel besser und die Entzündung, die sehr schmerzhaft geworden war, ist zurückgegangen. Das hat mich (vor etwa 14 Tagen oder mehr) natürlich sehr deprimiert. Umso mehr bin ich jetzt erleichtert. Wie es am ärgsten war, konnte ich nämlich nicht lesen und so verbrachte ich einige Tage mit Denken und Musik. Ohne die Musik wäre es bös gewesen; obwohl keine Rede davon war, hatte ich doch grosse Angst davor, dass ich erblinden könnte. Etwas Schönes haben diese Ängste doch: man ist so froh, wenn sie vorüber sind. Alles was ich jetzt sehe oder lese, kommt mir vor wie ein wunderbares Geschenk. Dabei hatte mir der Arzt ausdrücklich erklärt, dass die Entzündung mit den Augen selbst gar nichts zu tun hat. Aber da ich heftige Schmerzen hatte, wollte ich ihm nicht glauben. Ich schreibe Dir das nur, weil es wirklich ganz vorüber ist. Man sieht nur noch, dass um die Augen alles etwas rot ist, aber auch das bessert sich rapid. Ich muss mir unter anderm auch Salben unter die Lider schmieren und damit schlafen, ein sonderbares Gefühl.

Muli, passt Du beim Skifahren auf? Mach keine Dummheiten und geh lieber mehr mit dem Keller ins Kasino!

Mit dem Wotruba hast Du Dich gut gehalten. Aber Du bist

ihm nicht gewachsen. Besprich bitte *nichts mehr* mit ihm. Er will nur aus Dir Sachen herauskriegen, die ich ihm nicht schreibe. Er will hören, dass es mir schlecht geht. Vor allem will er darauf aufpassen, dass ich niemand von Ansehn in Wien gut kenne, ausser ihm natürlich. Die Sache mit dem Doderer ärgert ihn bloss, weil er weiss, dass der Doderer mich sehr schätzt. Über den »Diebstahl« hat er gesprochen, *1.* weil er selber ein Mordsdieb ist. *2.* weil er mir – über Dich – Angst machen wollte. Ich habe aber keine. Mein Werk kann niemand stehlen, man kann einzelne Gedanken daraus stehlen, – das Ganze ist zu komplex, es geht in keine Tasche. Aber behalte das alles für Dich. Im ganzen hat die Begegnung keinen Schaden gestiftet, nur erwähne nie wieder neue Stücke von mir, bevor ich es Dir erlaube. Du kannst ruhig sagen: es gibt 6 Stücke, aber Du darfst über keines der neuen sagen, was es ist. – Lebwohl liebes Muli, schreib bald und mach Dich in Wien gleich an die Arbeit. Ich bin ganz glücklich, wenn ich mir vorstelle, dass Du bald wieder malst.

Es umarmt und küsst Dich Dein Pio

Marie-Louise von Motesiczky an Elias Canetti

London, Poststempel 26. Mai 1959

Liebster Pio,
Mir scheint so ein Frieden in der Welt. Ist's wahr?! Aber etwas ist wahr – das grosse Bild hätt ich nie malen können wenn Sie mich im Stich gelassen hätten in all meinen Benebelungen – nicht einmal für den Beckmann hätt ich's tun können, nicht zu reden von anderen Lebewesen – für den Beckmann hätt ich's nicht tun können – ich weiss nicht recht warum – und wenn ich nicht manchmal spät in der Nacht nach so viel Schauen hätt sagen können: die Bühne geht auf, da ist eine Welt – und wenn ich dabei nicht gewusst hätte Sie werden's verstehen – Ihnen wird's imponieren wenn's gelingt – hätt ich's nicht gekonnt. (Der Kopf war nämlich verdammt schwer) Ach Pio – so schön ist das alles – und Ihr Buch wird fertig.

Und das Haus – wenn ich mich nur nicht zu viel freue – ich weiss schon dass es eine Sünde ist sich auf ein Haus so zu freuen – ich muss es abarbeiten, jetzt schon bald – sonst geht was schief – das ist ein guter Aberglaube nicht wahr? (wenn ich

Das Alte Lied
1959

nur nicht verrückt werde vor lauter Freude über all die Räume) Ich muss zurückhalten und die Phantasie für andere Dinge aufbewahren und mich sammeln damit ich Kraft bekomme wie ein Löwe, zum Malen. Sonst fliegt alles fort wie im Rausch.

Ach Pio was ich für ein verrückter alter Esel bin. Aber wissen Sie – wenn Sie in 4 Wochen fertig wären – oder in 5 – dann sollten wir vielleicht doch nach Holland fahren – als sonderbare, wunderbare Pause für alles was später kommt. Aber ich hab *nichts gesagt* – Sie werden's sagen – haben Sie gesagt. … Ihr Muli

»Das Alte Lied«, 1959 entstanden, ist Marie-Louises größtes Gemälde. Es zeigt die im Bett liegende Henriette von Motesiczky, die einer Harfe spielenden Besucherin lauscht. – 1959 kauft Marie-Louise ein Haus in Chesterford Gardens in Hampstead. Nach einigen Umbauarbeiten zieht sie im Frühling 1960 mit ihrer Mutter ein. Elias bekommt im zweiten Stock ein Zimmer, wo er oft arbeitet. Bis 2008 sind dort Teile seiner Bibliothek untergebracht. Seit 1954 wohnen die Canettis in einer Wohnung in 8 Thurlow Road in Hampstead, wo der Rest der Bücher steht.

Marie-Louise von Motesiczky an Elias Canetti

London, Poststempel 4. Juli 1960

Liebster Pio,
Zum ersten Mal sitze ich im Atelier – noch nicht arbeitend leider – aber immerhin und es ist spät, sehr spät. Ich krame – und ordne und ordne – was ich da für dumme Notizen und Sachen finde – Pio – was haben Sie mit mir durchgemacht in all den Jahren. Ich kann nicht um Verzeihung bitten – wie könnte ich da je mein Selbstbewusstsein (Bewusstsein) wieder finden.

Wenn ich nur wieder ein Maler werde – das ist alles was ich hoffe und es ist nicht einmal meine sondern Ihre Erkenntnis. Das hier ist ein schöner Raum – besonders bei Nacht.

Pio – bitten Sie die guten Geister – wenn Sie mit ihnen in Verbindung stehen sollten dass sie mir helfen. Dann werd ich auch wieder für Sie Ihr Muli sein – wenn Sie's noch wollen.

Ihr Muli

Im Oktober 1960 besucht Marie-Louise Sophie und Gio Brentano und Oskar Kokoschka am Genfer See und reist dann mit Renée Cushmann nach Wien weiter, wo sie ihre Mutter trifft.

Elias Canetti an Marie-Louise von Motesiczky

London, 11. Oktober 1960

Dienstag

Mein liebes Muli,
Dein Brief ist gekommen (und natürlich auch das Telegramm) und ich habe mich wirklich darüber gefreut. Es klang so, als wärst Du noch hier, etwas vom alten Ton. So pflegtest Du früher zu schreiben, wenn Du auf Reisen warst, mit einem Aug auf der Reise, und einem zurück. Meine einzige Sorge ist jetzt, dass die Renée etwas bei Dir anstellt und Du dann doch kalt und verändert und nicht mehr offen zurückkommst. Bitte, Muli, pass auf, dass das nicht passiert. Es wäre ganz schrecklich: bei mir taut jetzt alles auf, es wäre unerträglich, wenn ich mich wieder auf Eis legen müsste: ich glaube, ich kann es nicht mehr. *Sag*

mir alles, schreib mir so, dass ich glaube, dass Du nichts verbirgst, pflege dieses göttliche Pflänzchen *Vertrauen*, das ich jetzt in mir wachsen fühle, und es wird alles wunderbar werden. Wir werden beide gut arbeiten: mein Glaube an Dich als Maler war nie erschüttert, das weisst Du; gezweifelt habe ich nur daran, dass Du mich noch gern hast. Vielleicht bin ich ein Narr, dass ich so sehr wieder an Dein Gefühl für mich glauben möchte: aber es ist so, ich brauche es, und ganz besonders, weil meine Sachen jetzt gut gehen und ich Dir bewiesen habe, dass meine Arbeit schon zu meinen Lebzeiten die Anerkennung findet, die ihr gebührt. Du hast lange wirklich an mich geglaubt, dann hat es Dir zu lange gedauert. Du hast vielleicht gar nicht den Glauben an mein Werk verloren, aber es hat Dich alles zu langweilen begonnen. Mich auch, ich kann es also verstehen. Jetzt ist nichts mehr langweilig, jetzt kommt dieser aufregende Prozess des Eindringens in die Welt, der Entstellung und Profanierung meiner Gedanken, die ich schützen und rein halten muss. – Ich will so viele neue Sachen schreiben, aber zwischen uns muss Friede und Freude sein, und vielleicht weisst Du das gar nicht wie sehr Du selber das gleiche brauchst.

Hier ist alles in Ordnung. Ich war mit dem David im Haus: seine Begeisterung über das Porträt hätte Dir grosse Freude gemacht. Er ging wieder und wieder zurück und sagte sogar ganz kluge Sachen darüber. Er möchte gern das Original seines Bildes, die Mutter, kennenlernen. Ich sagte, wir würden ihn nach Eurer Rückkehr einmal einladen. Vom Hause war er einfach entzückt. –

– Etwas sehr Trauriges ist mit der Milein passiert. Sie hatte in der Nacht von Freitag auf Samstag furchtbare Schmerzen, und musste dann am Samstag sofort operiert werden. Man fand eine riesige und eine zweite kleine Zyste in ihr. Die Operation ist gut verlaufen. Sie liegt im University College Hospital. Ich war gestern mit dem Keller zusammen, der ein paar sehr angstvolle Tage hinter sich hat. Ich versprach ihm, die Julia zu mobilisieren, weil sie im selben Spital arbeitet. So kann er dann alles genau erfahren. Es war eine furchtbar plötzliche Sache; doch sie muss diese Zyste, die natürlich *kein* Krebs ist, seit Jahren gehabt haben. Es scheint, dass alle ihre Beschwerden darauf zurückzuführen waren. – Ich habe gemerkt, wie gern ich die beiden doch habe; mein Groll war verflogen; ich habe mich sehr für ihn geschämt. Ich werde die Milein im Spital besuchen, morgen wahrscheinlich. Der Keller war zu mir so, als hätte ich ihn gestern gesehen. Er hat sich wirklich so lange nicht gemeldet, weil er das Buch gut kennen wollte; es lag ihm daran, zu mir nicht »unter seinem Niveau« darüber zu sprechen. Ich habe inzwischen auch erfahren, dass er sich zu andern Leuten in Worten grösster Bewunderung darüber geäussert hat. Übrigens wäre mir das jetzt, da die Milein in Gefahr war, auch gar nicht mehr wichtig gewesen. – –

Die Verhandlungen mit Gollancz schreiten fort. Ich muss jetzt darauf acht geben, dass er mich nicht in kleinen Dingen übers Ohr haut. Aber die Hauptsache ist in Ordnung. Er hat mir die Annahme schriftlich mitgeteilt und erklärt, wie stolz er ist, ein solches Buch zu haben. –

Liebes Muli, ich bin froh, dass Blonay so schön ist. Schreib mir oft und ausführlich. Grüsse die Brentanos.

Ich küsse und umarme Dich viel-vielmals Dein Pio

In Marie-Louises Abwesenheit nimmt Elias den britischen Schauspieler David de Keyser, geboren 1927, mit in ihr Haus, um ihm sein soeben fertiggestelltes Porträt zu zeigen. David de Keyser besitzt eine Weile Marie-Louises Mutterbild »Porträt mit Turban« von 1946. – »Masse und Macht« erscheint 1962 in der Übersetzung von Carol Stewart als »Crowds and Power« bei Victor Gollancz in London.

Marie-Louise von Motesiczky an Elias Canetti

Blonay, 13./15. Oktober 1960

13 X

Liebster Pio,

Kein Wort von Ihnen. Ach Pio, warum, warum lassen Sie mich immer so warten. Es ist doch so gut wenn man immer von einander hört, schon die Tatsache dass es so sein soll und so gehört ist gut. Und immer wieder muss ich mich daran gewöhnen dass ich 10 Tage nichts von Ihnen höre. Das sollt gar nicht vorkommen dürfen wenn nicht was Schreckliches passiert ist, wovon ich bei Gott hoffe dass es nicht der Fall ist.

Es war so abscheuliches Wetter

So weit kam ich und da kam Ihr lieber sehr, sehr, sehr lieber Brief.

Ach Pio ich möchte so gerne das alte Muli sein. Oder wenigstens – das halbalte Muli und nicht so ein hintergründiger – im Grunde banaler – Lugenschippel – das bin ich doch eigentlich nicht von Natur aus. (Ach diese Natur – wenn man nur wüsste wo sie im Grund steckt) Natürlich gibt's Abgründe und Ängste (z.B. Geldängste, Altersängste, dumme Begeisterungen und Gott weiss was alles) (das meiste wissen Sie ohnedies und es ist besser wenn ich's nicht alles ans Tageslicht befördere!). Aber so weit könnt ich's doch wieder bringen dass Sie mich für einen anständigen Menschen halten. Und wissen Sie, Dr Pio – ich bilde mir ein dass ich das alles zum Arbeiten brauche und wenn ich darin aufrichtig bin erfahren Sie alles ohne dass ich es in Worten sage. – Aber vielleicht ist auch das zum Teil ein fixe Idee und ich kann einfacher arbeiten – weniger »dazu brauchen« und mehr zusammenbringen.

Was für ein furchtbarer Schrecken mit Milein! Ist's so was Ähnliches wie ich hatte? Nachdem die Operation gut ging, wird sie vielleicht nachher viel gesünder sein? Bitte grüssen Sie die beiden sehr von mir. – Am liebsten würde ich gleich zurückkommen und *fest* in *Chesterford* sitzen und mich nicht mehr lange herumtreiben. Hier ist so dass mich die üblichen Angstgefühle quälen die ich immer habe wenn ich eine Zeit wo zu Besuch bin – nur vergess ich's dann immer wieder. Komme mir blöd und unwissend vor – muss nach den Mahlzeiten Konversation machen, möchte gerne losgehen ohne zu sagen wann ich zurückkomme. Immer verplempert man so viel Zeit und zuletzt sieht's aus als wär man selbst daran schuld vor lauter Rücksichtnehmerei. Und das Wetter ist *miserabel*!! Im ganzen 3 schöne Tage die allerdings wunderschön mit der Weinernte all den Fässern und Pressern in der Landschaft. Aber sonst Regen, Regen, Regen und schliesslich *Hagel* und dann wieder Regen.

Am Mittwoch waren wir bei Kokoschkas. Es ist reizend dort aber Koks hat alle die kleinen Sachen ausgespielt die mich kränken. Für die anderen nicht zu merken aber für mich so dass ich mir denke wozu hab ich mir das angetan. Olda ist immer besonders nett und das Reizvolle an dem so sinnvollen, gemütlichen Haus ist mehr *sie* darin wie er. An Sachen sah ich nichts wie einen grossen Gobelin von ihm entworfen und in Wien ausgeführt. Eigentlich ein *Unding* mit tausenden, wirklich tausenden Farben. Die armen Weber. Und ein angefangenes Bild stellt Herodot (schreibt man's so?) dar. Wär vielleicht ganz schön wenn er nicht mehr daran weiter malen würde. Schade, eigentlich – was der Picasso im Alter zu wenig auf ein Bild malt, malt der Kokoschka zu viel drauf. Aber die Nörgelei ist immer leicht.

Piolein es regnet und regnet – und gleichzeitig ist dauernd ein grosses Konzert von Kirchglocken draussen – wenn man die Augen schliesst täuscht das Bienengesumme und Apfelblüten vor – dabei ist's bitterkalt und die Zentralheizung stinkt weiter nach Öl. Gestern war's aber schön ich ging zu Fuss allein nach Montreux (das war ein Kampf bis ich das erreichte) von dort fuhren wir ins Rhônetal nach St. Maurice und sahen ein sehr interessantes Kloster. Romanisch mit einem schönen *»Schatz«*.

Mit Renée werd ich sehr aufpassen. Sie kommt ungefähr am 18ⁿ nach Lausanne und wir fahren zusammen nach Wien wo sie nur zwei bis drei Tage bleibt. Mit Mutter scheint's alles recht gut zu gehen in Wien. Wissen Sie worauf ich die Schwächezustände die sie vor einigen Jahren so stark hatte zurückführe. Auf die verdammte Petroleumheizerei. Gio hat mir das erklärt dass es wirklich gefährlich sein kann wenn man das Zeug jahrelang einatmet so wie sie das dort mit der Stössler betrieben hat.

Nun Piolein schliesse ich – der Brief wird sehe ich recht langweilig. Wenn Sie mir schreiben, so vielleicht schon Pension Nossek, Graben 17, Wien I. Kann nicht bei Baldass wohnen weil die Baldassin nicht wohl ist (weiss nicht was los ist). Ich glaub wir sind bald zurück! Ich freu mich schon so und umarme Sie tausendmal Ihr Muli

Lugenschippel: ein dem Lügen ergebener Mensch. – Kokoschkas wohnen seit 1951 in Villeneuve am Genfer See. Der große Gobelin, den Marie-Louise dort sieht, wurde von der Wiener Gobelinmanufaktur nach dem Gemälde »Amor und Psyche«, 1955, gewebt, das sich heute im Bank Austria Kunstforum in Wien befindet. Ein zweites Exemplar des Gobelins hängt heute im Großen Festspielhaus in Salzburg. – Das Gemälde »Herodot« wird 1963 fertiggestellt und gehört heute dem Wiener Belvedere.

23. Oktober 1960

Mein liebes Muli,
nun ist morgen Dein Geburtstag, und mein Brief wird Dich nicht mehr rechtzeitig erreichen. Ich habe schreckliche acht Tage hinter mir, und wenn ich es Dir alles nach meiner Rückkehr genau erzähle, wirst Du mir glauben, dass ich überhaupt nicht schreiben konnte.

Es waren nicht die äusseren Dinge: da ist alles gut weitergegangen. Der amerikanische Vertrag ist gekommen; der englische ist geregelt und wird in den nächsten Tagen unterzeichnet. Man hat mir den *vollen* Vorschuss von 2000 Pfund bewilligt, zum grossen Erstaunen aller »Fachleute«. Ich bekomme die Hälfte davon in den nächsten Wochen ausbezahlt. Die zweite Hälfte kommt im Herbst nächsten Jahres. Das ist besser so, weil ich sonst furchtbar viel Steuer zahlen müsste. Ausserdem werde ich dann damit sparsamer umgehen und versuchen, noch den besseren Teil eines zweiten Jahres davon zu leben. Die Übersetzung müsste Ende Juni abgeliefert werden. Wenn das geschieht, kann das Buch im Frühjahr 1962 in England und Amerika erscheinen. Beide Verleger sind von dem Buch begeistert und rechnen auf einen sehr grossen Erfolg. Damit die Übersetzung, die sehr schwierig ist, rechtzeitig fertig wird, habe ich mich entschlossen, sie der Carol anzuvertrauen und intensiv mitzuarbeiten. Das heisst, dass ich manche Teile selbst machen werde und das Ganze jedenfalls gründlich revidieren muss. Ich werde etwa ein halbes Jahr lang die Hälfte meiner Arbeitszeit daran wenden müssen. Das macht mir aber eigentlich nichts, denn so lerne ich das Werk sozusagen auf englisch kennen, was für Vorträge in Amerika und hier unentbehrlich ist. So weit so gut. Aber die vergangenen acht oder neun Tage waren doch ganz entsetzlich. In einer Nacht dachte ich, dass Veza stirbt. Sie hatte einen ganz gefährlichen Anfall und sah so furchtbar aus: ich dachte, dass sie nicht mehr lebt. Ich liess um 5 Uhr nachts den Arzt kommen. Er hielt es für eine Vergiftung, war aber nicht sicher. Sie war sicher, – als sie wieder zu sich kam – dass es ein Herzanfall sei. Sie bekam alle möglichen Mittel, und lange Tage und Nächte zitterte ich vor neuen Anfällen. Ich konnte sie nie allein lassen, weil sie aus Angst vor neuen Anfällen sterben wollte. Sie ass überhaupt nichts. Man konnte ihr nur, beinahe mit Gewalt, etwas Flüssigkeit einflössen. Ich kann es unmöglich genau beschreiben. Ich wünsche Dir sehr, dass Du nie so etwas erlebst. Wärst Du nur da gewesen! Heute ist der erste Tag, wo ich aufatme, und so kann ich Dir schreiben. Sie sieht wieder wie ein Mensch aus und hat sogar ein ganz klein wenig Fisch zu sich genommen. Sie ist, abgesehen von allem anderen, schon durch das Hungern völlig entkräftet. – Ich habe, als es besser ging, mit allen möglichen Mitteln versucht, sie zu beleben. Ich habe das Porträt aus dem Haus geholt, nach dem sie seit Monaten schon fragte, und zeigte es ihr. Sie war sonderbar ergriffen davon und hat sehr liebe und rührende Dinge über Dich gesagt. Wenn Du sie gehört hättest, hättest Du sie gern gehabt. O Muli, Muli, warum ist der Tod so schrecklich, und warum geschieht alles, alles zur falschesten Zeit! – – Ich habe Dir nicht früher geschrieben, weil ich damit alles bei Dir unterbrochen hätte: Du hättest sofort herfliegen müssen, und das wollte ich Dir nicht antun. Ich kann Dir jetzt schreiben, weil das Schlimmste wirklich vorüber ist. Sie hat den Todeswillen verloren und lässt sich nähren. – Der Rudi hat sich wie ein wirklicher Bruder zu mir benommen.

Du sollst jetzt nachträglich nicht erschrecken. Bleibe, so lange es Dir Spass macht, dann hast Du mir viel zu erzählen. Aber schreibe mir sofort und viel. Ich werde Dir morgen ein Telegramm zum Geburtstag schicken. Es ist so traurig, dass ich Dir nicht rechtzeitig schreiben konnte. Aber ich hätte mich nicht verstellen können, es war zu entsetzlich. Mit jeder Stunde, die ich lebe, hasse ich den Tod mehr.

Liebes, liebes Muli, schreib mir viel. Sieh Dich um. Lenk mich ab. Es ist ein Wunder, dass ich imstande war, diesen Brief ruhig und mit den verdammten guten Geldnachrichten zu beginnen. Was ist denn Geld wert, wenn man damit das einzige nicht kaufen kann, was etwas wert ist: Leben.

Liebstes Muli, ich wünsche Dir eine gute Heimkehr, ein wunderbares Arbeitsjahr und einen weniger entsetzten

Pio.

Brief 1 24 X

Mein liebster Pio,

Ja, ja – heut ist mein Geburtstag. Ob ich wohl etwas von Ihnen hören werde? Wie nur alles jetzt ist bei Ihnen und wie's Ihnen denn geht?

Ach Pio, was bin ich für ein Narr. Meine Besessenheiten machen wenig Vergnügen. Wenn ich's nur alles heraus malen könnte (Diese wilden Phantasien wegen dem verdammten Geld – auch dass ich endlich zu Ihnen so generös hätte sein können und Sie nicht mehr enttäuscht hätte in der Beziehung – ach und weiss der Teufel was noch alles – ein grosses Auto in dem Sie sich nicht eng fühlen – und eine Reise um die Welt). Aber wenn Sie nun vielleicht selbst das erreichen was ich in meiner *Dummheit* mit einer Unterschrift alles verloren habe – wär's noch viel besser und würde mich mehr trösten wie alles andere.

Vielleicht kann ich mich auch besser konzentrieren wenn ich nicht all die wunderbaren Möglichkeiten habe und vielleicht ist's für die Arbeit wirklich besser. Gott weiss. –

Ich wollte einen langen Brief schreiben aber es scheïnt dass ich nichts wie Pflichten habe an meinem Geburtstag – das ist nur ein Gruss und ein Kuss in Eile

Ihr dummes Muli

Brief 2

Liebster Pio,

Eben ist Ihr Telegramm gekommen. Das ist gut denn ich war schon fest vorbereitet dass ich mich werde kränken müssen. Und das plus der Brühler-Sache am Geburtstag wär bisschen viel. Brief 1 ist vielleicht nicht ganz verständlich: Pio – zu Ihnen kann ich doch offen sein darüber – schon damit ich mich anderen Menschen gegenüber besser halten kann. Es macht mir einen furchtbaren Eindruck dass ich ein Vermögen verspielt habe. Aber ich bin fest entschlossen es niemandem zu zeigen weil es *unwürdig* ist. Dabei bin ich aber so entsetzt darüber und auch noch dazu über mich selbst – dass ich nicht weiss wie ich's machen soll. Ich habe immer damit gerechnet dass wir um den halben Preis verkaufen und dass mir das recht war weil's ein Kinderdorf ist ist *wahr*. Aber das 10fache ist halt ein bisschen ein starkes Stück. Dass ich mir sage wie gut ich trotzdem dran bin im Vergleich zu andern Leuten u. s. w. hilft im Augenblick nicht – das kann ich nur langsam schaffen. Wenn ich nur um Himmelswillen von hier abreisen könnte. Diese ganze Maskerade von Menschen die ich absitzen muss und meine Mutter will vor einer Woche nicht fort, am liebsten noch 10 Tage meint sie. Ihr macht die Sache keinen besonderen Eindruck – wir hätten so viel Scherereien gehabt meint sie und der Wunsch meines Bruders ist und bleibt ihr wichtig. Ach Pio wenn ich nur nicht diese furchtbaren Phantasien hätte von den wunderbaren Sachen die ich hätte machen können mit dem vielen Geld. Das einzige was daraus zu holen ist, ist dass es künstlerisch ganz interessant ist so abscheulich zu sein wie ich. Man lernt allerhand verstehen auch in anderen Leuten.

Onkel Ernst, Erna, Renée alles klopft an meine Türe – keine Ruhe mich zu konzentrieren – und das wäre das einzige was mir helfen könnte – wenn ich's alles in Worte fasse und herausschreibe. Ach wenn wir nur schon im Zug sässen – nach London. Morgen schreib ich wieder – wenn's möglich ist.

Immer Immer Ihr

Muli

P. S. Hätte ich nicht verkauft so hätte ich noch was Schlimmeres gemacht und zwar zu früh an Spekulanten verkauft statt ans Kinderdorf. Man hätte mich wegen dem Wasser das auf dem Grund war und dessen Entwässerung viel kostete in Angst versetzt und ich hätte bei etwa 800 000 verkauft und es dann erst recht bereut. u. s. w. u. s. w.

Seit Ende der fünfziger Jahre verbringt Aymer Maxwell einen Großteil des Jahres in Katounia auf der griechischen Insel Euböa. Im Sommer 1961 lädt er Elias und Veza ein, ihn dort zu besuchen.

Elias Canetti an Marie-Louise von Motesiczky *Katounia*

Sonntag 18. Juni 1961

Mein liebstes Muli,
das waren böse Tage, und meine schlimmsten Befürchtungen sind übertroffen worden. Die Flugfahrt nach Athen ging glatt und angenehm, ich war ganz optimistisch; man war kaum

Veza und Elias Canetti
Katounia, 1961

3 ½ Stunden in der Luft. In Athen war der Aymer am Flugplatz, mit einem schrecklichen Jeep und all seinen alten Reden, und führte uns in ein sehr gutes Hotel; es war aber lärmend und man schlief überhaupt nicht. So begann die Weiterreise am Freitag mit einer schrecklichen Erschöpfung. Der Aymer fuhr mit seinem Jeep, und wir allein auf einem Dampfer. Da hatte die Veza ihren ersten Zusammenbruch. Es war entsetzlicher, als ich sagen kann; ich fasse es bis zu diesem Augenblick, also zwei volle Tage später, nicht, dass wir überhaupt nach Katounia gelangt sind. (sie wollte immer ins Wasser.)

Der Ort ist eine arge Enttäuschung, besonders für die Veza, vollkommen einsam, es ist ausser dem Aymer weit und breit kein Mensch, mit dem man reden kann; und irgend etwas in der Luft, oder vielleicht die Einsamkeit an sich, scheint die Veza vollkommen durcheinander zu bringen. Gestern Nacht kam der zweite Ausbruch. Sie hat in tiefster Verzweiflung stundenlang geweint, und so besprach ich mit ihr, dass wir sehr bald wieder zurückfahren werden. Sie will versuchen, es einige Tage noch auszuhalten, aus Anstand gegen den Aymer, der uns immerhin zur Reise eingeladen hat und sehr einsam ist. Bitte sprich zu *niemand* (ausser zur Julia) noch von der absoluten Katastrophe dieser Reise. Ich habe buchstäblich noch nichts gesehen, nicht einmal den Parthenon, und werde auch unmöglich irgend etwas sehen können. Ich kann die Veza keine Sekunde allein lassen, sie ist in solcher Angst. Das Haus hat nicht einmal elektrisches Licht, um 9 ist alles stockfinster, man hat matte Petroleumlichter; und die frühe Dunkelheit deprimiert auch mich. Die Veza hat sich mit Händen und Füssen gegen diese Reise gewehrt und grollt mir nun bitter, weil alles genau so gekommen ist, wie sie es voraussah. Sie wollte nach Brighton oder Schottland oder in die Berge. Wenn ich nur von Athen nach Österreich könnte, an einen schönen Ort mit Menschen, wo man leicht hinkommt, dass sie sich ein wenig von den Schrekken dieser Reise erholt. Aber wie finde ich gute Zimmer in einem solchen Ort von hier aus? Ich kann mit ihr unmöglich suchen; es ist ausgeschlossen, aufs Geratewohl loszufahren. Sie ist vollkommen erschöpft und kraftlos. O Muli, Muli, was soll daraus werden? Ich beherrsche mich sehr, ein paar Tage wird sie vielleicht hier noch durchhalten, aber dann, dann muss man noch einmal eine ganze Reise riskieren. Es war ein Wahnsinn herzukommen, sie ist tausendmal einsamer als in Hampstead und braucht eine gute Erholung wie einen Bissen Brot. Man könnte von Athen direkt nach Wien fliegen, und vielleicht von dort irgendwo in die Berge. Aber wo findet man jetzt in Wien Quartier? Und wo ist es von dort nicht zu weit, und wo kommt man unter? Vielleicht am Semmering?

Bitte, liebstes Muli, komm mir zu Hilfe! Bitte, versuche in London sofort ausfindig zu machen, in einem Reisebüro, was es nah bei Wien (etwa am Semmering) Schönes geben könnte, wo sich telegraphisch von London aus etwas »booken« liesse. Wenn Du etwas weisst, *telegraphiere* mir darüber, aber auf deutsch, hieher, und ich telegraphiere zurück, ob Du es bestellen sollst. Ausserdem schreibe mir gleich, wenn Du andere Ideen hast. Aber erwähne weder im Brief noch im Telegramm etwas von einem Zusammenbruch, sie schämt sich sehr, und erwähne auch nichts gegen den Aymer. Mach nur Vorschläge, ganz sachlich, »für den Fall«, dass das Klima ihr hier schlecht tut.

Bitte, Muli, tue gleich etwas. Bis Freitag will sie hier durchhalten; ich zweifle, dass es auch nur noch diese fünf Tage gehen wird. Dann müsste man auch 2 oder 3 Tage zurück nach Athen, in ein ruhigeres Hotel, damit die Weiterreise möglich ist. –

Siehst Du, ich werde nichts von Griechenland gesehen haben, und einmal werde ich es mit Dir sehen.

Es ist schwer, sehr schwer, – und dabei geht alles andere gut: der Schickel hat für den Herbst 1962 eine neue grosse Vortragsreihe von mir bestellt, sechs–acht einstündige Vorträge, durch die ich mindestens 800 Pfund verdienen würde. – (wenn sie wiederholt werden, viel mehr!).

Muli, bitte, bitte, tu was Du kannst und hilf mir. Ich umarme Dich auf das Zärtlichste Dein entsetzlich verzweifelter

Pio.

Der südwestlich von Wien gelegene Höhenluftkurort Semmering und die umliegenden Berge sind ein beliebtes Ausflugsziel. – Angeregt vom Autor und Übersetzer Joachim Schickel (1924–2002) hielt Canetti Anfang 1960 sechs Vorträge im Norddeutschen Rundfunk, in denen er sein Werk erklärte. 1962, wiederum von Joachim Schickel organisiert, findet ein Rundfunkgespräch über »Masse und Macht« statt zwischen Canetti und dem deutschen Philosophen und Soziologen Theodor W. Adorno (1903–1969), der dem Buch kritisch gegenübersteht.

Marie-Louise von Motesiczky an Elias Canetti *London*

24 VI 61

Liebster Pio,
Bin in Sorge um Sie. Dachte es würde vielleicht gleich ein Brief nachkommen in dem steht dass schon alles ein bisschen besser ist. So ein Unglück zu Beginn an einem neuen Ort kann sich ja auch beruhigen. Wie schrecklich dumm von dem Aymer Sie an diesen Ort zu locken!

Piolein ich habe so Angst dass Sie wegen dem Aymer glauben Sie müssen durchhalten. Da hab ich mir was ausgedacht. Wenn Sie sobald Sie diesen meinen Brief haben mir telegraphieren: *worried no news*. So *antworte* ich: urgently wanted Zürich Adorno because radio lecturing Germany please wire arrival Muli

Es ist vor 12 und ich eile zum Kastel um den Brief aufzugeben. Ach ich wollte Sie wären schon wieder in menschlicheren Gegenden. Wenn Sie erst in Zürich sind oder in Innsbruck kann doch nicht mehr so viel passieren!

Hier ist alles in bester Ordnung das Wetter wunderbar und Hampstead schöner denn je! Ich erwarte jeden Augenblick dass die erste Lilie aufblüht. Mutter ist in Amersham die Loewen im Garten kein guter pendant zur Lilie aber es beruhigt mich dass wer den Garten geniesst und ich dafür im Atelier sein kann.

Dr Pio alles wird noch so gut werden!!!

Es küsst Sie viele Male Ihr Muli

Marie-Louises Freundschaft mit Theodor W. Adorno, der mit ihrer Cousine Gretel Karplus (1902–1993) verheiratet ist, geht bis in die dreißiger Jahre zurück. Im März 1961 treffen sie sich in Paris und beschließen, sich von nun an zu duzen. Im August machen sie gemeinsam Urlaub in Sils Maria. Marie-Louise versucht immer wieder, ihn für Elias' Werk zu gewinnen. – Die Berlinerin Edith Loewenberg (Loewen), die mit Erika Mann befreundet ist, bewohnt eine kleine Dachwohnung in Marie-Louises Haus.

Elias Canetti an Marie-Louise von Motesiczky

Katounia
Montag, den 26. Juni 1961

Mein liebstes Muli,
Dein Telegramm kam vor einigen Tagen, es war eine grosse Erleichterung, und jetzt warte ich mit grosser Ungeduld auf einen Brief von Dir. (Ich habe seit dem allerersten keinen mehr von Dir gehabt).

Was soll ich Dir von der Existenz hier sagen? Es ist eine bittere Enttäuschung, auch für mich, nicht nur für Veza. Man kann sich nicht rühren, man ist immer am selben Fleck. Die Hitze ist ganz schrecklich. Ich bin so braungebrannt, dass Du mich kaum erkennen wirst. Man tut nichts. Es ist keine Rede davon, dass man übersetzt, oder gar für sich schreibt. Man kann kaum lesen vor Hitze. Man vegetiert. Man hört das unaufhörliche Gejammer der Veza an, oder die albernen Idiotien des Aymer. Der Zustand der Veza hat sich in den 10 Tagen unseres Aufenthalts gebessert: seit gestern kann sie *lesen*. Sie gibt sich Mühe. So wie sie war, hätten wir unmöglich reisen können, auch nicht wenige Stunden weit. Der Aymer hat viel für sie getan. 2 junge Kätzchen waren der Anfang der Besserung. Dann hat er die Natalie von Paris für sie herbestellt, und obwohl sie erklärt, dass ihr das gleichgültig ist, erhoffe ich mir viel davon. Heute hätte Natalie kommen sollen, aber statt ihrer kam ein Telegramm, dass sie aufgehalten wurde und erst übermorgen – Mittwoch – eintrifft. Wenn sie der Veza wirklich gut tut, was ich für wahrscheinlich halte, besteht folgender Plan: dass der Aymer *mich* auf seinem Jeep dieses Wochenende nach Delphi fährt. Wir würden drei Tage weg bleiben, und ich könnte wenigstens *etwas* sehen. Nach meiner Rückkehr, also in 8–9 Tagen von heute, würde ich mit der Veza nach Athen fahren und irgendwo in die Berge mit ihr fahren, also erst nach Innsbruck, und dann dort wo in die Nähe, dass sie sich von hier erholt. Aber alles ist unsicher. Bitte schicke mir noch einmal die Adresse der *Verena*. Dein Telegramm ist hier auf mysteriöse Weise verschwunden. – (nachdem ich es gelesen hatte). Wenn ich nur wüsste, wie es Dir im schönen Hause geht. Es wäre herrlich sich vorzustellen, dass Du wirklich was gemacht hast. Ich habe grosses Heimweh nach Dir. Bitte schreibe mir mehr. Jetzt will ich, dass dieser Brief noch wegkommt. Ich küsse und umarme Dich auf das Zärtlichste

Dein Pio.

Wie vereinbart schickt Marie-Louise das Telegramm. Kurz darauf stellt sich heraus, dass Elias wirklich zu einer Besprechung mit einem Verlag in Zürich muss.

Elias Canetti an Marie-Louise von Motesiczky *Zürich*

14. Juli 1961

Mein liebstes Muli
Hier also sind wir gelandet. Die Veza will nicht mehr ins Tirol. Sie weigert sich, noch irgendeine Reise zu machen. Es gefällt ihr hier oben am Zürichberg, und sie ist begeistert von Zürich. Sie sagt, in 8 Tagen Zürich wird sie sich von Griechenland erholen, und als normaler Mensch nach London zurückkehren. Ich habe

nichts dagegen, ich bin gern in Zürich, und vor allem brauche ich nichts mehr suchen. Es regnet herrlich, und es ist wunderbar kalt. Die Hitze in Athen war teuflisch. Der Aymer war nicht loszuwerden und hat sich so an einen gehängt, dass ich ohne Dein Telegramm nie mehr weggekommen wäre. Nie wieder! Nie wieder! Allein reisen, als eigener Herr, oder mit der Muli, das ist jetzt meine Parole, aber nie mehr als Gast, und schon gar nicht als Gast eines Irrsinnigen.

Zürich hat mir noch nie so gut gefallen. Aber ich glaube, es hätte mir jetzt überall gefallen, wo es regnet. Dies ist nur eine kurze Notiz mit der Adresse, damit Du mir gleich schreiben kannst. Bitte schreibe *sofort*, *sofort*, *sofort*. Es umarmt und küsst Dich vieltausendmal Dein wieder *denkender*, *freier*

Pio

(Das ist *nicht* das Grand Hotel Dolder: schau dass die Adresse richtig ist: *Waldhaus* Dolder.)

Marie-Louise von Motesiczky an Elias Canetti

Sils Maria, 16. August 1961

Mittwoch

Liebstes Piolein,
Hier sitze ich mit einem seitenlangen Brief an Sie und nun beginne ich einen neuen (7 Seiten schmeisse ich in den Papierkorb). Ich versuchte alles getreulich Ihnen zu schreiben Wort für Wort aber ich komme damit nicht durch. Die Sache ist die: der Adorno steht gemischt zu Ihrem Buch möchte Sie aber *sehr gerne* in Frankfurt haben im Winter. Seine Einwände will er nur mit Ihnen selbst diskutieren. Wohlweislich habe ich es auch dabei belassen und das wurde mir sicher nicht als Unwissenheit angemerkt sondern als besonderer Takt. Ich glaub ich hab's alles gut gemacht. Was mich dabei bedrückt ist dass ich den Eindruck habe dass es sich weniger um Einwände als um irgendwelche Prioritätsfragen handelt. Adorno möchte Sie auch in der Sache des Dirigenten zitieren sagte er. Auch habe ich den Eindruck dass Gretel dabei eine grössere Rolle spielt (als ihr zukommt) sie liess sich dazu herab mir zu sagen dass das Buch sprachlich und gedanklich wunderbare Dinge enthält aber dass ihr manches bekannt oder zu bekannt wäre. Ob sie nicht eine

Frau ist die des Adorno Gut, gut oder allzu gut verwaltet. Und warum hat der Adorno selbst sich nicht zu so einer Bemerkung kriegen können? Zweifellos sind die beiden mir sehr gut gesinnt aber das ist ja für Sie in dem Fall wirklich nicht wichtig. Dafür interessieren sie sich brennend für Ihr literarisches Werk und möchten gerne die Blendung und auch Ihre Stücke lesen. Ich habe die Loewen gebeten sie mir schleunigst zu schicken. Der Adorno schreibt gerade ein Buch über »Fin de partie« »das Endspiel« von *Beckett* (weiss nicht wie man ihn schreibt ist auch ein alter Freund von Hirschfeld). Wenn er was Anständiges über die Blendung schreiben könnte wär's doch auch ganz gut und das fällt nicht so sehr in sein Gebiet. – Gell Piolein Sie halten mich wohl für einen Deppen aber ich mein's so gut und reg mich auf über das alles. Ihre Dinge werden ihren Weg gehen ohne Adorno und ich sollt lieber Bäume zeichnen und spazieren gehen und schlafen. Das tu ich auch und die Luft hier heroben tut Wunder! Ich schlaf oft wie seit Jahren nicht mehr und wache mit einem dicken schweren Kopf auf – aber angenehm – wie ein kleines Kind.

Ich habe die Adornos vielleicht etwas verletzt weil ich Vormittags allein gehen muss – sagte wegen Zeichnen. Das ist auch wahr. Auch bin ich trotz ihrer Aufforderung hier im Hotel geblieben. Na, ich mach's eben so gut ich kann.

Aber nicht wahr Piolein wenn Sie dem Adorno noch schreiben solang ich hier bin, schreiben Sie ihm keine Absage – vielleicht bin ich überempfindlich – obwohl's immer so aussieht als wäre mir alles ganz wurscht – und vielleicht steht im Grunde alles zum besten.

Ich beeile mich diesen Brief abzusenden und schildere Ihnen bald gründlicher wie's hier oben zugeht. Ach Pio Pio gut wird's sein wenn ich wieder zu Hause bin aber für die Gesundheit war's doch gut, nein mehr wie gut dass ich herkam. Bitte bitte schreiben Sie mir

Ihr Muli

Nun geh ich los und seh vielleicht ein Murmeltier

In dem Kapitel »Der Dirigent« in »Masse und Macht« legt Elias dar, dass es keinen anschaulicheren Ausdruck für Macht gibt als die Tätigkeit des Dirigenten. – Samuel Becketts Einakter »Endgame« wird 1957 am Lon-

doner Royal Court Theatre uraufgeführt. Theodor W. Adornos »Versuch, das Endspiel zu verstehen« erscheint in »Noten zur Literatur« bei Suhrkamp 1961.

Elias Canetti an Marie-Louise von Motesiczky

London, 18. August 1961

Freitag

Liebes Muli,

Was Du mir schreibst, gefällt mir gar nicht. Es ist natürlich möglich, dass Adorno in irgendwelchen Punkten zu ähnlichen Ergebnissen gekommen ist wie ich. Ich weiss es nicht, da ich seine soziologischen Werke überhaupt nicht kenne. Aber ich weiss, dass er ein kluger Mann ist, und wenn er mir die Ähnlichkeiten zeigen sollte, werde ich mich freuen. Ich werde mich umso mehr freuen, als Ergebnisse, die auf ganz verschiedene Wege erlangt sind und doch übereinstimmen, nur umso mehr Beweiskraft haben.

Aber ich halte es für ganz unmöglich, dass ein so gescheiter Mensch, – wenn er mein Buch wirklich gelesen hat – nicht genau sieht, wie absolut selbständig alles in mir entstanden ist und wie selbständig es zusammenhängt. Da ich ganz von vorn anfangen und alles frisch sehen und bedenken wollte bin ich bewusst aller soziologischen Literatur ausgewichen. Das mag praktische Nachteile haben, wenn man an den akademischen Betrieb denkt, aber es war mir nie um einen Betrieb, sondern nur um Erkenntnis zu tun. Das weisst Du am besten, da Du es Jahrzehnte mitangesehen hast. Ich hoffe nur, Dein »Takt« geht nicht so weit, dass Du verschweigst, was Dir genau bewusst ist.

Es ist schon traurig, dass Du, *anderthalb Jahre* nach Erscheinen meines Lebenswerkes nicht einmal *übersehen* kannst, was es enthält. Es hätte Dich gewiss ein bisschen Mühe gekostet, aber immerhin viel weniger als die meisten andern Menschen, da Du ja das Wichtigste davon schon vor Jahren und Jahrzehnten von mir gehört hast. Ich frage mich, wie Du eine solche unglaubliche Nachlässigkeit vor Dir selbst rechtfertigst. Wieviel Zeit hast Du gehabt! Mit wieviel Dummheiten Dich auf das Innigste beschäftigt! Wäre es Dir nicht lieber, Du könntest jetzt auf eine solche Bemerkung wie die der G. eingehen: sie fragen, was sie meint, *verstehen*, was sie meint, und ihr aus Deiner Erinnerung nachweisen, dass sie sich irrt.

So bist Du jetzt in der peinlichen und unmöglichen Lage, Scheingespräche über etwas zu führen, das Dir dunkel vertraut ist und Du doch nicht kennst. Ich beneide Dich nicht. Aber abgesehen davon, was nach aussen hin geschieht, ist es doch eine ganz falsche Situation zwischen uns. Deinen Widerstand gegen diese Lektüre begreife ich nicht. Du versuchst es mit Dingen, die weit schwieriger geschrieben sind, aber nur aus *persönlichen* Gründen. Soll ich wirklich glauben, dass Du mich aus persönlichen Gründen *nicht* lesen kannst? Es tut mir leid, dass ich Dir das jetzt sagen muss. Aber ich habe Dir so lange Zeit gelassen, unzählige »maskierte« Gespräche über »Keller« mit Dir geführt, die Du sehr wohl verstanden hast. Wenn Du Schwierigkeiten hattest, Dich einzulesen, – war ich nicht immer da? Konntest Du mich nicht fragen?

Ich glaube, – ausser den anderen schweren Dingen, die jahrelang zwischen uns standen und mein Leben vergiftet haben – und besonders *nach* ihnen, ist dies der böseste Schlag, den Du mir versetzt hast. Ich begreife ihn nicht, und ich schäme mich für Dich. Denn gleichzeitig freust Du Dich über äusserliche Erfolge (zu denen übrigens jetzt schon fast täglich neue Nachrichten kommen).

Das Wunderbare und Ergreifende dabei ist, dass ich trotzdem Dich sehr liebe. Aber ich fürchte mich, ich fürchte, dass Du es nicht wirklich gutmachen willst. Du, ein so empfindlicher und feiner Mensch solltest nicht fühlen, dass Du einen Vulkan an Ressentiment in mir schaffst! Du hast noch immer die Macht, *alles* gutzumachen, wenn Du malst und mich mit Bildern überraschst. Muli, wenn Du Deinen Schlaf gefunden hast und zurückkommst, ein neuer Mensch, wirst Du es auch tun? Ganz ernst, wie es sich für einen so begabten Menschen gehört, ohne kindische Spielereien, Ausreden und Ablenkungen? So, dass ich Dich für das lieben kann, was Du bist und tust, auch wenn Dich etwas zwingt, nicht mehr in meiner innersten Welt mitzuleben?

Dieser Brief klingt Dir vielleicht böse, er ist nur *ernst*, bitte, Muli, nimm ihn ernst und sei umarmt und geküsst von Deinem

Pio.

Aus Anlass von Henriettes 80. Geburtstag machen die Motesiczkys im Mai 1962 eine Reise nach Wien. Sie werden von Liss Gray, der Nachbarin aus Amersham, begleitet, die sich jedoch vernachlässigt fühlt und bald wütend abreist.

Marie-Louise von Motesiczky an Elias Canetti *Wien, 12. Mai 1962*

Samstag

Liebster Pio,
Zu allererst: Ihr Buch ist noch nicht erschienen. Ich war bei Gerold und Braumüller und sonderbarerweise ist es in dem Katalog der Stiasny-Bücher nicht angekündigt. Ich hab von Braumüller schreiben lassen wieso das kommt und wann es erscheint und am Montag werde ich Antwort haben. Ich bin nicht gerade in sehr guter Form nach der Aufregung mit Liss und kann leider nicht schlafen. Statt der Wachaufahrt bestand Mutter darauf mit Liss, mir (und Erna) in die Brühl zu fahren. Es war eine grotesk traurige Fahrt. Liss die ganze Zeit spitzig, in einem knallroten Kostüm einen Herrenstrohhut jugendlich auf dem Kopf balancierend. Es war ein sehr schöner Tag und im Garten – ach – so nenne ich immer noch was jetzt das Kinderdorf ist – duftete es so wie nie zuvor. Mutter wollte den Stein sehen. Der ist sehr wenig gut gelungen sieht schief und klein aus – aber immerhin – er steht da und ich kann später noch immer einen besseren machen lassen (und das will ich auch tun ohne irgendeine Beratung). Die wenigen grossen Bäume und der Blick auf den Anninger und Liechtenstein – die Föhren mit dem jungen Grün – das alles war in der Nachmittagsbeleuchtung so schön dass Mutter plötzlich in Tränen ausbrach. Sie murmelte nur: es tut mir so leid *für Dich*. Ich erklärte ihr gleich dass es doch schön sei dass die Kinder da seien – – – ich mein's auch – das Groteske ist halt nur dass das alles mit dem »Wert« der Sache verbunden ist der jetzt bereits wieder bedeutend höher ist als vor einem Jahr. – Dann fuhren wir nach Heiligenkreuz – Kloster-Stimmung mit Weinstuben und Gasthofgeruch waren beruhigend aber Liss fröstelte in ihrem idiotischen Kostüm und musste im Auto sitzen bleiben. Dann fuhren wir über Baden zurück alles um »ihr« etwas zu bieten – und machten in Dallern Station um zu nachtmahlen. Da wurde Mutter schlecht, von Müdigkeit und Aufregung und ich

legte sie schnell flach ins Auto. Wir kamen aber schliesslich noch gut in die Stadt. Jedenfalls hatte ich mich nicht ganz umsonst vor dieser ganzen Reise gefürchtet. Gestern früh ist Liss abgereist ohne eine Adresse anzugeben. Es war wohl eine unerhörte Gemeinheit gerade zum 80en Geburtstag einem Menschen das Gefühl zu geben dass er zu alt und langweilig ist um ein so herrliches Geschöpf wie die Liss in dieser Stadt zu Gast zu haben. Ich werde mich rächen – nicht jetzt – aber später einmal.

Wissen Sie Pio Wien ist schön aber die Menschen sind abscheulicher denn je – wirklich bösartig unfreundlich und hochnäsig.

Dr Pio das einzige was ich mir wünsche wär ein netter Brief von Ihnen aber ich habe wenig Hoffnung dass so ein Ereignis am Horizont ist.

Aus Bemerkungen die Liss zu Mutter machte entnehme ich dass es scheint's Neid und Eifersucht auf mich ist. Sie sagte: Milein würde ich nie so behandeln!

Ich werde eben von Erna geholt und schreibe bald wieder und hoffentlich Vernünftigeres nun umarmt Sie

Ihr altes Muli

»Welt im Kopf«, ein Buch mit Auszügen aus Elias' Werken, ausgewählt von Erich Fried, erscheint 1962 beim Stiasny Verlag. Das Vorwort stammt nominell von Fried, wurde aber von Veza Canetti verfasst. – 1961 lassen Marie-Louise und Henriette im Kinderdorf in Hinterbrühl einen Gedenkstein für Karl von Motesiczky errichten. Seine Inschrift lautet: »Für die selbstlose Hilfe, die er schuldlos Verfolgten gewährte, erlitt er den Tod«. – Der Anninger ist der Hausberg Hinterbrühls.

Elias Canetti an Marie-Louise von Motesiczky *London, 14. Mai 1962*

Montag 14. Mai

Mein liebes Muli

Das sind Aufregungen, die Du mit der Liss erleben musst! Ich hoffe nur, dass die Mutter so viel Besuche in Wien hat, dass sie sich nicht zu sehr kränkt. Sag ihr aber Folgendes von mir, als *festes Versprechen*: wenn die Liss zurückkommt nach London, werde ich mich ihrer so annehmen, dass ich alles vollkommen in

Ordnung bringe. Das ist für einen Mann ganz leicht. Ich brauche nur ein paarmal mit ihr allein sprechen. Sie wird, wenn sie weiss, dass ich sie sehe und allein spreche, ganz bestimmt wieder ins Haus kommen. Lies das sofort der Mutter vor. Sie soll sich darauf verlassen und ja keine Gedanken darüber machen, wie es in London werden wird.

Im übrigen ist es ein sehr grosser Wunsch von mir, dass Du Dich nicht in Hinterbrühl-Gedanken gehen lässt. Du hast ein wunderschönes Haus in London, in dem ich sehr viel bin. Was Du am einen Ort verloren hast, hast Du am andern gewonnen. Ich würde *nie* wieder ständig in Wien leben. Wenn man reist, gibt es zu viele herrliche Dinge in der Welt, die man nicht kennt und sehen will. Als *Basis* aber ist London *ideal* und für mich unumgänglich, weil ich hier meinen wirklichen Namen, meinen begeisterten Verleger und auch die treuesten Freunde habe. – Seit Du darin gemalt hast, *lebt* das Haus für mich, und Du musst nur darin arbeiten, damit es für mich am Leben bleibt. Da Du besser malst als je, bin ich auch ganz sicher, dass Du wieder arbeiten wirst. Sobald mein Buch hier draussen ist, wirst Du so viel Porträt-Aufträge haben als Du magst. Alle Leute werden es als eine *Ehre* ansehen, von jemand porträtiert zu werden, dessen Arbeit ich so bewundere.

– Nun habe ich auch eine grosse Nachricht: Der Neal malt meine Wohnung aus. Er macht es rasch und gut. Mein Zimmer ist schon fertig, ebenso das Vorzimmer und die Küche, und wenn Du diesen Brief in Händen hast, wird er auch mit dem Zimmer der Veza fertig sein. Ich schlafe indessen bei Dir oben, und die Veza hat die ganze Zeit in der Wohnung bleiben können. Der Neal ist so ruhig und rücksichtsvoll und hat mir mit meinen Büchern sehr verständig geholfen. Er ist wirklich von all Deinem Volk von Malern, Gärtnern, Tischlern u. s. w. der einzige, den ich mag und auf den ich schwöre.

Ich habe mir das Telephon von Deinem Zimmer zu mir hinaufgenommen und arbeite oben viele Stunden. Die Ruhe ist phantastisch. Nur die Kinder im Nebengarten sind manchmal ein Kreuz. Die beiden Büchergestelle sind fertig (sehr schön) und ich trage allmählich Bücher hinauf. Kurz und gut, es wird Dir sehr gefallen, wenn Du wiederkommst.

Ich hoffe, Du wirst mir jetzt auch etwas über andere Leute in Wien berichten, da die Liss weg ist. Kann der Baldass wirklich wieder sehen? Grüsse bitte alle von mir, die mich mögen oder sich darüber freuen würden.

Die Sache mit dem Stiasny Verlag kann ich einfach nicht glauben, weil es ja alles schon gedruckt und fertig ist. Vielleicht hast Du jetzt mehr darüber gehört.

Jetzt muss ich Dir adieu sagen. Grüss die Mutter sehr herzlich. Ich erwarte Euch spätestens Mitte Juni. Aber wenn Ihr so lange bleibt, musst Du etwas in Wien arbeiten. Das könnte ganz schön werden.

Sei nun vielvielmals umarmt und geküsst von Deinem

Pio.

Neal ist ein Handwerker, der über Jahre hinweg viele Arbeiten für Marie-Louise ausführt.

Veza stirbt am 1. Mai 1963 in London. Elias fährt nach der Einäscherung für eine Woche zu seinem Bruder Georges nach Paris.

Marie-Louise von Motesiczky an Elias Canetti *London, 7. Mai 1963*

7 V

Liebster Pio,
Es ist alles so als ob es wie im Traum geschehen wäre. Auch dass Ihr Bruder Sie zuletzt mitgenommen hat. Ich hab so ein schreckliches Gefühl von Unzulänglichkeit und dabei weiss ich dass ich nun ganz stark und ruhig sein müsste. So versuch ich zu arbeiten aber es zerreisst mir das Herz wenn ich an Sie denke und alles kommt mir noch sinnloser vor wie zuvor. Wenn ich nun Jahre meines eigenen Lebens dafür hergeben könnte dass Vesa die glücklichen und ruhigen Jahre die Sie so sehr für sie ersehnt haben noch bei Ihnen sein könnte – ich würd sie gern hergeben. Mir tut's so weh dass dieser eine grosse Traum Ihres Lebens sich nicht erfüllen konnte – so sehr, dass ich meine Sie müssen fühlen dass diese Worte bei mir aus einem reinen und aufrichtigen Herzen kommen und dass Sie sie deshalb nicht zurückweisen werden. Und vielleicht – einmal – später werden Sie sich doch sagen können: Sie haben alles nicht so schlecht ge-

macht – oder vielleicht: so gut es menschenmöglich war bei diesem schweren Leben.

So weit schrieb ich und dann wurde ich zum Essen gerufen und dann kam Ihr Telegramm. Pio ich weiss dass wenn irgendein böser Bann der auf mir lastet seit ich aus Wien zurück bin – ich meine wenn ich wieder gut arbeiten könnte, ich Ihnen helfen könnte. Zum Unglück brauchte ich selber Hilfe aber dazu ist jetzt nicht die Zeit. Ich will ganz ruhig hier sein und alles so machen wie ich mir denke dass Sie es gerne haben (ganz bescheiden und anspruchslos arbeiten so dass ich nicht aus der Übung komme).

Morgen werde ich Ihnen wieder schreiben. Und bitte Sie nur mir zu verzeihen wenn ich über die alltäglichen dummen Dinge schreibe. Wenn Sie mir nur schreiben in welchen Strassen Sie herumgehen ob Sie dort mit den Kindern sind und ob Sie den Georg den wir hier alle so gern bekommen haben sehen und er Ihnen weiter eine Stütze ist – wenn Sie mich nur bisschen was wissen lassen bin ich schon dankbar.

Ich gehe jetzt zum Kastel denn ich will dass der Brief schnell fort geht.

Ich umarme Sie, so jämmerlich und armselig auch der Mensch ist als der ich mir vorkomme so hab ich doch nichts anderes als eben mich *für Sie*, die Sie Ihr Muli nennen.

Elias Canetti an Marie-Louise von Motesiczky

Paris, den 7. Mai 1963

Muli, mein liebes Muli,
ich habe eine übermenschliche Bitte an Dich. Ich möchte, dass Du für mich ein Bild von Veza malst, wie sie wirklich war. Nicht in den letzten Jahren, als sie krank und müde war, sondern zur Zeit, da sie noch leuchten konnte, Du hast sie manchmal so gesehen. Wenn Du Photographien dazu brauchst, werde ich sie Dir geben. Ich glaube, dass Du es kannst, wenn Du es willst. Sie hat sich Bilder von Dir immer heftig gewünscht und als Malerin so viel von Dir gehalten wie ich. Das ist die reinste Wahrheit. Überhaupt hat sie Dich und Deine Mutter (ganz abgesehen von mir) viel mehr gemocht, als Du ahnen kannst, weil ich es Dir nie wirklich erzählt habe.

Wenn Du das für mich tust, werde ich wissen, dass meine unsägliche Trauer und Verzweiflung über ihr Schicksal nicht zwischen uns steht. Gestern, als ich London verliess, dachte ich ernsthaft, dass ich irrsinnig werde und leider habe ich mich auch so aufgeführt. Heute bin ich ruhiger und ich weiss, dass Georg recht getan hat. Ich will versuchen zu bleiben, solang ich kann, zumindest bis ich allen Leuten geschrieben habe, die gut zu ihr waren.

Georg lässt Dich, Deine Mutter und den Onkel Ernst und natürlich auch die Julia grüssen. Er mag Euch *alle*, und das tut mir wohl. Ich habe für Deine Mutter seit ihren Worten eine tiefe Liebe und ich *beschwöre* Dich, was immer geschieht, denke *nie*, *nie*, *nie*, was ich manchmal gedacht habe. So wenig man es gemeint hat, der kleinste Unmut, den ich mir je erlaubt habe, frisst jetzt an mir wie zehn Höllen. Grüsse die Mutter von mir und den unbezahlbaren Onkel Ernst und lass Dich umarmen von Deinem ganz zerbrochenen Pio.

Marie-Louise von Motesiczky an Elias Canetti

London, 9./10. Mai 1963

9 V

Liebster lieber Pio,
Ich hab Ihren Brief bekommen. Ich werde es versuchen – ich werde alles versuchen was in meiner Macht steht – aber ob ich es kann – es ist doch so furchtbar schwer – gar nicht so sehr das Innere das Seelische – ich weiss und verstehe was Sie meinen und ich bin auch selbst in mir ganz bereit es zu tun und dieses Bild zu malen – ganz so wie ich immer Marie noch einmal sehen wollte – glücklich und geheimnisvoll – ich würde es ganz selbstlos und mit aller Hingabe zu malen versuchen – aber ob es möglich ist – es sind doch die Farben und die kleinen Details von Licht und Schatten die man mit aller Sorgfalt aneinander setzen muss und selbst wenn das Ganze gross und einheitlich in einem lebt so muss man doch wissen wie man es auf die Leinwand bringt. Das ist doch das Unglück dass ich das so selten kann. Vielleicht – – wenn ich aus der grossen Verzagtheit herauskomme … Nun zeigt die Uhr schon wieder 4 nur dass ich um 24 Stunden zu spät schreibe. Lieber lieber Pio – verzeihen Sie

mir. Ich hab nicht viel zu berichten; pendle zwischen Schlafzimmer und Atelier hin und her meist mit zusammengeschnürtem Hals, mit so vielen Ängsten – jetzt sitze ich auf meinem Bett – da fühl ich mich noch am sichersten. Mittags habe ich für Mutter und Onkel Ernst eine Holzkohlenmahlzeit gemacht weil Bauzen aus ist. Später soll Onkel Ernst mir sitzen. Gestern die Sitzung war elend – er ist auch ärger als ein 5jähriges Kind, spöttisch und unruhig und gar nicht bereit auch nur im leisesten mitzuarbeiten. Das bringt mich immer wieder darauf dass ich hunderttausendmal mehr zeichnen muss. Ich muss bessere schnelle Zeichnungen haben und dann allein arbeiten – das ist vielleicht ein Weg um endlich aus meinen schrecklichen Schwierigkeiten herauszukommen. (komme mir oft vor wie ein Roulettespieler der alles verloren hat und wenn ich ins Atelier gehe möchte ich mit einem grossen Pinselstrich alles wieder zurückgewinnen – so geht's aber nicht) Ach aber was schreibe ich Ihnen da für dummes Zeug. Nun zeigt die Uhr schon ½ 5 – ich muss für die »Alten« den Tee richten aber vorher gebe ich diesen Brief auf. Wenn ich auch fürchte dass meine Briefe Sie enttäuschen so sende ich sie doch ab denn mir ist immerfort bang um Sie und ich denke wenn so ein Brief von mir an Sie unterwegs ist – ist's ein wenig wie wenn ich Ihre Hand halten dürfte – das beruhigt mich ein bisschen.

Es umarmt Sie immer immer Ihr Muli

Während Marie-Louise 1954 Elias' Vorschlag, Marie Hauptmann zu porträtieren, befolgte, kommt das Porträt von Veza nicht zustande. – Mit »Holzkohlenmahlzeit« meint Marie-Louise wahrscheinlich ein Barbecue; sie hat also wohl Fleisch gegrillt. – 1958 hat Marie-Louise endlich eine langfristige Nachfolgerin für Marie Hauptmann gefunden, die Österreicherin Marie Pauzenberger (1912–1998), genannt Bauzen. Bauzen ist berühmt für ihre heimatlichen Spezialitäten. Sie kümmert sich bis zu Henriettes Tod um die Familie. – Das Porträt von Onkel Ernst, an dem Marie-Louise gerade arbeitet, wird noch im selben Jahr fertig.

Elias Canetti
Chesterford Gardens, Hampstead, 1963

Elias Canetti an Marie-Louise von Motesiczky *Paris*

12. Mai 1963.

Muli, mein liebes Muli,
in einigen Tagen, vielleicht Donnerstag (aber vielleicht schon Mittwoch) komme ich nach Hampstead zurück. Es ist möglich, dass ich die erste Nacht in meinem Zimmer in Chesterford Gardens schlafen möchte. Bitte schau, dass das Bett schon fertig gemacht ist, von Mittwoch an, für wann immer ich auftauche. Es würde mir, glaube ich, sehr gut tun, wenn ich das Gefühl hätte, dass ich da wirklich allein sein kann, dass niemand, nicht einmal Du, ins Zimmer hereinkommt. Ich würde mich dann einsperren und zu arbeiten (!!) versuchen. Der Blick in den Garten hat etwas unbegreiflich Beruhigendes für mich, und auch, dass ich das Gefühl habe, Du und Deine *Mutter* sind im Haus. Ich möchte kommen und gehen können, ohne dass Du mich etwas frägst. Wenn ich sprechen kann, werde ich schon von selber zu Dir kom-

men. – In meiner eigenen Wohnung wird unaufhörlich angerufen werden und vor dem Telephon habe ich eine panische Angst.

Hier nahm ich mir ein einsames Zimmer in Meudon, in einer verfallenen Pension, und ging, so oft ich es über mich brachte, zum Nissim und den Kindern. Es ist ganz sonderbar, mit sich allein zu sein, so als ob man immer auf etwas warten würde, das nie sein kann. Blind, unter unbekannten Menschen, geht man durch diese Stadt, und denkt sich bei tausend andern, dass sie sich vielleicht im selben Schmerz winden, vergiftet vom Tod, beladen von Schuld.

Wenn ich an Deine Mutter denke, stürzen mir die Tränen in die Augen und meine grösste Angst ist, dass sie nicht mehr da ist, wenn ich komme. Ich kann hier keine alte Frau sehen, ohne in Schreck zu erstarren. Wie haben es alle gemacht, dass ihre Mütter noch leben. Bin ich das einzige Monstrum auf dieser Welt. Hab ich so viel über den Tod geredet, nur um ärger zu versagen. Hat Gott den Augenblick gewählt, in dem er mich am tiefsten treffen konnte. Wieviel Menschen hab ich, die ganz für mich da sind? Einen? Keinen? Kannst Du es sein?

Ich bin für viele da gewesen, viele haben sich auf mich gestützt, die nicht das geringste Recht an mich hatten. Aber da, wo ich hätte wachen müssen, habe ich geschlafen und versagt. Ihren Lohn hab ich unterschlagen. Wann hätt ich ihr die Jahre der Angstlosigkeit gegeben, die sie verdient hat wie kein Mensch? Mit achtzig? Mit hundert?

Warum bist Du mit dem langen Leben Deiner Mutter belohnt worden und ich nicht? Bin ich so viel schlechter als Du? Ich habe es nicht gewusst. Ich habe nichts gewusst. Ich war ein Haufen von Anmassung und Nichtigkeit. Vors Jüngste Gericht kann ich nie treten.

Verzeih mir, dass ich klagen muss. Ich werde versuchen, es vor Dir nicht zu tun. In hundert Zetteln hat sie mir aufgetragen zu leben. Aber wie? Aber wie? Wie lebt man unter einem Gebirge von Schuld?

O Muli, hilf mir, hilf mir. Sei einfach da und denk manchmal daran, wieviel Andacht und Stille ich brauche, um zu meinem Leben zurückzufinden. Male für mich. Sei nicht leichtfertig, für mich. Ist es zuviel verlangt. Hatte ich nicht viel Qual um Dich. Habe ich Dich nicht sehr geliebt. Habe ich nicht immer, immer an Dir festgehalten.

Pio

Ende Juni 1963 macht sich Marie-Louise auf den Weg nach Murnau in Oberbayern, wo sie bei der Jahrestagung der Max Beckmann Gesellschaft einen Vortrag halten soll. Sie hat dafür, mit Elias' Hilfe, ein Manuskript über ihre Erinnerungen an ihren Lehrer Max Beckmann vorbereitet. Währenddessen begibt sich Elias erneut auf Reisen, zuerst nach Paris, dann nach Griechenland, wo er Aymer Maxwell auf Euböa besucht. Er setzt mit demselben Schiff über, mit dem er zwei Jahre zuvor mit Veza unterwegs war.

Marie-Louise von Motesiczky an Elias Canetti

im Flugzeug nach München

27 VI 1963

Liebster Pio,
Ich fliege dahin – bald kommen wir an. Alles ging ganz glatt bisher nur dass ich glaube vielleicht das Auto nicht gut abgesperrt zu haben – hab aber Loewen noch vom Terminal die Schlüssel geschickt. Bisher hab ich bisschen geschlummert und die ganze Keeler in News of the World gelesen und jetzt eben mein »Manuskript« herausgezogen – aber nach 2 Seiten Üben doch gedacht dass ich Ihnen lieber schreibe – da haben Sie's vielleicht schon morgen. Aber heute in der Pension wird noch fest geübt. (Gott weiss warum ich immer lese: »die erste durch*nachte* Wacht meines Lebens«, bei der Stelle muss ich wirklich aufpassen)

Wissen Sie – am liebsten würd ich Ihnen gleich den ersten richtigen Brief nach Griechenland schreiben damit er Sie dort erwartet und Sie nicht in Paris versäumt.

O Dr Pio nun geht's schon abwärts – Gürtel anschnallen – es umarmt Sie – – Ihr –

altes Muli

Bitte zwei Stunden nach Erhalt dieses Briefes nicht rauchen – bitte 2 Stunden durchhalten!

Denke mir bequeme Sonnenbrille für Reise wichtig, sehr auf Kopf und Augen aufpassen.

Heeresminister John Profumo hatte 1961 für einige Wochen ein Verhältnis mit dem Model Christine Keeler. Als bekannt wird, dass Christine Keeler

Marie-Louise von Motesiczky
1963

außerdem eine Beziehung zu Jewgeni Iwanow, einem Marineattaché der sowjetischen Botschaft, unterhalten und Gerüchten zufolge den Minister ausspioniert hat, streitet John Profumo ab, etwas Unrechtes getan zu haben. Die Profumo-Affäre diskreditiert 1963 die konservative Regierung von Harold Macmillan. Anfang Juni 1963 gibt Profumo zu, das Parlament getäuscht zu haben und tritt zurück.

Elias Canetti an Marie-Louise von Motesiczky
Paris/Zürich, 4./6. Juli 1963

Paris, Donnerstag Abend.

Mein liebes Muli,
stell Dir vor, dass Deine beiden ersten Briefe bis zu meiner Abreise von London Dienstag früh nicht da waren! Ich war so gekränkt, ich dachte, Du hast mir gar nicht wirklich geschrieben. Eben habe ich sie bekommen, sie sind mir von London

nachgeschickt worden. Ich war sehr erleichtert, ich hab einfach nicht verstanden, warum Du mir etwas Falsches sagst. Der Grund ist, dass Du vergessen hast, sie als Flugpost zu frankieren und in einen besonderen Flugpostkasten einzuwerfen. In Deutschland ist das nicht so wie in England, wo alle Briefe ins Ausland auf jeden Fall als Flugpost weggehen. Trotzdem haben Deine besonders lang gebraucht, es war wie verhext.

Es war ein Glück, dass Du Montag angerufen und mich erreicht hast. Ich bin sehr stolz auf Dich. Du kannst eine ganze Menge machen und musst es Dir nur zutrauen. Dein Vortrag war wirklich schön. Glaubst Du, er hätte mich sonst so ergreifen können? Glaubst Du, ich hätte ihn Dich sonst halten lassen? Nur bei der Generalprobe in London war ich ein wenig besorgt, weil Du ihn da noch sehr schlecht gesprochen hast und es manchmal einfach langweilig war. Aber Deine Freunde haben Dich alle so gern, dass jeder Dich lobte, und ausser mir hat Dir eigentlich nur der Arthur die Wahrheit gesagt. Er konnte es gut beurteilen, weil er zuhörte, *ohne* zu verstehen.

Nun, Gottseidank, Du hast brav geübt und die Gefahren sind alle vorüber. Der Reifenberg ist ein feiner Mensch, er ist dem Beckmann auf eine gescheite und wachsame Art treu, und so *musste* er den Wert und das Einzigartige Deiner Erinnerungen erkennen. Das wird schön sein, wenn man es gedruckt liest! – Ich wollte, ich hätte einen Schüler oder eine Schülerin, die mich so wahrhaftig in Erinnerung hätte wie Du den Beckmann, wenn ich einmal tot bin. Die Friedl wäre es wohl gewesen, die war auch begabt und ganz von mir gestempelt und bei all ihrer Verrücktheit wusste sie genau, wer ich bin und hat es, wenigstens das, so rein erlebt wie Du. Aber sie ist schon zehn Jahre tot und jetzt müsste *ich* dafür sorgen, dass *sie* nicht ganz vergessen wird. Vielleicht hat die Iris als Dichterin eine Ahnung von mir, aber ich bin nicht sicher. Die Veronica hat sie, aber sie ist keine Dichterin. Kurz: die Beziehung Pizchen-Beckmann ist einzigartig und muss jeden anderen, der sich für ebenso wichtig hält, mit Neid erfüllen. –

Beim Georg ist jetzt ziemliches Durcheinander wegen der Übersiedlung, es ist ein sehr schlechter Augenblick, und so bin ich froh, dass wir morgen losfahren, über Strassburg, Zürich, Gotthard, Tessin nach Mailand. Von da fliegen wir Montag oder spätestens Dienstag nach Athen. Ich schreibe Dir auf alle Fälle die Adresse noch einmal auf: Dr. E. C., c/o Sir Aymer Maxwell, KATOUNIA, LIMNI, EUBOEA, Greece. Ich hoffe, Du gehst viel spazieren und bist wirklich im Wald. Wenn Dein Vortrag bald erscheint, schick ihn mir gleich nach Griechenland.

Samstag

Der Brief ist liegen geblieben, weil ich sehr niedergeschlagen war, als ich ihn schrieb. Jetzt sind wir schon unterwegs und ich fühle mich viel besser. Gestern haben wir in Strassburg übernachtet. Jetzt sind wir eben in Zürich eingelangt: ich will diesen Brief einwerfen; dann fahren wir gleich nach Luzern weiter und wollen irgendwo in den Bergen auf der Gotthard-Route übernachten. Morgen bleiben wir in Lugano, und Montag in Mailand. Die Reise tut mir wirklich gut. Wir schweigen die ganze Zeit und ich träume und denke daran, wie schrecklich und gemein das Leben ist. Aber im Fahren kann ich es denken, ohne dass es mir unaufhörlich das Herz zerreisst.

Lebwohl mein liebes, liebes Muli. Ich küsse und umarme Dich. Den nächsten Brief schreib ich Dir schon von Griechenland, nach Chesterford Gardens. Halt mein Zimmer schön und fang bald zu arbeiten an.

Dein sonderbarer fahrender schweigender Pio.

Der Kunstkritiker, Journalist und Publizist Benno Reifenberg (1892–1970), von 1959 bis 1966 Mitherausgeber der »Frankfurter Allgemeinen Zeitung«, lernte Marie-Louise, mit der er viele Freunde, wie zum Beispiel Max Beckmann und Oskar Kokoschka, gemeinsam hat, in den zwanziger Jahren in Frankfurt kennen. – Marie-Louises Vortrag erscheint am 11. Januar 1964 in der »Frankfurter Allgemeinen Zeitung« unter dem Titel »Max Beckmann als Lehrer. Erinnerungen einer Schülerin des Malers«. – Die englische Schriftstellerin und Philosophin Iris Murdoch (1919–1999), die mit Franz Baermann Steiner verlobt war, hat nach dessen Tod 1952 eine Affäre mit Elias.

Marie-Louise von Motesiczky an Elias Canetti

Ohlstadt, Poststempel 5. Juli 1963

Liebstes Piolein,
Hier lieg ich also auf einem Liegestuhl in einer wunderbaren Landschaft wie nach einem Kopfsprung der mir gelungen ist – aber wie das weiss ich gar nicht. Jetzt ist allerdings schon alles ein bisschen zerschmolzen (ich meine der Erfolg vom »Vortrag«) zum Glück – denn mir ist's wirklich bisschen in den Kopf gestiegen – aber Sie werden ja noch jahrelang davon von mir hören ärmster Pio! Nur gerade noch ein bisschen davon. Am Samstag also wurde ich zur Sitzung der Gesellschaft gebeten von Frau v. Schnitzler die ich in Murnau anrief am Freitag um sie zu beruhigen dass ich »da« bin und sprechen werde. Da sah ich Reifenberg zum ersten Mal wieder etwas gealtert natürlich mit bisschen roten Backen (wie jemand der etwas hohen Blutdruck hat) aber fein und sehr lieb. Die Schnitzlerin rauschend in Lila, Göpel der das grosse Beckmannbuch schreiben soll und es ewig nicht schreibt und bei der Sitzung zart von Reifenberg erinnert wurde dass man darauf warte. Frau Göpel (sie ist mit Ilse Aichinger befreundet) sehr nett und hübsch (besonders nett zu mir – fand dass man irgendwie das Gefühl habe als ob Quappi hier wäre durch meine Anwesenheit – ein schlaues Kompliment) dann noch etwa 13 andere Mitglieder. Es wurde über Ausgaben und Einnahmen der Gesellschaft gesprochen. Das Beckmann-Tagebuch hatte keinen guten Verkauf. Dr Schiff aus Zürich (aber deutscher Jude) der am selben Abend den Blake-Vortrag hatte, schlug vor man solle in der englischen Übersetzung alle Leute die Beckmann selbst im Tagebuch nur mit Buchstaben nannte in einem Kommentar mit ganzen Namen nennen. Man müsse da eben die Hemmungen überwinden. Da habe ich bescheiden aber doch das Wort erhoben und gesagt dass ich das nicht verstehe und dass es doch ganz gleichgültig sei ob man wisse wie die Leute heissen und wenn sie leben sie sich doch kränken wenn mit vollem Namen steht »G. war da. Na ja« – Um 7 Uhr dann der Vortrag – sehr lang, nicht gut gesprochen – Zitate in schauderhaftem Englisch, manche Gegenüberstellungen von Blake und Beckmann ganz interessant. Dann Zusammensein in einem hübschen Raum. Da war auch die Minna *Tube*, Beckmanns erste Frau. Sie sieht ein bisschen

aus wie eine alte Hexe. Sonderbar hängendes Haar und ein schielender Blick aber doch ein gutes Gesicht. Sie fragte mich gleich ob das bei uns geschehen sei dass Quappi sich aufhängen wollte. Zum Glück wusste ich davon von Tutti. Das ist anscheinend eine Geschichte die sich die Tube einbildet und wirklich glaubt. Dass nämlich Beckmann Quappi nur heiratete weil sie sich vorher versucht hat zu erhängen. Da ich ja weiss dass Beckmann feierlich um Quappi anhielt und kein Wort davon wahr ist – so konnte ich doch feststellen dass es nicht die reine Bosheit bei der Tube ist so eine Geschichte zu verbreiten sondern dass sie sich in ihrem Kopf festgesetzt hat – Gott weiss wie. Ich ging gleich darüber hinweg als hätte ich's nicht gehört. – Übrigens sah ich bei Peter B. ein Bild das sie – sie war ja Malerin – von Peter malte als er 15 war. Unerhört begabt. Beckmann hat ihr das Malen verboten: »war eifersüchtig« sagte sie. Ja, ja das ist alles nicht so einfach. Ich fragte sie nämlich ob ihr das Malen denn sehr fehlte »Ja sehr« – meinte sie – da hatte ich sie beinahe gern.

Ja Piolein und der *grosse Sonntag*! Nur *knapp* vorher sagte ich Reifenberg dass ich's »aufgeschrieben« habe. »Ausgezeichnet« meinte er. Und fragte mich nur ob er einige einleitende Worte auch über Simons sagen könne. »Natürlich furchtbar gerne«. Aber ich habe gar nichts gesagt – vorher – damit es als völlige Überraschung kommt. Und so war es auch. Ich bat nur dass Reifenberg mir gegenüber sitzen soll. Die einleitenden Worte waren rührend gemeint aber ich glaube nicht dass man sie ganz verstanden hat. Er erwähnte meinen Bruder der unbekümmert und unbeschreiblich »schön« durch Räume ging – ich glaube man hat nicht ganz begriffen dass das mein Bruder war – und was für eine ungewöhnliche Frau Irma Simon war – aber ich glaube auch nicht dass die Zuhörer ganz begreifen konnten wie das mit mir zusammenhängt. Aber das macht nix – ich glaube Reifenberg hatte wirklich vorher in dem Getue keine Zeit sich zu sammeln. Und dann kam ich, Pio, wirklich ich glaub ich hab's gut gemacht. Mittendrin sind die schon *gelesenen* Papiere von dem kleinen Tischerl gefallen aber ich hab nicht mit der Wimper gezuckt. Ich glaube wenn der Plafond wo eingestürzt wäre hätt's mich auch nicht aufgehalten weiter zu lesen. Die Schnitzlerin meinte ich würde stehen – aber darauf liess ich mich nicht ein –. Man sagte mir dass viele Leute feuchte Augen hatten und mäuschenstill war's. Und als es zu Ende war sagte Reifenberg gleich: grossartig ganz grossartig. Und die alte Beckmann schüttelte mir verklärt immer wieder die Hand. Eine Dame meinte »Sie haben eben den grossen Vorteil dass Schreiben nicht Ihr Metier ist«. Viele Leute schüttelten mir die Hand. Aber als ich noch auf meinem Platz sass und Reifenberg vor allen Leuten sagte: »wenn Sie so eine Malerin sind wie Sie eine Dichterin sind« das war das Schönste. »Dichterin« Piolein Unsinn. Aber ein schönes Märchen war's doch. Und gestern war die Schnitzlerin abends hier und schwärmte weiter – d'une pureté de sentiment – u.s.w. u.s.w. Und Rohan hätte gesagt dass auch ganz Österreich darin enthalten gewesen wäre. Und einen Brief brachte sie wo jemand sich bei ihr bedankte und sagte der Tag wird im Kalender rot angestrichen und »man muss es doch aussprechen, die stilistische Vollkommenheit des Vortrags« das war jemand von der Pinakothek.

Piolein jetzt muss ich in die Landschaft und der Brief muss weg. Bleibe noch etwas länger hier bis etwa 12en. Morgen schreib ich weiter – bin ja noch lange nicht fertig Schilderung Ohlstadt Peter B.

Oh Pio wann werd ich Nachricht von Ihnen haben? Pio wie steht es mit Ihnen?

Ich umarme Sie hundertmal Ihr altes Muli

Das Jahrestreffen der Max Beckmann Gesellschaft findet im Haus der Beckmann-Gönnerin Lilly von Schnitzler (1893–1983) statt, der Witwe des ehemaligen Chefs der IG-Farben-Industrie AG Georg von Schnitzler. – Der deutsche Kunsthistoriker Erhard Göpel (1906–1966) unterstützte Max Beckmann im Amsterdamer Exil. Zusammen mit seiner Frau Barbara (geb. 1922) arbeitet er am Werkverzeichnis des Malers, das 1976 herauskommt. – Beckmanns Tagebücher aus den Jahren 1940–1950, zusammengestellt von Quappi und herausgegeben von Erhard Göpel, sind 1955 erschienen. – Der deutsche Kunsthistoriker Gert Schiff (1926–1990) unterrichtet seit 1959 am Schweizerischen Institut für Kunstwissenschaften in Zürich. – d'une pureté de sentiment: von einer Reinheit des Gefühls. – Der österreichische Schriftsteller und Journalist Karl Anton Prinz Rohan (1898–1975) war ein Freund Max Beckmanns.

Katounia.
Samstag 13. Juli 1963

Mein liebes Muli,
Deinen Brief fand ich hier vor, und wie hab ich mich über ihn gefreut. Es wird Dir nicht schaden, wenn Du ein bisschen grössenwahnsinnig wirst. Vielleicht wirst Du dann auch mit mehr Verve und Ausdauer malen. Ich schick Dir diesen Brief nach Chesterford Gardens, und denke mir, wie schön es dort ist, ohne dass man vor Hitze erstickt. Eine Hitze wie hier hab ich in meinem Leben noch nie erlebt. Ich denke mir, es ist gut, dass ich das aushalten lerne. Aber meine Sehnsucht sind jetzt schöne kühle Bergwälder in den Alpen. Ich will versuchen, es hier 14 Tage noch auszuhalten. Ob ich das kann, ist eine andere Frage. Denn eigentlich ist es schon dumm, dass man in der heissesten Zeit des Jahres herkommt.

Aymers Jacht ist drei Tage vor meiner Ankunft im Meer versunken. Jetzt wird sie mit grossen Kosten gehoben und repariert werden. Aber es wird eine ganze Weile dauern, bevor sie seetüchtig wird und ich werde nicht mehr darauf fahren können. So sitz ich in Katounia in dieser glühenden Hitze und schau aufs Meer. Vieles erinnert mich an das Unglück Vezas vor zwei Jahren, wie konnte ich so wahnsinnig sein, sie herzubringen, wenn jeder österreichische Wald für sie besser gewesen wäre! O Muli, Muli, was ist der Mensch für ein Jammerhaufen! Alles, was man tut, ist falsch, und selbst wenn man es gut meint, handelt man nicht richtig. Vielleicht bin ich ein schlechter Mensch und *habe es nie gewusst*! –

Ich hatte der Iris geschrieben, die mir hieher geantwortet hat. Ich sagte ihr, dass Dein normaler Preis für Porträts zwischen 200–250 Pfund sei. Du bestehst aber darauf, es für sie zu reduzieren. Sie ist sehr begeistert davon, dass Du bereit bist, sie zu malen, und bittet Dich, den Preis nicht zu sehr zu reduzieren. Sie muss bald nach Kanada und kommt am 17. August zurück. Dann, wenn Du kannst, möchte sie mit den Sitzungen beginnen. Bis dahin hast Du vielleicht schon ein Porträt von Pio gemalt. Wenn Du wüsstest, wie ich mich auf Hampstead freue! Beinahe als wäre es eine Strafe, woanders zu sein!

Ich denke mir, wenn ich die Glut hier aushalte, wird es überhaupt nichts mehr geben, was ich nicht aushalten kann. Gegen Abend kommt immerhin eine Brise, und gestern haben mich zwei Griechen in ein Motorboot eingeladen, das plötzlich stekkenblieb. Das war ein Abenteuer, wenn auch nicht wirklich gefährlich.

Aymer hat, als Engländer, ein bisschen Angst vor meiner Trauer. Das ist aber gut, denn so lässt er mich mehr in Ruhe. Ich brauche nur während der Mahlzeiten mit ihm zusammen sein, und auch da bin ich sehr still und hänge meinem Jammer nach. Es ist gut, dass ich jetzt noch nicht mit Dir weggefahren bin, Du hättest mich wirklich schwer ausgehalten. Manchmal packt mich die Scham so entsetzlich, dass ich richtig weinen muss, aus Entsetzen über mich: den Helden, der auszog, den Tod zu bekämpfen. Aber vielleicht sind die anderen Menschen nicht weniger kläglich. Stell Dir den ersten Menschen vor, dem es gelingt, einen Toten zum Leben zurückzuwecken! Den beneid ich schon und bin nicht wert, ihm die Schuhsohlen zu küssen.

O Muli, Muli, es ist so schwer mit dieser Schuld zu leben. Sag mir, dass ich nicht so schlecht bin, überzeug mich aus Deiner Erfahrung, hilf mir, wenn Du kannst, dass ich mich nicht so hassen muss.

Aber vielleicht denkst Du wie ich über mich und dann kannst auch Du mir nicht helfen.

Es ist so weit nach London, und doch nur 4 Stunden, und das hilft mir ein wenig.

Lebwohl, mein liebes Muli, denk an mich, einen armen Büsser, der sich am liebsten in die Eingeweide der Erde verkriechen möchte.

Lebwohl, und schreib mir, und schaue auf Deine Mutter und arbeite für mich, dass ich mich freue, wenn ich komme.

Ich umarme Dich, Dein sehr sehr sehr verzweifelter

Pio.

Als Iris Murdoch 1963 ihre Stelle am St. Anne's College in Oxford aufgibt, um sich fortan ganz dem Schreiben zu widmen, beauftragt sie Marie-Louise, ihr Porträt zu malen, das ihr Abschiedsgeschenk an das College sein soll. Die Sitzungen beginnen im Herbst, das Porträt ist 1964 vollendet.

Iris Murdoch
1964

Marie-Louise von Motesiczky an Elias Canetti *London*

20 VII 63

Liebster, lieber Pio,
Ich möchte Sie nur ganz lieb und leise daran erinnern dass in 5 Tagen der Tag ist an dem Sie in diese dumme Welt gekommen sind und wenn Ihnen das nicht passiert wäre, *wär ich auch nicht gerne hier*. Vielleicht sitzen Sie jetzt irgendwo im Schatten und haben doch einen heissen Kopf und grübeln und ich wollte ich könnte ganz zart von rückwärts meine Arme über Ihre Schultern legen und meinen Kopf an Ihren drücken, weil der sicher *viel kühler* ist wie Ihrer – so dass Sie mich gar nicht sehen, nur

dass Sie fühlen dass ich da bin. Ich hab mir gedacht ich geh in den Garten und schreib Ihnen den allerschönsten Geburtstagsbrief den je ein Mensch bekommen hat, mit lauter *wahren* Sachen die trösten und stärken – mein kleiner grössenwahnsinniger Birostift hat schon ordentlich *gespritzt* darauf – wahr ist das Sätzchen das ich unterstrichen habe – sonst aber noch dass die verdammten Nachbarn im Garten ein Radio angedreht haben – Wie ich das bemerkte bekam ich so eine Wut dass ich soeben den kleinen Löwenstein (zum ersten Mal) richtig grob auf der kleinen Treppe angefahren habe. Er machte gerade ein freundliches Begrüssungsbückerl – jetzt tut's mir leid – denn er blieb mitten im Buckel stecken und sah so komisch verknickt aus. »Kinder, sagte ich müssen sein – da kann man nix machen – aber das – auf das Radio deutend – – – horrible.« Und kaum hatte ich mich von dem Schrecken erholt dass ich jemand angeschnauzt habe ruft die Miss Caufield von der anderen Seite herunter »would you like to have a drink in half an hour and tell me all the news«. Dr Pio – weg sind die gut gespitzten Wahrheiten aber wissen Sie zu etwas ist's gut: es erinnert mich daran wie viel Ruhe Sie zum Schreiben brauchen und ich will es mir hinter die Ohren schreiben und viel vorsichtiger sein als zuvor wenn Sie in dem Zimmer oben sind.

Nachmittag

Liebster Pio nun schreib ich weiter und vor allem muss ich Ihnen sagen dass es in meinem Garten doch ist wie im Paradies und staunen Sie: Bauzen sitzt hinter mir – allerdings in respektvoller Entfernung und stört mich nicht einmal – (Sie hat von selbst!! versprochen ganz still zu sein! eine unerwartete Huldigung ans Schreiben). Es ist also wirklich wie wenn die Bestien (Wix ist auch da) und die Menschen friedlich miteinander hausen würden. Es ist hier der erste sonnige Tag seit langer Zeit ein Lüftchen weht und jeden Augenblick kommt der Duft von den Fresien zu mir herüber. (Sie sind ganz wunderbar gelungen und in voller Blüte) Mutter hat ihren Nachmittagsschlaf und ist *vollkommen* in Ordnung. Dr Lucas stellte fest: Gicht vielleicht und am Röntgen war überhaupt nichts zu sehen also wohl nur ein Nervenschmerz und der ist vorbei. Also überhaupt nichts. Und ein Telegramm von Ihnen habe ich das zwar verdruckt war aber ich las daraus heraus dass es Ihnen besser geht? Ach Piolein das ist so ein Augenblick – ein Augenblick den ich Ihnen schicken möchte und schenken möchte zum Geburtstag. Wenn das bloss möglich wäre.

Natürlich trägt zu meinem Glück auch der Erfolg in Murnau bei und dass Sie von Anfang an in der Sache so ganz mit mir waren – von dem Abend an dem ich begann und Sie oben im Zimmer waren – bis zum Lesen – – –. Vielleicht ist es wirklich möglich dass das – (ich meine dieses ganze Erlebnis (erst gestern versicherte mir Nell wieder dass sie alle noch den ganzen nächsten Tag aufgeregt waren und Rosi in die Tate stürzte und nach Beckmann verlangte und natürlich nichts zu sehen bekam weil nichts da ist)) dass das die tiefsten und schrecklichsten Zweifel die ich in dem letzten halben Jahr über mich hatte etwas löst. (Es lastet nämlich ein bestimmter Fluch auf mir von dem ich nicht sprechen kann, erst wenn er sich löst sonst *nie*) (er ist schon mehr als 10 Jahre alt und hat aber wie ein Dämon immer mehr von mir Besitz ergriffen) Also Piolein verzeihen Sie all die Klammern, Sie werden sich schon durchlesen. Was ich sagen will ist ganz einfach auch dass es für mich beinahe ganz unfassbar ist dass ich Talent habe – ich meine nicht gerade zum Schreiben sondern überhaupt und dass sich das zweifellos auf viele Menschen übertragen hat. Dass wirklich kein Zweifel ist dass ich Menschen was Gutes getan habe.

Und nun hören Sie, ich hoff und bete dass das was ich ganz winzig klein (wenn auch für mich selbst sehr gross) erlebt habe ihnen zuteil wird – dass Sie in die Arbeit kommen. Ritschi hat's auch gesagt: »Webslein, ich sag ja, nur die Arbeit, nur die Arbeit«.

Nun bin ich wieder durch den Tee unterbrochen worden – Sie müssen wissen Mutter war von Dienstag an hier und fährt erst morgen Montag wieder hinaus. In den Garten zurückgekehrt sehe ich dass ich noch andere Sachen sagen wollte aber ich trau mich nicht recht. Sehen Sie ich glaube Sie möchten dass für einen Augenblick wenigstens die ganze Qual verschwindet – oder dass Sie sie ganz haben müssen, ganz und noch mehr wie ganz. Und ich meine – verzeihen Sie bitte wenn ich davon spreche – ich meine dass Sie viele unmögliche Eigenschaften haben die aber gar nicht schlecht sind – sondern eben nur unmöglich und damit haben Sie viel Kummer bereitet und nun wollen Sie sich beweisen dass all das zusammen schlecht ist – oder auch das Gegenteil und ich glaube dass Sie da in den bösen Augenblicken ganz einfach unrecht haben und sich von der Wahrheit entfernen. Wenn ich Ihnen ein Beispiel sage, werden Sie das so gewöhnlich finden und so enttäuscht sein dass Sie mich nicht weiter anhören wollen – aber ich sag's trotzdem. Unmöglich ist: dass ein Mensch der nicht schwimmen kann mit Freunden sich auf eine Jacht setzen will und losfahren. Unmöglich ist, dass wenn Ihnen ein Muli ratet einen Schwimmgürtel zu nehmen und auszuprobieren ob Sie damit schwimmen können Sie das ganz selbstherrlich ablehnen als ob das sozusagen ein göttlicher Komplex wäre an dem man nicht rühren darf. Während ich weiss dass man auch mit Schwimmgürtel ersauft wenn man in Gefahr ist, weil man dann so viel Wasser schluckt dass man nicht davonkommt. Wenn die Vesa da Todesangst hatte, hat sie ganz recht gehabt.

Ich könnte Ihnen noch viele, viele Sachen aufzählen aber ich tu's nicht weil Ihr Geburtstag ist und ich Sie nicht quälen darf! Nun steht die Sonne schon ganz schräg und ich will den Brief zum Kastel tragen. Zum Schluss noch eine lustige Nachricht. Nein erst eine betrübliche – Milein wird demnächst die selbe Operation haben wie ich und wird wohl im Spital sein wenn Sie zurückkommen. Die lustige: Mary Duras und Mann haben die Tchecho für immer verlassen – haben das Haus in Hamburg *gesichert* – es war ein Wettlauf mit der Tchecho und ihnen – können wahrscheinlich bescheiden davon leben und ich möchte ihnen vorübergehend Amersham antragen. Sie suchen um die deutsche Staatsbürgerschaft an und werden sich vielleicht in Hamburg niederlassen.

Dr Piolein ich umarme Sie, ich sende Ihnen das nächste Blatt das ich erreichen kann, es ist von einer gelben Rose. – Ich habe noch tausend Geschichten für Sie wenn Sie zurückkommen … und bin immer, immer immer Ihr

Muli

biro: Kugelschreiber. – Wix ist Henriette von Motesiczkys italienischer Windhund. – Mit »Rosi« meint Marie-Louise vermutlich Henri Wiessings Frau Rozina. – Webslein ist Marie Hauptmanns Spitzname für Marie-Louise. – Mary Duras kehrte sofort nach dem Krieg zu ihrem Mann Arnold Schück (1887–1974), der Auschwitz überlebt hatte, nach

Prag zurück. Im Juni 1963 erhalten sie eine gemeinsame Ausreiseerlaubnis nach Österreich, um Verwandte zu besuchen. Ein Jahr später gelingt die Weiterreise nach Deutschland. Sie lassen sich in Hamburg nieder und bekommen 1965 die deutsche Staatsbürgerschaft.

Elias Canetti an Marie-Louise von Motesiczky

Athen, 27. Juli 1963

Mein liebes Muli,
Dein Geburtstagbrief und das Telegramm haben mich noch in Katounia erreicht. Gleich darauf fuhren wir nach Athen, wo ich jetzt bin. Ich war sehr froh über Deinen Brief. Ich habe das Gefühl, dass Du jetzt wirklich weisst, wie es ist, wenn man schreibt und dass Du mir helfen wirst, dazu zurückzufinden. Die Dinge, die mich quälen, müssen sich in etwas *übersetzen*, das ist das einzige, was einen Sinn hat. Natürlich hast Du recht mit der Jacht. Aber es wäre trotzdem schön gewesen, die Inseln zu sehen. Statt dessen war ich über 14 Tage mit dem öden Menschen an einem Fleck zusammengesperrt und hab jetzt wirklich genug von ihm. Selbst Jean-Max, den ich sehr mag, ist mir schliesslich auf die Nerven gegangen, ich kann einfach niemand so viel sehen. Dass ich mich in Hampstead verkriechen kann, ist ein Glück für mich – Dein Haus und Dein Garten sind wirklich ein kleines Paradies, und wenn ich mich selbst vor Verzweiflung nicht aushalte, kann ich von Dir zu mir in die Wohnung gehen und umgekehrt.

Sicher kennst Du mich gut, und sicher kannst Du mir vieles über mich sagen, was richtig ist. Ich glaube aber, es ist besser, wenn wir in der nächsten Zeit keine solchen Gespräche über meinen Charakter führen. Ich bin ganz entsetzlich empfindlich: wenn ich denke, etwas stimmt *nicht*, werde ich furchtbar zornig; wenn ich denke, es stimmt, steigert das nur meine Verzweiflung, weil alles irreparabel ist. Sicher verstehst Du das. Was ich brauche, ist Ruhe, gleichmässige und *verlässliche* Neigung und Freundschaft, und Arbeit, Arbeit, Arbeit, Arbeit, Arbeit.

Liebes Muli, ich will Dir nochmals sagen, dass ich die Stunde, in der Du mir die Erinnerungen über Beckmann vorgelesen hast, nie, nie vergessen werde. Ich habe plötzlich Dein Bild wiedergefunden, das ich zu Anfang liebte. Ich dachte: es hat also doch einen Sinn gehabt, es war nicht alles zwischen uns umsonst. Du *bist* der Mensch, den ich eigentlich mochte, und was immer später geschehen ist, hat Dich nicht verwischt und verändert. Ich war auch neidisch, weil ich ganz sicher weiss, dass ich nicht weniger als Beckmann bin, und auf meine Art auch nicht weniger lauter, und weil Du mich nicht so wesentlich und dichterisch sehen könntest, wie ihn. Aber das war ein edler Neid, er hängt auch mit meinem Schmerz zusammen.

Morgen fahren wir auf etwa drei Tage nach Delphi, wo ich schon vor zwei Jahren war und das ich unbedingt wiedersehen will. Wenn Du diesen Brief in Händen hältst, bin ich in Delphi. Das ist einer der gewaltigen Orte in der Welt. Dann will ich zurück. Vielleicht mach ich noch 2 oder 3 Tage Halt in Paris. Aber vielleicht komme ich gleich nach Hampstead zurück. Ich sehe Dich also *spätestens Montag* den 5. August, aber sehr wahrscheinlich schon am *Samstag* den 3.

Ich freue mich entsetzlich auf Hampstead, auf den Garten, auf das Muli.

Der Lucas ist ein Glück für Deine Mutter und Dich, wollte Gott, ich hätte ihn auch für die Veza gehabt. Ich glaube, er hätte sie gerettet.

Hast Du von der Iris gehört? Sie ist jetzt in Kanada und kommt am 17. zurück. Sie möchte sehr gern, dass Du dann gleich mit ihrem Porträt beginnst.

Lebwohl, liebes Muli, grüsse alle herzlich, aber sag niemand von meinen Freunden, wann ich komme, damit ich ein wenig Ruhe habe, wenn ich komme. (Ich meine *alle* Leute: Rudi, Co u.s.w.)

Es ist schön, dass Du die Mary nach Amersham einlädst!

Lebwohl, und sei vielmals umarmt und geküsst von Deinem

Pio.

Eine Begegnung mit dem Franzosen Jean-Max um 1953 beschreibt Elias Canetti in »Party im Blitz«: »der taktvollste, feinste, für andere empfindlichste aller Menschen« (S. 188).

Im August 1963 erscheint im Hanser Verlag die Neuausgabe der »Blendung«. Der Verlag organisiert im November die erste von vielen weiteren Lesereisen, die Canetti zuerst nach Berlin führt, wo er bei Rudolf Hartung wohnt. Es folgen Lesungen in Hamburg, Düsseldorf, Köln und schließlich eine in Frankfurt, an der Marie-Louise teilnimmt.

Elias Canetti an Marie-Louise von Motesiczky *Berlin*

Freitag 1. November 1963

Mein liebes Muli,

Es ist alles gut gegangen, Hartung war am Tempelhofer Flugfeld, trotzdem er verkühlt war, und er und seine Frau haben mich auf das Reizendste aufgenommen. Ich habe ein grosses, sehr schönes Zimmer, in einem angenehmen Haus aus dem Jahr 1900. Sogar ein richtiger, ein geradezu idealer Tisch ist da und eine wunderbare Lampe, die ich in London doppelt, für beide Arbeitszimmer nämlich, finden muss. Ein schöner Spaziergang von 10 Minuten führt stracks in ein Kaffeehaus, in dem ich jetzt sitze und Dir schreibe.

Es ist sehr merkwürdig, in Berlin zu sein. Die Stadt ist die weitaus sympathischste in Deutschland, besonders jetzt. Es sind aufgeweckte Menschen, mit Humor, nicht sentimental wie die Wiener, und vor allem nicht verlogen. Aus der »Blendung« wird sehr viel Wesens gemacht: gestern war etwas am Radio, meine Ankunft wurde vermerkt, ich gehöre (Neuigkeit!) zur »Weltliteratur«. Aber Hartungs haben sich so darüber gefreut, dass es wohltuend war. Dabei bin ich überzeugt davon, dass er selbst es veranlasst hat.

Sonntag muss ich ins Hotel übersiedeln, weil meine Sachen dann beginnen und ich im Zentrum sein muss. Montag ist die Vorlesung in der Buchhandlung Kiepert und Dienstag die Lesung im Rundfunk. Mittwoch fahre ich nach Hamburg (und das Muli nach Karlsruhe). Meinen nächsten Brief schreibe ich Dir wieder nach London, für den 12. wenn Du zurück bist, da ich Deine Adresse in Frankfurt nicht kenne. Pass gut auf Dich auf während der Reise, Muli, damit ich Dich in London vorfinde und wir beide einen guten Arbeitswinter beginnen. *Du* kannst mir inzwischen an meine verschiedenen Adressen schreiben. Von Sonntag bis Dienstag bin ich hier im *Hotel am Steinplatz*,

Lesung in der Buchhandlung Kiepert
Berlin, 4. November 1963

Uhlandstrasse 197, Berlin-Charlottenburg 2, Telephon *323951*. Das schreibe ich Dir für den Fall, dass Du mich noch anrufen willst. Da ich viel aus bin, müsstest Du mich Montag oder Dienstag um 8 ½ Uhr anrufen, ja nicht später; sonst erreichst Du mich nicht.

Lebwohl, mein liebstes Muli, sei viel-vielmals umarmt und geküsst von Deinem

Pio.

Grüss die Mutter und Bauzen.

4 XI 63

Liebster Pio,
Heute früh kam Ihr sehr lieber Brief und ich war schrecklich froh Nachricht zu haben. Auch gut zu wissen dass Berlin Ihnen gefällt und dass Sie sich so wohlfühlen bei Hartung und schön dass am Radio was war! (bin gar nicht so sicher dass Hartung es veranlasst hat) (Heut rief mich Hodin an und sagte mir er sei in Deutschland gewesen und Ihr Buch sei in allen Auslagen)

Am Donnerstag hab ich mich sehr aufgeregt denn Ihr Blatt mit den Adressen war verschwunden – ganz rätselhaft. Ich war ganz verzweifelt, habe den ganzen Mistkübel durchsucht, Stück für Stück denn ich hatte am Abend vorher Ordnung in meinen Schreibsachen gemacht. Am Mittwoch abend rief ein Herr Schlotterer aus München der eben in London angekommen war an und da nahm ich den Zettel aus meiner Tasche. Freitag suchte ich noch immer und ging schliesslich Samstag Früh zu dem Haus von Francis Harrison – es war mir sehr unangenehm aber ich wusste mir nicht zu helfen. Erwischte Francis noch gerade vor dem Haus und er versprach mir wenn er am Land Carol trifft mich anzurufen da sie sicher Ihre Adressen hat. Er war sehr nett!! Nach Hause gekommen und etwas beruhigt fand ich plötzlich den Zettel im Atelier in einem Zeichenblock! Herr Schlotterer wollte sich nur noch vor Ihrer Abreise bei Ihnen melden bleibt aber bis Weihnachten hier und wird sich bei Ihrer Rückkehr wieder melden. Seine Nummer hier ist: Fremantle 6943.

Sonst ist nicht viel passiert – Mutter hat die üblichen Bauchweh wegen meiner Abreise aber nicht zu schlimm. Iris hab ich auswendig besser getroffen und hoffe nun wieder; eigentlich hat sie ein sehr gutes Gesicht wenn man versteht dass sie ein Mann und keine Frau ist.

Heut war ich noch in einer Corot-Ausstellung, ganz wunderbar. Vorher bei Lessore die netterweise Mutter mit dem Strohröhrl photographieren liess, sieht sehr gut aus und bin froh es mitnehmen zu können. Hab schon mit Loewen alles zusammengerichtet für die Reise.

Gärtner habe ich auch gefunden ganz einfach von der Clifton Nursery. Gott wäre ich erleichtert wenn das klappte aber so offiziell von einer Nursery ist doch vertrauenerweckend! und nicht teurer wie der Night dieses Schwein.

Gestern war ich mit der Rauterfamilie und einer anderen Familie bei einer Schwammerl-Forée da waren alle Schwammerlkenner versammelt haben gegenseitig in einem wunderbaren »Pinetum« – Hunderte von verschiedenen kostbarsten Nadelbäumen – ihre Schwammerl sich gezeigt gesucht und *berochen.* Sehr komisch zu sehen. Der Oberschwammerlkenner ist der Mann von Kew Gardens. So ein Francis-Typ fein und gelehrt, und 3 Stunden wandern so etwa 20 Menschen in diesem Zauberwald herum wie die Nachtwandler und beriechen einander, das heisst die Schwammerln – aber es sieht so aus als ob sie sich beriechen würden wenn sie sich zueinander beugen (alte Jungfrauen mit grossen Zopfhaarkronen u. s. w.).

Nun schliesse ich *schnell* weil der Brief vor 6U fort soll und umarme Sie viele Male und wünsche alles Gute

Ihr Dr Muli

Der tschechische Kunstkritiker Josef Paul Hodin (1905–1995) kommt während des Zweiten Weltkriegs nach London, wo er sich mit Oskar Kokoschka anfreundet. Seine Bücher über Kokoschka, Ludwig Meidner und Emil Nolde, Paul Klee und Max Beckmann bringen dem britischen Publikum die sonst vernachlässigten deutschen Künstler näher. – Christoph Schlotterer (1937–1986) ist der neue Assistent von Herbert G. Göpfert (1907–2007), Lektor im Hanser Verlag. Nach Göpferts Weggang 1964 leitet Schlotterer die literarische Abteilung bei Hanser. – In den frühen sechziger Jahren findet Marie-Louise in Helen Lessore (1907–1994) endlich eine Galeristin. Sie stellt einige Bilder in der Beaux Arts Gallery am Bruton Place in London aus, wo unter anderem auch Francis Bacon und Frank Auerbach vertreten sind. Die Galerie muss 1965 aus finanziellen Gründen schließen. – Marie-Louises Gemälde »Mutter mit Strohhalm« von 1962 wird 1963 in der Beaux Arts Gallery ausgestellt. Es ist Elias' Lieblingsbild von Marie-Louise. – Clifton Nursery ist eine alte, große Gärtnerei im Londoner Stadtteil Paddington. – pinetum: Nadelholzschonung. – Der österreichische Pianist Ferdinand Rauter (1902–1987) unternahm in den dreißiger Jahren mit Engel Lund Konzerttourneen in Europa, den Vereinigten Staaten und Kanada. Er ließ sich 1938 in England nieder und gründete 1942 die Anglo-Austrian Music Society. – Schwammerl: Pilze.

Mutter mit Strohhalm
1962

Marie-Louise von Motesiczky an Elias Canetti
im Zug nach Bonn/Karlsruhe, November 1963

6 XI 63

Liebster Pio,
Im wackeligen Zug gerade nach Bonn. Hab das Nachtboot genommen und um 3 komme ich an und treffe Hedda gleich in der Ausstellung.

Am Dienstag war ich zu spät mit dem Telephon *obwohl* ich um *8* Uhr anmeldete aber baff war ich trotzdem dass Sie um ¾ 9 weg waren obwohl Sie mir's ja geschrieben hatten. In London ging alles halbwegs – zuletzt musste noch schnell der Dr Lucas kommen – aber Bauzen, Neal, Liss und Loewen waren im Haus und so bin ich einigermassen beruhigt. Schwer ist's mir schon dass ich eigentlich so leicht Sie in Frankfurt treffen könnte – aber – da muss man eben – tapfer sein. Vielleicht werden Sie mich doch noch einmal mehr brauchen. Morgen früh will ich versuchen Sie in Hamburg anzurufen. Inzwischen ist aus dem Schloss-Hotel der Kaiserhof geworden weil Hedda dort gebookt hat. Und erzählen werden Sie mir – viel, viel erzählen.

Gestern abend am Schiff hab ich wunderbare Sachen gesehen an Deck. Da sahen die Leute eigentlich so aus wie ich sie gerne auf einem Porträt hätte. Grau – grau und schwarz und nur die Köpfe beleuchtet. Wenn da die Iris gesessen wäre!

Karlsruhe.

Heute früh haben wir gesprochen – hoffentlich hab ich Sie nicht betrübt. Mit dem Schlotterer war das so: ich war ganz stolz dass jemand von mir Auskunft wollte. Dachte erst das ist wer der Sie versäumt hat und Auskunft will wo er Sie erreichen kann. Ich sagte: ich kann Ihnen sagen wohin Sie Dr Canetti schreiben können. Dann begriff ich dass der Schlotterer ja Ihre Tour zusammengestellt hatte. Ich sagte – Ihren Zettel lesend – bis dann und dann Hamburg Köln u.s.w. und da sagte er: da kann ich Ihnen noch zu Ihrer Information sagen 11er Frankfurt Bücherbörse Zeil, wenn Sie sich das mal aufschreiben wollen. Da dachte ich mir noch: da sagt der mir was, was Sie gar nicht wollen dass ich es weiss. So, das ist alles – aber gefragt hab ich gar nichts.

Hier war's *sehr* schön die Ausstellung wunderbar und sehr interessant für mich (im Katalog ein Zitat aus dem Tagebuch: »ich glaube ich male kein Porträt mehr. Nein. Es ist so undankbar und es wird doch nie so wie man will.« Das hat mich sehr getröstet und auch Mut für die Iris gemacht. Es ist eben nicht so leicht. Und was die Ähnlichkeit anbetrifft stelle ich eben *andere* Ansprüche wie Beckmann und weil ich kleiner bin hab ich's noch schwerer.)

Mit Hedda war's auch ganz nett nur dass sie immer sagt sie sei alt – und rauchen und Menschen und Lokale und Stadtpflaster und Gott weiss was verträgt sie nicht – da kam ich mir jung vor und beweglich – das hat auch sein Gutes.

Gallwitz ein junger Mensch 30 ungefähr der Direktor des Kunstvereins ist reizend – wirklich ein lieber ganz natürlicher Mensch. Heut abend war ich mit ihm und seiner Frau (Kind von 6 ist auch da). Sie verschlangen alles was ich vom Beckmann erzählte und hundert Sachen fielen mir ein. Da war ich sehr fröhlich dass mir das passierte.

Morgen abend bin ich bei Reifenbergs. In Kronberg ist ein Kongress und kein Platz so bin ich im Monopol Metropol Hotel Frankfurt am Bahnhof. Wie lang ich bleibe weiss ich noch nicht. Jedenfalls bis Sonntag da Samstag die Städel-Eröffnung ist. Natürlich würd ich Sie gerne sehen aber ich habe das Gefühl – rücksichtsvoller ist es wenn ich abreise. Nur wenn ich noch für mich was zu tun hab bleibe ich und da ist's doch verrückt wenn wir uns nicht wenigstens einen Augenblick sehen!

Ich glaube nicht dass die Ausstellung mir geschadet hat. Sie macht mir Mut und – – man hat doch mit den Jahren einen anderen Standpunkt – etwas entwickelt sich – ob man's will oder nicht – und heute abend wenigstens habe ich den Eindruck ich kann mehr lernen und bin doch weniger gefährdet dadurch als früher. Aber das muss sich erst erweisen wenn man wieder arbeitet.

Nun sage ich Ihnen Gute Nacht. Ich hoffe Sie haben den Mulo doch noch ein bisschen gerne – er macht doch alles nach bestem Wissen und Gewissen und umarmt Sie viele Male

der Muli

Marie-Louise besucht in Karlsruhe mit Quappis Schwester Hedda die Ausstellung »Max Beckmann. Das Porträt« im Badischen Kunstverein. – Der deutsche Kunsthistoriker und Kurator Klaus Gallwitz, geboren 1930, ist von 1959 bis 1967 Geschäftsführer des Badischen Kunstvereins in Karlsruhe. Er wird später Direktor des Städelschen Kunstinstituts in Frankfurt am Main.

Elias Canetti an Marie-Louise von Motesiczky *Zürich*

Sonntag, 17. Nov. 1963.

Mein liebes Muli,
so viel Sachen sind in den paar Tagen passiert, dass ich gar nicht weiss, wo ich beginnen soll. Noch am Dienstag, als Du in Frankfurt warst, hatte ich die Besprechung über die Theatersachen beim Fischer-Verlag. Die Frau gefiel mir ausgezeichnet, ich liess ihr die Stücke zurück, eben habe ich mit ihr telephoniert, sie ist *begeistert* und überzeugt davon, dass alle drei Stücke in Deutschland heute grosse Chancen haben. So habe ich jetzt

den besten und angesehensten Theaterverlag in Deutschland. Auf diese endgültige Nachricht habe ich gewartet, um Dir zu schreiben.

Ich war in Basel und ganz wider Erwarten wurde da auch ein Tonband für eine Radiosendung aufgenommen. Dasselbe geschah Donnerstag in Stuttgart. Freitag war ich in Ulm; da traf ich den Leiter des Theaters und las ihm »Die Befristeten« ganz vor. Er war toll vor Begeisterung und es hängt nur von mir ab, ob ich ihn das Stück machen lasse. Wahrscheinlich, das sagt mir eben die Frau Hunzinger vom Fischer-Verlag am Telephon wird es besser sein, mit einem grösseren Theater zu beginnen. Immerhin ist es schön zu wissen, dass man sich sehr bald die Theater wird aussuchen können.

Gestern kam ich in Zürich an, ich traf sofort eine ganze Menge junger Dichter, die alle die »Blendung« schon gelesen haben. Überhaupt war es, auch in Deutschland, vor allem die Jugend, die vom Buche begeistert ist. In einer halben Stunde treffe ich jetzt den Hirschfeld vom hiesigen Theater, dazu bin ich hier: vielleicht, dass er endlich etwas macht. Morgen Montag, fahr ich nach Bern: Tonband-Aufnahme fürs Radio. Dienstag fahr ich nach Paris. Donnerstag kommt der Georg von Südamerika zurück, und am *25.* habe ich in *Paris* ein wichtiges Lunch mit meiner Theater-Person von Frankfurt, wo wir den Vertrag abschliessen wollen. Ich denke also, dass ich bis zum 26. in Paris bleibe und dann zum Muli nach London zurückkehre.

Es ist eigentlich phantastisch jeden Tag geschieht etwas Neues. Ich schicke Dir hier die Besprechung meines Vortrags aus der »Frankfurter«. Ich bin schon froh, dass Du dabei warst und vielleicht hast Du mir mit dem Reifenberg auch ein bisschen geholfen. In London malt Mulo als nächstes *mein Porträt.* Es umarmt und küsst Dich vielvielmals ein toller und sehr berühmter

Pio.

Pariser Adresse: Dr. Georges Canetti, 5 Résidence Brune, Paris 14e schreib gleich nach Paris.

Die Veröffentlichung der Theaterstücke beim Frankfurter S. Fischer Verlag kommt nicht zustande. Stattdesssen erscheinen »Hochzeit«, »Komödie der Eitelkeit« und »Die Befristeten« 1964 als »Dramen« beim Hanser

Verlag. – Stefani Hunzinger (1913–2006) leitet von 1956 bis 1979 die Theaterabteilung des S. Fischer Verlags.

Marie-Louise von Motesiczky an Elias Canetti

London, 30. April 1964

30 IV

Piolein,
Eben geb ich einen Brief bei Ihnen ab. Es geht nicht recht mit dem Schreiben wenn man nicht weiss ob Sie ankommen oder noch einige Tage bleiben.

Die Lessore schliesst ihre Galerie – noch nicht gleich aber in einem Jahr. Gestern war sie hier, wirklich gefallen von den Bildern hat ihr nur das letzte Bild (beim CHEMIST ich will nicht mehr daran rühren – davon war sie ganz entzückt). Bei der Iris will sie durchaus dass ich den Hintergrund ganz wegmache. Das kann ich nicht und so wird sie wohl das Bild nicht ausstellen und zu guter Letzt werde ich in ihrer Porträtausstellung kein einziges Bild haben scheint mir. Den Iris-Kopf selbst findet sie einen meiner allerbesten Köpfe. Aber der Hintergrund sei zu illustrativ. Sie sind schon ganz böse fühle ich, dass ich so viel darüber rede. Es war doch ein Schlag dass ich nun keine Galerie mehr habe – wenn's ja auch mehr in der Theorie war. Vielleicht ist's gut so. Vielleicht ist es sehr gut so. (Hab Ideen darüber)

Lessore, Lessore, – ich war in der Kossoff-Ausstellung – aber die Farbe so zu behandeln geht mir so gegen den Strich – Aus den kostbaren Rots, Grüns Blaus einen solchen dicken Brei zu machen um Gott weiss was zu sagen was dann doch nicht herauskommt. Und der Lessore zuliebe muss ich das Zeug ansehen und dabei wird mir innerlich ganz übel – beinahe körperlich – Das brauch ich jedenfalls nie mehr wenn die Galerie nicht mehr besteht.

Das Schönste was ich in den Tagen sah, ist Jack Straw's Castle oben am Pond – neu eröffnet. Ganz wunderbar!!! Das schönste Lokal das ich *je* gesehen habe. Oben das Restaurant – wie in einer anderen Welt! Sie werden staunen wenn wir mal dahin gehen!

Gestern war ich bei Pollak um das Bild für den Rahmen hinzubringen. Anfang nächster Woche wird er fertig und nächsten Donnerstag esse ich mit Iris. Da sind Sie doch schon da!?

Julia hat nun doch wieder Lust auf Tunis und jedermann sagt es sei ausgezeichnet für einen *Sommer* holiday im Mai. Ich kann mir's alles nicht ganz vorstellen. Ich in Tunesien die Baldassin hier – Sie zurück und im Juni wieder weg! Am meisten freue ich mich auf den Juli, da denke ich mir sind wir endlich friedlich an der Arbeit Sie am Roman und ich an den Städtebildern. Ich setze grosse Stücke auf diese Zeit. (Vielleicht sehe ich auch schöne Dinge da unten wenn's wirklich dazu kommt und kann unmittelbar danach was machen.)

Dr Doktor Pio, ich wollte Sie wären nun schon bald da, auch ist mir's so als ob Sie mir zürnen würden – doch habe ich wirklich und wahrhaftig keinen Grund das anzunehmen.

Vielleicht kommen Sie heute abend oder morgen und der Brief erreicht Sie gar nicht. Es umarmt Sie viele Male Ihr altes

Muli

Jack Straw war einer der Anführer des englischen Bauernaufstands von 1381. Nach ihm ist am Rand der Hampstead Heath, einem der höchstgelegenen Punkte Londons, ein Pub benannt, der 1964 in einem Umbau ein burgähnliches Aussehen erhält. Der benachbarte Whitestone Pond wurde früher als Pferdetränke genutzt. – Im Mai 1964 macht Marie-Louise in Begleitung von Julia Altschulova eine Reise nach Tunesien. – Nach Abschluss der langwierigen Arbeit an »Masse und Macht« hat Elias die immer wiederkehrende und schließlich nicht ausgeführte Idee, einen neuen Roman zu schreiben. Marie-Louises Vorhaben, Städtebilder zu malen, bleibt ebenfalls unausgeführt.

Elias Canetti an Marie-Louise von Motesiczky

im Zug nach Erlangen, 23. Juni 1964

Dienstag

Mein liebes Muli,
Ich schreibe Dir in der Bahn von München nach Erlangen, wo ich heute erst lese: die Vorlesung ist von gestern auf heute verschoben worden.

Als Du angerufen hast, am Freitag morgen, war der schlimmste Moment: zwei Tage vorher hatte der Georg durch die Anwendung eines ganz neuen Mittels, das er an sich ausprobieren wollte, sehr hohes Fieber bekommen (40°!) und war in einem wirklich elenden Zustand. Ich kam am Morgen danach an, als das Fieber plötzlich wieder sank, aber er fühlte sich doch schrecklich, und ich hatte Mühe, mein Entsetzen zu verbergen, als ich ihn sah. Am Abend dann erschien der Nissim, in einem unverschämt manischen Zustand und beleidigte ihn und mich eine gute halbe Stunde lang. Ich schluckte es alles, obwohl es wirklich unerträglich war, aber der Georg verlor plötzlich jede Beherrschung und hatte einen solchen Wutausbruch, wie ich ihn noch nie erlebt habe. Er warf den Nissim hinaus und verbot ihm, je wieder unter seine Augen zu treten. Ich musste ihn »abführen«, damit der Georg sich beruhigt. Es war wirklich ganz schrecklich. Der Nissim war wie verrückt und sagte mir, er werde sich noch in derselben Nacht umbringen. Er mache das mit allen Leuten, seine Frau halte ihn nicht mehr aus, seine Kinder verachteten ihn, und nur in seiner Arbeit gelingt ihm plötzlich wieder alles. – So blieb ich lange mit ihm auf, und wusste dabei nicht, wie es mit dem Georg stand. Aber es gelang mir, den Nissim zu beruhigen, und am nächsten Tag brachte ihn seine Frau zum Arzt, der ihm ganz starke Mittel gab, die ihn beruhigen, aber auch einschläfern (!).

Nach Deinem Anruf ging ich zum Georg: er war völlig verwandelt. Der Ausbruch hatte ihm *wohlgetan.* Sein Fieber war ganz herunter, er hatte keine Atemnot, und er behauptete steif und fest, es sei die Wendung. Mir kam es auch so vor, aber natürlich mag er auch übertrieben haben, damit ich meine Lesungen nicht alle absage und wirklich fahre. Ich glaube, es war wirklich die Wendung, auch telephonisch klang es seither so. –

Stuttgart ging gut, aber das war nur eine Bandaufnahme für Radio. Hier wohne ich sehr schön im Nymphenburger Schloss in einem herrlichen Park. Morgen ist die Lesung hier, ein grosses Ereignis. Donnerstag fahre ich wieder weg, so hat es keinen Sinn, dass Du mir hieher schreibst. Schreib mir bitte *München Hauptpostlagernd.* Samstag komme ich wieder durch München und hole mir Post. Montag bin ich in Augsburg, Mittwoch in Ulm, dazwischen wieder in München, aber ich weiss noch nicht, wo ich dann wohnen werde. Am 2. oder 3. Juli kommen die Dramen heraus, und es soll ein grosses Interview geben, aber es ist noch nicht sicher, in welcher Stadt. Vielleicht gibt es zwei, eines hier und eines in Basel.

Dann fahre ich wieder nach Paris zum Georg, er sagt, er wird dann schon aus dem Spital und zu Hause sein. *Hoffentlich, hoffentlich, hoffentlich* ist es wahr. Es war schrecklich, Muli, und eigentlich kann ich an nichts als diese wahnsinnige Szene zwischen meinen Brüdern denken, die immer, seit frühester Kindheit, die tiefste Liebe füreinander hatten. Wahnsinn ist schon etwas Entsetzliches, habe ich's nicht immer gewusst.

Es ist gut, dass ich die Lesungen geben *muss*, das bindet mich und hält mich zusammen. – Arbeit ist wirklich die einzige Rettung des Menschen. Liebes, liebes Muli, malst Du etwas Schönes für mich, dass mein Herz sich freut, wenn ich heimkehre nach Hampstead?

Sei viel-vielmals umarmt von Deinem sehr erschrockenen

PIO.

Im September 1964 macht Nissim Jacques einen Besuch in London und nimmt Elias für ein paar Tage mit nach Südfrankreich. Anschließend besuchen sie Verwandte in der Schweiz.

Elias Canetti an Marie-Louise von Motesiczky *Paris*

Sonntag 27. Sept. 1964

Mein liebstes Muli,
Das war kein kleiner Schock, als ich gestern mit dem Nissim nach Paris zurückkam und gleich als erstes von Georg erfuhr, dass Du überhaupt keine Nachricht von mir hast. Es ist mir vollkommen rätselhaft, denn wenn *eine* Karte verlorengehen kann, doch nicht gleich drei, und schon gar nicht von drei verschiedenen Orten. Du wirst sie sicher noch bekommen, die letzte aus Lausanne (mit Grüssen von Nissim darauf) hab ich am Montag, also vor sechs Tagen eingeworfen. Aber selbst die Verzögerung begreife ich einfach nicht. Das Ungerechte daran ist, dass Du mir fleissig geschrieben hast und ich *alles* von Dir bekommen habe. Ich war geradezu stolz auf Dich, es schien mir, dass Du alles gut gemacht hast und so war ich auch nicht beunruhigt über die lange Rückfahrt, die jetzt bevorsteht. Am meisten kränkt mich daran, dass Du denken könntest, ich sei in meine alte Eifersucht zurückverfallen. Dabei habe ich mich

jetzt wunderbar erzogen und will nur, dass Du keine gefährlichen Sachen machst und hoffe sehr, dass Du eine schöne, reiche Fahrt mit dem Samuel hast und dass er Dich nicht sekkiert. Ich glaube, er wird es nicht tun. Es ist ein so unbeschreiblich schöner Herbst überall, Du wirst es *herrlich* haben, und während Du auf der Reise bist, wirst Du wissen, dass ich schön in meinem Zimmer im Haus oben arbeite. –

Meine Reise war die merkwürdigste meines Lebens. Ich glaube, ich habe *noch nie* einen so tiefen und furchtbaren Einblick in die menschliche Seele bekommen. Wer hätte gedacht, dass man mit 60 noch ganz neue Dinge lernen kann! Aber ich weiss jetzt nicht nur alles über einen Menschen, der seit 55 Jahren mein Bruder ist und über den ich *nichts* gewusst habe; ich habe auch alles über einen bestimmten Beruf gelernt, und das war faszinierend. Ich könnte jetzt diesen Beruf selber ausüben, so gut kenne ich ihn. Ich weiss jetzt, dass jeder Beruf eine *Spielerei* ist, wenn man Gelegenheit hat, sich 14 Tage mit meiner Intensität und Intelligenz damit zu beschäftigen. So imponieren mir auch Deine Handwerker nicht mehr und Deine Meinung von mir (»der Dr. Canetti ist gescheit, aber ein Schloss kann er nicht reparieren«) kränkt mich *überhaupt* nicht mehr. Wenn ich wollte, könnte ich sehr bald die kompliziertesten Schlösser reparieren! Ich *will* nur nicht, und wozu sollte ich es auch wollen, wenn ich zum Wächter bestellt bin und nicht zum Schlosser. –

Mit dem Lernwillen meines Bruders dagegen war es kümmerlich bestellt. Ich habe ihm die ganze Architektur der Provence erklärt, und er hat es alles sofort wieder vergessen. In geistigen Dingen ist er wie eine Frau, man kann ihm etwas zehnmal erklären, er merkt sich's nicht. Hingegen spürt er genau, wie Menschen zu ihm stehen, und seine Gefallsucht und Eitelkeit ist immer auf dem Qui vive. Zugleich ist er teuflisch wie ein Machthaber. Er vergisst nicht den leisesten Widerstand irgendeines Idioten und benimmt sich eigentlich so exzessiv und verrückt wie ein Eifersüchtiger, der immer eine einzige Frau im Kopfe hat und nicht merkt, dass hundert andre Frauen, die auch ihre Reize haben, gleichzeitig um ihn werben und ihn sehr begehrenswert finden. So übersieht er oft seine besten Chancen (auch geschäftliche), weil er sich über irgendwen masslos aufregt. Aber es hat keinen Sinn, dass ich Dir jetzt Einzelheiten berichte, es gäbe sonst ein ganzes Buch. Anstrengend war es schon, weil er mich keine Minute allein gelassen hat. So hat er in 2 ½ Wochen eine ganze Jugend mit mir nachgeholt, in der ich mich ihm versagt hatte. –

Marseilles war schön, weil wir mit seinen Künstlern überall hingingen, das ganze Nachtleben dort war wie auf meiner flachen Hand: ich habe die tollsten Sachen gesehen, und als hochmoralischen Verächter aller niedrigen Dinge hatte ich immer den Nissim bei mir! (als wär ich's selbst!) –

– Sehr schön war Aigues-Mortes (von wo ich Dir die erste Karte geschickt habe). Einmal mussten wir nach Toulon, und da bat ich den Nissim, nach Le Lavandou zu fahren, weil Du mir so viel davon erzählt hattest. Es ist jetzt schrecklich verbaut dort und viel zu viel Menschen, aber die Landschaft ist doch sehr schön. –

In Lausanne bei der Ausstellung habe ich dem Nissim Bilder gezeigt. Das war schrecklich. Es ist absolut unmöglich für einen Menschen im Alter von 55 Jahren, 40 verlorene Jahre nachzuholen. Nichts als blöde, geschmacklose Witze, um seine absolute Leere zu verbergen. An einem Tag fuhren wir nach Zürich, um eine Ausstellung von *Gold* aus Peru zu sehen. Künstlerisch war das nicht sehr aufregend. Aber das Gold war mit 80 Millionen Schweizer Franken versichert. Du hättest ihn sehen sollen, wie ihn das Gold aufgeregt hat. Mir wurde ganz schlecht dabei, er war plötzlich wie ein Schweizer, ich konnte es einfach nicht mitansehen. Gleichzeitig war eine *wunderbare* Vuillard-Ausstellung. Seine frühen Bilder, so aus den 90er Jahren, auch bis etwa 1910, gehören zu den schönsten Sachen, die ich überhaupt kenne. Ein Maler, der in den besten Sachen die Qualität der *Allergrössten* hat. Die späteren Bilder allerdings, wieder sehr realistisch, mag ich gar nicht. Da hat sich der Nissim gelangweilt und ging zum Gold zurück, während ich mir zwei Stunden lang die Vuillards anschaute, besonders die ganz kleinen. –

Ach, mein liebstes Muli, es ist noch so viel, dass ich besser aufhöre. Du wirst gar nicht mehr Zeit haben, einen so langen Brief zu lesen. – Ab 1. Oktober, das ist Donnerstag, bin ich wieder in London. Schreib mir noch bitte nach Hampstead, bevor Du auf die lange Reise gehst, und *bitte, bitte, bitte*, fahr immer vorsichtig. Ich wünsche Dir die wunderbarste Fahrt, und schau Dir auch Orte für mich an, die zum Arbeiten gut wären.

Es umarmt Dich viel-vielmals

Dein Pio.

Grüsse herzlichst die Mutter, und Pauly und wer sonst noch mich kennt.

Im Oktober fahren Marie-Louise und Godfrey Samuel mit dem Auto über München, Salzburg und Wien nach Mailand. Die Rückreise erfolgt mit dem Autoreisezug, weil das Auto beschädigt ist. – auf dem qui vive sein: auf der Hut sein. – Marie-Louise kennt den Ort Le Lavandou, der in der Nähe von Bormes-les-Mimosas an der südfranzösischen Küste liegt, von vielen Besuchen bei ihrer Cousine Sophie Brentano, die dort ein Haus hat.

Im Dezember 1964 bricht Marie-Louise zu einer längeren Reise in die USA auf. Sie besucht Freunde und Verwandte in Boston und New York.

Elias Canetti an Marie-Louise von Motesiczky *London*

13. Dezember 1964

Mein liebes Muli,

Ich habe Dir so lange nicht geschrieben, weil ich mich gar nicht gut fühlte, äusserlich und innerlich, und so dachte ich, es ist besser, Du merkst nichts und tust, was Du dort tun sollst und fühlst Dich nicht belastet.

Ich war aber nicht im Bett und habe es jetzt endlich überstanden. Vielleicht war es mehr eine Art Depression und kam mir nur auch wie eine Krankheit vor. Heute bin ich munter aufgewacht und fühle mich wieder ganz normal. Es war auch der Ärger und die tiefe Enttäuschung über die amerikanische Abrechnung: ich bekomme nicht einen Groschen, sie haben nicht einmal 3000 Exemplare verkauft, mit all dem Getue, grossartigen Kritiken, verrückter Reklame u. s. w. Das kann einen schon sehr unglücklich machen, wann werde ich endlich wissen, dass ich genug zum Leben habe wie jeder Trottel?

Dabei sind auch schöne Sachen passiert: ein wirklich gescheiter und wunderbarer Aufsatz über *alle drei Dramen* kam aus Deutschland. Da steht, dass die »Komödie« ein Modell für das Drama des Jahrhunderts sei, und ich sei zweifellos einer der bedeutendsten lebenden Dichter und Denker in deutscher Sprache. Das Aufregende an dem Aufsatz ist, dass der Verfasser die Stücke vollkommen begriffen hat und wirklich aufregend schildert. So setze ich jetzt meine letzte Hoffnung auf die Aufführung der Dramen in Deutschland. Wenn die mir nicht endlich meine äussere Unabhängigkeit und Würde geben, habe ich es satt.

Von der Viking Press hatte ich Nachricht über die Televisions-Frau aus New York. (Nach sechs Wochen, in denen sie zu schreiben »vergassen«!) Die Frau macht ihnen einen *ausgezeichneten* Eindruck: ich könne ihr die Sache bestimmt anvertrauen. Jetzt braucht sie einige Zeit, um die Sache mit ihren Instanzen in Gang zu bringen. Es scheint, dass das Ganze nur von ihr ausgegangen ist und dass sie ihren Plan erst genauer den Fernseh-Leuten vorlegen muss. So ist noch nichts endgültig, aber die Person ist ausgezeichnet und hat wirklich Erfahrung. Wenn ich jetzt, nach dieser letzten vernichtenden Niederlage, nicht beschlossen hätte, *an nichts, absolut nichts mehr zu glauben*, würde ich sagen, die Sache ist sicher. – Von andern Ländern sind wieder Anfragen nach der »Blendung« und den Dramen gekommen. Sehr schön, sehr schön: in einem hebräischen Artikel aus Israel steht, dass ich den Nobelpreis bekommen müsste. Ich bekomme ihn ja doch nicht, und was habe ich von diesem rapid wachsenden Weltruhm, wenn ich ein Bettler bleibe.

Die französische Übersetzung von »Masse und Macht« ist übrigens besonders gut. Ich sag mir alle diese Tatsachen, denn sie sind es schliesslich, um meine furchtbare Depression zu überwinden.

Aber heute ist es wirklich endlich besser. Bitte sprich zu *niemand* in New York über meine Sachen. Ich sehe es jetzt bestimmt alles viel zu schwarz und schade mir nur, wenn ich so mutlos spreche.

Deine Bostoner Briefe waren ein Lichtblick. Es tut mir leid, dass es in New York nicht so gut geht. Ich bin aber fest überzeugt davon, dass Dir viele von den Menschen, die Du jetzt kennenlernst, auch für die Arbeit noch sehr wichtig werden. Jetzt kennst Du sie, und was Du brauchst, ist ein Mensch, der ihnen noch von aussen einen Stoss gibt, bis sie Deine Malerei *sehen*.

Ich bitte Dich, nimm Dich vor dem Nirenstein in acht. Ich vergass ganz, dass er in New York ist. Der Mann ist ganz unten durch, ich habe das schon öfters gehört. Er wird also trachten, sich an Dich heranzumachen. *Nimm ihn nirgends hin*! Besonders nicht zu irgendwelchen Empfängen. Zeig Dich nicht mit ihm. Er ist Dir *nicht gut gesinnt* und will Dich nur benützen.

Grüss die Quappi herzlichst von mir. Vergiss nicht, die Irma zu besuchen.

In 9 Tagen bist Du wieder in Hampstead. Das wird schön sein. Deine Mutter hab ich nur einmal auf der Strasse gesehen. Morgen gehe ich wieder hin, weil ich mich besser fühle –

Sei viel-vielmals umarmt, mein liebes Muli, und mach's gut und *sag nie etwas gegen Deine Bilder*! Hoffentlich findest Du hier wieder einen munteren Pio.

»Masse und Macht« erscheint Anfang 1966 in der Übersetzung von Robert Rovini als »Masse et puissance« bei Gallimard in Paris.

Elias Canetti an Marie-Louise von Motesiczky *Paris*

Dienstag 5. Januar 1965

Liebes Muli,
Der Georg behauptet, Du hast Sonntag abend angerufen. Da er aber so viele Geschichten dazu erfunden hat, weiss ich nicht, ob es wirklich stimmt. Ausserdem rufst Du doch gewöhnlich in der Früh an. Nun, vielleicht ist es wahr, und dann würde ich mich sehr darüber freuen.

Es geht mir nicht schlecht, ich beruhige mich langsam, eine Reise ist schon das beste dazu. Ich sag mir tausendmal, dass auch endlich etwas gut gehen könnte. Ganz glaube ich's noch nicht. Ich bin zu oft enttäuscht worden. Aber ich lebe nicht mehr vollkommen im Schrecken gefangen. Dass aber noch immer etwas bei mir nicht stimmt, hab ich an folgendem Erlebnis gestern erkannt: Ich kaufte die »Weltwoche« vom 31. Dezember, und da ist ein Aufsatz, »Der flinke Essayist«, eine vernichtende Kritik an einem Buch von Enzensberger (der sich schändlich zu mir benommen hat). In diesem Aufsatz werde ich öfters genannt und wie selbstverständlich auf eine Stufe mit Freud gestellt. Der Georg, als er mittags nach Hause kam und es sah, sagte: »Das ist das Erstaunlichste, was Dir bis jetzt passiert ist.« Er war wirklich vollkommen überwältigt davon und las es, was er sonst nie tut, dreimal hintereinander. – Nun, in normalen Zeiten hätte mich eine solche Sache schon ungeheuer aufgeregt. Denn Enzensberger war der Mann, der versuchte, drei Wochen vor ihrem Erscheinen die »Blendung« umzubringen. In diesem Aufsatz wird ihm nachgewiesen, dass er den besten Teil seines neuen Buches aus »Masse und Macht« gestohlen hat. Ausserdem stehen Freud und Canetti so nebeneinander, als ob es sich um absolut Gleichwertiges und Gleichwichtiges handeln würde. Du wirst es nicht glauben, aber die Sache hat mich so kalt gelassen, als ob es sich um jemand ganz Fremden handeln würde. Daraus sehe ich, dass ich noch immer nicht ganz ich selber bin. Aber es bessert sich allmählich. Wenn es nur nicht wiederkommt! Davor habe ich eine panische Angst.

Der Georg geht mit mir die französische Übersetzung durch, er findet sie ausgezeichnet. Er meint, das Buch sei schon im Original in einem »lateinischen« Stil geschrieben und lasse sich darum besser ins Französische als ins Englische übersetzen. Ich glaube das aber nicht. Der Übersetzer ist in Nizza und ich treffe ihn am 14. und 15. in Paris (das ist nächste Woche).

Die Fahnen für das Penguin-Buch sind gekommen. Das Zeug kommt also sicher im Mai heraus und wird in London in allen Schaufenstern sein. Ich denke mir, wenn es so weit ist, könnte das eine gute psychologische Wirkung auf mich haben, wenn ich in London herumgehe. –

Von Paris habe ich noch überhaupt nichts gesehen. Ich war nicht einmal in einer Buchhandlung, das ist noch nie passiert. Morgen früh fahr ich nach Braunschweig. Ich muss *spätestens* morgen in einer Woche in Paris zurück sein, wegen meinem Übersetzer, der dann aus Nizza kommt. Aber höchstwahrscheinlich bin ich Montag schon wieder hier, es sei denn, ich muss auf einen Tag nach Frankfurt. Wenn Du Lust hast, mir zu schreiben, schreib mir bitte hieher.

Hast Du schon zu malen begonnen? Es wäre eine wunderbare Sache für mich, wenn Du mich bei meiner Rückkehr mit einem neuen Bild überraschst. Aber das ist schon der Zeit nach kaum möglich, und warum solltest Du eine solche Jammerfigur, eine so klägliche Existenz mit etwas überraschen wollen.

Lebwohl, liebes Muli, ich umarme Dich,

die traurigen Reste eines Pio.

Hans Magnus Enzensbergers »Politik und Verbrechen. Neun Beiträge« erscheint 1964 bei Suhrkamp. – Im »Spiegel« erschien kurz vor dem Erscheinen der »Blendung« 1963 eine kritische Rezension von Hans Magnus Enzensberger. Entgegen Enzensbergers Voraussage wurde diese dritte Ausgabe des Romans (zuerst Wien 1935, dann München 1948) ein Erfolg und schaffte es auf die Spiegel-Bestsellerliste.

Elias Canetti an Marie-Louise von Motesiczky

Zürich, Hotel Storchen
24. Februar 1965

Mein liebes Muli,
Den Moment bin ich in Zürich eingelangt: ich habe meine Sachen eingestellt und bin ins Kaffeehaus gegangen, wo ich Dir schreibe.

Womit soll ich anfangen? War das eine Hetze! War das ein Leben! Seit Berlin war ich in fünf *sechs* (!) Städten, in Hannover, Bielefeld, Essen, Dortmund, Stuttgart, und München. Die ersten drei waren begeistert arrangierte Vorlesungen aus den Dramen, zum guten Teil vor Studenten. Ich konnte nicht nein sagen, man bat mich so darum, und nach den Schlachten im Theater und bei der Kritik glaube ich immer mehr, dass es auf meine *Person* ankommt, und sonst auf nichts. Wenn ich *selbst* aus den Dramen lese, herrscht nichts als Begeisterung: aber es sind hauptsächlich junge Menschen. In Dortmund war ich wegen dem Theater, ich glaube kaum, dass etwas draus werden wird. (Vielleicht bin ich jetzt zu pessimistisch). In München war ich erst ein paar Stunden bei meinem Verlag und wurde dann sofort nach Stuttgart gefahren, wo ich »wichtige« Leute treffen sollte. Da gibt es einige einflussreiche Anhänger der Dramen, die aber persönlich erbitterte Gegner des Braunschweiger Theaters sind und es *vernichten* möchten. Da kannst Du Dir vorstellen, in welcher Lage ich bin! Ich kann zu »meinem« Theater nicht illoyal sein, obwohl sie mir manches erschwert haben. Der grössere Teil der Kritik ist gegen die Aufführung. Aber das ist alles so kompliziert, dass ich es Dir mündlich und ausführlich erzählen muss.

Dann kam ich nach München zurück, wo ich aber nur drei Tage blieb. Unaufhörliche Besprechungen, Interviews u.s.w. Die »Aufzeichnungen« kommen schon in 14 Tagen. Ich glaube, die werden wirklich ein Erfolg werden. Der Hanser-Verlag wird *vielleicht* »Masse und Macht« von der Claassen abkaufen. Aber das ist noch ein *Geheimnis*, und es könnte jetzt sein, dass die Claassen sich wehrt, weil ich in Deutschland nun berühmt bin, eigentlich wäre sie dumm, wenn sie das Buch jetzt verkauft, für mich aber wäre es ein grosses Glück. Hanser wäre bereit, ihr die ganze Rest-Auflage abzukaufen. Muli, alle diese Sachen, die ich Dir jetzt schreibe, sind noch *streng geheim*. Der sonderbarste Plan des Verlags betrifft eine grosse Fernseh-Sendung mit mir, die aber jetzt erst *entworfen* wird. Wenn der Entwurf gelingt, würde ein Regisseur im Sommer zu mir nach London kommen, mit einem eigenen Wagen und zwei oder drei Gehilfen und während 5–10 Tagen Aufnahmen mit mir machen. Leben, Arbeit, Spaziergänge u.s.w. u.s.w., auch ein bisschen Vorlesen. Das gäbe eine Sendung von 40 Minuten für ganz Deutschland, mit 7–8 Millionen Zuschauern. Der blosse Gedanke war mir *entsetzlich*, und es hat die ganze Überredungskraft des neuen Direktors des Verlags, des Arnold, gekostet, um meinen Widerstand zu brechen. Jetzt hoffe ich, es wird aus technischen Gründen sich noch zerschlagen, was ganz leicht möglich ist. Alles sagt mir, dass Bücher nur dann gekauft werden, wenn so etwas gemacht worden ist. Ich denke an »Masse und Macht« und beisse die Zähne zusammen. Ich will, dass dieses Buch seine Wirkung tut, und wenn ich dabei kaputt gehe.

In Zürich soll ich den Jacobi treffen, der die schöne Besprechung in der »Zürcher Zeitung« geschrieben hat. Dieser Mann hat mir mehr genützt als alle anderen zusammengenommen. Bei allen Besprechungen, die vom Verlag arrangiert waren, wurde mit dieser »ganzen Seite« in Zürich Staat gemacht. Wer immer das liest, begreift, was mit den Stücken los ist.

Ich bleibe bis Sonntag hier, die Adresse ist: Hotel zum Storchen, Weinplatz 2, Zürich I. Montag fahre ich auf 2–3 Tage nach Frankfurt, zur Hunzinger, um genau zu erfahren, wie die

Braunschweiger Aufführung sich auswirkt. Persönlich bin ich sehr skeptisch. Aber das ist eine Haltung, die ich mir jetzt zum Gesetz gemacht habe. Anders komme ich nicht durch. Von Frankfurt fahre ich auf 3–4 Tage nach Paris. Da soll ich einen Mann sehen, den mir der Arnold besonders empfohlen hat, und einen anderen, den ich in Berlin kennengelernt habe, der mich bei Pariser Theatern einführen will.

Ich denke, ich kann um den 8. März wieder in London sein, (hoffentlich). Ich möchte Ruhe, Ruhe, Ruhe, aber ich lasse nicht locker, der Kampf hat seinen Reiz. Es ist auch etwas anderes, zu kämpfen, wenn man ein Gewicht in der Öffentlichkeit hat und nicht eine Null ist.

O Muli, Muli, ich möchte so gern wieder ruhig in Hampstead sein und *denken* und *schreiben* und immer fragen, was Du gemalt hast. Ich freue mich schrecklich auf neue Bilder, auf das Haus, auf den Garten, auf die phantastische Biedermeier-Ruhe Eures Lebens. Das ist in dieser irrsinnigen Zeit etwas so Kostbares, ich glaube, Du kannst nicht ahnen, wie glücklich Du bist. Wenn ich auf 5 Jahre gesichert wäre, würde ich wahnsinnig arbeiten und die herrlichsten Werke schreiben, und alles käme dann von *selbst*, durch die Werke. Aber so rase ich in der Welt herum, wer weiss, ob etwas dabei herauskommt, das der Mühe wert ist. Lebwohl, mein liebes, liebes Muli, ich umarme Dich viel, viel, vielmals.

Dein rasender Pio.

Grüsse alle, und bitte: *schweigen* über meine Sachen.

einlangen: eintreffen. – Am 6. Februar 1965 wird die »Komödie der Eitelkeit« am Staatstheater in Braunschweig uraufgeführt. Hansres Jacobi, geboren 1926, ist Theaterredakteur bei der »Neuen Zürcher Zeitung« und schreibt eine der wenigen positiven Besprechungen. – Die »Aufzeichnungen 1942–1948« erscheinen 1965 bei Hanser. – Fritz Arnold (1916–1999) kommt 1965 als Lektor zum Hanser Verlag.

Dienstag Nachmittag
26. April 1966

Mein liebstes Muli,
Eben kam Dein Brief und ich schreibe Dir gleich, um Dir ein wenig Mut zuzusprechen und auch um Dir zu erzählen, dass zugleich mit Deinem ein andrer Brief aus Wien kam, der zwar mich betrifft, sich aber nur besonders günstig auf die Ausstellung auswirken kann. Ein Direktor des österreichischen Rundfunks teilt mir *offiziell* mit, dass ich für dieses Jahr zwar *nicht den Staatspreis*, dafür aber den *Dichterpreis der Stadt* Wien zuerkannt bekommen habe. Ich soll am 16. Mai im Rathaus anwesend sein, um ihn entgegenzunehmen und dafür zu danken. Das ist nun materiell bestimmt nicht so günstig wie der Staatspreis gewesen wäre (ich weiss nicht einmal, ob Geld damit überhaupt verbunden ist, das steht im Brief nicht drin) aber dafür geschieht es *jetzt*, während Deiner Ausstellung, was die Journalisten bestimmt interessieren wird. Es trifft sich geradezu wunderbar, dass ich in Wien sein werde. Der Rundfunk wird ein ganzes Programm über mich machen und ich werde unzählige Leute kennenlernen, die ich alle in Deine Ausstellung schicken oder bringen kann.

Ich bin sehr froh, dass Du den Presse-Empfang in der Sezession haben wirst. Du darfst dabei nicht sparen, es soll sehr schön sein, das haben die Leute gern (aber nicht *übertrieben* üppig). Die Aufwartung soll so sein, dass Du nicht daran zu denken hast, alles soll von selber laufen. Dein Kopf soll für Gespräche frei bleiben. Du musst mir jetzt schon *heilig versprechen*, ganz wenig oder nichts zu trinken, und zwar aus folgendem Grund: wenn man getrunken hat, sagt man frei heraus, was man denkt. Die Journalisten werden Dich allerhand fragen, Du darfst aber *nie* einen Hieb gegen die Abstrakten oder die Wiener Surrealisten riskieren, dazu ist Deine Stellung nicht stark genug. Du musst sagen, dass es Dir um andere Sachen zu tun war, Dich auf Beckmann berufen, einfach so natürlich reden, wie Du es kannst, *ohne* andere Richtungen anzugreifen. Wenn es sich ergibt, kannst Du auf Deine feine Art das Steiner-Bild zeigen und sagen, dass *ich* der andere bin, auch das Porträt kannst Du ruhig zeigen, alle werden wissen, dass ich bald komme. Du sollst zum Beispiel sagen, welche Bilder mir »offiziell« gehören. Vergiss nicht, dass »Mutter mit Strohhalm« »Canettis Lieblingsbild« von Dir ist. (Im Katalog gehört es mir). Sag, dass ich bald komme, *weil ich die Ausstellung sehen will.* Glaub mir, es ist viel besser, dass ich *nicht* bei der Eröffnung dabei bin, jetzt noch mehr, weil sich zuviel Aufmerksamkeit *mir* zugewandt hätte. Wenn ich komme, so um den 9. herum, wird die Sache einen neuen Impetus bekommen, und erst recht in der letzten Woche nach der Preis-Verteilung im Rathaus. Ich halte es jetzt für sehr wahrscheinlich, dass die Stadt ein Porträt von mir bei Dir bestellt (wenn sie nicht das Vorhandene gleich kauft).

Noch eines: wenn Du von mir sprichst, sag nicht, wie Du's gewohnt bist: *der* Canetti, sondern einfach Canetti, das hebt Dich mehr.

Jetzt ist das Wichtigste, mein liebes Muli, dass Du die Bilder schön hängst. Davon hängt sehr viel ab, es wird Dir sicher gelingen. Ich halte es für besonders gut, dass Du ein eigenes Zimmer mit Malsachen hast, da gehe oft hin und beruhige Dich und denke daran, wie gut Du malen kannst und wirst, wenn Du wieder in Hampstead bist und was für Porträt-Aufträge Du jetzt bekommen kannst. Der Katalog ist wunderschön, ich hab einen den Graham-Harrisons »von Dir« geschenkt und sie waren begeistert und lassen Dir herzlichst danken und wünschen Dir wirklich den grössten Erfolg. Zum Presse-Empfang lade *ja keine Bobbies* ein (auch nicht freundliche, wie die Gerda) und vergiss nicht den »Lebenslauf« für die Journalisten und die Beckmann-Erinnerungen, die Du noch vervielfältigen musst. Ich freue mich diesmal wirklich auf Wien, und ganz besonders freue ich mich auf den Wienerwald, in dem Du mich spazieren fahren wirst. So werde ich endlich auch Heiligenkreuz kennenlernen!

Fürchte Dich vor *nichts*, mein liebes Muli, es wird *bestimmt* gut ausgehen und sollte es nicht ein *so* grosser Erfolg werden, wie wir mit Recht erwarten, so bleibt uns immer noch die ganze übrige Welt. Aber es wird bestimmt jetzt einer werden. –

– Der Georg lässt Dich herzlichst grüssen und alles Gute wünschen. Er hatte, wie ich dachte, damals am Telephon gelogen, und war bis jetzt krank zuhause. Aber er hat Japan mir zuliebe aufgegeben. Ich fürchte, ich werde neue Scherereien mit dem Nissim haben, er hat mir eine schauerliche Übersetzung der »Hochzeit« einschicken lassen, die grösste Unverschämtheit, die mir je untergekommen ist, eine »freie Nachdichtung« von einem absoluten Esel. Natürlich muss ich da ganz hart bleiben; aber ich fürchte, der Georg wird sich darüber aufregen, da der Nissim diese Übersetzung wird bezahlen müssen. –

Sehr gut war Dein Gespräch mit dem Eckart! Mach's weiter gut und sei tausendmal umarmt von

Pio

Grüss alle herzlich von mir.

Vom 5. bis 25. Mai findet eine große Einzelausstellung von Marie-Louises Bildern in der Wiener Secession statt. Sie ist im Dezember in der Neuen Galerie der Stadt Linz zu sehen. – Das Canetti-Porträt von 1960 wird vom Kulturamt der Stadt Wien angekauft und befindet sich heute im Wien Museum. – Bobbies ist der Spitzname für britische Polizisten.

Elias Canetti an Marie-Louise von Motesiczky

Paris, 3. Mai 1966

Mein liebstes Muli,
ich bin ein bisschen unruhig, weil ich noch nichts von Dir gehört habe, seit ich hier in Paris bin. Hoffentlich hast Du meinen Brief aus London noch bekommen. Ich bin so neugierig, alles zu wissen: wie es mit dem Hängen geht, ob die Ausstellung schön aussieht, wie die Leute sich benehmen. Ich kann Dich nicht einmal anrufen, weil ich die Nummer von der Nossek verloren habe und nirgends finden kann. Wenn nur Dein Schweigen ein gutes Zeichen ist: dass Du viel zu tun hast und alles sich gut vorbereitet.

Mit meinen Sachen hier will ich Dir jetzt nicht den Kopf voll machen. Es ist wieder einmal alles umgekehrt gekommen: jener Aufsatz, über den ich mich – allerdings mit bösen Ahnungen – gefreut hatte, hat den erbitterten Widerstand mancher Leute hier hervorgerufen und jetzt tobt ein Kampf, wie Du ihn Dir nicht vorstellen kannst, schlimmer als alles, was ich je erlebt habe. Bitte sprich zu *absolut niemand* davon, denn der Ausgang ist noch keineswegs entschieden. Es kann sich noch gut wenden, aber wenn es schlecht ausgeht, bedeutet es, dass die Dinge in Frankreich für mich so langsam sich entwickeln werden wie damals in

Deutschland. Im Moment sehe ich alles zu schwarz, in 14 Tagen, wenn mehr Sachen erschienen sind, mag es ganz anders wirken. Aber man ist mitten im Zentrum von allem und es gibt nichts, absolut nichts Schmerzliches, das einem erspart bliebe.

Ich fürchte, im ersten Moment dieser ungeheuren Enttäuschung wäre ich keine gute Stütze bei der Eröffnung und jetzt betrachte ich es geradezu als eine Vorsehung, dass ich nicht dabei sein werde. Aber nächste Woche werde ich mich gefasst haben, und da werde ich hoffentlich meinen Mann in Wien stehen. Der Georg, zu meinem Staunen, ist sehr nett und hat sich ganz auf meine Seite gestellt.

Ich schreibe Dir jetzt, um Dir alles Glück zu wünschen. Ich bin in Gedanken dabei und sehe die Bilder vor mir, die in all diesen Jahren entstanden sind und ohne die ich mir das Leben überhaupt nicht vorstellen kann. Du denke Dir die ganze Zeit, dass der Pio *felsenfest* an den Maler Mulo glaubt, und bald werden wir wieder in Hampstead sein und Du wirst die schönsten Sachen malen. Der Katalog gefällt jedem, der ihn sieht, ich habe dem Georg einen »von Dir« geschenkt, er ist stolz auf Dich und lässt Dir herzlichst danken. Er ist, wie ich, vom Erfolg der Ausstellung *überzeugt.* Ich hoffe, Du schläfst genug, und bitte, bitte, liebes Muli, vergiss nicht, dass Du beim Presseempfang nur ganz wenig trinken darfst, aus den Gründen, die ich Dir geschrieben habe.

Ich komme am *Montag*, irgendeinmal am späteren Nachmittag tauche ich in der Pension bei Dir auf. Ich weiss noch nicht genau, mit welchem Flugzeug ich komme. Aber ich denke, dass es nicht vor vier Uhr nachmittags und nicht später als sieben Uhr abends sein wird. Bitte sag in der Pension, dass ich Montag komme (am 9.). Ich habe hier noch drei oder vier sehr anstrengende und vielleicht, wenn ich mich gut halte, entscheidende Tage vor mir.

Eine gute Nachricht gibt es auch, aber ich spreche sie noch mit äusserster Vorsicht aus und es ist *nichts* fest, *also sag es niemand*: das Strassburger Theater interessiert sich für ein Stück von mir und ich fahre entweder Samstag oder Sonntag hin, auf dem Weg nach Wien. Wenn ich aber hier nicht rechtzeitig fertig werde und darum nicht mehr nach Strassburg kann, komme ich doch auf alle Fälle Montag nach Wien und fahre erst auf dem Rückweg nach Strassburg.

Ich freue mich ganz entsetzlich darauf, die Bilder in der Sezession zu sehen. Aber ich freue mich auch darauf, mit dem Muli auf den Semmering und im Wienerwald herumzufahren. Es wird eine *Erlösung* sein, nach dieser Pariser Hölle. Die Menschen hier sind nämlich wirklich von einer teuflischen Niedertracht (kleinlich, neidisch, klatschsüchtig, boshaft u. s. w.).

Ach, Muli, ich wünsche mir sehr, dass Du Freitag früh, womöglich schon um 8 Uhr früh, mich hier anrufst, *VIC*tor 27–61 um mir zu erzählen, wie die Eröffnung war.

Grüss alle von mir, und sei ein *tapferes Muli*. Ich schick Dir diesen Brief express, damit Du ihn Donnerstag früh hast. Vergiss nicht, dass der Pio *felsenfest* an Dich glaubt.

Er umarmt und küsst Dich tausendmal.

Pio.

P.S. Für den Fall, dass Du meinen Brief aus London doch nicht bekommen hast, sag ich Dir, was schon drin stand, dass ich den Dichterpreis der Stadt Wien bekomme. Das kann sich für die Ausstellung nur gut auswirken.

Elias Canetti an Marie-Louise von Motesiczky *London*

Sonntag, 1. Oktober 1967

Mein liebes Muli,
das war ein schöner Brief, der gestern kam! Die Ausstellung ist noch gar nicht eröffnet, und das weitaus Wichtigste, was geschehen konnte, ist schon geschehen! Du musst wissen, dass ich *eine einzige* Angst hatte, bevor Du gefahren bist, und das war, dass der Busch sich vielleicht nicht gleich für eine Ausstellung bei sich entscheidet. Ich habe viel mehr über ihn gewusst, als ich Dir gesagt hatte. Er hat in Deutschland das Ansehen, das er verdient: er ist absolut verlässlich und sauber. Wenn *er* für etwas eintritt, bedeutet das, dass *jeder* Direktor einer grossen öffentlichen Sammlung in Deutschland es riskieren kann, dasselbe zu tun. Das bedeutet viel mehr, als wenn der Franke das tut. Du wirst, *zumindest* nach Bremen (wahrscheinlich schon durch München) in allen grossen deutschen Städten ausstellen und bei der auch in Deutschland jetzt einsetzenden Ermüdung an den Abstrakten einen *enormen* Erfolg haben. Du wirst *der* grosse deutsche Porträtist werden und malen können, wen Du zu malen

Lust hast. Aus unzähligen Gründen freut es mich, dass es gerade so gekommen ist. Einmal, dass es der Busch ist, der die Tradition Beckmanns vertritt, der Du entstammst. Dann, dass es durch die Gruppe der letzten Bilder geschehen ist, die als Ganzes, alle zusammengenommen, das Beste sind, was Du bis jetzt gemacht hast. So bist Du gleich dafür belohnt worden, dass Du viel hintereinander gearbeitet hast und wirst es wieder tun wollen. Was immer noch in München geschehen sollte, – nichts *kann* Dich entmutigen, denn Du hast das Wichtigste schon erreicht. So gratuliere ich Dir, mein liebes Muli, mein lieber Maler Mulo, von Herzen. Denk nicht an Verkäufe. In etwa zwei Jahren wirst Du alle Deine Bilder in Deutschland verkaufen, und zwar zu hohen Preisen, und es wird Dir um jedes leid tun, das Du früher quasi verschenkt hast. Solche Dinge gehen *sprunghaft*, und sobald die eigentlich mächtigen Fachleute für einen sind, kommt es alles Schlag auf Schlag. Ich glaube, dass Du schon jetzt in München Erfolg haben wirst und schreibe Dir das nur für den Fall, dass Dich etwas enttäuscht.

Nur, Muli, vergiss bitte nicht, was ich Dir gesagt habe: Du darfst Dir jetzt keine Blössen geben und musst unbedingt Würde haben. Bitte, bitte, denk daran, Du wirst noch so viele schöne Sachen erleben, wenn Du Dich jetzt nicht lächerlich machst. Das wäre fatal und Du hast es auch nicht nötig. Viele Leute, und solche, die Dir gefallen werden, werden Dich gern haben und bewundern, wenn Du nur nichts Läppisches tust. Ich sag's bloss darum noch einmal, damit Du immer dran denkst. Du weisst, dass ich dabei nur *an Dich* denke, mit mir hat das nichts zu tun. Ich will, dass Du den Rang hast, der Dir als Malerin gebührt und noch viele, viele wunderschöne Sachen machst.

Es freut mich auch, dass der Busch die »Tunesische Landschaft« mochte, die ich sehr gern habe, überhaupt, dass er den Nachdruck auf Landschaften legt. Denn darin bist Du nicht genug ermutigt worden, vielleicht hast Du auch nicht genug darin gemacht. Ist das eine Freude, ich bin überglücklich! –

Der Georg lässt Dich sehr herzlich grüssen. Der arme Kerl ist hier krank geworden, (wenn auch zum Glück nur eine Magensache), ich war immer bei ihm im Hotel. Morgen will er zu seinem grossen Kongress nach Amsterdam fahren (mit zwei Tagen Verspätung) und dann, in 14 Tagen nach New York. Wenn es nur alles gut ausgeht, ich bin ein wenig besorgt. –

Zugleich mit Deinem Brief gestern kam etwas Schönes für mich: die *italienische* Ausgabe der »Blendung« – doch unter dem Titel »Auto-da-Fe«. Sie sieht wunderschön aus und liest sich gut. Du weisst, dass das fast 5 Jahre gedauert hat. Es gab vorher zwei unbrauchbare Übersetzungen, erst diese, die die *dritte* ist, ist gut geraten. Auf dem »Blurb« wird der Roman als ein Buch bezeichnet, das schon legendarisch geworden ist und mit Kafka, Brecht, Musil und Gide auf eine Stufe gestellt. Den Gide, den ich nicht mag, hätten sie sich schenken können, aber er hat in Italien einen sehr hohen Namen. – Jetzt wird der Strehler vom Mailänder Theater erfahren, wer ich bin und zum erstenmal habe ich *wirklich* Hoffnung, dass dort auch etwas mit den Stükken geschehen könnte.

– Jetzt wünsche ich Dir alles Glück für die Eröffnung am Mittwoch. Ich schicke diesen Brief *express*, damit Du ihn sicher vorher hast. Bitte ruf mich *Donnerstag vormittag* hier an, damit Du mir alles über die Eröffnung erzählen kannst. –

Die Schwedin habe ich gesehen, auch Onkel Ernst, aber nur bei seiner Ankunft. Seither war ich furchtbar mit dem Georg und seiner Krankheit angehängt und konnte mich um niemand kümmern. Sobald der Georg weg ist, spätestens Dienstag, werde ich die Mutter und ihn besuchen. –

Jetzt sag ich Dir adieu, liebes Muli, alles, alles Gute und tausendmal Glück, es umarmt Dich

ein froher, ein doppeltfroher Pio.

Bitte grüss mir herzlich die Gretl.

Marie-Louise von Motesiczkys Bilder sind vom 4. bis 30. Oktober 1967 bei Günther Franke in München zu sehen. Bei den Vorbereitungen zu dieser Ausstellung trifft sie Günter Busch (1917–2009), den Direktor der Kunsthalle Bremen, der die Ausstellung im Herbst 1968 zeigt. – Die »Tunesische Landschaft« ist 1964 in London nach Marie-Louises Rückkehr von der Reise entstanden. Im Vergleich zu der großen Anzahl Porträts und Stillleben machen Landschaften nur einen geringen Anteil ihres Œuvres aus. – blurb: Klappentext. – Giorgio Strehler (1921–1997) ist ein italienischer Opern- und Theaterdirektor.

Elias Canetti an Marie-Louise von Motesiczky

In der Bahn von Stuttgart nach Zürich.
31. Oktober 1967

Mein lieber Maler Mulo,
ich war also in München und habe die Ausstellung gesehen und sie war wunderschön.

Der Abflug von London begann mit Pech. Ich hatte überhaupt nicht geschlafen, ich weiss nicht warum, aber ich war so aufgeregt. Ich kam rechtzeitig zum Flugplatz, aber das Flugzeug fuhr mit *2 Stunden Verspätung* ab, so war ich erst um $12.^{20}$ in München und um $2.^{15}$ sollte mein Flugzeug nach Köln gehen. Ich liess mich aber nicht entmutigen, gab mein Gepäck auf, fuhr in die Stadt und hatte – leider nur – eine halbe Stunde für die Ausstellung. Wer war zufällig gerade dort: die Gretl! Sie ist wirklich die treueste Seele auf der Welt, sie erwartete eine Dame, die sie in die Ausstellung bestellt hatte.

Ich sah die Christa und gab ihr Deinen Brief, über den sie sich sehr freute. Kurz sah ich auch die Scontini, die ganz hübsch ist. Die roten Kreise bei den verkauften Bildern waren da, sogar einer zu*viel*, nämlich auch einer bei »Hinter den Kulissen«. Aber das ist sicher ein Irrtum, weil die Soph zuerst das wollte. Ich konnte nichts mehr fragen, weil niemand zu sehen war, als ich wegging.

Besonders schön war der eine grosse Raum, wo auch der »Weg« hängt. Die Wand mit dem »Weg« ist der Clou der Ausstellung. Da hätte ich stundenlang schauen können. Es ist schon erstaunlich, wie Bilder einander gegenseitig herausstreichen können. Nicht immer glücklich war ich mit den kleinen Zimmern. »Das alte Lied« geht so nicht, das *muss* in einen grossen Raum. Obwohl man vom Nebenzimmer her einen weiteren Blick darauf hatte, fand ich es nicht so wirksam wie in Wien oder in London. Mit dem letzten Bild, dem »Liebespaar« ist Dir beim Hängen ein wirklicher Lapsus passiert und das erklärt auch, warum das Bild nicht mehr Aufsehen gemacht hat. Es ist *unmöglich*, gerade dieses Bild mit einem Hintergrund von Stoff zu sehen, es ist so wie in einem Boudoir, dadurch ergibt sich eine Art Verdoppelung seines Gegenstands. Das Bild muss *nüchtern* hängen und in einem *Gegensatz* zu seinem Hintergrund sein. – Viele Bilder kamen auch in den kleinen Zimmern gut

Der Weg
1967

heraus, z. B. das grosse Porträt der Mutter, das die Soph gekauft hat. Es ist eine wirklich schöne Ausstellung, ich hab in den letzten drei Tagen oft dran denken müssen. Man kam sich so vor, als wäre die Malerei ihren ruhigen und redlichen Weg weitergegangen, als hätte es die ganzen Schwindelmätzchen der Nachkriegsjahre nicht gegeben. Ich bin ganz sicher, dass es jetzt stetig weitergehen wird, Du musst nur malen, Du kannst es. (Übrigens hängt die »Letzte Fahrt« hier gut, sie hat mir plötzlich wieder gefallen und ich kann verstehen, was Du mir über den Franke erzählt hast.). Beim Gedanken an die frühere Ausstellung in München fiel mir auf, was für einen enormen Sprung Du seither gemacht hast, in den letzten 13 Jahren. Viele spätere Bilder sind einfach besser, *alle* sind *interessanter*.

Trotzdem hoffe ich, dass in Bremen *alles* gut hängt, und nicht nur etwa die Hälfte der Bilder wie in München. Ich bin jetzt mehr als je dafür, dass Du vorher nicht mehr ausstellst. Dafür erwarte ich von Dir zehn gute neue Bilder. Bitte, Muli, fang an und überrasche mich mit etwas bis zu meiner Rückkehr nach London. Ich meine, ich würde es um Dich verdienen, dass Du mich jetzt nicht ärgerst und den ganzen November vertrödelst. –

Die Sache mit dem Staatspreis stimmt. Man hat es in Zeitungen lesen können. Hoffentlich hast Du Dein Versprechen gehalten und die Notiz in der Presse (vom Freitag) ausgeschnitten und mir *heute* hauptpostlagernd nach Zürich geschickt. Da würde mich Dein Brief Donnerstag noch erreichen.

Ich fahre morgen nach Basel und nach Freiburg und muss dann am Donnerstag abend nach Zürich zurück, wo ich eine sehr wichtige Besprechung mit der »Weltwoche« habe. Sonntag oder spätestens Montag bin ich in Wien. Nur wenn etwas ganz Unerwartetes und Wichtiges sich dazwischen ergibt, bin ich erst Dienstag in Wien. Ich schreib Dir wieder von Wien. Deine fleissigen Kuverts kann ich jetzt nicht verwenden, weil ich diesen in Zürich aufgebe und Schweizer Marken dazu brauche.

In Stuttgart wurde ich unglaublich herzlich empfangen. Was die mich um ein Hörspiel drängen! Ich werde es machen *müssen*, obwohl mich jetzt plötzlich auf der Reise grosse Lust nach dem Roman gepackt hat. –

Lebwohl, mein liebes Muli. Vertrödle nicht den November. Was weiss man, wie lange man noch gut arbeiten kann. Grüss die Mutter herzlich, sie war am letzten Abend wirklich sehr lieb. Sag ihr, dass ich mich auf ihre Geschichte freue. Grüsse auch die Bauzen.

Dich umarmt und küsst tausendmal

ein fröhlicher und eifriger Pio.

Die Bildhauerin Christa Schnitzler (1922–2003) lernte Max Beckmann in den frühen vierziger Jahren in den Niederlanden kennen; Studium bei Toni Stadler, verheiratet mit dem Bildhauer Michael Croissant (1928–2002). – Im Gemälde »Der Weg«, 1967, entfernt sich eine alte, gebeugte Henriette von Motesiczky auf einem hölzernen Steg langsam vom Betrachter, um bald im Wald zu verschwinden. Elias gefällt dieses Bild besonders gut. – Es existiert kein Bild mit dem Titel »Liebespaar«. Elias könnte »Nach dem Ball« von 1949 meinen, das Marie-Louises Bruder Karl und seine Freundin in inniger Umarmung darstellt, oder »Die Stunde«. Gerade zur Ausstellung fertiggestellt, zeigt dieses Bild ebenso ein sich umarmendes

Paar, wobei die Frau Marie-Louises Gesichtszüge trägt. – Sophie Brentano unterstützt Marie-Louise immer wieder durch den Ankauf von Bildern. So erwirbt sie aus dieser Ausstellung das Porträt »Henriette von Motesiczky« von 1959, das die pfeifenrauchende, perücketragende Mutter der Künstlerin in einer wohl oft eingenommenen Pose zeigt. – »Die kurze Fahrt«, 1965, stellt eine imaginäre Szene im Garten der Motesiczkys dar, durch den Henriette in ihrem elektrischen Auto fährt. – 1967 erhält Elias den Großen Österreichischen Staatspreis für Literatur.

Im März 1969 bricht Marie-Louise zu einer Reise nach Israel auf, bei der sie ihren Cousin Heinrich Karplus (1905–1988) und seine Frau Christl (1910–2004) in Givatayim besucht.

Elias Canetti an Marie-Louise von Motesiczky *Zürich*

1. April 1969

Mein liebes Muli,

Jetzt bist Du schon 9 Tage in Israel und ich weiss nichts darüber. Ich *kann* gar nichts darüber wissen, denn ich bin immer unterwegs und war, seit wir in Graz zuletzt telephonierten, in nicht weniger als 5 (fünf!) Städten. Für mich ist alles gut gegangen. Ich bin jetzt einen Tag in Zürich, fahre morgen nach Basel (wegen der immer wahrscheinlicher werdenden Theatersache, die aber kaum vor Januar käme) und muss Donnerstag noch zu einer Vorlesung nach Freiburg. Ich glaube nicht, dass ich vor Samstag oder Sonntag in Paris sein werde. Auf Deine Post dort bin ich schon sehr, sehr neugierig. Hoffentlich hast Du mir wirklich geschrieben. In Paris muss ich noch zwei Tage *nach* Ostern bleiben, um die Leute von Gallimard zu sehen, die zu Ostern nicht da sind. Ganz sicher möchte ich am Donnerstag, den 10. April abends in London zurück sein. Da bist Du sicher auch schon zurück und wirst mir phantastische Dinge zu erzählen haben. –

Etwas ganz Unsinniges stand in Deinem letzten Brief, den ich noch in Graz bekam: dass ich nicht mehr an Deiner Malerei interessiert sei! Wie kannst Du etwas so Absurdes schreiben! Du hast ganz missverstanden, was ich Dir geschrieben habe: ich wollte Dich nur dazu aufstacheln, ein gutes Porträt von mir zu malen. Aber das ist gar nicht wirklich wichtig, wichtig ist, was Du nach Deiner Rückkehr unter dem Eindruck von Jerusalem malen wirst. –

Meine *äusseren* Dinge gehen gut vorwärts. Es ist jetzt sicher, dass im kommenden Herbst oder Winter *wenigstens vier* Aufführungen der »Hochzeit« stattfinden: Zuerst Oslo (Norwegen), dann Stockholm (Schweden, vielleicht wird hier Bergman inszenieren); dann Hannover; dann Graz. Ausserdem, als fünftes, käme dann noch die Schweiz, aber das ist noch nicht ganz sicher, alle andern sind es.

So hätte ich über den Verlauf dieser Reise sehr froh sein können, wenn nicht etwas ganz Entsetzliches geschehen wäre (*nicht mir*, bitte erschrick nicht). Ich muss es Dir schon schreiben, weil ich unaufhörlich daran denke. Ein Freund von mir in Wien, den Du einmal ganz kurz in der Pension Nossek gesehen hast, hat sich *erhängt*: Gerhard Fritsch, ein 45jähriger Dichter. Ich sah ihn noch Sonntagabend vor meiner Abreise von Wien nach Graz. Ich war über 5 Stunden mit ihm beisammen, wir haben über hundert Dinge gesprochen, er hat sich nicht das Geringste anmerken lassen. Ich dachte immer, dass ich fühle, was in Menschen vorgeht, besonders wenn es um den Tod geht. Aber nein, ich habe vollkommen versagt, ich habe nichts gespürt, um 1 ½ Uhr nachts sind wir auseinander gegangen, er hat mich noch bis zur Pension begleitet, wir haben ein Wiedersehen im Mai besprochen, (für den Fall, dass ich nach München muss). Fünf Tage später, am Freitag, (ich war noch in Graz), hat er sich in seiner Wohnung erhängt. Seine Frau war im 5. Monat schwanger, er hat sie sehr geliebt, ein 8jähriges bezauberndes Töchterchen war auch noch da. Tags zuvor war er noch in der »Gesellschaft für Literatur« und hatte da eine Diskussion im Forum der Jugend. Seine Frau mit dem Töchterchen war zu Besuch bei ihren Eltern in Salzburg. Sie sollte am Sonntag zurückkommen, und für den Montag hatte er Rückfahrkarten für beide nach Budapest gelöst, da wollte er mit ihr ihren 10jährigen Hochzeits-Tag feiern. – Es ist *unfassbar*, und ich fühle mich schuldig, weil ich nichts, nichts, nichts, nichts bei ihm gespürt habe, hätte er das Leiseste verraten, ich hätte ihn retten können. So stehe ich nun in *der* Sache auf der Welt, die mir die wichtigste ist, als ein *jämmerlicher Schwätzer* da: ich kann den Tod nicht einmal bei den Menschen aufhalten, die meine Freunde sind, die mich mögen und achten. Ach, Muli, was ist das für eine entsetzliche Sache!

Kein Mensch weiss, warum er es getan hat. Er war unzufrieden mit seinem neuen Roman, an dem er noch zu arbeiten hatte; er musste viel Nebenarbeiten machen, die er nicht mochte, um Geld für seine Familie zu verdienen. Aber das war doch kein akuter Grund! Er hat sich noch riesig gefreut, als ich ihm sagte, dass ich einen Verleger in England für seinen Roman »Fasching« interessiert hätte. Ach, Muli, wie ohnmächtig man ist, wie entsetzlich ohnmächtig! Und wie heimtückisch ist der Tod, der es fertigbringt, sich in einem Menschen so verborgen zu halten! – Ich musste es Dir sagen, obwohl es jetzt nichts mehr gibt, was man tun könnte, aber es quält mich furchtbar.

Pass gut auf Dich, mein liebstes Muli, schau Dir alles an, dass Du es dann in Hampstead für mich malen kannst. Es umarmt Dich vielvielmals Dein

sehr erschütterter Pio.

Sei aber nicht besorgt um mich, ich weiss es jetzt schon eine ganze Woche und habe seither alles ordentlich getan, was ich zu tun hatte.

Bitte grüsse beide Brüder Karplus von mir.

Der Roman »Fasching« von Gerhard Fritsch (1924–1969) ist 1967 bei Rowohlt erschienen. – Heinrich Karplus hat zu dieser Zeit Besuch von seinem Bruder Hans (1898–1971), der 1938 von Wien in die Vereinigten Staaten ausgewandert war.

Am 25. Mai 1970 liest Elias im Kieler Theater vor 500 Gästen die ganze »Komödie der Eitelkeit«. Voller Begeisterung nennt er die Lesung in einem Brief an Marie-Louise vom 28. Mai einen Triumph und meint: »Ich glaube, ich habe noch nie in meinem Leben so gut gelesen«.

Samstag, 6. Juni 1970

Mein liebes Muli,
Mittwoch abend, als ich in München ankam, fand ich schon Deinen Brief. Das waren Nachrichten! Ich bin froh, dass die Mutter wieder in Hampstead ist, ich glaube, es ist wirklich nicht gut für sie, sich aus dieser Umgebung zu lösen. Es ist aber sehr wohl möglich, dass solche plötzlichen, vorübergehenden Umnachtungen *nichts* Gefährliches bedeuten: Vor etwa 10 Jahren hatte ich selber eine, in der kleinen Küche in der Wohnung der Thurlow Road: ich sass beim Tee, Veza war da und Rudi war zu Besuch. Ich merkte selbst gar nichts, die Veza sah nur plötzlich zu Tode erschrocken aus und der Rudi beobachtete mich genau mit seinem kältesten Blick. Sie fragten mich, ob ich denn nicht wüsste, dass ich etwa 2 Minuten ohnmächtig gewesen sei, zusammengesackt auf dem Stuhl, als wäre ich tot. Ich wusste von *nichts*. – Zwei Jahre später passierte es wieder, diesmal im Zimmer der Veza und dauerte etwas kürzer. Seither *nie* wieder.

Übel wurde mir ja manchmal: vielleicht erinnerst Du Dich an das eine Mal oben auf der Hampstead Heath mit Dir; aber das war, *ohne* das Bewusstsein zu verlieren, und wenn es in dieser Form kommt, hat es bei mir gewöhnlich psychische Gründe. – Bei Ohnmachten schien es mir mehr wie etwas rein Physisches, und das wird es vielleicht auch bei der Mutter gewesen sein. – Aber auf jeden Fall braucht sie ein gleichmässiges Leben in einer vertrauten Umgebung, womöglich mit der Bauzen und natürlich auch mit Dir in nicht zu grosser Entfernung. –

– Inzwischen hatte ich wieder viele Lesungen und war in manchen Städten zum erstenmal in meinem Leben, in Regensburg und in Augsburg zum Beispiel, beides sehr interessante alte Städte, über die viel zu erzählen wäre. Gestern war ich in St. Gallen, wo ich die Kleinigkeit von über 150 Büchern signieren musste, die alle von Kunden der Buchhandlung Fahr bestellt worden waren. Es ist eben doch so, dass man durch das Vorlesen viel bekannter wird. In St. Gallen haben die Leute nicht nur die kleinen gelben Bände, sondern auch das dicke »Masse und Macht« bestellt. Manche kamen eigens aus Zürich und Winterthur zur Lesung gefahren. Das Ganze fand in der Buchhandlung selbst statt, die gestopft voll war. Aber wie in Kiel war es nirgends, solche Sachen wiederholen sich nicht.

In München hatte ich nur mit dem Verlag zu tun, da war keine Lesung. Aber ich erfuhr sehr interessante Sachen. Im August erscheinen neue Auflagen des »Marrakesch«-Buches und des Kafka, und zwar je 4000 Exemplare. Im September kommt dann der neue Band »Aufzeichnungen«, und zwar will der Verlag ihn gleich in einer Auflage von 10 000 bringen, was man bei mir noch nie getan hat. Ich halte es für möglich, dass ich schon im übernächsten Jahr vom Verkauf meiner Bücher allein leben kann (*ohne* Theatereinkünfte), was sehr angenehm wäre. – Ich glaube, Du brauchst wegen New York keine Angst mehr zu haben. Das Schlimmste ist vorüber, und nun steht die Besserung bevor. – Wenn Du nur wieder ruhig ins Arbeiten gerätst. Es wäre wunderbar, wenn ich in etwa gut 2 Wochen zurückkomme und das Muli in der Arbeit vorfinde. Ich habe dasselbe vor, ich will den Juli und August in London völlig konzentriert arbeiten. –

Ich fahre jetzt für den Sonntag zum Frisch ins Tessin, und Montag dann wieder nach Deutschland, um die Lesungen nachzuholen, die durch meine Krankheit verlorengingen. Ende der kommenden Woche bin ich dann noch in Würzburg und Stuttgart, vielleicht auch noch in Passau (aber das ist unsicher). Am 16. möchte ich beim Georg in Paris eintreffen. Bitte schreib mir an seine Adresse nach Paris, das ist das Sicherste und Du hast dafür bequem noch Zeit. Um den 22. herum möchte ich nach London zurückkommen, *spätestens* am 24. – Wenn ich nicht zu gehetzt bin, schreib ich Dir noch *vor* Paris.

– Lebewohl, liebes Muli, bitte, bitte versuche zu arbeiten, es wäre auch für mich so wichtig. Es beruhigt mich unsäglich, nach all diesen Fahrereien in Hampstead zu sein und das Muli im Atelier zu wissen.

Grüss die Mutter und die Bauzen. Dich umarmt ein alter, aber sehr aktiver Pio.

Die 1968 mit den »Stimmen von Marrakesch« eröffnete »Reihe Hanser«, gelb-schwarze broschierte Bändchen, erreicht besonders bei jungen Leuten einen gewissen Kultstatus. »Der andere Prozeß. Kafkas Briefe an Felice« ist 1969 in der »Reihe Hanser« erschienen. 1970 kommt »Alle vergeudete Verehrung. Aufzeichnungen 1949–1960« dort heraus. – Elias hat den schweizer Schriftsteller Max Frisch (1911–1991) wohl Mitte der sechziger Jahre in Zürich kennengelernt. Er besuchte ihn 1967 für zwei Tage in seinem Haus in Berzona im Tessin.

Im Frühjahr 1971 unternimmt Elias eine Lesereise durch Italien und Jugoslawien.

Elias Canetti an Marie-Louise von Motesiczky

Sarajewo, 17. Mai 1971

Mein liebes Muli,
was habe ich alles erlebt, seit ich Dir zuletzt geschrieben habe! Vorigen Sonntag war ich noch in Triest, am Meer, und sehr verwöhnt. Beinahe war es, als würde ich als »grosser Dichter« nach meinem Tod noch irgendwo empfangen und als bemühe man sich, die literarische Tradition einer Stadt, in der Joyce und Svevo gelebt haben, durch meine posthume Anwesenheit fortzusetzen.

Die Woche, die seither vergangen ist, habe ich ganz in Jugoslawien zugebracht. Zuerst zwei Tage in Laibach, eine schöne Stadt wie aus dem alten Österreich, von Menschen belebt, die mir gut gefallen, mit einer Bevölkerung wie aus den Alpen, noch sehr katholisch, manchmal könnte man sich ins Tirol versetzt fühlen. Die Schriftsteller, die mich ziemlich feierlich empfingen, führen einen zähen Kampf um die Erhaltung ihrer Sprache, nicht nur haben sie viele eigene Dichter, aber alle grossen Werke auch der modernen Weltliteratur sind in ihre Sprache übersetzt: der »Ulysses« von Joyce z. B., Kafka; aber auch Proust ist an der Reihe. Dabei wird Slowenisch von nicht mehr als 1,7 Millionen Menschen gesprochen!

Sehr viel schöne Mädchen, bei meiner Lesung in der Universität waren fast nur Mädchen anwesend und ihre Reaktion war viel lebendiger als die der Studenten in Italien. Dann fuhr ich nach Zagreb, das wir früher Agram nannten, mit einer wunderschönen Altstadt auf dem Berg oben, grossen österreichischen Vierteln im Quartier *unten*, man glaubt in Wien zu sein, und einer Umgebung, die genauso sehr an Wien erinnert. Auch hier wurde ich von den Schriftstellern, diesmal Kroaten, besonders herzlich empfangen. Die Leute *lieben* Österreich und sprachen gern von Wien, wo sie alle einmal waren. In Zagreb traf ich einen Freund aus meiner Wiener Studentenzeit, den ich 45 Jahre nicht gesehen hatte. Er ist jetzt 75 Jahre alt (er war damals ein »alter« Student) und die Freude dieses Menschen zu erleben, war schon herzerwärmend. Er ist Spaniole und rettete sein Leben im Krieg nur dadurch, dass seine Frau eine »arische« Wienerin war. Ich hatte sie damals als seine »Braut« schon in Wien gekannt, nun sah ich sie zusammen, ein liebes, altes Paar, in einer Wohnung wie in einem etwas herabgekommenen Wiener Haus. Es ist sehr sonderbar, aber seit ich in Laibach und Agram war, habe ich plötzlich Wien wieder gern bekommen. Ich verspürte grosse Lust, über Wien zurückzufahren, werde es aber doch nicht tun, da ich am 31. Mai wieder in London sein möchte und noch über zwei der drei deutschen Städte zurückfahren muss, wo ich zwar bloss kurze, aber doch sehr wichtige Sachen zu erledigen habe.

Jetzt bin ich also in Sarajewo, eine Stadt, wo es manche türkischen Dinge zu sehen gibt, besonders viele Menschen. In der grossen Moschee sprachen mich heute plötzlich zwei Schweizer an, ein sehr nettes Paar, die eine Lesung von mir in Zürich gehört hatten! Das könnte man nun schon wirklich »Ruhm« nennen, und da es mit einer Vorlesung der »Komödie der Eitelkeit« zusammenhing, hat es mich besonders gefreut.

Aber es gibt etwas in Sarajewo, vor dem alles übrige verblasst: die Stelle, von der aus der Attentäter auf den Thronfolger Franz Ferdinand geschossen hat. Man hat die Spuren, wo der Attentäter *stand*, im Boden bezeichnet und daneben ein kleines Museum eingerichtet. Dort also hat der erste Weltkrieg eigentlich begonnen (und unter vielen anderen Dingen auch das Ende Österreichs). Seit ich das gesehen habe, kann ich an nichts anderes mehr denken, und ich wäre froh, wenn meine Reise nun zu Ende wäre.

Aber sie ist es leider noch nicht ganz. Morgen habe ich meine Vorlesung hier an der Universität, und am 21. die letzte dieser ganzen Reihe in Belgrad. Wenn Du diesen Brief bekommst, ich denke, das wird am Samstag den 22. Mai sein, bin ich in Jugoslawien fertig und fahr dann über Deutschland zurück. Dann dauert es nur noch 8 oder 9 Tage, bis ich in Hampstead bin, worauf ich mich schon wie ein Kind freue.

Ich weiss nicht, ob Du meinen Brief aus Triest rechtzeitig

bekommen hast, um mir noch hieher nach Sarajewo zu schreiben. Es wäre schon schön, wenn morgen noch ein Express-Brief von Dir kommt. Du hast mir aus Zürich immer ausführlich und *sehr interessant* geschrieben, und ich glaube, ich habe auch mein Versprechen gehalten und Dich nie zu lange ohne Nachricht gelassen. Für den Poststreik in Italien konnte ich so wenig wie für das schlechte Wetter dort. Aber ich hätte doch schrecklich gern gewusst, ob Du gut angekommen bist und wie die neuen Füsse sich in Hampstead aufführen. Gell, Muli, Du gehst nicht zu viel, Du passt schon noch auf, es wäre schon sehr sinnlos, den Erfolg der Operation durch Ungeduld aufs Spiel zu setzen. Ich wüsste zu gern, wie Du die Mutter vorgefunden hast, wie die Soph und die Bauzen. Hampstead muss jetzt herrlich sein. Ich freue mich auf Deinen Garten.

Schreiben werde ich wohl kaum mehr, das hat nicht viel Sinn. Aber sobald ich etwas näher bin, so in einer Woche, rufe ich Dich aus einer deutschen Stadt kurz an; um Deine Stimme zu hören und zu wissen, dass bei Euch alles in Ordnung ist.

Lebwohl, mein liebes, liebes Muli. Wird es diesmal etwas zu erzählen geben!, und zwar haben *beide* genug erlebt und es wird kein einseitiges Erzählen sein.

Lebwohl, und wenn es nicht zu anstrengend ist, mal dem Pio ein schönes Bild zum Empfang in Hampstead.

Es umarmt Dich viel-, vielmals der erstaunlich gesunde und physisch gar nicht strapazierte,

alte Pio

Grüss mir die Mutter und die Bauzen, und wenn sie noch da sein sollte, die Soph. Hast Du den Tolstoi jetzt ganz fertig? Aufregend, gell?

Der italienische Schriftsteller Italo Svevo (1861–1928) traf 1907 den irischen Autor James Joyce (1882–1941), der in Triest Englischunterricht gab. Joyce half Svevo, seinen Roman »La coscienza di Zeno« in Frankreich zu veröffentlichen, woraufhin er auch in Italien Erfolg hatte. Svevo ist das Vorbild für Leopold Bloom, die Hauptfigur in Joyces »Ulysses« von 1922. – Laibach (Ljubljana) ist die Hauptstadt Sloweniens. – Canettis Essay über Tolstoi wird 1972 bei Hanser in dem Band »Die gespaltene Zukunft« veröffentlicht. Er ist vorher bereits als Aufzeichnung in der österreichischen Zeitschrift »Literatur und Kritik« erschienen.

Am 28. August 1971 stirbt Georges Canetti.

Elias Canetti an Marie-Louise von Motesiczky *Paris*

Mittwoch, 1. September 1971

Mein liebes Muli,
Heute ist der Georg zu Grabe getragen worden und ich will Dir schreiben, um Dir zu sagen, dass ich noch nie ein so ehrendes und ergreifendes Begräbnis erlebt habe.

Es war ein junger Rabbiner da, der ganz schlicht betete und so wunderbar sang, dass ich – und das ist mir noch nie geschehen – ein Gefühl für die Reinheit und Schönheit dieser Religion hatte. Ich glaube nicht an Gott und ich werde nie an ihn glauben können, denn wenn es ihn gäbe und er den Tod erlaubt, würde ich ihn verabscheuen, hassen und mit jedem Atemzug bekämpfen. Ich ziehe es vor zu glauben, dass es ihn nicht gibt und dass *wir selbst* für den Tod verantwortlich sind und alles gegen ihn unternehmen müssen. Aber die Psalmen und Gebete sind *herrlich*.

Es sprachen dann einer der angesehensten Wissenschaftler Frankreichs und nach ihm Monod, der Präsident des Institut Pasteur und Nobelpreisträger und beide haben mit tiefster Überzeugung Georg unter die grossen Wissenschaftler Frankreichs eingereiht. Sie haben von Georgs Weltruhm gesprochen und wie wahr ihre Worte waren, sah ich an den Teilnehmern am Begräbnis. Es waren Leute aus allen Ländern gekommen: Engländer, Holländer, Jugoslawen, Afrikaner, Amerikaner, Japaner. Es waren Hunderte und Hunderte von Menschen da und sie kamen mir und den andern Verwandten ihr Beileid sagen. Muli, Du kannst Dir die Gesichter und Worte all dieser Menschen nicht vorstellen. Manche konnten nicht sprechen vor Trauer, andere sagten rasch kleine Sätze, dass sie dann und dann mit ihm gewesen wären, Leute aus allen Lebensschichten, ganz einfache Menschen, Kollegen, bedeutende Gelehrte und alle wollten ihm danken, dafür, wie er ihr Leben und ihren Geist beeinflusst hatte oder wollten eine gute Tat erwähnen, die er ihnen getan hatte. Ich war so erschüttert über diese Menschen, dass ich mich für mich schämte, denn wem habe ich schon etwas Gutes getan, ausser den wenigen, die ich liebe und die mir ganz nahe sind. – Das Institut Pasteur wird einen wissenschaftlichen Preis gründen, der »Prix Georges Canetti« heissen wird.

Ich war immer stolz auf ihn, ich habe immer gewusst, dass er viel mehr war als mein liebster Bruder, aber von dem Ausmass der Ausstrahlung seines Lebens hatte ich keine Vorstellung. Es stellt sich heraus, dass er mir von vielen seiner Ehrungen nicht einmal erzählt hat, und was mir seine Mitarbeiter gestern über seine Arbeit gesagt haben, ist unglaublich. Er ist buchstäblich an der Tuberkulose, die seine grosse Lebensarbeit war, gestorben, er hat sich bei seinen Experimenten wieder angesteckt und wäre er nicht mehr ins Pasteur gegangen, er wäre noch am Leben.

Ich bin erfüllt davon, dass er mein Bruder war, ein viel, viel besserer und reinerer Mensch als ich, das Beste, was ein Mensch überhaupt sein kann.

Ich habe seine Tagebücher zu lesen begonnen, das von diesem Jahr ist so erschütternd, dass ich es wieder und wieder in die Hand nahm, es wird mir sehr schwer sein, mich davon zu trennen, wenn ich jetzt bald Paris verlasse.

Ich will mehr *sein* wie er, den Rest meines Lebens wie ein Irrsinniger arbeiten und vor keiner Anstrengung zurückschrecken, wie er.

Wenn Du diesen Brief bekommst, Freitag, bin ich schon unterwegs, nach Würzburg, München, Ravensburg, Konstanz, St. Gallen und schliesslich Nürnberg. In Nürnberg kenne ich meine Adresse: Grand Hotel Nürnberg (vom 10.–12. September). Bitte schreibe mir dorthin. Ich werde Dich *vor* Nürnberg bestimmt anrufen oder Dir schreiben. Ich bin jetzt noch so bewegt, dass ich nicht telephonieren kann. Aber mach Dir keine Sorgen um mich, der Gedanke an diesen Bruder gibt mir unsäglich viel Kraft. Glaube nicht, dass ich ihn verloren habe, er ist *unverlierbar*.

Ich komme am 15. September wieder nach Paris zurück und bleibe dann fünf oder sechs Tage hier. Es gibt sehr viel Menschen, die ich sehen *muss*, die mir Sachen über ihn zu sagen haben.

Lebwohl, mein liebes, liebes Muli, bitte, male etwas Schönes für mich, es ist wunderbar, eine solche Gabe zu haben. Denke daran, dass auch Du ihn gekannt hast und mit welcher Glut er gearbeitet hat.

Grüss mir die Mutter und die Bauzen. Wenn ich zurückkomme, wünsche ich mir sehr sehr, dass Ihr schon wieder in Hampstead seid. Ich brauche das sehr, Muli, bitte zieht so um den 20. September zurück, am 22. September komme ich dann auch.

Lebwohl, ich umarme Dich viel, vielmals

Dein *stolzer* Pio.

(stolz auf den Georg, den *ich* erzogen habe, er war wie mein Sohn).

(*Ihm* habe ich etwas gegeben und wie wunderbar hat er mit diesem kleinen Pfund von mir gewuchert).

Der Biochemiker Jacques Monod (1910–1976) ist von 1971 bis 1976 Direktor des Institut Pasteur. – Der »Prix Georges Canetti« kam nicht zustande. Allerdings wurde ab 2006 für zunächst fünf Jahre der »Prix Georges, Jacques et Elias Canetti« zur Erforschung der Tuberkulose verliehen, gestiftet von Françoise Canetti aus dem Verkaufserlös der 2003 entdeckten Briefe an Georges von Veza und Elias Canetti, die 2006 als Buch erschienen sind. – Bis in die Mitte der siebziger Jahre, als das Haus in Amersham verkauft wird, verbringen die Motesiczkys den Sommer gerne dort.

Im Dezember 1971 heiratet Elias die Restauratorin Hera Buschor (1933–1988), die er 1957 kennengelernt hat. Sie beziehen eine gemeinsame Wohnung in Zürich. Marie-Louise wird davon erst anderthalb Jahre später erfahren.

Elias Canetti an Marie-Louise von Motesiczky *Zürich*

Mittwoch, 21. Juni 1972

Mein liebes Muli,
das war eine Woche! So eine Plackerei habe ich, glaube ich, mein Leblang nicht gehabt, aber es hat sich ausgezahlt: ich glaube, es ist mir gelungen, die Hauptgefahr für die »Komödie« in Graz abzuwenden.

Meinen Besuch beim Frisch in der Nähe von Zürich, der für vergangene Woche angesetzt war, musste ich verschieben, da ich so lange beim Hoflehner in Stuttgart festgehalten war. So habe ich erst heute Deinen Brief in Zürich abgeholt, über den ich mich sehr gefreut habe. Er hat »express« über 8 Tage auf mich hier gewartet, aber umso schöner war es, als ich ihn dann heute holte. Abends bin ich beim Frisch eingeladen. Morgen treffe ich den Schlotterer (vom Hanser Verlag) statt in München in Augsburg, wo ich eine Vorlesung habe, auch improvisiert. Das macht mich sehr froh. Die Leute sind wie verrückt nach meinen Vorlesungen und so bin ich jetzt ganz sicher, dass ich nie verhungern muss, solange ich die Kraft habe vorzulesen.

Alles was ich Dir jetzt berichten werde, muss *streng* unter uns bleiben. Das ist wirklich sehr ernst, Muli, es wäre höchst peinlich, wenn etwas davon *irgendwo*, auch in England, bekannt würde.

Ich war also viel mit dem Hoflehner zusammen. Ich habe mir unendliche Mühe gegehen, ihm Mut zu geben und ihn anzuregen. Er ist ein durch seine Depressionen schwer gefährdeter Mensch, gerade jetzt war sein Zustand beunruhigend. Er hat mich so eng ins Herz geschlossen, dass er *weinte*, als ich endlich Stuttgart verliess. Ganz ohne mein Zutun hat er schliesslich, aus Rührung über mich, den Auftrag für Graz *zurückgelegt*, er macht also endgültig *nicht* die Bühnenbilder. Kannst Du Dir vorstellen, wie erleichtert ich darüber war! Von jeder Vorlesung fuhr ich zu ihm nach Stuttgart zurück, *nie* war ihm etwas eingefallen. Er hätte viel Geld für die Sache bekommen, hat aber darauf verzichtet, um »mich nicht länger zu beunruhigen«, wie er sagte. Damit ihm das aber nicht schadet, haben wir mit Kutscher und ihm den offiziellen Grund für seinen Rücktritt von der Sache besprochen: er schrieb an die Festspielleitung nach Graz, dass er aus »familiären Gründen« nicht von Stuttgart abkommen könne.

Diese Gefahr, die mich schwer belastete, ist also abgewendet, ohne jede Kränkung für ihn, im Gegenteil, wir sind bessere Freunde geworden, als ich es je mit Wotruba war. Der Hoflehner ist nämlich *keine* Bestie, sondern ein Mensch, ich habe grosse Sorge um sein Leben, aber ich habe ihn *gern*.

Der Kutscher ist mit einem neuen Plan nach Graz gefahren: er kennt dort *drei* sehr begabte jüngere Maler, die begeisterte Anhänger der »Komödie« sind und voll von Ideen, wie man die Bühnenbilder gestalten könnte. Der Kutscher will je einen Teil der »Komödie« je einem von ihnen anvertrauen und sehen, ob das nicht dann doch eine Einheit ergibt. Mir gefällt die Idee sehr gut. In etwa 8 oder 9 Tagen treffe ich den Kutscher wieder, er will mir dann darüber berichten. Ich habe indessen drei Lesungen, so dass ich die Zeit nicht verliere und morgen oder übermorgen die sehr ernsten Besprechungen mit dem Hanser Verlag in Augsburg. Ich kann Dir nicht sagen, wie wunderbar es ist, so aktiv zu sein. Ich fühle mich gar nicht alt, so entschlossen und tätig hätte ich vor 20 Jahren sein müssen, dann hätte ich meinen nächsten Menschen gegenüber nicht so furchtbar versagt.

Mein liebes Muli, ich bin *sicher*, dass Du gute Einfälle hast und malst. Bitte überrasche mich, wenn ich so in 2–3 Wochen komme, ich freue mich *wahnsinnig* auf Deine neuen Bilder und ich werde Dich bestimmt berühmt machen können, wenn Du gute Ideen hast und sie so malst, wie nur Du sie malen kannst. Am 29. komme ich wieder durch Zürich, weil ich am 30. in Winterthur lese. Am sichersten ist es, Du schreibst mir wieder nach Zürich Hauptpostlagernd, aber Dein Brief muss spätestens am *27. Juni*, also Dienstag von London weggehen.

– Und jetzt, mein liebes Muli, kommt die Hauptnachricht, von der aber *noch niemand* etwas wissen darf, bevor es in den Zeitungen publiziert wird. Das geschieht erst in etwa einem Monat. Ich habe es durch einen sehr guten Freund erfahren, der dabei war, aber verpflichtet ist, darüber zu schweigen. Also Muli: eisern schweigen, auch zuhause. Herr Pio Canetti bekommt den Büchner-Preis für 1972! Das ist der einzige Preis, den ich mir immer gewünscht habe, weil er nach Büchner genannt ist. Er ist die höchste literarische Ehrung, die in Deutschland vergeben wird. Bin ich froh! Ich dachte, das erlebe ich nicht mehr. Die Verleihung findet im Oktober statt. *Es ist ganz sicher.* Mein liebster Freund, der in Paris lebt, (ich will seinen Namen nicht nennen, für den Fall, dass der Brief in falsche Hände gerät) war dabei und hat es mir verraten.

Freust Du Dich auch? Und malst Du mir dafür *sechs* schöne Bilder?

Lebwohl, liebstes Muli, leb wohl Maler Mulo, grüss die Mutter und die Bauzen, und sei umarmt von Deinem alten, aber tüchtigen

Pio.

(Der Loewenberg ja nichts über den Büchner-Preis verraten!!!)

Rudolf Hoflehner (1916–1995) ist ein österreichischer Bildhauer und Maler.

Am 23. Juni 1972 wird Heras und Elias' Tochter Johanna geboren. Die Deutsche Akademie für Sprache und Dichtung in Darmstadt verleiht Elias Canetti am 7. Oktober 1972 den Georg-Büchner-Preis für ein Werk, »das den Spannungen zwischen Macht und Intellekt, Masse und Verführung, Moralität und Widerstand gilt«.

Elias Canetti an Marie-Louise von Motesiczky *Wien*

Donnerstag, 12. Oktober 1972

Mein liebes Muli,
ich stell mir vor, dass Du jetzt schon in Vence bist und schreibe Dir dorthin.

Darmstadt ist gut verlaufen, aber es waren anstrengende Tage. Ein angenehmes, ruhiges Hotelzimmer, wo ich zum Glück schlafen konnte, denn ohne Schlaf hätte ich die vielen offiziellen Veranstaltungen schwer überstanden. Die Stadt ist sehr angenehm, nicht zu gross, geräumig angelegt, die Leute haben viel Neugier für Dinge der »Kultur«. Am selben Tag wie die Büchnerfeier war die Eröffnung des funkelnagelneuen Theaters, für eine relativ kleine Stadt eine erstaunliche Anlage.

Die Vorlesung am Freitag vor meist ältlichen Leuten verlief ziemlich matt. Danach eisiges Schweigen der Akademiker. Vielleicht war es ein Fehler, »Der gute Vater« zu lesen. Die Leute hatten, glaube ich, richtig Angst vor der Sache. Die Verleihung am Tag danach, am Samstag, verlief über Erwarten gut. Die Büchner-Rede rief grosse Begeisterung hervor. Es war kein Ende des Gratulierens, viele sagten, es sei die beste Büchner-Rede, die sie je gehört hätten. Störend waren die Fernseh-Fotographen, die wie trickreiche Kobolde hin und her liefen und einem ins Gesicht leuchteten. Am Abend danach war ein grosser Empfang von Land Hessen und Stadt Darmstadt. Hauptsächlich eine Fresserei, aber auch einige nette Leute. Sonntagmittag gab noch der Oberbürgermeister von Darmstadt ein besonders intimes Essen für mich.

Viele schöne Artikel in den Zeitungen, darunter von Schreibern, die früher meine Feinde waren. Besonders die »Süddeutsche« hat mich jetzt ganz ins Herz geschlossen. Am Samstag erscheint da die vollständige Büchner-Rede. –

Jetzt bin ich in Wien, in einer schönen grossen »Professorenwohnung« in der Pfeilgasse 3A, Wien VIII. Aber da ich Montag schon nach Graz fahre, würde mich ein Brief von Dir hier nicht mehr erreichen. Hoffentlich hast Du mir postlagernd hieher und nach Graz geschrieben. In Graz habe ich zwei Vorlesungen und am Dienstag schaue ich mir da die »Komödie der Eitelkeit« an. Die Kritiken, was die Aufführung betrifft, sind etwas flau. – Ich habe noch ziemlich viele Lesungen in Deutschland, darunter eine sehr wichtige am 28. in Stuttgart. Vor dem 5. oder 6. November werde ich kaum in London sein können. – Meinen nächsten Brief bekommst Du nach London zu Deinem Geburtstag.

Lebwohl, mein liebes Muli, erhole Dich gut, geh spazieren, aber nicht zu viel, wegen der Füsse. Grüsse den Samuel und sei vielmals umarmt von Deinem etwas erschöpften, aber sehr aktiven Pio.

Das Kapitel »Der gute Vater«, das den dritten Teil der »Blendung« einleitet, berichtet vom sadistischen Hausbesorger Benedikt Pfaff, der Frau und Tochter erschlägt. – Canettis Büchner-Rede wird 1975 in dem Essayband »Das Gewissen der Worte« veröffentlicht. – Heinz Winfried Sabais (1922–1981) ist von 1971 bis 1981 Oberbürgermeister von Darmstadt.

Elias Canetti an Marie-Louise von Motesiczky *Zürich*

14. Juni 1973

Mein lieber Maler Mulo,
das war ein *guter* Brief, den ich mir heute erst (ich bin zwei Tage später hergekommen, als ich dachte) von der Post geholt habe, ein Brief, in dem viel über das *Bild* drin stand. Ich bin überzeugt davon, dass es gut ist, schon der erste Wurf war besonders gut, und ganz *ausserordentlich* freut mich, dass es so klingt, als wärst Du vom Malen besessen, wie in früheren Tagen.

Vielleicht kannst Du jetzt noch ein Bild vom Peter dazu machen: ich habe den Jungen richtig *gern* gekriegt. Grüsse ihn bitte herzlich von mir und sag ihm, er kann sich immer an mich wenden, wenn er den Rat eines älteren Mannes braucht.

– Meine Sachen gehen besser, als ich erwartet habe. In Berlin in der Akademie wurde ich mit besonderer Herzlichkeit empfangen. Ich wurde feierlich und einstimmig zum *ordentlichen* Mitglied gewählt. Das ist eine grosse Ausnahme, denn eigentlich können nur Leute, die in Deutschland selbst wohnen, ordentliche Mitglieder sein. Alle, die im Ausland leben, sind nur, wie ich es bisher war, *korrespondierende* Mitglieder. D. h. sie haben kein Wahlrecht. Es ist nicht sehr angenehm dazusitzen, wenn die anderen alle abstimmen und sich der Stimme *enthalten* zu müssen. Das war mir bis jetzt immer etwas peinlich, obwohl es für alle galt, die z. B. in Wien oder in der Schweiz oder Paris oder London leben (also auch für Kokoschka oder Strawinski und sonstige grosse Viecher). Das hat sich also bei mir jetzt – *als einzigem* – geändert und ich habe auch das Recht, *neue* Mitglieder zur Wahl vorzuschlagen.

Ein wenig unangenehm war die Sache aber schon, denn ich sass dabei, wie über mich gestimmt wurde und zugleich sassen der Frisch und andere dabei, die noch immer *kein* Stimmrecht haben. Da ich sozusagen mit dem Frisch befreundet bin, wäre es mir lieber gewesen, man hätte mich ihm nicht so deutlich vorgezogen. Ich sehe ihn heute abend in Küssnacht (zum erstenmal seit Berlin) und da wird es sich zeigen, ob die Sache ihn verstimmt hat.

Dann, am 6., war die Vorlesung der »Hochzeit« in Leverkusen. Es war *kein* grosser Saal und da die Saison etwas spät ist, waren kaum mehr als 150 Leute da, der Saal war nicht einmal ganz voll. Aber die Lesung ging gut, und vor allem hat sie mich, zu meinem Staunen, gar nicht besonders ermüdet. Ein Mann vom Kölner Rundfunk war da und war so begeistert, dass er auf der Stelle den Beschluss fasste, dass ich die ganze »Hochzeit« auch für den Kölner Rundfunk lese. Die Aufnahme findet am 23. in Köln statt, die Sendung allerdings erst im September. Das habe ich mir sehr gewünscht, denn so wird es ein neues Band von der gekürzten Fassung geben, die etwas über 2 Stunden dauert. Ausserdem verdiene ich dabei über 400 Pfund, die ich gut brauchen kann. Für Ende September hat man mich zu 5 andern Lesungen im Rheinland engagiert, kürzere, einstündige aus den neuen Büchern. Das gibt weitere 400 Pfund. So bin ich für dieses Jahr ganz gut aus dem Wasser.

Das Bonner Theater spielt in der nächsten Saison »Hochzeit« *und* »Komödie der Eitelkeit«. Auch darüber muss ich noch zu Besprechungen nach Bonn. Hingegen habe ich meine Erlaubnis für die Aufführung der »Befristeten« in Mannheim und Essen *nicht* gegeben, weil die Regisseure dort mir besonders missfielen.

Ich mache auch noch eine grosse einstündige Fernseh-Sendung, die ich erst *nicht* wollte. Aber die Leute haben mir einen ernsten Eindruck gemacht und mich umgestimmt.

Du siehst, es passiert viel. Es geht mir sehr gut, ich bin diesmal erstaunlich gesund. Ich habe noch sehr viel zu tun, rechne bitte nicht mit meiner Rückkehr nach London vor etwa 27. Juni.

Schreibe mir bitte wieder nach Zürich Hauptpostlagernd, und zwar so, dass Dein Brief *nicht später* als am *22. Juni* hier ist. Am 22. Juni fahre ich wieder durch Zürich. Nach Wien fahre ich nicht. Ich habe dort abgesagt.

Grosse Sorgen macht mir der Nissim. Er ist wieder ganz manisch, fährt überall herum, beruft sich auf mich und die Leute nehmen ihn ernst, weil er mein Bruder ist. Ich treffe ihn in Köln oder in Bonn und hoffe ihn ein wenig zu beruhigen. Ich habe Angst, er stürzt sich wieder in irrsinnige Schulden und wenn das wieder passiert, ist es endgültig mit ihm aus, er hat keine Häuser mehr zu verkaufen. Er hat jetzt wirklich *alles* verkauft, ausser seiner Wohnung in Paris und *einem* billigen Haus in Eus in den Pyrenäen. Er könnte gerade leben, wenn er *nichts* unternimmt. Aber mein Name, den er überall hört, ist wie Gift für ihn, er spornt ihn zu immer verrückteren Plänen an: in den zwei letzten Monaten war er *dreimal* in Afrika und *zweimal* in U.S.A. Da der Georg nicht da ist, hört er auf niemand mehr. Er hat mich in London 4mal, in Berlin 2mal und sogar in Leverkusen angerufen. Er kriegt immer heraus, wo ich bin, offenbar hat er Leute in Deutschland in den verschiedensten Städten, die ihm mitteilen, wenn eine Vorlesung von mir angekündigt ist. Nach Leverkusen wollte er *kommen* und nur die Drohung meiner äussersten Ungnade hat ihn davon abgehalten! –

– Mein Zug geht in einer halben Stunde und ich muss aufhören.

Wenn ich weiss, dass Du malst, bin ich ein anderer Mensch, voller Hoffnung und alles gelingt mir.

Lebwohl, mein lieber, lieber Maler Mulo. Bitte überrasche

mich mit *zwei* Bildern, nämlich eins vom Peter dazu. Schau, dass Du oft spazieren gehst!

Grüss die Mutter und den Peter (auch die B., wenn Du willst) und sei viel-vielmals umarmt von Deinem

Pio.

(dem es wirklich gelingt, in seinem Alter noch auf einen »grünen Zweig« zu kommen).

Anfang der siebziger Jahre malt Marie-Louise nur wenige Bilder, da sie von der pflegebedürftigen Mutter beansprucht wird. Wahrscheinlich handelt es sich hier um das Porträt von Beatrice Owen. – Peter Verdemato, geboren 1949, ist der Enkel Ernst von Liebens. Er wohnt in der ersten Hälfte des Jahres 1973 bei den Motesiczkys in Chesterford Gardens, wo er Elias kennenlernt. – Elias war seit 1970 Außerordentliches Mitglied der Berliner Akademie der Künste. – Mit »B.« ist wohl Bauzen gemeint.

Durch Zufall erfährt Marie-Louise im Sommer 1973 über Peter Verdemato von Elias' zweiter Frau und seiner Tochter.

Marie-Louise von Motesiczky an Hera Canetti *London*

25 VII 1973

Liebe Frau Canetti,
Wohl durch ein Versehen ist die Nachricht Ihrer Verheiratung und der Geburt eines Kindes zu mir getragen worden. Das Geschenk von zwei mir unbekannten Journalisten. Es ist also daher kein Grund mehr irgend etwas geheimzuhalten. Sehr schwer aber ist es für mich dies vor meiner 91jährigen Mutter geheimzuhalten. Sie lebt in dem guten Glauben dass ich seit über 30 Jahren zu Canetti gehöre und nur aus Rücksicht für seine erste Frau nie heiratete. Wenn sie es erfahren würde, könnte sie dem Schock nicht standhalten und es würde die letzte Zeit ihres Lebens verdunkeln und sie mit Hass und Gram erfüllen. Da aber ausser den engsten Freunden kaum wer in unser Haus kommt kann ich es von ihr fernhalten. Nur möchte ich Sie inständig bitten dass keine Photos aus denen die Tatsache hervorgeht in Umlauf kommen. Es gibt schreckliche Menschen die ihr so etwas aus

einer Zeitung zuschicken könnten. Darum bitte ich, *nur solange* meine Mutter am Leben ist. Es ist mir aber lieb dass Sie meine eigene Einstellung kennen. Ich wünsche Ihnen und Canetti und dem Kindchen alles Gute

Marie Louise Motesiczky

Trotz aller Bemühungen muss Henriette von Motesiczky kurze Zeit später von der veränderten Situation erfahren haben.

Elias Canetti an Marie-Louise von Motesiczky *Zürich*

21. November 1973

Mein liebes Muli,
eben komme ich nach Zürich zurück und finde Deinen Brief und den Deiner Mutter. Von beiden bin ich so ergriffen, dass ich Dir auf der Stelle schreiben muss.

Unsäglich erleichtert bin ich, dass bei den Karplus nichts Schreckliches passiert ist. Es sieht sehr schwarz aus für Israel und man kann nur hoffen, dass es den sehr klugen Politikern dort gelingt, zu einem halbwegs erträglichen Frieden zu gelangen.

Du schreibst mit so viel Würde: Ich wollte, ich könnte mit ebenso viel Würde antworten und dabei etwas Gutes ausrichten. Um Deine Malerei zittere ich so sehr wie um mein Schreiben. Beide sind in Gefahr.

Am Sonntag fahre ich nach Wien und wohne etwa 6 Tage in der Nossek, bis zum *1. Dezember.* Schön wäre es, wenn ich da einen Brief von Dir bekäme. So um den 5. Dezember herum hoffe ich nach London zu kommen. Ich muss einige Wochen wie früher sein, ganz für mich, vielleicht kann ich dort, wo ich am liebsten bin, etwas zu mir kommen und sogar wieder *schreiben.* Der Weg am Friedhof vorbei und weiter wird mir entsetzlich abgehen. Dass ich ihn nicht mehr gehen kann, ist das Schlimmste, was mir hätte passieren können. Ich werde Dich natürlich anrufen und wenn Du es ertragen kannst, möchte ich, dass wir uns wie letztes Mal ausserhalb treffen.

Deine Mutter hat so geschrieben, dass ich stolz auf sie bin. Bitte sag ihr, dass ich ihr von ganzem Herzen für ihren Brief danke. Ich hätte ihr gern geantwortet, tue es aber nicht, weil ich fürchte, dass es sie aufregen könnte.

Eine Last warst Du mir *nie* und obwohl ich weiss, wie schwer Dir dieser plötzliche Schlag war, danke ich Gott, dass ich Dir zehn Jahre nichts gesagt habe. Denn in dieser Zeit war es zumindest für Dich so, als ob gar nichts anders wäre, ich kam zu Dir, wir konnten zueinander sprechen, ich konnte jedes neue Bild sehen und mich darauf freuen und Du hast immer genau gewusst, wie lebenswichtig Deine Bilder zumindest für mich waren. Sie sind es auch jetzt, aber *in Dir* ist es anders und das scheint mir das Schlimmste, was passiert ist.

Deine Mutter, glaub ich, schöpft Kraft daraus, dass *sie* nun an Dein Malen denken muss. Das ist etwas sehr Schönes. Traurig ist, dass sie ihr Vertrauen zu mir verloren hat, denn *in mir ist nichts anders, als es immer war.*

Ich habe zwei furchtbar anstrengende Monate hinter mir. Lesungen, Lesungen, Menschen, Menschen, die Frankfurter Messe, die Berliner Akademie. Ich *muss* es tun, nur so habe ich Hoffnung, äusserlich durchzukommen. Wenn die Lesungen so wunderbar gelingen wie die letzte in München, fühle ich, dass es einen Sinn hat. Wenn sie misslingen (wie etwa in Essen) glaube ich, ich kann nicht mehr und bin am Zusammenbrechen. Aber darüber schreib ich Dir besser nichts Genaues.

Die meisten Lesungen waren gut, manche unglaublich. Das neue Buch ist durch sie gerettet worden. Überall, wo ich lese, wird das Buch gekauft. Ein gutes Zeichen ist, dass der Verlag schon drängt: sie wollen das nächste Buch und diesen Winter *muss* ich damit weiterkommen, sonst ist alles aus.

Es ist schon ungerecht, dass Ansehen und Ruhm *so* spät kommen, zu einer Zeit, da man körperlich am Versagen ist und seelisch unter allem Unglück, das man Menschen gebracht hat, bis zur Verzweiflung leidet.

Niemand, auch Deine Mutter nicht, kann so viel Bitterkeit gegen mich fühlen wie ich selbst.

Die Besprechungen schicke ich Dir natürlich, auch das Buch, weil Du es möchtest. *Alle* Kritiken sind gut, viele begeistert, einige sogar gescheit. Und viele werden noch kommen. –

In Solothurn stand plötzlich der Willy Rieser vor mir, er hatte dort gerade eine Ausstellung. In München rief mich der Bogdan Zins an (der Freund Deines Bruders).

Heute ist ein herrlicher Tag, auch weil Briefe von Euch kamen. Ich denke an Chesterford Gardens: welch ein Herbst muss das gewesen sein! Die wunderbarste Zeit des Jahres!

Das Buch vom Nicolson kenne ich zum Teil von grossen Auszügen in Zeitungen. Es muss faszinierend sein, besonders für Dich. Den Harold Nicolson habe ich, wenn auch flüchtig, gekannt. Von der Victoria Sackville-West hat mir die Wedgwood viel erzählt. Für dieses schrumpfende alte England habe ich jetzt eine Zärtlichkeit wie früher für Wien, und *Ihr*, (besonders Du, das Muli) seid dort.

Mein Briefschluss kann nicht anders sein wie früher. Ich umarme Dich viel-vielmals der alte, ganz alte Pio.

Auf dem Weg von seiner Wohnung in der Thurlow Road zu Marie-Louises Haus in Chesterford Gardens kommt Elias durch die Church Row, an der ein malerischer Friedhof liegt, auf dem sich unter anderem das Grab des Malers John Constable befindet. – Bei Hanser erscheint 1973 Canettis Buch »Die Provinz des Menschen. Aufzeichnungen 1942–1972«. Das nächste, »Der Ohrenzeuge. Fünfzig Charaktere«, kommt 1974 heraus. – Der Maler Willy Rieser wurde 1927 in Solothurn geboren. – Der englische Diplomat, Schriftsteller und Politiker Harold Nicolson (1886–1968) war mit der Schriftstellerin Victoria (Vita) Sackville-West (1892–1962) verheiratet. Marie-Louise besitzt zwei seiner Bücher.

Marie-Louise von Motesiczky an Elias Canetti *London*

10 XII 73

Liebster Pio,
Es ist alles in Ordnung hier. Aber es waren schwere Tage. Mutter ist so schwach und ich hätte wohl bei meiner ursprünglichen Vorstellung bleiben sollen dass niemand auch die Mutter nicht wissen soll wenn wir uns sehen. Sie hatte die Vorstellung (so denke ich) dass *sie* mich in die Nacht schickt weil ich Sie ihretwegen nicht hier sehen kann (obwohl's nur 4 ¼ war so spielt die Dunkelheit eine grosse Rolle – schon zu normalen Zeiten ist es schwer für mich ihretwegen abends auszugehen). Nun meint sie dass durch ihre Schuld mir was zustossen könnte. Das könnte sie körperlich nicht aushalten. Wenn Sie sie gesehen hätten: »sag

ihm ich verzeih ihm, trink einen Tee und dann komm mit ihm nach Hause, bitte bitte«. Wenn Sie sie gesehen hätten, und das zitternde Händchen das nicht die Kraft hatte die meine zu drükken und das mit Gott, mit Gott nur so gehaucht – dann würden Sie wissen dass ich das nicht mehr tun darf.

Ich hab mich ja auch nicht so gehalten bei dem Wiedersehen – wie in den Briefen. Aber bedenken Sie – ich hab so viel Ihnen geschrieben und Stück für Stück mich mit der Vergangenheit abgeplagt (es steht in dem Brief der Ihnen von Wien nachgeschickt wird) und das alles musste heraus, flüsternd im Vanity Fair und dabei hab ich die Hälfte vergessen. Und es steht vor allem in dem *10 Seiten* langen Brief der hier in der Schublade liegt. Alles ging mir durcheinander denn ich meinte das Geschriebene hätte Sie erreicht aber das hat es ja nicht – und ich musste noch mehr dazufügen. Ganz heillos! Und dabei wurde noch alles durcheinander geworfen durch die Weihnachtskarte von Belli. (Und auch noch durch ein Gespräch mit Eve White die mir berichtete dass Sie sich furchtbar über mich und meine Häuslichkeit beklagten …) Aber vor allem Belli. Bedenken Sie: für einen katholischen Menschen wie diese herzensgute Belli – waren wir alle die Jahre ein Paar – und sie hat es anerkannt. Und dann hört sie am Telephon fast wie von einem erfolgreichen … ich kann das Wort nicht aussprechen – es sei nun alles anders. Just the facts. Und während ich mir hier oft tagelang vor Schmerzen nicht zu helfen weiss – geht man dort zur Tagesordnung über. Und was für Belli das höchste auf dieser Welt ist – eine Ehe und deren Krönung: ein Kind – lässt mich und meine Vergangenheit in einem – Nichts. Auf der Karte ist ein Lebzeltmodel: Josef Maria und das Kind abgebildet. Und die Karte kam am Tag Ihrer Rückkehr an. Das sind Taktfragen aber vielleicht ist Takt ausser wirklicher Güte eines der wichtigsten Dinge auf der Welt.

Aber das alles ist es ja nicht – und das sage ich immer wieder in meinem Brief der hier in der Lade liegt. Seit Monaten bin ich auf der Suche nach dem Wirklichen.

Vielleicht haben Sie übersehen dass in den 10 Jahren – den letzten – nicht nur meine Liebe für Mutter sich (auch durch die grosse Isolation) ins unermesslich Tiefe gesenkt hat. Aber auch zu Dir Pio, auch zu Dir. Was einmal in diesen Tiefen seine Wurzeln ausgebreitet hat kann man nicht mehr in eine andere Ebene verpflanzen. Selbst wenn es in all den Jahren manchmal geflüstert hat: nun ist die Eiszeit – – so war dies von Vorwürfen begleitet: Du verstehst ihn und seine Arbeit nicht gut genug – Du bist selbst schuld – und wenn ich vor Ihrem Haus stand und nicht zu Ihnen durfte so dachte ich: vielleicht hat er einen Eid geschworen … und doch hat er mir vergeben. Ich bin selbst daran schuld. Und so sind die Wurzeln gewachsen – voll Dankbarkeit – – aber als das Unglück mich traf – im Sommer – – da waren Ihre ersten Worte trotzdem: Du hast mich verlassen – ich bin nicht fort von Dir.

Ach Pio, nun verlässt mich die Kraft – oder Konzentration – es ist so schwer – das alles ist es nicht, das ist es nicht – es ist nicht das Wirkliche. Selbst wenn die Wurzeln in der Tiefe schwanken und nicht mehr wissen wovon sie leben sollen, selbst wenn die Nahrung eine andere war und alles ein Rätsel ist so sollen Sie etwas wissen: Wie immer Sie sind, was immer Sie tun, selbst wenn »die grosse Liebe« die Sie mir einmal geschenkt haben nur ein Märchen war das ich träumen durfte (vielleicht im weitesten Sinn überhaupt mein Schicksal) selbst wenn Sie heute für den einen ein glücklicher Vater sind, mit einer klugen jungen Frau an Ihrer Seite, – für den anderen aber der vom Schicksal geschlagene Dichter, den eine alte Ophelia in seinen Träumen verfolgt (ich nämlich) und für den dritten der dämonische Dramatiker der noch ein drittes und ganz geheimes Leben in London führt (durchaus möglich) von dem niemand was weiss – wenn Sie noch 10 andere Leben spielen müssen, so bin ich vielleicht der einzige Mensch der das verstehen kann und doch – so tief getroffen wie ich bin, es fertigbringen könnte, nicht zu verzweifeln. Wenn Sie nur die volle Einsicht hätten wie *grenzenlos* weit ich sein kann.

Wenn Sie wüssten wie schwer ich mir diese Worte in den letzten Monaten errungen habe. Vielleicht wäre es der einzige Weg noch zu irgendeiner Fröhlichkeit zurückzufinden die so sehr mein Element war und die nun ganz und gar aus meinem Leben verschwunden ist. Wenn Sie wüssten wie sehr ich mich sehne danach mit Ihnen zu plaudern zu erzählen – mit Vertrauen – frei – und auch Sie – – frei zu wissen – – – Aber solange Sie glauben Sie könnten mich damit trösten wenn Sie mir sagen dass Sie Ihre Frau nun hassen weil sie eine Deutsche ist – und noch dazu die Veza aus dem Grab holen um sie zu verfluchen –

Canetti wägt zwei Frauen
1973

geht das nicht. Solange Sie Ihre Gabe der Erfindung dazu benützen ein Ding auf das andere zu schieben weil Sie dabei besser abschneiden und das Zeug noch selber glauben – versündigen Sie sich – an Ihrer Arbeit und an den Menschen und darum meine ich haben Sie das Gefühl zu zerbröseln. Und *dabei* oh Grössenwahn – meine ich Ihnen helfen zu können. Dass das *nicht geschieht.*

Und nun will ich noch einmal zu meinen Schmerzen zurückkehren – den wirklichen. Ich war nie ein eifersüchtiger oder besitzergreifender Mensch – aber nun mit 67 Jahren bin ich durch das was geschehen ist – wie eine schrecklich giftige Einspritzung – eine Injektion von fremden Stoffen – sehr erkrankt. Ich bin so verzweifelt dass ich das Kindchen nicht lieben darf – dass es nicht meines ist – dass ich das Glück der Beobachtung von jedem kleinsten Ding nicht mit Ihnen teilen kann – unablässig arbeitet meine Phantasie – all die Entscheidungen – welche Spielschule – welches Kleidchen, welches Spielzeug – welches neue Wort. Und das sind nur Tropfen in dem Meer das ich meine Krankheit nenne. Und die Zukunft – –? Von meinem Leben hier will ich gar nicht reden. Manchmal meine ich Sie wissen nicht wie einer Frau zumute ist wenn der eine Mensch kommt von dem sie glaubt an diesem kleinen Tisch bei dieser Lampe – wenn sie die Teller hinstellt, da ist's am besten. Alle Fröhlichkeit des Tages und das Gelingen hängt davon ab.

Mein Brief wird schwach – schon wieder geht die Kraft mir aus.

Mit all dem muss man fertig werden. Ich muss damit fertig werden dass Sie mich verlassen haben auch wenn Sie mich noch so »gerne« haben wie Sie schreiben – Ich darf nicht das begehren was nun anderen gehört. Dass ich so übermässig unglücklich bin ist das was ich die Krankheit nenne – in meinem Alter: – es muss vergehen, es gehört nicht zu mir.

Wenn ich aber für Sie etwas anderes werden könnte, – nicht das selbe was ich früher war – etwas ganz anderes – keine Mutter – keine Frau – etwas ganz anderes … dann könnt ich Ruhe finden. Und vielleicht auch wieder arbeiten.

Ich glaube wir sollten uns diese Woche nicht sehen. Und die nächste … da verreisen Sie wohl schon wieder? Aber vor Ihrer Reise möchte ich Sie schon gerne sehen. Ich werde nicht mehr von all dem sprechen – möchten Sie nicht vielleicht die chinesische Ausstellung sehen? Oh Pio, was ist ein schönes Haus, ein Zimmer ein Tisch eine »Lampe«. Vielleicht sind nur die Sterne über uns noch gut genug selbst wenn im Winter ein grauer Himmel sie verdeckt – wenn nur das was wir beide fühlen das Richtige ist. Vielleicht sind die Schritte die wir noch nebeneinander gehen dürfen auf dieser Welt, mehr wert als alle Worte die so leicht irreführen können.

Das sag ich dem Dichter Pio denn er soll wissen dass selbst ein Muli weiss wie schwer sein Beruf ist.

Aus Rücksicht auf Henriette von Motesiczky treffen sich Marie-Louise und Elias im Restaurant »Vanity Fair«. – Eve White ist eine Nachbarin Marie-Louises. – just the facts: nur die Tatsachen. – Ein Lebzeltmodel ist eine Lebkuchenform. – Vom 29. September 1973 bis zum 23. Januar 1974 wird in der Londoner Royal Academy of Arts »The Genius of China«, eine Ausstellung archäologischer Funde, gezeigt.

Elias Canetti an Marie-Louise von Motesiczky

London, Dezember 1973

Mein liebes Muli,
das ist der schönste Brief, den Du mir je geschrieben hast. Ich respektiere ihn so sehr, dass ich die *Dummheiten* zurückziehe, die ich letztes Mal über »Deutsche« und »Vezas Fluch« gesagt habe. Einem Dichter, das weisst Du, geht allerhand durch den Kopf, aber wenn es so hässlich und falsch ist, soll er es nicht aussprechen. Wenn ich nicht gehofft hätte, dass es Dich trösten könnte, hätte ich es für mich behalten und bloss in dem geheimen Tagebuch belassen, wo alles Mögliche steht, das einen im Augenblick quält. Es ist ein *niederträchtiger Unsinn* und *bleibend* gilt davon nur, dass ich vor Veza eine sonderbare Angst habe, die ich selbst nicht ganz verstehe.

In Deinem Brief hast Du mir zum erstenmal bewiesen, dass Du weisst, *wirklich* weisst, was ein Dichter ist; und da Du selbst den einen Wunsch hast, *weit* zu sein, nehme ich als Zeichen dafür, dass Du's *bist.*

Ich werde nie mehr Dinge sagen, um Dich zu trösten, Du verdienst etwas Besseres, nämlich eine andere, ganz andere, eine neue Beziehung zwischen uns, wie Du es selbst gesagt hast.

Es ist wirklich besser, dass wir uns diese Woche nicht sehen. Deine Mutter, über die Du *ergreifend* schreibst, soll nie mehr in diese Angst geraten. Ich glaube, es ist für alle, auch für mich, zu früh, dass ich ins Haus komme. Es ist so vieles noch wund, der Gedanke, dass mein Zimmer nicht mehr wirklich besteht, schmerzt mich mehr, als ich sagen kann. Es ist aber *richtig* so, und ich werde mich schon daran gewöhnen. Für Dich ist es noch viel schwerer.

Wunderbar ist Dein Gedanke, dass wir in die chinesische Ausstellung gehen. Nichts Schöneres könnte ich mir denken. Wir müssten am späten Vormittag, so um 11 Uhr hineinfahren und dann zusammen mittagessen. Du könntest gegen 3 oder früher schon zurück sein, wenn es noch hell ist, und Deine Mutter hätte keine Angst. Ich würde danach in die London Library gehen, wo ich zu tun habe. Aber wenn es Dir lieber ist, fahre ich mit Dir nach Hampstead zurück. Wie wäre es mit Montag oder Dienstag? Es müsste ein Tag sein, an dem die Royal Academy offen ist, und nicht später in der Woche, weil ich ja dann wegfahre (etwa Freitag).

Ich könnte mir nichts Schöneres vorstellen, als mit dem Gedanken an diese wunderbaren chinesischen Sachen und Dich fortzugehen. Das wäre schon der Anfang der neuen Beziehung, in der wir weit und frei über alles sprechen könnten. Ich weiss, dass Du nicht malen kannst, bevor etwas in Dir sich löst. Aber ich bin Dir schon dankbar dafür, dass Du es *sagst*, nämlich dass Du davon sprichst, dass Du wieder malen wirst.

Ich verspreche Dir, dass ich alles tun werde, um nicht weiter zu zerbröseln. Ich schäme mich dessen unsäglich. Ich weiss, dass ich noch etwas zu tun hätte. Ich weiss, dass Du etwas tun könntest. Wenn wir wirklich wollen, beide, können wir einander helfen. Ich schwöre, dass ich es will. Ich bin sicher, dass Du es auch willst.

Liebes, liebes Muli, ich danke Dir von ganzem Herzen für Deinen Brief Pio.

Marie-Louise hat Elias' Arbeitszimmer in ihrem Haus in ein Gästezimmer umgewandelt. Es kann sich aber nicht viel dort verändert haben, da die Regale mit seinen Büchern bis 2008 immer noch zwei ganze Wände einnehmen.

Elias Canetti an Marie-Louise von Motesiczky *London*

8 Thurlow Road, NW3.
27. Februar 1974

Mein liebes Muli,
das war ein witziger und kluger Brief, er war sogar mehr, er war *weise*. Du hast die richtige Entscheidung getroffen und hast es so behutsam gesagt, dass es mich nicht kränken konnte.

Mein ganzes Leben war das höchste Wort für mich »Bruder« und nichts habe ich mir so sehr gewünscht wie eine Schwester. Wenn es so werden könnte, wie Du sagst, – es würde sich etwas in mir lösen und ich könnte sogar vielleicht ruhig werden.

Es geht mir nicht wirklich schlecht, denn alles, was mich quält, geht in die Arbeit. Ich tue nichts anderes, ich arbeite unaufhörlich. Ich gehe abends nicht aus, ich sehe niemand. – Wenn ich nur wüsste, dass Du wirklich einen Weg zum Malen findest.

Ich stelle mir die brüderliche Zeit vor, wie sie sein wird und wünsche mir von ganzem Herzen, sie zu erleben. – Schwer war es, Deinen Neujahrswunsch nicht zu erwidern. Ich dachte, Du *wolltest*, dass ich schweige, ich dachte, ich hatte es Dir auf Deinen Wunsch *versprochen*.

Wenn Du diesen Brief bekommst, bin ich schon wieder fort, zu Lesungen. Das ist ganz gut, es zerstreut mich und gibt mir das Gefühl, dass Menschen etwas von mir haben. Vielleicht bin ich nur für die nicht gut, denen ich zu nah bin.

Lebwohl, mein liebes Muli. Denk so an mich, wie in Deinem letzten Brief. Wenn Du kannst, schreib mir wieder. Es tut mir so wohl, als ging ich den alten Weg.

Es umarmt Dich der alte Pio, Dein neuer Bruder.

Elias Canetti an Marie-Louise von Motesiczky *London*

8 Thurlow Road NW3
23. April 1974

Mein liebes Muli,
Wenn Du diesen Brief bekommst, bin ich wieder in der Luft, unterwegs nach München.

Ich war den ganzen April in London, aber ich wollte Deine Mutter nicht wieder erschrecken und Dich nicht beunruhigen, drum habe ich nicht angerufen und nicht geschrieben. Das fiel mir sehr schwer und als der Kindler kam, war ich so gerührt darüber, besonders weil es mit Deiner eigenen Schrift adressiert war, dass ich die grösste Mühe hatte, nicht ans Telefon zu stürzen und Dir gleich dafür zu danken.

Das tue ich also, erst jetzt: vielen, vielen Dank. Es findet sich ein besonders schöner Artikel über »Masse und Macht« darin und ein weniger erfreulicher über die »Hochzeit«. Im März habe ich bei der Aufführung der »Hochzeit« in Bonn wieder einmal eine Art von Skandal erlebt. Eine *neue* Art, die Leute haben keinen Lärm gemacht, aber mitten im Stück, das in einem Zug gespielt wurde, sind vielleicht 300 Leute im Parkett unten aufgestanden und haben stumm und en bloc das Theater verlassen. Das war der eindrucksvollste Protest, den ich je erlebt habe. Ich war sehr unglücklich darüber, weil die Aufführung originell war und Regisseur und viele der Schauspieler (keineswegs alle) mir gut gefielen. Es scheint also, dass »Hochzeit« im Gegensatz zu mir ewig jung bleibt, nämlich ewig Ärgernis erregt. –

Ich würde so gern etwas über Dich wissen. Das letzte war die Postkarte aus Galiläa. Ich höre, dass die Leute in Israel reglos und deprimiert sind. Vielleicht war es auch das, was Du mir nicht gern schreiben wolltest. Wenn es nur nicht war, dass der Maler Mulo es schwer hat und nicht recht zur Arbeit findet. Vielleicht liegt jetzt in Zürich ein Brief für mich, aber ich wage nicht, es zu sehr zu hoffen.

Ich habe hier diesmal *buchstäblich* nicht einen einzigen Menschen gesehen und unaufhörlich gearbeitet. Es ist das einzige, was mich über Wasser hält, in jeder Hinsicht. Aber immerhin: ich *kann* arbeiten. Schön wär's, wenn ich noch einmal einen grossen Roman fertig brächte, den Du so gern liest wie Deine geliebten Russen.

Morgen gehe ich wieder auf Reisen: München, Salzburg, Freiburg, Göttingen, Berlin. Im Juni bin ich zwei Tage in Wien. Mitte Juni komme ich wieder für länger nach London zurück. Dann wird das halbe Jahr eigentlich um sein und vielleicht fühlst Du Dich dann schon so, dass wir uns sehen können. Ach, wäre es wunderbar, wenn der Maler Mulo mir etwas Neues zu zeigen hätte! Aber auch wenn es noch nicht so weit ist, es wäre unsäglich schön, *einmal* wenigstens den alten Weg wieder zu gehen, den blühenden Garten zu sehen und alles über dieses halbe Jahr von Dir zu hören.

Lebwohl, mein liebes Muli, ich denke, auch wenn ich hier wie in der Verbannung lebe, mit guten Gedanken an Dich und mehr, als ich vielleicht sagen sollte.

Es umarmt Dich der jetzt schon wirklich

ganz alte Pio.

P.S. Wenn Du glaubst, dass es die Mutter nicht aufregt, grüsse Sie bitte besonders herzlich von mir und gratuliere ihr auch bitte dann bald zum Geburtstag. Was gäbe ich darum zu wissen, wie es ihr geht! Wirst Du mir wenigstens das nach Zürich schreiben? Ich bin dort vom 2.–10. Mai und gehe auf alle Fälle auf die Post nachfragen.

Im März 1974 reist Marie-Louise erneut in Begleitung von Godfrey Samuel nach Israel und besucht Heinrich Karplus.

Marie-Louise von Motesiczky an Elias Canetti

London, April/Mai 1974

Piolein,
Ich schwöre, ich habe für den Tag gelebt an dem wir uns wiedersehen. Und eben vielleicht deshalb schwindet jetzt meine Kraft. Ich bin noch nicht reif. Erst muss ich mir selber helfen, – dann erst können Sie mir eine helfende Hand reichen. Glauben Sie an Ihre Zukunft. Ich habe die Zeilen über Ihren Roman sehr wohl gelesen: »schön wär's wenn ich noch einmal einen grossen Roman fertig brächte, den Du so gerne liest wie Deine geliebten Russen«.

Ich habe Paustowskij Ferne Jahre. Erinnerungen an das alte Russland gelesen und es hat mir über bange Stunden hinweggeholfen. Das schreibe ich nur damit Sie mir glauben dass ich gern was lese. Wenn Sie mir einmal einige Blätter oder ein Heftchen schicken wenn Ihnen danach ist?

Und beten – nein hoffen Sie (ich weiss ja Sie mögen das Beten nicht) hoffen Sie, wenn Sie es können, dass auch bei mir sich alles noch zum Besseren wendet.

Es umarmt Sie – oh so von Herzen

Ihr Muli

Spätere Notiz auf dem Umschlag:
nie abgeschickt

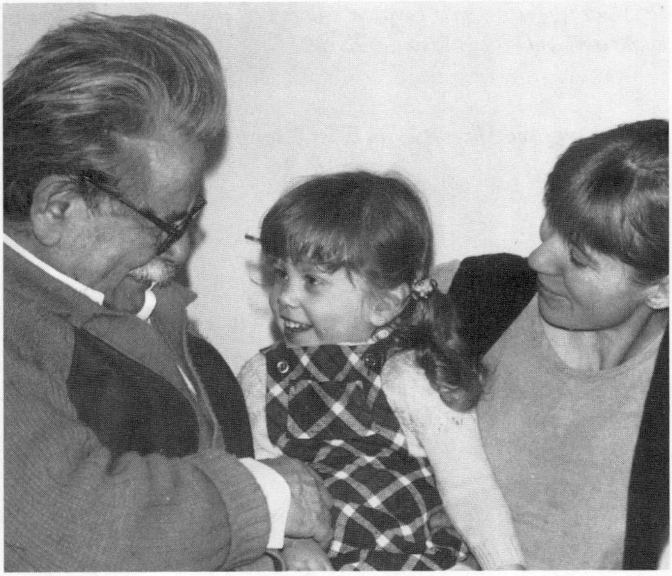

Elias Canetti mit Johanna und Hera
um 1974

Marie-Louise von Motesiczky an Elias Canetti *London*

1 VI 74

Liebster Pio,
Ihr Brief hat mich erreicht – er hat mich innen erreicht – es war der erste …

Bitte seien Sie nicht enttäuscht über die wenigen Zeilen. Es steckt mehr Mühe darin als schriebe ich 100 Seiten. Ich will am 23. Juni im Vanity Fair sein um 5 Uhr Nachmittag. Sollte ich dazu aus irgendeinem Grund nicht imstande sein werd ich Sie's nach Thurlow Rd. wissen lassen. Ich will nicht dass Sie umsonst an die Post in Zürich gehen – – das ist mir wichtiger als alles was ich zu sagen habe. Ich bin ein so gebranntes Kind dass ich Worten nicht mehr traue, auch nicht den eigenen.

Nur so viel sollen Sie wissen. Ich wünsche mit der ganzen Kraft meines Herzens und meines Kopfes dass wir den kleinen Berg zum Vanity Fair glücklicher herunter gehen als wir hinauf gegangen sind.

Meiner Mutter geht es gut. Und mir? – Mutters Worte von Ebbe und Flut sind leider sehr wahr. Ihre Prophezeiung dass Liss nun immer so sein wird möchte ich noch offen lassen. Es ist gar so ein schweres Schicksal.

Mein grösster Wunsch wäre einen kleinen Hafen zu finden wo wir die Schätze die wir zwei, Sie und ich, Piolein auf unserem Weg gefunden haben, in Sicherheit wissen für alle Zeiten. Aber wir haben den Hafen noch nicht gefunden. Es umarmt Sie

Ihr Muli

Mit »Ebbe und Flut« meint Marie-Louise wohl, dass auf schwere Tage auch wieder gute folgen. – Nach dem Tod ihres Mannes 1973 zieht Liss Gray 1974 zurück nach Aachen.

Elias Canetti an Marie-Louise von Motesiczky — *Zürich*

18. Juni 1974

Mein liebes Muli,
Ich bin noch immer nicht in London; seit Deinem Brief, über den ich mich schrecklich gefreut habe, war ich an unzähligen Orten, zuletzt in Wien bei der Gründung der Internationalen Musil-Gesellschaft. Ich kann erst am Dienstag den 25. nach London zurückfliegen.

So schlage ich Dir vor, dass wir uns am *Mittwoch*, den *26. Juni* um 5 Uhr im Vanity Fair treffen. Wenn Du an dem Tag nicht kannst, schreib mir bitte gleich an die Thurlow Road, damit ich Deinen Brief schon bei meiner Ankunft vorfinde. Oder ruf mich am Mittwoch früh dort an. Wenn ich gar nichts mehr von Dir höre, bleibt es bei Mittwoch, den 26., 5 Uhr.

Ich freue mich wie ein Kind auf das Wiedersehen. Vielleicht hast Du etwas gemalt. Lebwohl, liebes Muli. Es umarmt Dich viel-, vielmals

Dein alter Pio

Marie-Louise von Motesiczky an Elias Canetti

London, Juli 1975

Abschrift eines Briefes der wirklich abgegeben wurde in Thurlow Rd. 8 etwa am 17[n] VII 1975
Lieber Pio,
Ich bring diesen Brief zu Ihrem Haus wie früher, als wäre die Zeit still gestanden. Es ist mein Geburtstagswunsch. Ich komme mit leeren Händen. Aber ich habe vorgestern 6 Stunden an dem Porträt gearbeitet. 4 Stunden nach Modell und dann noch 2 Stunden auswendig. Ich glaube es wird gut. Ich schreibe Ihnen das weil ich weiss dass es das ist was Sie sich am meisten von mir wünschen. Sonst habe ich nichts. Es ist das einzige woran ich glaube.

Ihr Muli

Wenn Marie-Louise an einem Porträt ihrer Mutter malt, wechselt sie die Arbeit vor dem Modell mit der Arbeit aus der Erinnerung ab. Da Henriette von Motesiczkys Schlafzimmer nur eine halbe Treppe von Marie-Louises Atelier entfernt ist, sind die beiden Arbeitsschritte leicht zu vereinen und erleichtern außerdem das Versorgen der bettlägerigen alten Frau.

Elias Canetti an Marie-Louise von Motesiczky *Zürich*

22. Oktober 1975

Mein liebes Muli,
Es war am 13. Juli, einem Sonntag, als ich Ihr Briefchen fand, ich habe seither an ihn als an einen Glückstag gedacht, ich kann diesen Tag nicht vergessen. Sie schrieben, dass Sie arbeiten und schenkten mir diese Nachricht zum Geburtstag und es war das schönste Geschenk, das ich je zu einem Geburtstag bekommen habe.

Ich dachte damals, nach unserem Gespräch, dass Sie mich wirklich für eine Weile lieber nicht sehen und auch nicht von mir hören wollten. Ich dachte, dass es ein Versuch von Ihnen war, zu etwas wie Frieden zu gelangen, so weit man das kann, und nahm den Brief ergriffen als Zeichen der Grossmut, als Hilfe für die Zeit, in der wir uns nicht sehen sollten.

Eine Woche danach verliess ich London und bin nun 2 ½ Monate nicht dort gewesen. Es ist die furchtbarste Zeit meines Lebens gewesen. Seit dem Geburtstag, an dem vieles in deutschen Zeitungen erschien, bin ich von anonymen Anrufen und Briefen verfolgt worden. Ich habe Ihnen schon früher davon erzählt, aber es ist zehnmal schlimmer geworden. Ich war meines Lebens nicht mehr sicher, auch das Kind wurde bedroht. Ich musste mich an verschiedenen Orten verbergen, bis die Sache nachlässt. »Sachkundige« Männer, mit denen ich mich beriet, überzeugten mich davon, dass absolutes Schweigen von meiner Seite und Unerreichbarkeit das einzige Mittel der Abwehr seien. So bitte ich jetzt auch Sie inständig, niemandem in London oder sonstwo etwas darüber zu sagen.

Eine vergiftete Sache ist der Ruhm, jedenfalls für mich, und ich wollte, ich wäre noch unbekannt wie in der Amershamer Zeit: was war das für eine *glückliche* Verborgenheit und was für ein Narr war ich, mich durch die Unbekanntheit gedemütigt zu fühlen!

Ich möchte etwa Mitte November nach London kommen, hoffentlich gehen die Drohungen dort nicht gleich wieder los. Dann müssen wir die Sache mit den Büchern besprechen. Es ist mir schrecklich, dass Sie sich Sorgen darüber machen. Francis und Carol haben ihr Haus verkauft und ziehen in eine Wohnung, wo nicht einmal Platz für *seine* Bücher ist. Nirgends sonst wüsste ich den geringsten Platz dafür. Ich bin auch räumlich in sehr bedrängten Umständen. Am liebsten würde ich *Ihnen* alle Bücher, die bei Ihnen sind, in aller Form schenken, dann hätten Sie keine Verantwortung dafür und müssten sich keine Sorgen darüber machen. Vielleicht hätten Sie manchmal doch Freude daran, es sind sehr schöne Sachen darunter. Sie könnten dann auch den Teil, der Ihnen lästig ist, an einen Antiquar verkaufen. Das wäre aber schade, denn man würde Sie auf das Schrecklichste beschwindeln. – Vielleicht, wenn ich dieses momentane Unglück überlebe und den Drohungen nicht schliesslich doch zum Opfer falle, wenn Sie es wieder, ohne darunter zu leiden, ertragen, mich zu sehen, mich sogar *dort* zu sehen, könnte ich hie und da in einem der Bücher blättern, die dann *Ihre* wären.

Ich fürchte, dass dieser Brief Sie zu Ihrem Geburtstag nicht mehr erreicht und telegraphiere darum morgen. Ich weiss nicht, was mir das Gefühl gibt, dass Sie in diesen Monaten malen konnten: vielleicht die Schilderung jenes schrecklichen Regens in Highgate. Ich wünschte, ich hätte ihn an Ihrer Seite und mit Ihren Augen gesehen. Lieber Maler Mulo, ich habe auch das Gefühl oder bescheidener die Hoffnung, dass ich Sie in drei Wochen sehen werde. Falls mir vorher etwas passiert, sollen Sie wissen, dass es nichts gibt, was dieser 70jährige nicht mit dem vollen Gewicht, das ihm zukommt, in seinem Leben wissen möchte, es soll alles was war noch viel mehr bedeuten, es soll, wenn auch vielleicht nicht ganz verdient, so fest sein wie die Ewigkeit, in der man nicht mehr bedroht und bedrängt wird.

Es umarmt Sie

der alte Pio

(den jeder Name von früher, den Sie in Ihrem Briefe nennen, mit Glück erfüllt.)

P.S. Fritz Wotruba ist am 28. August an einem Herzinfarkt gestorben.

Elias Canetti an Marie-Louise von Motesiczky *Zürich*

23. Dezember 1975

Mein liebes Muli,
nun wird Dich dieser Brief doch erst nach Weihnachten erreichen, aber wenigstens vor dem Neuen Jahr.

Noch am Tag vor meiner Abreise von London, vor genau vier Wochen habe ich Dir von dem High Hill Bookshop das Buch über italienische Kunst von Withower schicken lassen. Es ist ein ausgezeichnetes Buch, war aber lange vergriffen. Hast Du's bekommen?

Es war sehr schön, Dich zu sehen: etwas vom Frieden, wonach ich mich vergeblich sehne. Die »Verfolgung«, von der ich Dir erzählt habe, die so romanhaft klingt, war viel schlimmer noch, als ich Dir's gesagt habe. Aber seit ich von London zurück bin, ist eine Pause eingetreten, die niemand ganz begreift. Vier Wochen Ruhe! Nach Monaten abscheulicher Drohungen – man kann es nicht glauben, und auch wenn es nur eine Pause sein sollte, ist es doch eine unsägliche Erleichterung.

Am 13. und 14. Dezember war ich in Dortmund zur Verleihung des Nelly-Sachs-Preises, was in der Oper sehr gefeiert wurde. Die wenigen Leute, drei oder vier im ganzen, die von der »Verfolgung« wissen, waren wie ich sicher, dass an diesem Tage, bei dieser öffentlichen Gelegenheit vor vielleicht tausend Menschen, die man nicht kontrollieren konnte, etwas Schlimmes passieren würde, ein Schuss, oder schlimmer, weil es auch andere gefährdet hätte, eine Bombe. Es ist aber gar nichts passiert, nicht einmal eine Belästigung oder Drohung; und die Herzlichkeit und Gastlichkeit der Dortmunder Stadtbehörden war sehr wohltuend.

Jetzt muss man die nächste öffentliche Gelegenheit abwarten. Um den 25. Januar herum findet in der Münchener Universität die feierliche Verleihung des Ehrendoktorats statt, das man mir eigentlich schon zu meinem 70. Geburtstag zuerkannt hatte. Da soll ich eine lange Rede halten, 45 Minuten, und da die Feier für alle Studenten zugänglich ist, kann es leicht passieren, dass jemand sich einschleicht, der dann eben 45 Minuten Zeit hätte, mich abzuschiessen. Du wirst es nicht glauben, aber ich habe keine Angst mehr davor: wenn es geschieht, wird es eben geschehen. Es wäre nicht der schlechteste Tod für einen, der den Tod so bitter bekämpft wie ich.

Du wirst fragen, warum ich es Dir dann schreibe: ich möchte, dass Du vorbereitet bist, falls es doch noch passieren sollte, und auch, dass Du dann meinen tiefsten Wunsch nicht vergisst: er betrifft den Maler Mulo, an den ich glaube, immer mehr glaube, seit ich von den Bildern, die ich so liebe, getrennt bin. Ich möchte, dass der Maler Mulo *weiss*, was ich von ihm noch erwarte, auch wenn ich nicht mehr da sein sollte, es immer wieder zu sagen. So viel von mir wird auf alle Fälle immer da sein, *in Dir*, und noch mehr vielleicht gerade, wenn ich tot sein sollte. –

Mich hat letztes Mal an unseren Gesprächen alles ergriffen. Die rührende Stimme der Mutter, ihre kindliche Intensität geht mir nach. Wollte Gott, ich hätte ihr nicht so spät im Leben eine so tiefe Kränkung zugefügt. Ich habe mich auch an Deine veränderte Stimme gewöhnt, ich höre Euch beide, ich habe davon geträumt und ich bin, was noch merkwürdiger ist, nachts schon aufgewacht, weil ich Eure Stimmen in meinem Zimmer zu hören glaubte. Ich habe jetzt auch selbst so einen Apparat, aber ich kann ihn – vorläufig – nicht verwenden, weil er mir Euren Stimmen zuzugehören scheint.

Ich versuche mir alles vorzustellen, wie es bei Euch zu Weihnachten ist. Ich denke an alle Leute, die Du siehst und die zur Atmosphäre von Chesterford Gardens gehören, – das Ganze, ich kann nichts Schöneres sagen, kommt mir jetzt vor wie eine vollkommene Dichtung, an Tiefe und Menschlichkeit eine russische Dichtung, vielleicht weil Du diese so liebst. Dabei bedeutet mir Wien, das ich so gehasst habe, mehr und mehr. Ich dachte, das hängt mit Karl Kraus zusammen, mit dem ich viele Monate beschäftigt war; aber jetzt weiss ich, dass es mit Dir zusammenhängt, denn die Worte zwischen Deiner Mutter und Dir, die ich immer höre, sind Wiener Worte, Wiener Worte in einer russischen Dichtung.

Ich wünsche Dir inständig, dass diese Dichtung auch im kommenden Jahr bestehen bleibt und Du trotzdem die Kraft findest, zu malen, auch *sie* wieder zu malen, die Dein grösstes, eigentlichstes Werk ist, und um derentwillen Deine Malerei immer bestehen bleiben wird. Aber eben um sie wieder zu malen, musst Du auch viel anderes machen, und wenn ich doch gern noch am Leben bleiben möchte, ist es auch, um diese Bilder zu sehen, denn ich *weiss*, dass Du sie mir einmal zeigen würdest.

Liebes, liebes Muli, lebwohl, ich umarme Dich als ein zwar alter, aber unveränderlicher Pio.

Bei dem Apparat, den Elias noch nicht benützt, handelt es sich vermutlich um ein Tonbandgerät. – In den zwanziger Jahren besuchte Elias regelmäßig die Vorlesungen des österreichischen Schriftstellers, Journalisten und Satirikers Karl Kraus (1874–1936), dessen Arbeit maßgeblichen Einfluss auf sein Werk ausübte. Der zweite Teil seiner Autobiographie, »Die Fackel im Ohr«, nimmt Bezug auf die Zeitschrift »Die Fackel«, die Karl Kraus seit 1899 herausgab.

Elias Canetti an Marie-Louise von Motesiczky *Zürich*

21. November 1976

Lieber Maler Mulo, mein liebes Muli,
Natürlich hab ich nicht vergessen, dass Sie operiert werden; was ich nicht wusste, war: wann. Ich glaube, das war auch damals noch nicht genau festgesetzt.

Ich bin froh, dass es gut gegangen ist. Jetzt sind Sie wohl schon wieder zu Hause, und drum schreibe ich Ihnen, da kann der Brief nicht fehlgehen.

Wie gern hätte ich mehr gewusst: ob Sie etwas gemalt haben, wie der Besuch beim Kokoschka war (Sie wissen, dass er jetzt den Schmidt, den deutschen Kanzler gemalt hat); ob Ihnen das Buch vom Fürst über seine Königsberger Jugend gefallen hat, wie es der Mutter geht, so viel so viel, schön wär's, wunderbar wär's, wenn Sie mir gleich wieder schreiben würden.

Es ist nämlich nicht sicher, ob ich im Dezember noch nach London komme. Ich hatte es vor, aber Hera muss operiert werden und nur wenn ihre Schwester oder ihre Mutter für die Zeit herkommen, kann ich weg nach London. Wahrscheinlich wird es so sein, dann wäre ich so zwischen 10. und 20. Dezember in London, aber sicher ist es nicht.

So schlecht es ringsherum mit der Gesundheit geht (auch bei der Kleinen nicht besonders und ebenso schlecht bei mir), so gut sieht es aus mit der Arbeit. Meine Jugendgeschichte heisst nun endgültig »Die gerettete Zunge«, im Verlag herrscht helle Begeisterung darüber. Zweidrittel davon habe ich schon als Druckfahnen bekommen. Ausserdem erscheint es als Fortsetzungs»roman« in der »Frankfurter«. Vergangenen Donnerstag hat es begonnen, es gab bis jetzt *drei* Fortsetzungen davon. Wenn Du schon ausgehen kannst und bis zum Zeitungsgeschäft gehst, wo man die »Frankfurter« bekommt, kannst Du Dir hie und da eine Nummer besorgen und darin ein Stück der Jugendgeschichte des Pio finden (in der Literatur-Beilage). Es ist ein sehr sonderbares Gefühl, *alles* über meinen Vater und meine Mutter, über Rustschuk, Manchester, Wien u. s. w. in einer deutschen Zeitung zu wissen, die in die ganze Welt geht. Ich habe mir's lang überlegt, ob ich einwilligen soll, als das Angebot (das übrigens unsäglich *schäbig* war) kam. Aber vom Verlag wurde mir zugeredet wie noch nie: für das Schicksal des Buches könne das ausschlaggebend sein u. s. w. So habe ich *ja* gesagt und seither mich an den Gedanken zu gewöhnen versucht.

Du weisst, dass die Geschichte bis zur Übersiedlung nach Frankfurt geht (1921, da war ich 16 Jahre alt). Der Verlag hat mich schon zu quälen begonnen, dass ich weiter schreiben soll. Vielleicht tu ich's später. Jetzt möchte ich mich an das Buch gegen den Tod machen, das mir wichtiger erscheint. Hoffentlich halte ich so lange noch durch.

Seit Ende September-Anfang Oktober, als ich in London war, bin ich nirgends hingereist, ich habe alle Vorlesungen, Akademie in Berlin u. s. w. abgesagt, wegen Krankheit. Ich war nicht einmal bei der wichtigen Premiere der »Hochzeit« im Berliner Schiller-Theater, wo wieder kräftig gebuht wurde.

So, das sind meine sehr gemischten Nachrichten. Jetzt wünsche ich mir ein wenig von Deinen.

Wie wirkt der Koks eigentlich? Kann er faktisch noch malen? Warst Du mit der Soph dort? Hast Du die Percy gesehen und unsere berühmte Kunstbetrachterin, wie heisst sie jetzt nur? Du siehst, mein Gedächtnis passt sich meinem Alter an.

Lebwohl, liebes Muli, lebwohl mein lieber Maler Mulo, ich umarme Euch beide und wünsche Dir die allerbesten Folgen der Operation

Dein alter, allmählich uralter Pio.

Im Dezember 1976 macht Marie-Louise Urlaub bei Sophie Brentano und ihrer Adoptivtochter Ursula, genannt Percy, in Blonay. Sie besucht Oskar und Olda Kokoschka im benachbarten Villeneuve. – 1976 fertigt Oskar Kokoschka eine Porträtzeichnung des deutschen Bundeskanzlers Helmut Schmidt an. Zu der vermutlich geplanten Ausführung in Öl kommt es nicht mehr. – Max Fürsts »Gefilte Fisch. Eine Jugend in Königsberg«, 1973 bei Hanser erschienen, befindet sich nach Marie-Louises Tod in ihrer Bibliothek. – 1976 bricht Hera Canettis Krebskrankheit aus. In den folgenden zwei Jahren unterzieht sie sich mehreren schweren Operationen, die die Krankheit zunächst zum Stillstand bringen. – »Die gerettete Zunge«, der erste Teil der Autobiographie, erscheint 1977 bei Hanser. – Im Nachlass befinden sich mehrere Mappen mit der Aufschrift »Totenbuch«, außerdem zahlreiche separate Aufzeichnungen zum Thema. Die Edition ist in Vorbereitung. – In den späten sechziger Jahren besucht Marie-Louise Abendkurse in Kunstgeschichte, die von der tschechischen Künstlerin Marina Hoffer gehalten werden. In dem Bild »Diavorführung mit Piero della Francesca«, das um 1970 herum entsteht, macht sie sich über die »Kunstbetrachterin« und ihre fachlichen Kenntnisse lustig. Marina Hoffer ist mit Sophie Brentano befreundet und lebt nun auch in der Schweiz.

Im Januar 1977 wird Marie-Louise beauftragt, ein offizielles Porträt vom neuen Dean von Canterbury Victor de Waal, geboren 1929 und ein Verwandter der Motesiczkys, zu malen. Sie beginnt mit dem Bild Anfang 1978 und stellt es 1979 fertig.

Elias Canetti an Marie-Louise von Motesiczky *Zürich*

8. Februar 1977

Mein liebes Muli, mein lieber Maler Mulo,
drei Briefe habe ich von Dir, und wie habe ich mich über sie gefreut! Eine Arbeitszeit in Canterbury, und eben ein solches Porträt, wie wäre das schön, und wie *richtig* wäre es! Eine wirkliche Aufgabe, des Malers Mulo würdig, ich schreibe nicht mehr darüber, damit Du nicht abergläubisch wirst und fürchtest, mein Überschwang und meine Freude könnten dem Zustandekommen der Sache schaden. Aber das Eine darf ich noch sagen: dass ich es alles vor mir sehe: Deinen Aufenthalt dort, die Spaziergänge um die Kathedrale vor der Arbeit, die grosse Familie, die dreissig Vorgänger-Bilder, darunter eines von einem so wunderbaren Maler wie Gainsborough. Sehr oft, wenn ich an unsere Spaziergänge in Kenwood denke, sehe ich das berührende Porträt einer englischen Dame vor mir, das wir manchmal von *aussen* durchs Fenster angeschaut haben. Aus dieser Zeit datiert mein Interesse für Gainsborough.

Es ist sehr schön, dass Du mein Buch gern liest. Ich habe mir gedacht, dass Du es mögen wirst, und vor allem hab ich's mir *gewünscht*. Wenn es Dir nur lange genug dauert! Ich habe es um ein Drittel gekürzt, eine ganze Reihe von Kapiteln, die ich weniger gut fand, herausgenommen, im ganzen beinahe 200 Seiten.

Am 24. Februar soll es erscheinen. Ein, zwei Kritiker kennen es schon und nehmen es ernst. Wie die Kritik *insgesamt* reagieren wird, ist schwer vorauszusagen. Manchen wird es zu einfach und nicht intellektuell genug sein. Das Publikum zeigt schon jetzt viel Interesse daran. Ich könnte mir vorstellen, dass es mehr gelesen wird als meine anderen Bücher.

Es war ein Glück, dass ich es im Oktober abgeschlossen hatte. Denn gleich danach begannen die argen Krankheiten hier. Hera musste zweimal operiert werden, das zweite Mal im Dezember sehr schwer. Jetzt wird sie noch sechs Wochen lang

Mutter mit Stab
1977

bestrahlt werden, eine Sache, die viele Menschen entsetzlich hernimmt. Man muss durch die Sache durch und hoffen, dass es wirkliche Heilung bedeutet. Eine schwere Zeit, mein lieber Maler Mulo.

Umsomehr wünsche ich mir von Herzen, dass es bei Dir alles gut geht und dass Du im Frühjahr mit dem Porträt beginnst. Lebwohl, Maler Mulo, ich umarme Dich von Herzen

Dein sehr geschlagener Pio, der aber nicht kapitulieren wird.

In Kenwood House auf der Hampstead Heath hängt das Gemälde »Mary Countess Howe«, das der englische Maler Thomas Gainsborough (1727–1788) um 1760 gemalt hat.

Wien, 19. Oktober 1977

Mein liebes Muli,

Auf *eine* Nacht bin ich in Wien, von der Akademie der Bildenden Künste eingeladen, zur Eröffnung der grossen Wotruba-Ausstellung heute abend um 7^h. Ich habe die Einladung angenommen, weil man mir zugesichert hat, dass ich *keine* Rede zu halten brauche (trotz der unerträglichen Witwen-Manipulationen der Lucy, mit der ich nicht mehr auf Sprechfuss bin, weil sie mir so auf die Nerven geht). Bei der Eröffnung sollen Fritz posthum und ich als noch Lebender zu Ehrenmitgliedern der Akademie ernannt werden. Das ist sehr sonderbar, aber man sagt mir, das hängt damit zusammen, dass es keine Dichterakademie hier gibt, im Gegensatz zu Deutschland, und dass man durch Ernennung von Ehrenmitgliedern aus dem Bereiche der Literatur und Musik eine Art Abhilfe schaffen will. Man hat mich im Hotel Schwarzenberg untergebracht, wo es sehr schön ist. Morgen fahre ich zurück.

Jetzt habe ich gerade noch eine halbe Stunde Zeit, bevor ich abgeholt werde, und denke mir, es könnte dem Maler Mulo Spass machen, wenn ich ihm aus Wien zum Geburtstag am 24. gratuliere. Ich hoffe sehr, das Bild, das Du mir versprochen hast, ist bald fertig und wird fotografiert, so dass ich eine Kopie bekomme. Ich warte mit grösster Spannung darauf. Die letzte Post aus London war vom 17., da war die Foto noch nicht dabei.

Und jetzt, mein lieber Maler Mulo, wünsche ich Dir ein Mal-Jahr, das so gut weitergeht, wie es begann, Dir, aber auch mir und vielen Späteren zur Freude. Grüss die Mutter von mir, ich denke sehr oft an Euer Leben, das schwer, aber auf seine Weise doch einzigartig ist, und sei vielmals umarmt

von Deinem Pio

In diesem Jahr arbeitet Marie-Louise hauptsächlich an dem Bild »Mutter mit Stab«, einer bewegenden Darstellung eines zerbrechlichen, sehr alten Menschen.

15. Januar 1978

Mein liebes Muli,
die Foto ist *nicht gekommen*. Ich bin sehr enttäuscht. Deinen Brief vom 15. Dezember, in dem Du angekündigt hattest, dass sie abgeschickt sei, bekam ich erst in der ersten Januarwoche nachgeschickt. (Carol war während der Feiertage krank und mit Familiensachen so bedrängt, dass sie sich vorher um die Post nicht kümmern konnte). Ich ging gleich auf die Hauptpost: es war nichts da. Ich war im ganzen *dreimal* auf der Hauptpost, aber es ist nichts angekommen. (Oder Du hast das Paket schon Anfang Dezember weggeschickt und es ist nach einem Monat Anfang Januar nach London zurückgeschickt worden). Es hat keinen Sinn, dass Du mir's jetzt nochmals schickst, denn ich möchte so um den 22. Januar herum, allerdings nur auf 5, 6 Tage, nach London kommen. Ich warte jetzt nur das Ergebnis des letzten Röntgen-Tests von Hera ab. Das erfahre ich am Dienstag. Sie fühlt sich schon seit einiger Zeit ganz gut und hat keine Beschwerden. Wenn also das Röntgenbild keine böse Überraschung zeigt, kann ich fahren. Dann möchte ich das Bild im *Original* bei Dir sehen. Bitte mach das möglich. Ich glaube nicht, dass das Deine Mutter jetzt aufregen würde. Sie muss es aber nicht erfahren, wenn Du es für richtiger hältst. Jedenfalls *muss* ich das Bild jetzt endlich sehen. Ich habe schon so lange darauf gewartet und mir's immer dabei vorgestellt, jetzt möchte ich nicht mehr darauf warten.

– Bei mir ist jetzt auch eine Alterskrankheit da, das ist schliesslich nur gerecht. Ich habe eine richtige Diabetes und muss ganz strenge Diät halten (seit drei Monaten). Das bedeutet sehr regelmässige kleine Mahlzeiten: kein Brot, Kartoffeln, Reis, kein Fett und alles was ich bekomme, genau abgewogen. Ich sag's Dir nur, damit Du nicht erschrickst, wenn Du mich siehst: ein ziemlich abgemagerter Pio. Dafür sind die Schwindelanfälle, unter denen ich sehr litt, besser geworden.

Wenn es nur Dir gut geht. Ich habe Dir lang nicht geschrieben, weil ich Dir nichts über die Schwindelanfälle sagen wollte, die mich sehr geängstigt haben. Seit das besser ist, darfst Du's auch wissen. Ich freue mich schrecklich auf das Bild und den Maler Mulo. Wenn Du nichts mehr von mir hörst, ruf ich Dich am Sonntag den 22. von London aus an. Nur wenn die Reise sich zerschlägt, schreib ich wieder.

Lebwohl, liebes Muli, es umarmt Dich der alte Pio

Am 8. Juni 1978 stirbt Henriette von Motesiczky. Nach der Beerdigung fährt Marie-Louise zu Sophie Brentano nach Blonay, um Abstand zu gewinnen.

Elias Canetti an Marie-Louise von Motesiczky

London, den 20. Juli 1978

Mein liebes Muli,
Ich rief bei Dir an, eine englische Männerstimme war am Telefon: Du seist in der Schweiz; ich fragte, ahnungslos, nach Deiner Mutter und da habe ich es erfahren. Es geht mir sehr nahe, man wusste immer, dass es kommt, es geht mir trotzdem sehr nahe. Ich denke an das letzte Mal, im März, dass ich sie sah, und noch immer bin ich auf das Tiefste bewegt und von ihr *entzückt*, sonderbar, dass man das sagen und *meinen* kann, über eine Frau von 96 Jahren.

Dass sie, die eigentlich nie wirklich etwas von mir wissen wollte, so spät, so entsetzlich spät zu mir so war, als stünde ich für *ihren* Dichter, für H., (von dem *ich* nie etwas wissen wollte) ist so merkwürdig, dass ich es noch nicht enträtseln kann.

Mit 73, selbst ein alter Mann, sass ich am Bett der beinah Hundertjährigen und horchte angespannt auf ihre Worte. Sie sprach so *intensiv*, mit so viel Empfindung wie nie zuvor in ihrem Leben, und es war wie in all den Gesprächen der letzten Jahre, von denen Du mir berichtet hast.

Ich weiss sehr wohl, was *Dich* das alles gekostet hat, welchen unmenschlich hohen Preis Du dafür gezahlt hast. Es ist für mich jetzt schon eine *Legende* und sie ist für alle Menschen da, in den Bildern, die Du bis zuletzt von ihr gemalt hast. Es gibt nicht viele Legenden, die man in einem Leben bezeugen kann, und das ist eine der ganz wenigen, die ich mitansehen durfte. Ich glaube, Du hast Dich so gut gehalten, über Jahre und Jahre eine so erstaunliche Zähigkeit und Kraft bewiesen (die man bei Dir gar nicht vermutet hätte), dass Du nicht zu unglücklich sein kannst. Denn Freiheit nach solcher Fron, die Dein halbes Leben erfüllt hat, ist auch etwas sehr Schönes. Du wirst *reisen*, ich hoffe, *viel*, und Du wirst *malen*, das hoffe ich noch mehr. Du weisst es, aber ich muss es so sagen, als hätte ich es noch nie ausgesprochen: Du bist ein sehr grosser Maler und ob Du es willst oder nicht, die Welt wird es erfahren. Jedes Bild, das Du noch malst, wird in die Geschichte der Malerei eingehen. Du wirst natürlich daran nicht denken, denn Du bist ein wirklicher Künstler und kein Schwindler, aber das ändert nichts daran, dass es so ist.

Es schmerzt mich, dass ich Dich jetzt nicht gesehen habe. Ich fahre morgen fort. Wenn die Dinge bei mir nicht schlecht gehen (wovor man immer zittert), komme ich im September auf 8–10 Tage, gegen den 15. etwa. Wenn es schwer ist, komme ich aber erst Mitte November. Bitte schreibe mir: ich bekomme Post sehr rasch. Nur wenn Du Dich besser fühlst, wenn Du mir nicht schreibst, tu es nicht. Aber selbst wenn Dir im Augenblick so zumute sein sollte, – ich glaube, es wird die Zeit kommen, wenn Du mir gern schreibst und *sicher* auch die Zeit, wenn Du mir gern wieder Bilder zeigen möchtest.

Ich bin froh, dass alle bei Dir waren, ich habe inzwischen erfahren, dass alle aus Holland und der Schweiz bei Dir waren. So hast Du gar keine Zeit gehabt, auf schlechte Gedanken zu kommen. Jetzt bist Du sicher bei der Soph in Blonay, wie immer verkalkt sie ist (sie kann ja nichts dafür), sie hat Dich immer auf ihre Weise *geliebt*, ein ganzes Leben, das ist nicht zu verachten.

Es haben Dich viel mehr Menschen gern als Du weisst, aber ich schreibe Dir als einer, der *immer* mit grösster Leidenschaft an den Maler Mulo geglaubt hat.

Es denkt viel an Dich und umarmt Dich der alte Pio

Im Alter von 11 Jahren hatte sich Henriette von Motesiczky 1893 in den österreichischen Schriftsteller Hugo von Hofmannsthal (1874–1929) verliebt, der mit ihren Brüdern befreundet war. Sie begannen eine geheime Korrespondenz. Als sich Hofmannsthal jedoch ihrer starken Gefühle bewusst wurde, zog er sich zurück. Viele Jahre später schrieb Henriette ihre Erinnerungen an diese kurze, glückliche Zeit nieder. Das Manuskript befindet sich im Motesiczky Trust.

1 August 1978

Liebster Pio,

Vielleicht war's alles gut so. Auch dass ich Ihnen nicht schreiben konnte. Sonst hätte ich auch nicht Ihren Brief bekommen. Nicht den selben – einen anderen. Und er bedeutet mir sehr viel – so wie er ist. Ich habe ihn immer zur Hand. Oft muss ich ihn wohin legen weil ich gerufen werde, zur Haustür oder sonst wohin und so dachte ich ich will ihn mir abschreiben und den echten gut in eine Lade legen – dass ich ihn nie verliere. Ich kann nicht alles glauben was drin steht, eben deshalb ist's gut wenn ich es habe, schwarz auf weiss. Ich weiss noch nicht was mit mir wird – das Wichtigste kann ich nur hoffen – nicht glauben – nämlich dass ich noch gute Sachen werd malen können.

Es gibt vieles was ich Ihnen zu erzählen habe. Ich hätte es Ihnen als erstem zu sagen gehabt aber das war nicht möglich. Auch jetzt kann ich es nicht aber ein weniges will ich versuchen. Schade dass Sie durch Milein manches erfuhren – es kann nicht genau sein. Gerade die Anwesenheit der Verwandten war etwas was ich »erfunden« habe und gleichzeitig erdulden musste – es war wohl das Sonderbarste was man sich denken kann aber vielleicht war auch das gut. Wenn wir uns wiedersehen im Herbst will ich's Ihnen erzählen wenn bis dahin sich nicht in meinem Kopf ein Mantel über alles legt und anderes sich in den Vordergrund drängt. Aber etwas über die letzten Tage wird nie und in keinem Augenblick entschwinden und ein wenig davon sag ich jetzt. Nach etwa 6 Wochen Tag und Nacht Pflege die ich ohne John den Studenten nicht hätte bewältigen können musste ich 3 Pflegerinnen nehmen, Tag und Nacht ohne Unterbrechung. Fünf Tage hat das nur gedauert – aber bestärkt von Doris Winter deren Beruf das einst war und einem neuen Arzt der Gott sei Dank in den letzten Tagen etwas Erleichterung für Mutter brachte – glaubte ich dass all das noch eine Periode der Besserung bringen könnte.

Einige Tage vor dem Ende – ach Pio – ich wusste nicht dass es so bald kommen würde, fand ich in meinem Schreibtisch einen hellblauen Zettel – ich suchte nach etwas ganz anderem mitten in der Nacht um 3 Uhr etwa. Was ist denn das – dachte ich und drehte ihn um – in der langen schmalen Lade die so quer über den Schreibtisch geht, wo vieles so lose da liegt. Es war ein Gedicht von Mutter aus dem Jahr 1955. Alle anderen liegen schön geordnet in einem Paket in ihrem Schreibtisch. Noch vor kurzem las ich ihr viele vor. Wir suchten immer die besten aus. Sehr lag ihr an den Gedichten. Schon lange muss der Zettel in der Lade gelegen sein. Wie er da hinkam und wieso ich ihn in dieser Nacht las? – – gleich dachte ich: das wird ihr Freude machen. Ich erzählte ihr davon: »O ja das soll ich ihr einmal vorlesen« sagte sie und wir vergassen beide daran. Und am letzten Abend 6^{Uhr} war es – das Zimmer war ja schon lange meist ganz verdunkelt und die Lampen brannten, vor ihrem Bett die und die über dem Tisch, – da sass noch die netteste der 3 Nurses Regan vor der Ablöse mit einem medizinischen Buch. Da sagte Mutter: und jetzt könntest Du mir das Gedicht vorlesen. Ich hatte es gleich zur Hand. Ich sagte zu Regan – die übrigens Deutsch lernte – leise – – Sie können hier bleiben, da lernen Sie gleich ein wenig Deutsch. Ich setzte mich auf das winzige Bauernsesselchen damit ich ganz nahe bei ihrem Kopf war und sie mich recht gut hören kann und las. Nach einer Weile sagte sie: kannst Du mir's noch einmal lesen? »Oh ja« und ich las es und sagte dann: »schön nicht wahr?« Und sie mit einem Lächeln und dem alten Selbstvertrauen: *»ja es ist gut«* und nach einer Weile sagte sie etwas schüchtern fragend: kannst Du mir's *noch* einmal lesen? »Oh gerne« und ich las es immer schöner. Danach sagte ich: »es ist nicht gut, *es ist phantastisch*«. Da kam ein Leuchten in ihre dunklen Augen, kindlich beinahe übermütig, wie nur sie es haben konnte und ich wusste dass ich ihr eine Freude gemacht hatte. Das war unser letztes Gespräch und ich bin wohl ein glücklicher Mensch dass ich das erleben durfte.

Dann kochte ich ihr ein ganz zartes weiches Ei und oh Wunder sie konnte es essen. Die Nacht war die erste seit langer Zeit in der ich es wagte einzuschlafen. Um ein Uhr klopfte es an meine Türe, Nurse Jenny: »Ein Hustenanfall, plötzlich ein Zusammenbruch.« In Sekunden war ich bei ihr. Sie lag still schlafend da. Bis 1^{Uhr} 20 Minuten klopfte ihr Herz noch, dann hörte der Atem auf. Alles was in den Stunden nachher, in denen ich an ihrem Bett wachte und in den Wochen vorher geschah ist für mich von grosser Bedeutung. Aber für Sie wollte ich heute nur das Schönste schreiben.

Und nun schreibe ich noch das Gedicht ab, vielleicht erinnern Sie sich daran, es geht gerade noch auf diese Seite.

An Max Beckmann Amersham

Ein Traum

Hilflos leg ich meine Arme
Um den Nacken Dir.
Und ich schluchze Gott erbarme,
Doch Du bleibst bei mir,
Tröstest mich für alle Leiden
Die die Welt mir gab
Tröstest mich für jenen Tag,
Jenen Tag an dem wir alle
Vor dem grossen Richter stehen
Hand in Hand und ausgesöhnt
In die anderen Welten gehen.
Deine Macht und Deine Stimme,
War es die mich wohl erlöst,
Dass ich lächelnd dann erwachte
Denn ich hatte schwer gedöst. Juli 1955

Nur ein Wort dass Sie den Brief erhalten haben, dafür wäre dankbar Ihr Muli.

Doris Winter (geboren 1918), die Tochter von Marie-Louises ehemaliger Vermieterin, ist eine gute Freundin. Sie teilten für eine Weile die Wohnung in Compayne Gardens.

Im Sommer 1978 verbringt die Familie Canetti einen Sommermonat in Schuls im Engadin.

Elias Canetti an Marie-Louise von Motesiczky *Scuol/Schuls*

14. August 1978

Mein liebes Muli,
Ich hab Deinen Brief ein bisschen später bekommen, weil ich auf einen Ausflug in der Gegend von Schuls bin. Ich bin sehr ergriffen über das, was Du schreibst. Etwas Schöneres als diese

letzten Stunden Deiner Mutter kann man sich kaum vorstellen. (Das sage *ich*, ein Feind des Todes). So hat sie sich, 23 Jahre vorher, ihr eigenes Sterbegedicht geschrieben und so wie andere sich Tröstungen der Religion zum Schlusse wünschen, hast Du ihr, immer wieder und immer intensiver, ihr eigenes Trostgedicht gesagt, und es ist gerichtet an *Deinen* Meister, dem Du verdankst, was Du bist, Max Beckmann.

Es ist eine wunderbare Dichtung, was geschehen ist: ihr verdankst Du Deine wunderbarsten Bilder, ihm den Ernst Deiner künstlerischen Absicht, und sie, deren letzte Worte auch den Gedanken an Beckmann enthalten, hat damit bezeugt, dass sie Dein Malen erkannt hat.

Ich glaube nicht, Maler Mulo, dass es viele Menschen gibt, deren Leben seinen *Sinn* so vollkommen erlangt. Du hast in Wirklichkeit für sie gelebt, bis zum Schluss, aber sie hat Dir den Glauben an Dein Malen hinterlassen, *auch sie*, und Du weisst nun, dass ich nicht der einzige Wächter darüber bin.

Wenn nicht eine unerwartet schlechte Wendung bei mir es unmöglich macht, möchte ich Mitte September auf etwa 8 Tage nach London kommen. Dann wirst Du mir alles sagen, was geschehen ist.

Lebwohl, lieber Maler Mulo, es umarmt Dich

der alte Pio.

1981 erhält Elias den Nobelpreis für Literatur »für ein schriftstellerisches Werk geprägt von Weitblick, Ideenreichtum und künstlerischer Kraft«. Einen Teil des Preisgeldes gibt er Marie-Louise, die ihn über viele Jahre hinweg finanziell unterstützt hat. Vom 24. Oktober bis 14. November 1981 befindet sich Marie-Louise auf einer USA-Reise.

Elias Canetti an Marie-Louise von Motesiczky *Zürich*

16. Januar 1982

Mein lieber Maler Mulo,
Wie lange will ich dem Maler Mulo schon schreiben! Sein Brief war so schön, dass er mir richtig zu Herzen ging. Er kam ganz knapp vor der Amerika-Reise, sonst hätte ich ihn gleich beantwortet, trotz Hunderten und Aberhunderten von Briefen, von

denen viele »offizielle« beantwortet werden *mussten*. Später kam ein Ansturm anderer Dinge und mein Brief blieb ungeschrieben. So gern hätte ich gewusst, wie es in Amerika war: Irma, Quappi. Es ist schon sonderbar, wie brennend mich das alles interessiert, beinahe mehr als die eigenen Leute; weil diese unzählbar geworden sind und man in einem solchen Meer von Briefen zu ertrinken vermeint.

Was die Reaktion auf meine grosse Nachricht vom Oktober anlangt, so konnte ich sehr leicht unterscheiden zwischen den Leuten, die sich nur scheinbar und den andern, die sich von Herzen gefreut haben. Der Maler Mulo gehört zu denen, die am allerechtesten reagiert haben und das war sehr schön. (Apropos: Julia und Samuel haben beide sehr freundlich geschrieben. Könntest Du so lieb sein und beiden in meinem Namen herzlich danken. Sage ihnen, dass ich *leider* auf 700 Briefe und 300 Telegramme unmöglich antworten konnte, mich aber über beide gefreut habe und sie nächstes Mal in London sehen möchte).

Es war ein kompliziertes Leben nach der Nachricht. Ich habe *jedes* Zeitungs-Interview, *jedes* Fernseh-Gespräch abgelehnt. Es war ein solcher Ansturm – aus der ganzen Welt, sogar aus Taiwan! –, dass ich mich *verstecken* musste. Ich war für absolut niemanden erreichbar, – der Verlag hat mir da sehr geholfen – und musste das Versteck mehrmals wechseln. Ich habe mich davor hüten müssen, auf die Strasse zu gehen und konnte nur selten Luft schöpfen, höchstens nachts und ganz vermummt. Da *ich* nicht verfügbar war, hat man versucht, Menschen auszufragen, die vor 60 Jahren mit mir in die Schule gegangen sind. Alle, ausnahmslos, haben sich unerhört anständig benommen und jede Auskunft verweigert.

Ich bekam Hunderte von Zeitungsartikeln, meist begeisterte oder doch zustimmende, sehr enttäuschte und böse dagegen aus Südamerika, wo man seine eigenen Kandidaten hatte. Von den 300 Telegrammen hat mich – Sie werden staunen – ein unerwartet persönliches des deutschen Bundeskanzlers Schmidt berührt: aus dem Spital, er war gerade operiert worden und zitierte vollständig eine Aufzeichnung im Telegramm (aus der »Provinz des Menschen«, das, was Sie immer die »Sprüche« zu nennen pflegten). –

In Stockholm musste ich bei der Ankunft doch eine Presse-Konferenz geben. Sie dauerte nur 20 Minuten und verlief wider alle Befürchtungen gut. Ich war nur etwas über 3 Tage dort, man nahm Rücksicht auf meinen labilen Gesundheitszustand und ersuchte mich nur um Teilnahme an einigen wenigen »zentralen« Zeremonien. Es gab im ganzen 10 Preisträger (3 für Physik, 2 für Chemie, 3 für Medizin, 1 für Literatur und 1 für Wirtschaftswissenschaft). Zur Übergabe von Dokument und Medaille durch den König im grossen Konzertsaal mussten wir (auch jeder andere Mann) einen Frack anziehen. Ich war also zum ersten und einzigen Mal in meinem Leben in einem Frack, und es war gar nicht so eng und bedrückend, wie ich mir das vorgestellt hatte. Im Moment der Überreichung erhebt sich der ganze Saal vor dem Geehrten, das ist sehr eindrucksvoll. Ich sah das also zehnmal und sah es auch für mich selbst geschehen: eine Verbeugung des gesamten Publikums, das alle Arten von Menschen enthält, nicht vor Reichtum, nicht vor Adel, auch nicht vor einem blossen Dirigenten, sondern wirklich vor dem *Geist*. Das hat mich – besonders als es für die anderen Preisträger geschah, aber dann auch bei mir schon sehr ergriffen. – Beim Bankett später im Rathaus hielt ich eine ganz kurze Rede auf deutsch, in der ich die Vier nannte, die in Wien von grösster Bedeutung für mich waren und denen der Preis *vor* mir gebührt hätte: Karl Kraus, Kafka, Musil und Broch, wobei ich bei Broch nicht mehr so sicher bin, aber das wollte ich nicht sagen. So konnten die Österreicher doch fühlen, dass der Preis *ihrer* Literatur galt, was ja meiner ganzen Entwicklung als Schriftsteller nach stimmt. Denn offiziell wurde ich, als *englischer* Staatsbürger, vom britischen Botschafter betreut. –

Es wäre unendlich viel zu erzählen, das wird – hoffentlich – Ende Februar mündlich geschehen. Stockholm habe ich wider Erwarten gut bestanden, da man mir immer viele Stunden Zeit liess, mich auszuruhen. Ich wollte eigentlich schon im Januar nach London kommen, traue mich aber jetzt nicht wegen der Kälte und weil ich auch noch von einer Darmkrankheit, die drei Wochen gedauert hat, (die aber jetzt vorüber ist) sehr geschwächt bin.

Ende Februar, wenn ich komme, wirst auch Du viel zu erzählen haben, Maler Mulo, und *hoffentlich auch einiges zu zeigen*.

Lebwohl, lieber Maler Mulo und sei umarmt von einem absonderlich öffentlichen Menschen, der aber genau der Gleiche und Alte ist. Drum unterschreibt er sich als Pio.

Der folgende nur als Entwurf erhaltene Brief bezieht sich auf den zehnten Jahrestag der Kränkung, als Marie-Louise von Elias' verheimlichter Familie in Zürich erfahren hat.

Marie-Louise von Motesiczky an Elias Canetti *London, 1983*

Lieber Pio,
Wenn ich heute die Anordnung durchbreche und *schreibe* so ist das weil ich seit Wochen Tags und Nachts grüble und so nicht mehr weiter will. Die Frage welches Verhalten das Beste Ihnen gegenüber ist kann ich unmöglich erraten. So kann ich nur für mich sprechen. Wenn wir es beide für gut und nötig finden uns manchmal zu sehen so kann das nur gut ausgehen wenn wir beide ehrlich den Versuch machen dem anderen zu verzeihen. Nicht nur in Worten aber ehrlich bis ins tiefste Gefühl. Wenn aber die Anklagen gegen mich, die »das Verhängnis« in Ihnen hervorriefen weiter in Ihnen lebendig und gültig sind. Wenn Sie wirklich glauben dass ich Sie verlassen habe – mit Handwerker betrogen, wenn Sie wirklich glauben dass ich Menschen mit falschen Tatsachen gegen Sie erfülle und absichtlich in falschem Glauben belasse weil *ich das brauche* wenn Sie das wahrhaftig glauben – so kann nichts in der Welt mich dazu bringen es auch zu glauben weil es nicht wahr ist. Was den Dr Marx anbetrifft so brauchen Sie nur Hans Keller zu fragen – ich würde Sie sogar bitten darum denn es könnte nur meine Schuld vermindern. Wenn Sie wüssten wie oft ich mich selbst angeklagt habe bis zur Schamlosigkeit, Dinge über mich sagte die *Ihr* Verhalten rechtfertigten, – das habe ich Menschen gegenüber getan, die schlecht über Sie Pio gesprochen haben. Einmal stand Julia vor der Türe – ich sagte: Canetti ist gerade da – – willst Du nicht hereinkommen. Sie schüttelte den Kopf, drehte sich ohne ein Wort zu sagen um und ging weg. Ich sagte Ihnen nichts wollte Sie nie mit den Dingen kränken. Nicht *ein* Vorwurf hat Sie in 10 Jahren getroffen von meiner Seite. Nein es ist einfach zu viel für mich was Sie mir nun zumuten. Heinrich, Heinrich ein Mensch der Ihnen doch ganz gleichgültig ist ein Michael – ein Koolhaas – fragen Sie doch Judith was er sich selbst angetan hat in Israel. Es wäre in 14 Tagen auf alle Fälle zu einem Unglück gekommen und auf jeden Fall wär alles an *mir* ausgegangen.

Niemand der mir nahe steht ist nicht über die wirklichen Tatsachen unterrichtet bis zu einem erschreckenden Grad und zu Ihren Gunsten. Nie hätte ich gedacht dass mir als altem Weib so Schreckliches geschehen muss.

Da dies vielleicht der letzte Brief ist der Sie von mir erreicht so muss ich noch etwas sagen: die grosse Schuld die Sie an mir begangen haben kann ich verzeihen: dass Sie sich die falsche Frau ausgesucht haben das kann ich verstehen – einen ungebildeten wirklich ungebildeten Menschen – das muss Ihnen oft unerträglich gewesen sein. Dass Sie eine junge Frau wollten – unbelastet von all der bitteren Vergangenheit. Dass Sie ein Kind wollten das kann ich verstehen, und verzeihen.

Wie viele Wochen haben Mutter und ich gewartet auf einen Brief – ich schrieb Ihrer Frau im Anfang: ich wünsche Ihnen und dem Kindchen alles Glück. Mutter sagte: wenn sie ein Mensch ist wird sie antworten. Aber Sie haben ihr sicher den Brief nie gegeben. Und sogar das kann ich verstehen. Sie wollten nichts mit der schweren Vergangenheit belasten. Ist es nicht genug dass ich verzeihen kann, dass ich kein Kind habe – wollen Sie wirklich noch eine Sünde auf sich laden, um *schuldlos* zu sein. Vor wem – vor der Welt? Wenn Ihnen die Welt so wichtig ist dass Sie mich deshalb so verletzen, geb ich keinen luckerten Heller für diese Ihre Welt.

Ich bitte Sie mir jetzt nicht zu schreiben. Wenn Sie diesen Brief im Januar beantworten wenn ich aus Indien zurückkomm am 13^{n} I 84. Es ist besser wenn wir uns nicht sehen weil wir beide Ruhe für unsere Gesundheit brauchen

Die Weberin und Papierrestauratorin Judith MacColum, geboren 1912 in Berlin, war sowohl mit Hera Canetti als auch mit Marie-Louise befreundet. – luckert: löchrig.

Im Dezember 1983 reist Marie-Louise für einige Wochen nach Indien. 1984 wird Hera Canettis Krebserkrankung wieder aktiv. Sie muss nun jedes Jahr für mehrere Wochen in klinische Behandlung.

4. Oktober 1984

Lieber Maler Mulo,

Über Ihren Brief zu meinem Geburtstag habe ich mich von Herzen gefreut. Auch den Brief vorher habe ich bekommen, doch nie eine Karte aus Sikkim (sodass ich nie wusste, ob Sie schliesslich wirklich in Indien waren).

Dass ich Ihnen so lange nicht schrieb, hatte einen sehr schlimmen Grund. Mit Ihnen hatte es überhaupt nichts zu tun. Eine furchtbare Drohung hing über mir, dieses ganze Jahr. Da sie nicht mich allein betrifft, muss ich darüber schweigen, ich habe mich zu Stillschweigen verpflichtet. Ich *darf* darüber nichts sagen. Es war so arg, dass ich an nichts anderes denken konnte. Ich konnte Ihnen nichts sagen und habe darum ganz geschwiegen.

Nun ist diese Drohung keineswegs geschwunden, aber es sieht *zur Zeit* doch besser aus und so konnte ich auch – für kurz – weg und bin eben in London angekommen.

Es kann so sein, dass ich jeden Augenblick zurückfliegen muss. Aber es kann auch sein, dass ich 8 bis 10 Tage (höchstens) bleibe. Ich schreibe drum gleich, denn bevor Sie *wissen*, dass es um das Schwerste ging, möchte ich Sie nicht anrufen. Ich will Sie anrufen, sobald Sie diesen Brief gelesen haben und Sie dann unbedingt *rasch* sehen. Ich will wissen, wie es dem Maler Mulo mit der Arbeit ergangen ist, wie Indien war, (das ist nun schon lange her), aber auch *alles andere. Nur dürfen Sie mich nichts fragen.* Sobald Sie diesen Brief gelesen haben, geben Sie mir sozusagen *stillschweigend* ein heiliges Versprechen ab, *dass Sie mich nichts fragen.* Was ich sagen *kann*, sag ich von selbst.

Hoffentlich sind Sie nicht gerade verreist. Das wäre sehr traurig, denn es ist höchst ungewiss, ob und wann ich wieder reisen kann.

Ich gehe jetzt auf die Post, diesen Brief aufgeben und rufe Sie übermorgen – oder Freitag – an. Sie müssen mir gleich am Telefon sagen, ob Sie diesen Brief bekommen und gelesen haben. Sie dürfen mir *um Gottes willen* keine Vorwürfe über mein Stillschweigen machen. Ich bin zu geschlagen, um auch nur das Geringste zu ertragen.

Leben Sie wohl, lieber Maler Mulo, hoffentlich sind Sie schon am Freitag frei.

Ein beinahe vernichteter und doch alter Pio.

Vom 8. November bis zum 14. Dezember 1985 findet im Goethe-Institut in London die Ausstellung »Marie-Louise von Motesiczky. Paintings Vienna 1925 – London 1985« statt. Sie wird vom Publikum und von der Kritik enthusiastisch aufgenommen und im folgenden Jahr im Fitzwilliam Museum in Cambridge gezeigt.

Elias Canetti an Marie-Louise von Motesiczky *Zürich*

1. Januar 1986

Mein lieber Maler Mulo,
Ihr Brief hat mich sehr spät erreicht und der Katalog ist gar nicht angekommen, aber ich weiss schon lange von den wunderbaren Nachrichten. Ich bin von *anderen* (nicht vom vielbeschäftigten Maler Mulo) über die Londoner Ereignisse auf dem laufenden gehalten worden, die Ausstellung ist mir begeistert geschildert worden, besonders die grosse Wand mit den Porträts der Mutter, und man hat mir auch die Besprechungen geschickt, sogar die beste aus der »Times«, die Sie noch gar nicht kannten, als Sie mir schrieben. Es ist einfach *wunderbar*, die Bilder selbst haben ihre Wirkung getan, spät, aber noch zur Zeit, ist der Maler Mulo erkannt und anerkannt worden. Ich bin sehr glücklich, das noch zu erleben, gewusst hab ich's immer und in keiner Sekunde, was immer sonst zwischen uns geschah, habe ich den Glauben an Ihre Malerei verloren. Sie haben es immer gewusst und etwas von meiner Glaubenskraft ist auch auf den Maler übergegangen. Aber das alles ist nicht mehr so wichtig, denn jetzt *sind die Bilder da* und werden nie mehr verschwinden. Es gibt wenige Dinge, die so gerecht erscheinen und leid tut es mir nur, dass Ihre Mutter, die immer Ihre grosse, grösste Liebe war, das nicht mehr erlebt hat.

Bitte heben Sie mir *bestimmt* einen Katalog auf. Das ist das einzige, worum ich Sie bitte. Ich weiss noch nicht, wann ich komme, vielleicht, wenn es halbwegs geht, noch im Februar, aber das ist unsicher. Über die Miseren meiner »Gesundheit«

soll in einem solchen Glücks- und Gratulationsbrief nichts stehen. Aber zu einem solchen Neuen Jahr kann man von hundert Herzen gratulieren: Der Maler Mulo existiert und wird nun immer existieren!

Ich glaube nicht, dass das je vorher schon passiert ist: dass ein Maler *mit 80* noch *zu Lebzeiten* entdeckt wurde. Es ist also auch als Vorgang etwas Einzigartiges.

Leben Sie wohl, mein lieber Maler Mulo, viele, hundert, tausend Glückwünsche von einem uralten

Pio.

Kellers Tod ist mir sehr nahe gegangen. Alix tut mir sehr leid. Du musst Dich ihrer annehmen!

Hans Keller stirbt am 6. November 1985. Seine Witwe Milein Cosman (»Alix« ist offenbar eine Verwechslung) ist weiterhin eng mit Marie-Louise befreundet.

Elias Canetti an Marie-Louise von Motesiczky *Zürich*

6. September 1987

Lieber Maler Mulo,
Ich habe an die Marie in Eurem Garten gedacht und wie die Mutter zum Fenster auf sie herunterschaut. Das ist mir ein paarmal eingefallen, wie ein Traum, der sich wiederholt und plötzlich kam es mir wie der Blitz, dass Du ein solches Bild malen könntest. Nun ist seit zwei, drei Tagen auch Dein Brief da und die Vorstellung, dass ein Maler von Deinem Können in Unsicherheit über sich lebt, ist mir unerträglich. Ich habe beschlossen, Dir in aller Form einen Bildauftrag zu erteilen. Der Gegenstand kommt von mir, denn es ist ein regelrechter, gut dotierter Auftrag, aber die *Vision* kann nur Deine sein, denn die Marie und die Mutter waren Deine nächsten Menschen und in dem Garten hast Du beide während vielen Jahren täglich gesehen. Ich freue mich *unbändig* beim Gedanken, dass Dir etwas sehr Schönes einfallen wird. Natürlich wird es Dich Zeit und Mühe kosten, aber das macht nichts, denn Du hast einen sicheren Abnehmer dafür.

Maler Mulo, das *ist* jetzt etwas, ich wünsche mir kein Porträt von Dir, von mir zählen die *Gedanken* und nicht das Aussehen, ich schäme mich beinah, dass ich mir das früher gewünscht habe. Aber die Marie, die wunderbare Marie, dieser beste Mensch, den Du je gekannt hast und die Mutter, die Dir sehr abgeht, weil Du sie nicht mehr malen kannst, – die will ich beide wiedersehen, die wünsche ich mir von Dir und es geht mir materiell gut genug, um mir einen solchen Wunsch zu erlauben.

Ich sage nichts weiter. Vielleicht – es ist noch unsicher – kann ich im November auf eine Woche kommen und da wäre es sehr, sehr schön, wenn Du mir dann sagen könntest: »Ich bin mitten in der Arbeit!«

Lebwohl, Maler Mulo, ich wünsche Dir Glück zum neuen Auftrag

vom alten Pio.

Marie-Louise von Motesiczky an Elias Canetti *London*

15 IV 1988

Lieber Pio,
Es tut mir so leid dass ich Ihnen zwei dumme Briefe schickte. Ich war so gerührt über Ihren Auftrag aber ich konnt es nicht erklären warum es unmöglich ist (inzwischen bin ich auf etwas Merkwürdiges gekommen und vielleicht ist es der Mühe wert gewesen dass ich den dummen Brief schrieb – sonst wär ich vielleicht nicht darauf gekommen – davon später) *

Ich wünsch mir nicht dass irgendwo steht dass Sie mich gerne hatten, ich wünsch mir nichts dergleichen. Ich wünsch mir nur eins und das wünschte ich mir lang bevor wir uns kannten und diesem Wunsch muss ich treu bleiben – so sieht es zumindest aus. Die Malerei halt.

Und nun hab ich noch etwas am Herzen. In den letzten Jahren, noch vor meiner Operation ist etwas mir mitgeteilt worden welches Sie nie erfahren haben. Auch meine Mutter hat nichts davon erfahren, weil ich mir geschworen habe dass ich's niemand sage.

Es scheint mir als ob es wichtig wäre zur Beurteilung von meinem Verhalten, sehr wichtig – und zur Beurteilung meines Charakters. Natürlich kann man sagen: das ist doch alles so lange her, das ist egal. Piolein das könnte man auch über das Letzte Gericht sagen und doch haben es die Menschen erfunden und gemalt und so muss es ein tiefes Bedürfnis sein. Ich werde noch in diesem Jahr einen Brief bei Trudi in der Bank hinterlegen wo Dinge darin stehen die Sie hoffentlich einmal lesen werden, falls ich z. B. einmal wo krank liege oder dergleichen, ich nicht Angst haben muss dass Sie es nie erfahren.

Es ist mir sehr wichtig aber ich will Sie jetzt nicht mit so einer Sache belasten.

Zu dem * Zeichen.

Eine grösste Schwierigkeit ist und war es wohl immer, dass das »Lebendige« ich sag absichtlich nicht die Natur, mir am halben Weg zum Bild entgegen kommen muss. Selbst wenn ich was *erfinde* muss ich es *sehen* können. Winzige Details kann ich nicht durch Phantasie beleben: Wenn ich *hinschauen* kann *geschieht* etwas – selbst wenn ich *es nicht sehe* finde ich den Schlüssel, es ist sozusagen eine Frage auf Leben und Tod. Deshalb entgehen mir so viele Dinge die ich eigentlich wunderschön malen könnte, oder sind nicht mehr da und verschwinden im Fluss des Lebens. Für das alles ist es zu spät, viel zu spät. Trotzdem mach ich weiter.

Nur noch ein Beispiel dann höre ich auf Sie zu langweilen (Fast wie in alten Zeiten). Nicht nur weil ich das grosse Glück mit Ihnen und Marie und Mutter verloren habe – kann ich das Bild nicht malen sondern weil ich nicht mehr hinschauen kann.

Aber vielleicht werd ich's doch noch einmal können so wie ich's mein Leben lang hoffte.

Immer Ihr getreues Muli

Marie-Louise führt diesen Auftrag nicht aus. Als Elias sie im Februar 1990 bittet, ein Porträt von ihm zu malen, nimmt sie die Herausforderung dagegen an.

Hera Canetti stirbt am 29. April 1988.

Marie-Louise von Motesiczky an Elias Canetti *London*

10 XI 88

Lieber Pio,
Ich kann es einfach nicht fassen, dass Sie hier in London zu meinen ganz wenigen guten Freunden gingen und über mich schlecht gesprochen haben. Ich schrieb Ihnen im April dieses Jahres aber das hatte nur mit Vergangenheit zu tun ich *wusste nicht* was geschehen war. Erst im Mai oder noch später erfuhr ich es von Judith. Lange dachte ich dass ein Verhängnis im Spiele ist und Sie meinen ersten Brief für einen der Teilnahme gehalten haben. *All das gab ich auf.* Wenn man für etwas beschuldigt wird was man nicht versteht ist jede Verbindung unmöglich.

Dea hat mich gewarnt, ich solle nie mehr über die Sache schreiben. Dea geht es gar nicht gut, jemand *müsste* für sie sorgen aber da müsste sie ihre jetzige furchtbare Situation, *Unordnung* aufgeben und das kann sie nicht, es würde sie umbringen. Mir ist bang um sie. Sie ist sehr nett zu mir und versteht in ihrer sonderbaren Art mehr wie fast alle anderen Menschen die ich kenne.

Die Bitte oder Frage ob man sich wiedersieht – Pio was hat's für einen Sinn wenn Sie es doch allein bestimmen.

Immer Ihr Muli

Immer wieder denke ich wie's wohl geht wie Sie's machen ob Sie was brauchen.

Elias Canetti an Marie-Louise von Motesiczky *Zürich*

14. Januar 1989

Es war der Gegensatz zwischen den beiden Briefen, was mich so furchtbar aufgebracht hat. Was Sie jetzt schreiben, erklärt ihn. Vielleicht habe ich Ihnen unrecht getan. Ich bin zu verzweifelt, um es ganz zu entscheiden.

Ich hatte der Judith gesagt, was geschehen war. Ich habe es, das war *ihr* Wunsch, nur *ihren* Freunden gesagt oder geschrieben. Ich wollte nicht, dass Sie es erfahren, erst nach einiger Zeit. Sie hatte keinen einzigen Feind. Der einzige Mensch, den sie fürchtete, waren Sie. Das lag in der Situation.

Sie hat unsäglich gelitten und war der empfindlichste Mensch. Ich werde der Judith nie verzeihen, dass sie es Ihnen gleich gesagt hat. Sie weiss, dass sie das nie hätte tun dürfen.

Nach diesen Jahren und Jahren des Kampfes bin ich geschlagen und vernichtet. Es war alles vergeblich. So bin ich selbst vergeblich.

Ich lebe noch für Johanna, die 16 ist. Ich verberge vor ihr meine Verzweiflung, eine ungeheure Anstrengung.

Ich werde dieses Jahr nicht nach London kommen. Sie können mir hieher schreiben. Aber telephonieren Sie nicht, ich ertrage kein Telefon.

Ich weiss nicht mehr, wer ich bin. Ich unterschreibe mit dem Namen, der von mir in der Welt bleiben wird und den ich nicht verdiene.

Elias Canetti

Marie-Louise von Motesiczky an Elias Canetti *London*

Bitte erst diesen Brief lesen 19. Januar 89

Lieber Pio,

Ihr Brief ist gekommen – vielleicht vielleicht werd ich wieder arbeiten können. Ich danke Ihnen. Nachricht gebe ich nur wenn's was Gutes ist.

Der zugeklebte Brief im Couvert, den müssen Sie nicht lesen – oder auf *Ihr* Risiko – ich bin unsicher geworden – gemeint ist das Richtige aber ob's verständlich ist weiss ich nicht. Er ist *absichtlich* nicht korrigiert manche Briefe *sollen* nicht endgültig sein. Ich sende beide Schreiben ab, weil ich denk das belastet Sie am wenigsten, so brauchen Sie nicht zu denken ob ich Ihren Brief erhalten habe. Ich schicke einfach alles ab – wir kennen uns ja schon so lange

Immer Ihr Muli

Lieber Pio,

Erst bin ich furchtbar erschrocken. Ich hatte keine Brille auf – öffnete Ihren Brief … keine Anschrift, unterschrieben Elias Canetti. Das war das Ende … *er* schreibt mir … ich soll ihn nicht mehr mit Briefen belästigen. Dann las ich – ich las den Brief seither oft.

Pio, es geht Ihnen sehr schlecht – und ich kann Ihnen nicht helfen. Aber ich weiss dass Sie … nicht jetzt aber später einmal, die Worte finden werden die Ihren Schmerz ausdrücken – das abgrundtiefe Unglück das viele Menschen täglich und stündlich trifft und treffen muss – seit Millionen Jahren – solange Geschöpfe einander lieben die unersetzlich sind.

Es muss so sein – durch niemandes Schuld. Wenn Sie das einmal in Worten ausdrücken werden – – wird es Menschen trösten können ... ob Sie es wollen oder nicht und dazu soll Ihr Name Ihnen helfen – dazu ist er Ihnen gegeben worden ... denn Sie können die Menschen erreichen, das kann ein anderer Sterblicher nicht so bald.

Ein Mensch, Hera hat Ihnen ihr Leben gegeben bis zum Letzten ganz und gar, sie hat Ihnen ein Kind geschenkt wie es kein besseres auf der Erde geben kann. Und wenn *Sie* Elias Canetti in Ihrer letzten Stunde den Dank dafür auch nur stammeln können ist das mehr wert für die Menschheit – als so manches weise Buch. Und wenn Sie die Worte finden wird *das* Sie erlösen

Immer Ihr Muli

Im Frühsommer 1989 muss Elias für einige Wochen ins Krankenhaus, um sich die Gallenblase entfernen zu lassen.

Elias Canetti an Marie-Louise von Motesiczky *Zürich*

17. Oktober 1989

Lieber Maler Mulo,
Auch ich schreibe Ihnen etwas zu früh zu Ihrem Geburtstag. Ich wünsche Ihnen, dass Sie wieder malen können. Das wünsche ich mir auch selbst: Sie schreiben, dass Sie gern wüssten, womit Sie mir Freude machen könnten. Die Foto eines neuen Bildes von Ihnen würde mir viel bedeuten und mich beruhigen.

Es ist eine schwere Zeit für mich, weil ich Menschen nicht ertrage. Nach einer halben Stunde, gewöhnlich früher, kriege ich Wutanfälle. Die Reizbarkeit kommt sicher von der Galle. Da wurde ich nach bösen Koliken schon vor Monaten operiert und die Operation ist gelungen, aber eine Empfindlichkeit ist geblieben, die mir schwer zu schaffen macht.

Ich kann Menschen nicht mehr anhören. Wie viel Klagen habe ich früher anhören, wie habe ich Menschen trösten können! Das ist vorbei. Meine vollkommene Niederlage vor dem Tod nach so viel Jahren Kampf gegen ihn hat mich vernichtet. Wenn Sie mir schreiben könnten, ohne zu klagen, ohne Hilfe von mir zu wollen, zu der ich nicht imstande bin, würde ich mich freuen. Schreiben Sie mir doch über alle die Menschen, die wir zusammen gekannt haben oder über andere, die ich nicht kenne, vielleicht tut das auch Ihnen gut. Nur Klagen ertrage ich nicht mehr: ich bin selbst eine einzige, immer offene Klage.

Wenn Sie wirklich malen, *können Sie zu meiner Genesung beitragen*. Sonst weiss ich nicht, ob es je besser wird.

In der Welt sieht es viel, viel besser aus. Für die Welt habe ich grosse Hoffnung. Ich sage mir das täglich. Es sollte Sie zum Malen reizen! Welche Gnade, wenn man etwas kann! Ich kann nichts. Ich kann nur den Tod hassen. Aber es macht ihm nicht den geringsten Eindruck.

Ich kann nicht unterschreiben: der *alte* Pio. Ich bin *ein anderer* Pio geworden. Schmerz und Zorn machen mein Leben aus und Scham über alles, was mir misslungen ist. Aber da ich aus ganzem Herzen, auch um meinetwillen wünsche, dass Sie malen können, darf ich unterschreiben: Pio

Marie-Louise von Motesiczky an Elias Canetti

London, Februar 1990

Brief I 17 II 90

Lieber Pio
Hab Ihnen zwei Briefe geschrieben aber immer Angst gehabt dass was darin steht was Sie ärgern könnte. Da es mir nicht gut geht und ich die zwei Briefe weggeschmissen habe, schrieb ich einen dritten. Schliesslich *warf ich ihn ein* und wusste kaum was darin steht und dachte es ist doch beinahe Glückssache ob Sie ihn richtig auffassen. Nun habe ich plötzlich die *Shingles* bekommen (Gürtelrose ist eine Krankheit).

Äusserlich halte ich mich und die paar guten Freunde sagen ich werde mich wieder herausfinden aus diesem Irrgarten. Die einzige Kur ist die Arbeit, ich weiss das, natürlich nicht im Augenblick wegen zu viel Schmerzen. Wenn Sie mir ein Wort der

Ermunterung senden könnten – allein Ihre Schrift zu sehen könnte vielleicht helfen.

Die Krankheit ist sehr schmerzhaft aber ich habe von Dr Rau ein Mittel welches helfen soll.

Wenn es nur etwas besser geht will ich Sie verständigen. Ich will Sie nicht bedrücken mit diesem Brief nur bin ich in grosser Angst und weiss mir nicht zu helfen.

Immer Ihr Muli

Bitte zweite Seite lesen

II. Brief

Pio der Brief ist nicht gut, kindisch und hilflos.

Natürlich kann ich im Augenblick nicht arbeiten aber es sind tiefere Dinge – eine unheimliche Gleichgültigkeit und ein schrecklich vergeblicher Wunsch dass es so sein soll wie früher. Sie haben es *klar* gesagt, dass Sie nicht mehr trösten können.

Ich muss einen Weg finden und ein regelmässiges Arbeitsleben führen sonst ist man verloren. Piolein, wenn's bei Ihnen halbwegs gut ist – beten Sie einmal nur ganz kurz dass etwas mir zu Hilfe kommt – dass ich weiterleben kann. Ein Weg, nur ein Weg, selbst wenn er nirgends hinführt aber einen Weg muss ich doch finden können?

Mein Brief ist sehr unrecht aber Sie kennen mich so gut und vielleicht wissen Sie etwas was helfen könnte.

Ich weiss dass es unrecht ist so zu schreiben aber ich werde mich schon selbst damit quälen und so brauchen Sie keine Wut auf mich haben.

Ich lese, *leider* unzusammenhängend aber viel stückweise – es hilft etwas.

25. Februar 1990

Lieber Maler Mulo,
das sind schlimme Schmerzen, ich kenne die Krankheit, wenn auch nicht von mir selbst, aber ich weiss, dass es sehr gute Mittel gegen diese Schmerzen gibt und bin sicher, dass der Rau sie Ihnen verschrieben hat.

Ich glaube, Maler Mulo, was Sie unbedingt brauchen ist ein *Ziel* in Ihrer Arbeit, etwas, das Sie sich fest vornehmen und woran Sie wirklich, sobald die Krankheit etwas besser geworden ist, tagtäglich arbeiten. Der *allgemeine* Wunsch oder Vorsatz zu arbeiten genügt nicht.

Dieses Ziel soll nun eine *Bestellung* von mir sein. Ich werde immer wieder um ein Porträt gebeten, auch von nicht ganz schlechten Künstlern. Ich lehne immer ab, aus zwei Gründen, einmal weil ich an den allerbesten Porträtisten denke, der mich so gut kennt wie niemand anderer, aber dann auch, weil ich nicht sitzen kann. Ich gebe Ihnen also den Auftrag, *aus der Erinnerung* ein Porträt von E. C. zu malen. Ich glaube, das könnte besonders gut werden. Es würde die Dinge in Ihnen *kristallisieren*, statt dass Sie sich zerfransen. Mein Honorar wäre gering bloss £ 5000. Aber das wäre es bestimmt, und wenn eine Institution das Bild ankauft, was beinahe sicher ist, wäre es mehr und der Unterschied würde natürlich ganz Ihnen gehören.

Lieber Maler Mulo, machen Sie das *wirklich*, fangen Sie gleich mit Zeichnungen an. Sie müssen sich rasch dazu entschliessen und dabei bleiben.

Eine andere Sache, um die ich Sie gebeten habe, haben Sie nicht ernst genug genommen. Ich möchte wirklich Briefe von Ihnen, in denen Sie mir von den Leuten berichten, die Sie jetzt kennen. Das interessiert mich schon darum, weil ich sonst Ihr Leben nicht vor mir sehen kann. Ich weiss, wie gut Sie beobachten und wie amüsant Sie schreiben können. Ich würde das sehr brauchen, aber es täte auch Ihnen gut, weil Sie einen *Pol* haben müssen.

Es geht mir besser, und zwar nur, weil die ungeheuren Ereignisse in der Welt mich beschäftigen und erregen. Ich habe erfahren, dass zwei »Interviewer« bei Ihnen waren. Eine Frau wegen der Anna Mahler und ein Mann wegen der Iris Murdoch.

Ich möchte gern wissen, wie das war und was Sie ihnen gesagt haben.

Ich habe ernste Schwierigkeiten mit den Augen, aber darüber schreibe ich heute nicht, weil es Ihnen selbst nicht gut geht und Sie Hilfe und keine Klagen brauchen.

Eine wirkliche Besserung, auch durch diesen Brief, und eine baldige Antwort darauf wünscht Ihnen (und auch sich)

Ihr halbwegs alter Pio.

Marie-Louise wurde wahrscheinlich von der deutschen Kunsthistorikerin Barbara Weidle und dem Murdoch-Biographen Peter Conradi interviewt.

Elias Canetti an Marie-Louise von Motesiczky *Zürich*

24. August 1990

Lieber Maler Mulo,
Ich bin froh über Ihren Brief, denn es wird aus ihm klar, dass es Ihnen viel besser geht. Es hat schrecklich lang gedauert und jetzt weiss ich endlich, was geschehen ist, wie es zuging, was Sie gegen die Krankheit unternommen haben. Früher war ich wie in einem Nebel.

Nun müssen Sie den Weg zur Arbeit zurückfinden, Maler Mulo. Denken Sie daran, welches Glück es ist, dass Sie Ihr Augenlicht haben. Nützen Sie es, beginnen Sie mit irgend etwas, das Sie vielleicht nur ein wenig lockt, aber machen Sie täglich weiter, bis etwas Sie mehr lockt. Die eigentlichen Lockungen entstehen ja doch *während der Arbeit* selbst und solange man sich nicht zwingt, mit etwas zu beginnen, versperrt man allen Lokkungen, die kommen könnten, den Zugang zu einem.

Ich spreche mit sehr grosser Wehmut vom Augenlicht, denn meines hat in den letzten Monaten rapid nachgelassen. Sie sollen auch etwas von mir wissen, Maler Mulo. Ich kann nur noch mit einem Auge lesen, und auch das immer weniger. In einer Woche kommt die grosse Untersuchung beim ersten Augenspezialisten hier: da soll es sich entscheiden, ob man überhaupt noch operieren kann. Wenn das keinen Sinn mehr hat, wird es passieren, dass ich schon im nächsten Jahr kaum mehr sehe und bald danach ganz erblinde.

Ich muss es Ihnen, so schlimm es ist, einmal sagen, möchte aber nicht, dass Sie es anderen erzählen. Man weiss, dass mir die Augen zu schaffen machen, weiss aber in der Öffentlichkeit nicht, wie schlimm es steht.

Ich wünsche mir von ganzem Herzen, dass Sie etwas malen, *das ich noch sehen kann*. Ich glaube, etwas so Ernstes, das mich selbst betrifft, habe ich Ihnen noch nie gesagt. Ich hätte es lieber nicht ausgesprochen. Aber dann habe ich mir gedacht, dass Sie gleich zu malen beginnen werden, wenn ich Ihnen mein grösstes und schwerstes Geheimnis preisgebe.

Schreiben Sie mir, Maler Mulo, alles was Sie gern schreiben wollen, noch kann ich es lesen.

Leben Sie wohl und *denken Sie an meinen Wunsch*.

Der alte Pio, den es aber jetzt bös gepackt hat.

Im Oktober 1991 und im Dezember 1992 lässt sich Elias erfolgreich den grauen Star an beiden Augen operieren.

Marie-Louise von Motesiczky an Elias Canetti *London*

13. Februar 1991

Lieber Pio,

Ich möchte Ihnen was sagen, auch wenn Sie mich deshalb verlachen. Es sind bange Zeiten. Ich hab viel, viel gedacht an Sie – aber was ich sagen möchte ist dass Sie das Schreckliche was jetzt geschieht in der Welt, versucht haben zu verhüten, durch »Masse und Macht«. Aber dass es erst geschehen muss um verstanden zu werden. Auch glaube ich dass Ihre Arbeit helfen wird selbst wenn Sie und ich es nicht mehr erleben werden. *Ich glaube* es. Meine dumme Krankheit ist noch immer nicht in Ordnung. Viel Schmerzen in der Nacht (auch bei Tag) – 18 Monate sagt man. Ich schreibe einen langen Brief aber diese Zeilen sollen Sie bald erreichen. Piolein ich arbeite – hab viel nachgedacht und wunderbarerweise scheint es zu helfen. Es gibt Momente wo ich wieder glaube die Malerei ist der wunderbarste Beruf. Und ich hab schon alles gehasst, weil es mich »verlassen hat«. Man muss auch als kranker alter *hässlicher* Mensch arbeiten können. Vielleicht hat mir diese Erkenntnis geholfen.

Für heut alles alles Gute Ihrer Tochter und *alle* Liebe die Sie sich von mir wünschen immer Ihr Muli

Elias Canetti an Marie-Louise von Motesiczky *Zürich*

3. November 1991

Lieber Maler Mulo,
Vor vier Tagen war die Operation. Es ist sehr gut gegangen, ich sehe wieder ganz klar und hell mit dem rechten Auge, eine wirklich unglaubliche Sache, die ich nie für möglich gehalten hätte. Der Professor sagt, in 4–6 Wochen kriege ich eine neue Brille, sodass ich rechts sogar wieder *lesen* kann! Das wäre dann besser als das Beste, was man mir versprochen hatte. Übermorgen holt mich die Johanna nach Hause.

Ich kann also wieder auch *Bilder* klar sehen, und wenn Sie mir beweisen wollen, dass Sie das freut, Maler Mulo, müssen Sie mir *sofort* farbige Reproduktionen von Ihren letzten Bildern schikken! Ich schreibe Ihnen *sofort*, damit Sie die gute Nachricht haben und damit Sie auch gleich die Fotos machen lassen.

Leben Sie wohl, Maler Mulo, vergessen Sie nicht, dass ich jetzt auf Bilder *warte* und *wirklich böse sein werde*, wenn keine kommen.

Der alte, wieder sehende und wieder bildhungrige

Pio.

Marie-Louises Porträt von Elias wird 1992 fertig. Sie bringt es nach Zürich, um es ihrem Auftraggeber zu zeigen. Er scheint jedoch keinen Gefallen an dem Bild zu finden, da Marie-Louise als Gedächtnisstütze ein Zeitungsphoto verwendet hat, das ihm besonders missfällt. Marie-Louise nimmt das Gemälde wieder mit nach London zurück und schenkt es der National Portrait Gallery.

Porträt Elias Canetti
1992

Marie-Louise von Motesiczky an Elias Canetti *London*

17 VI 92

Lieber Pio,
Hab einige Worte am Telephon mit Ihrer Tochter gesprochen und habe sie in Minuten so lieb gewonnen wie ich noch nie einen jungen Menschen lieb gehabt habe. Bitte vergessen Sie die Photo. Vielleicht kommt eine Zeit, wo der Anblick des wirklichen Bildes etwas ändert. Aber man muss es jetzt vergessen und es wird bald wieder in meinem Atelier sein. Ich werde immer dankbar sein dass ich es malen durfte aber das *können Sie nur begreifen* wenn wir uns wiedersehen.

Ich habe 6–7 Bilder, Photos Blumen u.s.w. aber ich fürchte immer *Sie* zu enttäuschen. Nun kommt noch hinzu dass ich Ihre

Tochter nicht enttäuschen will. Was immer mir möglich ist, male ich in Gedanken an sie, Ihre Tochter. Das klingt kindisch aber weiser bin ich wohl auch nicht geworden in all den Jahren. Ob der Dr Forster mir helfen kann scheint mir zweifelhaft – man muss es wohl aushalten so wie es ist, wenn Sie mir eine Zeile schreiben könnten wie es Ihnen geht, bitte. Verzeihen Sie diesen dürftigen Brief. Ich wünsch mir so sehr dass eine gute Nachricht kommt dass oft wenn ich die Haustür öffne … oder irgend eine Türe, ich ein Wunder erwarte. Auch meine eigene Person seh ich so unbarmherzig *streng* an dass ich ein Wunder erwarte.

Pio ein Wunder – bitte Ihr Muli

Marie-Louise von Motesiczky an Elias Canetti *London*

18 VI 92

Lieber Pio,
Mir ist bang denn ich habe vielleicht einen dummen Brief geschrieben. Es ist unmöglich dass Sie verstehen können was ich meinte.

Das einzige, was ich möchte ist helfen, wenn's möglich ist. Sogar schweigen.

Ist es nicht möglich mich wissen zu lassen wie's Ihnen geht?

Meine guten Wünsche und Gedanken begleiten Sie und Ihre Tochter jeden, jeden Tag

Ihr Muli

Ihre Tochter hat mir einige Sätze gesagt …: er ist, so gut, so gut, … so einen Vater gibt es doch nicht … auf der ganzen Welt. Diese Stimme werd ich nie vergessen.

Elias Canetti an Marie-Louise von Motesiczky *Zürich*

24. Juni 1992

Lieber Maler Mulo,
Johanna hat mir alles über das Gespräch erzählt und schämt sich sehr. Sie ist sonst scheu und diskret, geradezu verschlossen, aber damals war sie in grosser Angst um mich und hat alles gesagt, worüber sie hätte schweigen müssen. Sie hätte nie etwas

über das Porträt sagen dürfen, denn ich will *Sie* ja immer zum Malen ermuntern und nicht entmutigen. Aber da Sie es jetzt wissen, bleiben wir besser bei der Wahrheit. Ich will nie wieder über die Foto sprechen und auf keinen Fall eine Diskussion darüber führen. Aber es ist richtig, dass ich darüber erschrocken bin. Sie konnten nicht wissen, dass die Foto, die Sie als Vorbild benützt haben, die ist, über die ich mich immer am meisten geärgert habe. Ich hab sie nie leiden können. Das ist ein Pech, aber ich bin ganz sicher, dass das Bild schön *gemalt* ist. Das *spürt* man.

Ich bin wieder zuhause, muss aber sehr aufpassen. Telefonieren nimmt mich sehr her, darum bitte ich Sie nicht anzurufen. Ich werde in den nächsten Monaten niemand sehen wollen. Aber vielleicht haben Sie einmal Lust, einen Brief zu schreiben, sogar etwas Lustiges, über Leute, die ich gut kenne, und natürlich über sich selbst.

Bitte versuchen Sie nicht, Johanna ihre *Beschämung* zu nehmen. Sie *soll* das fühlen, denn ich habe Vertrauen zu ihr und möchte nicht, dass sie ohne mein Wissen Dinge über mich sagt. Vielleicht hängt mein Leben jetzt davon ab, dass ich einen Menschen um mich habe, dem ich vertrauen kann.

Sie wissen, dass ich Ihnen alles Gute für die schmerzliche Krankheit wünsche. Wenn Sie *mir* etwas Gutes tun wollen, *malen Sie bitte.* Ich weiss, was für ein Maler Sie sind, ich habe es immer gewusst, seit vielen, vielen Jahren.

Sehr herzlich grüsst Sie ein jetzt wirklich uralter

Pio.

Selbstporträt mit Canetti
1960er Jahre

Nachwort

Wenn man die Briefe liest, die oft am selben Tag gleich hintereinander an Grete und Felice geschrieben werden, ist es nicht zweifelhaft, wem seine Liebe gilt. Die Liebesworte, die in den Briefen an Felice stehen, klingen falsch und unglaubwürdig, in den Briefen an Grete Bloch fühlt man sie, meist unausgesprochen, aber um so gültiger, zwischen den Zeilen.

Elias Canetti über Franz Kafkas Briefe an Felice Bauer[1]

1967 liest Elias Canetti die gerade als Buch erschienenen Briefe Franz Kafkas[2] an seine Verlobte Felice Bauer: »Ich kenne Menschen, deren Beschämung beim Lesen der Briefe wuchs, die das Gefühl nicht los wurden, daß sie gerade hier nicht eindringen dürften. Ich achte sie dafür sehr, aber ich gehöre nicht zu ihnen. Ich habe diese Briefe mit einer Ergriffenheit gelesen, wie ich sie seit Jahren bei keinem literarischen Werk erlebt habe.«[3] Die Lektüre der Briefe regt ihn zu neuer Beschäftigung mit Kafka an und inspiriert ihn zu dem Essay »Der andere Prozeß. Kafkas Briefe an Felice«,[4] einer genauen Lese-Beschreibung, die reiche Selbstauskünfte einschließt, wie sie wohl jede Lektüre biographischer Zeugnisse beim Leser mobilisiert. Unter anderem heißt es dort: »Als die drei wichtigsten Frauen in seinem Leben muß man Felice, Grete Bloch und

1 Elias Canetti: *Der andere Prozeß* (1968). In: *Das Gewissen der Worte*. Werke VI, München: Hanser 1995, S. 165–253, hier S. 203.

2 Franz Kafka: *Briefe an Felice und andere Korrespondenz aus der Verlobungszeit*. Herausgegeben von Erich Heller und Jürgen Born. Mit einer Einleitung von Erich Heller. Frankfurt a. M.: S. Fischer 1967.

3 *Der andere Prozeß*, S. 165.

4 Erschienen 1968 in zwei Folgen der *Neuen Rundschau*, als Buch München: Hanser 1969.

Milena nennen. Bei jeder der drei entstanden seine Gefühle durch Briefe.«[5]

Canettis neue Kafka-Lektüre fällt in die Jahre zwischen dem Tod seiner ersten Frau Veza (1963) und der Schließung der zweiten Ehe mit Hera Buschor (1971). Dass es außer diesen beiden (und neben einer Vielzahl von Freundinnen, denen er zwei Tage vor seinem 63. Geburtstag endgültig abschwört[6]) eine dritte Frau in Canettis Leben gegeben hat, wird in den Jahren nach seinem Tod erst allmählich bekannt: die Malerin Marie-Louise von Motesiczky.

Über fünf Jahrzehnte dauert die Beziehung. Es gibt darin Phasen von enger Bindung und tiefer Fremdheit, Augenblicke von dramatischem Zerwürfnis und herzlichster Versöhnung. Sein Verhalten ihr gegenüber bewegt sich zwischen Fürsorglichkeit und Rücksichtslosigkeit, ihr Verhältnis zu ihm zwischen Verehrung und Verzweiflung.

Elias Canetti wurde am 25. Juli 1905 in Rustschuk an der bulgarischen Donaumündung in die Welt des sephardischen Judentums geboren. Sein Vater Jacques (1881–1912) betrieb ein Handelshaus, auch seine Mutter Mathilde geb. Arditti (1885–1937) stammte aus einer Kaufmannsdynastie. Zu Hause sprach die Familie Ladino, das alte Spanisch der Sepharden, Elias verstand jedoch auch ein wenig Bulgarisch und Türkisch. Deutsch war die Sprache der gebildeten Oberschicht, der sich die Eltern zugehörig fühlen wollten. Als die Familie 1911 nach Manchester übersiedelte, kam das Englische hinzu. 1912 starb Jacques Canetti überraschend, im Jahr darauf zog Mathilde mit ihren Söhnen im Alter von acht, vier und zwei Jahren nach Wien. Der Weg dorthin führte sie über Lausanne, wo sie drei Sommermonate verbrachten, die Mathilde dazu nutzte, Elias die deutsche Sprache beizubringen. Überhaupt wachte sie streng über

5 *Der andere Prozeß*, S. 206.

6 »Ich hab sie alle stehen gelassen, alle, alle, Ursula, Kathleen, Veronica, Iris, Priaulx, Natalie, Christine, Jolanda, Dea, Edith, Erika, Ruth, Susi, Jill, Martine, Kim, Kae, Lavinia, Hetta, Lucy, Helga, Eileen, Britta, Judy, Pat, Vanessa, Anthea, Elisabeth, Anna, Bernadette, Helen, Debora, Barbara, Claudie, Joan, Kiki, Ilse, Elli, Eva, alle, – weil sie Veza Veza Veza Veza Veza überlebt haben.« Aufzeichnung 23. Juli 1968, zitiert nach Sven Hanuschek: *Elias Canetti. Biographie*. München: Hanser 2005, S. 496.

die Erziehung ihres Sohnes. Elias ging zunächst in Wien zur Schule, dann in Zürich, ab 1921 in Frankfurt am Main.

Nach dem Abitur in Frankfurt nahm Elias 1924 das Chemiestudium in Wien auf, das er 1929 mit der Promotion abschloss. Er bildete sich außerdem umfassend autodidaktisch weiter und besuchte die Vorlesungen von Karl Kraus, dort lernte er Venetiana (Veza) Taubner-Calderon (1897–1963) kennen.

Während eines Aufenthaltes in Berlin machte Canetti die Bekanntschaft mit Schriftstellern und Künstlern wie zum Beispiel Wieland Herzfelde, Bertolt Brecht und George Grosz. Er übersetzte für den Malik-Verlag drei Romane von Upton Sinclair und verwandelte sich vom literaturinteressierten Chemiestudenten in einen professionellen Literaten.[7] Er notierte sich Gedanken zum Thema »Masse« und begann die Arbeit an einer auf acht Bände konzipierten »Comédie humaine an Irren«. Gleichzeitig entstanden die Theaterstücke »Hochzeit« und »Komödie der Eitelkeit«. 1935 feierte Canetti einen ersten literarischen Erfolg, als »Die Blendung« herauskam und von der Kritik positiv aufgenommen wurde. Schriftstellerkollegen wie Thomas Mann und Hermann Hesse lobten den Roman. In den nächsten Jahren gewöhnte er sich an, die Menschen seiner Umgebung danach zu sortieren, ob sie seinen Roman gelesen hatten oder nicht.

Am 15. Juni 1937 starb Mathilde Canetti in Paris an Tuberkulose. Der Verlust der Mutter machte Elias psychisch schwer zu schaffen, wurde jedoch bald von einer anderen Katastrophe, der nationalsozialistischen Machtübernahme in Österreich, überlagert. Am 2. September 1938 mussten Elias und Veza ihre Wohnung in der Himmelstraße 30 in Grinzing verlassen. Kurz nach den Novemberpogromen flohen sie nach Paris. Im Dezember reiste Veza weiter nach England zu ihrem Bruder, Elias kam Mitte Februar 1939 nach. Unter wechselnden Adressen wohnten sie im Londoner Stadtteil Hampstead, wo Elias die Arbeit an »Masse und Macht« wieder aufzunehmen versuchte.

Unter heute nicht mehr rekonstruierbaren Umständen begegnet Elias Canetti noch dort der ein Jahr jüngeren, am Beginn einer vielversprechenden Karriere stehenden Malerin Marie-

7 Sven Hanuschek: »Chronik Elias Canetti«, in: *Text + Kritik*, Heft 28 (Elias Canetti), 4. Auflage (Neufassung), Juli 2005, S. 140–149, hier S. 142.

Louise von Motesiczky, die ebenfalls aus Wien nach London geflohen ist. Obwohl die beiden Künstler viele Jahre gleichzeitig in Wien gelebt und gemeinsame Bekannte hatten, wie Marie-Louises Cousin Fritz Schey oder Canettis zeitweilige Geliebte Anna Mahler, waren sie sich dort nie persönlich begegnet. So verschieden von Herkunft und Charakter sie auch sind: nun teilen sie das bittere Schicksal der Emigration.

Marie-Louise von Motesiczky, geboren am 24. Oktober 1906, entstammt einer reichen jüdischen Wiener Familie von Bankiers und Wissenschaftlern, die das intellektuelle und kulturelle Leben der Stadt um die Jahrhundertwende maßgeblich mit beeinflusst. Unter ihren Vorfahren mütterlicherseits befinden sich der Philosoph Franz von Brentano und der Physiker Robert von Lieben. Marie-Louises Großmutter Anna von Lieben war eine der ersten Patientinnen Sigmund Freuds. Marie-Louises Vater Edmund von Motesiczky (1866–1909), offiziell der Sohn des ungarischen Aristokraten Matthias Motesiczky und seiner Frau Rosina, entsprang in Wirklichkeit der Beziehung Rosinas zu Franz Ritter von Hauer, dem Direktor des Naturhistorischen Museums in Wien. Er war ein begabter Cellist und musizierte u. a. mit Johannes Brahms. Nach dem Studium der Chemie und der Promotion widmete er sich der Musik und dem Jagen. Marie-Louises Eltern bewohnten eine großzügige Wohnung am Brahmsplatz im 4. Wiener Bezirk. Die Sommer verbrachte die Familie auf ihrem Anwesen in Hinterbrühl im Wienerwald, die Jagdsaison auf dem Gut Vázsony in Ungarn.

Wie Elias verlor Marie-Louise ihren Vater früh. Als sie drei Jahre alt war, starb Edmund an Darmverschlingung. Ihre Erziehung und die ihres zwei Jahre älteren Bruders Karl lag nun ganz in den Händen der Mutter Henriette (1882–1978), die keinen großen Wert auf Disziplin legte und Privatlehrer beschäftigte. Erst 1916 kam Marie-Louise auf das Öffentliche Mariahilfer Mädchenlyzeum, das sie nach nur vier Jahren auf eigenen Wunsch wieder verließ. Später bereute sie diesen Schritt. Ihr künstlerisches Talent fällt schon zu dieser Zeit auf, und sie besucht in den folgenden Jahren Kunstschulen in Wien, Den Haag, Frankfurt am Main und Paris. 1920 bereits lernte sie den Maler Max Beckmann (1884–1950) kennen – die Begegnung, die ihren weiteren künstlerischen Weg bestimmte; er wurde zum engen

Freund und nahm sie 1927/28 in seine Meisterklasse an der Frankfurter Städelschule auf. 1933 trat Marie-Louise zum ersten Mal in einer Ausstellung des Wiener Hagenbundes an die Öffentlichkeit. Ihre Malerei wurde später immer wieder als »lyrischer Expressionismus« charakterisiert.

Marie-Louise, eine ausnehmend hübsche junge Frau, zu deren Bewunderern Heimito von Doderer und Ernst Bloch zählten, schien sich zu kultivierten, älteren und oft verheirateten Männern hingezogen zu fühlen. Erste romantische Erfahrungen machte sie zwischen 1925 und 1927 mit dem exilierten ungarischen Schriftsteller Baron Lajos Hatvany (1880–1961) und Ende der zwanziger Jahre in Berlin mit dem Maler Siegfried Sebba (1897–1975).

Am 13. März 1938, unmittelbar nach dem »Anschluss« Österreichs, verließ Marie-Louise mit ihrer Mutter Wien und suchte zunächst bei Verwandten in den Niederlanden Unterschlupf. Anfang 1939 emigrierten Mutter und Tochter dann aber nach England, wo sie sich in London niederließen. Dort stieß Marie Hauptmann (ca. 1885–1954), Marie-Louises ehemalige Amme und »zweite Mutter«, wieder zu ihnen, die der Familie den Haushalt führte.

Marie-Louises Bruder, der Psychoanalytiker Karl von Motesiczky (1904–1943), folgte 1934 seinem Lehrer Wilhelm Reich ins norwegische Exil. Nach dem Bruch mit Wilhelm Reich kehrte er 1937 nach Österreich zurück. Als seine Mutter und seine Schwester Wien verließen, entschloss er sich, in Österreich zu bleiben, um den Familienbesitz vor dem Zugriff der Nationalsozialisten zu retten und Verfolgten zu helfen. Er wurde 1942 verhaftet und im Juni 1943 in Auschwitz ermordet.

Karl schickte große Teile des Wiener Haushalts – Möbel, Geschirr, Bettwäsche, Kunstgegenstände und Marie-Louises frühe Bilder – nach England. Um den Bombenangriffen auf die britische Hauptstadt zu entkommen, zog Marie-Louise 1940 mit Mutter und Marie Hauptmann nach Amersham in Buckinghamshire, wo sie zunächst bei dem ehemaligen Pfarrer Gordon Milburn und seiner Frau wohnten und sich bald darauf ein Haus kaufen konnten.

Auf Vermittlung Marie-Louises finden auch Elias und Veza in Amersham Zuflucht, das nicht weit von London in dem land-

Marie-Louise von Motesiczky und Veza Canetti
Atelier in Amersham, frühe 1940er Jahre

schaftlich schönen Gebiet der Chilterns liegt. Sie wohnen zunächst ebenfalls bei den Milburns. Trotz des Krieges genießen Elias und Marie-Louise die »Idylle«,[8] in die sich auch einige andere Emigranten geflüchtet haben. Die Canettis werden von den Motesiczkys mit Eiern versorgt und dürfen ihre umfangreiche Bibliothek in Marie-Louises großem Atelier aufstellen. »Das war dann eigentlich zum Teil eine sehr schöne Zeit, so verrückt das klingt«,[9] erinnert sich Marie-Louise später, was wohl auch daran liegt, dass sich ihre Beziehung zu Elias langsam entfaltet und wohl ab 1941 oder 1942 intimer wird. Zunächst ist auch Veza in die Freundschaft mit einbezogen. Sie finden gemeinsamen Gesprächsstoff in Gordon Milburn, dem Elias ein

8 Elias Canetti: *Party im Blitz. Die englischen Jahre*. München: Hanser 2005, S. 33.
9 Marie-Louise von Motesiczky, Transkript eines Radioprogramms der BBC, Details unbekannt, Motesiczky-Archiv.

ganzes Kapitel in seinen englischen Erinnerungen[10] widmet und über den Veza eine bissige Kurzgeschichte[11] verfasst. 1958 wird Marie-Louise sein Porträt malen. Von einem verlorengegangenen Romanmanuskript Vezas zeugt eine undatierte Notiz Vezas: Sie widme den Roman »The Response« Marie-Louise, »denn der leise Zauber, der von ihr ausgeht, hat mich zu einer Figur angeregt und ihre Feinheit hat meine Wildheit gebändigt und die Figuren und die Musik meines Buches bestimmt«.[12] Das anfängliche Wohlwollen schlägt jedoch mit wachsender Eifersucht in gegenseitige Abneigung um, und die Frauen gehen sich fortan aus dem Weg.

Von Anfang an unterstützt Marie-Louise Elias finanziell. Ist zunächst noch an die Rückzahlung der geliehenen Beträge gedacht, so werden daraus bald Geschenke. Marie-Louise plagt jedoch das schlechte Gewissen, weil sie der Mutter nicht immer davon erzählt. Außerdem würde sie Elias gerne regelmäßiger und mit mehr Geld helfen. Durch die Emigration ist der Großteil des Familienvermögens verlorengegangen. Marie-Louise hat zwar genug retten können, um zeit ihres Lebens keinen Brotberuf ausüben zu müssen, größere Zuwendungen traut sie sich aber nicht zu aus Angst vor drohender finanzieller Not und im Wissen um die Verantwortung für ihre Mutter. Die Canettis halten sich außerdem mit Vezas Verdienst aus Übersetzungsarbeiten, nach dem Krieg dann auch durch Zuwendungen von Elias' Bruder Georg und von seinem Freund Aymer Maxwell sowie durch ein Stipendium der amerikanischen Bollingen Foundation über Wasser. Erste Einkünfte aus schriftstellerischer Arbeit erhält Elias nach dem Erscheinen der englischen Übersetzung der »Blendung« 1946, der zweiten deutschen Ausgabe 1948 und von »Masse und Macht« 1960. Besonders in Vezas letzten Lebensjahren leidet Elias sehr darunter, ihr keine gesicherte Existenz bieten zu können. Erst einige Jahre nach ihrem Tod ist es ihm endlich möglich, vom Ertrag des Schreibens zu leben.[13] Als er 1981 den Nobelpreis für Literatur erhält, gibt er Marie-Louise

10 Elias Canetti: *Party im Blitz*, S. 43–60.

11 *Toogoods oder das Licht.* In: Veza Canetti: *Der Fund.* München: Hanser 2001, S. 197–204.

12 Veza Canetti, undatierte Notiz, Motesiczky-Archiv.

13 Sven Hanuschek: *Elias Canetti. Biographie.* München: Hanser 2005, S. 543.

Elias Canetti und Marie-Louise von Motesiczky
1948

einen Teil des Preisgeldes als Dank für ihre langjährige Unterstützung.

Über die Jahre hinweg ist die Freundschaft zwischen Marie-Louise und Elias künstlerisch überaus produktiv, vom Glauben an die Arbeit des anderen und deren unbedingter Unterstützung geprägt. Sie freuen sich gemeinsam über Erfolge und spenden Trost bei Niederlagen. So macht Elias Marie-Louise immer wieder Mut und lobt ihre Bilder: »Du bist ein sehr grosser Maler und ob Du es willst oder nicht, die Welt wird es erfahren. Jedes Bild, das Du noch malst, wird in die Geschichte der Malerei eingehen.«[14] Nie geht sein Vertrauen in die Qualität ihrer Bilder verloren: »mein Glaube an Dich als Maler war nie erschüttert, das weisst Du; gezweifelt habe ich nur daran, dass Du mich noch gern hast.«[15] Als sie 1985 mit der Ausstellung im Londoner

14 Elias Canetti an Marie-Louise von Motesiczky, 20. Juli 1978, s. S. 332.
15 Elias Canetti an Marie-Louise von Motesiczky, 11. Oktober 1960, s. S. 216.

Goethe-Institut Erfolge feiert, schreibt er ihr einen begeisterten Gratulationsbrief: »Es ist einfach *wunderbar*, die Bilder selbst haben ihre Wirkung getan, spät, aber noch zur Zeit, ist der Maler Mulo erkannt und anerkannt worden. Ich bin sehr glücklich, das noch zu erleben, gewusst hab ich's immer und in keiner Sekunde, was immer sonst zwischen uns geschah, habe ich den Glauben an Ihre Malerei verloren.«[16] Im Lauf der Jahre malt Marie-Louise mehrere Porträts von Elias. Oft nimmt sie Photographien zu Hilfe oder malt ihn aus dem Gedächtnis, da er nicht gerne Modell sitzt. Einige Bilder zeigen Elias als einsamen Denker, andere wiederum stellen ihn in einen gesellschaftlichen Kontext oder kommentieren ihre Beziehung. Das letzte Canetti-Porträt geht auf seine »Bestellung«[17] vom 25. Februar 1990 zurück. Es wurde nach einem Photo gemalt, das Elias nicht leiden mochte, und hängt heute in der National Portrait Gallery in London.

Marie-Louise verehrt in Canetti den Gelehrten, den umfassend Gebildeten, gerade auch weil sie ihre eigene Bildung als mangelhaft empfindet, was sich in einer gewissen Scheu vor Intellektuellem und in mangelndem Selbstvertrauen ausdrückt. Elias lässt Marie-Louise an seiner Arbeit teilhaben, liest ihr Gedichte und Stücke vor und bezieht sie gelegentlich unmittelbar in den schöpferischen Prozess mit ein. Träume, die sie ihm erzählt, finden Eingang in sein Werk. Auch seinem jahrzehntelangen Lebensgefühl als Verkannter macht er Marie-Louise gegenüber rücksichtslos Luft: »Es ist schon traurig, dass Du, *anderthalb Jahre* nach Erscheinen meines Lebenswerkes nicht einmal *übersehen* kannst, was es enthält. Es hätte Dich gewiss ein bisschen Mühe gekostet … Ich frage mich, wie Du eine solche unglaubliche Nachlässigkeit vor Dir selbst rechtfertigst.«[18]

Sie freut sich mit ihm über den großen Erfolg erst der »Stimmen von Marrakesch« (1968) – erste Schilderungen von dieser Reise finden sich in seinen Briefen aus Marokko 1954 –, dann der »Geretteten Zunge« (1977), die wochenlang in der Spiegel-Bestsellerliste steht und ihr besonders gefällt. Der Traum vom Nobelpreis taucht schon 1964 in der Korrespondenz auf, als

16 Elias Canetti an Marie-Louise von Motesiczky, 1. Januar 1986, s. S. 342.

17 S. S. 351.

18 Elias Canetti an Marie-Louise von Motesiczky, 18. August 1961, s. S. 231.

Elias schreibt: »Von andern Ländern sind wieder Anfragen nach der ›Blendung‹ und den Dramen gekommen. Sehr schön, sehr schön: in einem hebräischen Artikel aus Israel steht, dass ich den Nobelpreis bekommen müsste. Ich bekomme ihn ja doch nicht, und was habe ich von diesem rapid wachsenden Weltruhm, wenn ich ein Bettler bleibe.«[19] Als Elias tatsächlich den Nobelpreis erhält, fühlt sich Marie-Louise in ihrem Wissen um sein Können bestätigt, und er räumt wie schon ein Vierteljahrhundert zuvor, ihre Unterstützung ein beim Verfassen des Werkes, »zu dem Du so viel geholfen hast, mit dem Du verbunden sein wirst solange es Menschen gibt«.[20]

Während die künstlerische Freundschaft bis zum Tod Bestand hat, ist das persönliche Verhältnis schon bald schweren Spannungen ausgesetzt. Zwar bezieht Elias 1951 ein Zimmer in Marie-Louises Wohnung in Compayne Gardens im Londoner Stadtteil West Hampstead, wohin sie 1948 gezogen war. Sie muss aber hinnehmen, dass ihr sehnlichster Wunsch, ein Kind von ihm zu bekommen, unerfüllt bleiben wird. Auch macht ihr seine Eifersucht zu schaffen, während sie andererseits ertragen lernt, dass er andere Geliebte und Affären hat, wie zum Beispiel Friedl Benedikt (1916–1953), seine ehemalige Wiener Nachbarin und »Schülerin«, die ihm ins Exil gefolgt ist, oder die Philosophiedozentin und spätere Schriftstellerin Iris Murdoch (1919–1999). Während ihres ganzen Lebens leidet Marie-Louise auch darunter, dass Elias sich trotz ihres engen Umgangs miteinander weigert, sie seinen Freunden vorzustellen oder mit ihr auszugehen. Seine Angewohnheit, sie gesellschaftlich zu isolieren, gibt oft Anlass zu heftigem Streit und lässt sie an seinen Gefühlen zweifeln.

Nach und nach normalisiert sich das Emigrantenleben, eine Rückkehr nach Wien steht nicht ernsthaft zur Debatte, Marie-Louise lernt Autofahren, verkauft den Wiener Familienbesitz und erwirbt 1959 für sich und ihre Mutter ein Haus in Hampstead, in dem Elias wieder ein Arbeitszimmer bekommt. Nach Vezas Tod 1963 hofft Marie-Louise jedoch vergeblich auf eine Heirat.

Elias ist inzwischen viel unterwegs und hält sich nur noch

19 Elias Canetti an Marie-Louise von Motesiczky, 13. Dezember 1964, s. S. 272.
20 Elias Canetti an Marie-Louise von Motesiczky, März 1956, s. S. 183.

selten in seiner Hampsteader Wohnung in der Thurlow Road auf, die er mit Veza teilte. Für Marie-Louise ist er mehr und mehr der »Liebhaber ohne Adresse«,[21] wie sie ihn schon 1950 einer Formulierung Nestroys folgend[22] tituliert hat. Ist er auf Reisen, so weiß sie oft nicht, wohin sie ihre Briefe richten soll. Elias wiederum wacht eifersüchtig über die Geheimhaltung seines Aufenthaltsorts und lässt Marie-Louise noch »poste restante« schreiben, als er schon längst eine Wohnung in Zürich hat. So kommt es, dass Marie-Louise nichts von seinem Leben in Zürich, der Heirat mit der Restauratorin Hera Buschor (1933–1988) und der Geburt der Tochter Johanna weiß, bis sie im Sommer 1973 zufällig davon erfährt. Für Marie-Louise bricht zunächst eine Welt zusammen. Ihr Brief an Hera[23] ist eine erste Reaktion, die die tiefe Verletzung nicht offen in Zorn und Hass ausbrechen lässt, sondern in der Fürsorge für die Mutter einzuschließen versucht. Im Lauf der Zeit schafft sie es, Canettis Vertrauensbruch in ihr Leben einzubauen und versucht, ein unabhängigeres Leben zu führen. Zehn Jahre später entwirft sie einen Brief, in dem sie Vorwürfe zurückweist, die ihr Elias in diesem Zusammenhang macht, in dem sie freilich manche harte Formulierung ausstreicht: »Wenn Sie wirklich glauben dass ich Sie verlassen habe – mit Handwerker betrogen … – so kann nichts in der Welt mich dazu bringen es auch zu glauben weil es nicht wahr ist.«[24] (gestrichen: »Bei der Erinnerung an meine Mutter kann ich schwören dass ich nicht einmal in Gedanken je einen anderen Mann beachtet habe«) – und weiter: »die grosse Schuld die Sie an mir begangen haben kann ich verzeihen: dass Sie sich die falsche Frau ausgesucht haben das kann ich verstehen – einen ungebildeten wirklich ungebildeten Menschen – das muss Ihnen oft unerträglich gewesen sein. Dass Sie eine junge Frau wollten – unbelastet von all der bitteren Vergangen-

21 Marie-Louise von Motesiczky an Elias Canetti, Ende August 1950, s. S. 70.

22 In der Posse »Das Mädl aus der Vorstadt« hat Johann Nestroy den Begriff unter umgekehrten Vorzeichen geprägt; Gigl zu Thekla (I/16): »ein junger Spatz, der aus 'n Nest fallt, ein Hecht, den s' in ein' Körbl tragen, ein Pinsch, der ohne Halsband umlauft, das alles is noch Gold gegen einen Liebhaber ohne Adress'!«

23 Marie-Louise von Motesiczky an Hera Canetti, 25. Juli 1973, s. S. 305 f.

24 Marie-Louise von Motesiczky an Elias Canetti, Entwurf, London 1983, S. 339.

heit. Dass Sie ein Kind wollten das kann ich verstehen, und verzeihen.« (gestrichen: »dass ich keins habe [oh wie hätte ich es malen können!]«)[25] Und sie schreibt weiterhin »postlagernd« an Canetti, um niemanden zu kränken.

Nach Heras Tod 1988 löst Elias seine Londoner Wohnung auf und kümmert sich von nun an ganz um seine Tochter in Zürich. Er stirbt dort am 14. August 1994 und wird in einem Ehrengrab der Stadt auf dem Friedhof Fluntern bestattet. Marie-Louise stirbt in London am 10. Juni 1996. Ihre Asche wird im Familiengrab auf dem Döblinger Friedhof in Wien beigesetzt. Ihr Vermögen hat sie in eine Stiftung eingebracht, die dem Erhalt und der Verbreitung ihres Werkes verpflichtet ist. Das Haus wird zunächst als privates Museum eingerichtet, 2008 jedoch verkauft.

Trotz aller Verletzungen und Schwierigkeiten sind die Briefe das Band, das Marie-Louise und Elias bis zuletzt zusammengehalten hat. Das Zwiespältige der Beziehung hat Marie-Louise noch in den 1970er Jahren prägnant auf den Punkt gebracht: »ganz ohne C. Welt ohne Sinn – mit C endlose Quälerei.«[26] In einem Brief an eine Freundin nennt Marie-Louise Elias ihre »persönliche Katastrophe«.[27] Canetti spart Marie-Louise in seinen ab 1991 niedergeschriebenen Erinnerungen an die englischen Jahre gänzlich aus.[28] Zur gleichen Zeit bezeichnet sie ihn in einem Radiointerview des Österreichischen Rundfunks neben Max Beckmann und ihrer Mutter als einen ihrer »Hauptgötter«.[29]

25 Marie-Louise von Motesiczky an Elias Canetti, Entwurf, London 1983, S. 340.

26 Marie-Louise von Motesiczky, Tagebucheintrag vom Sommer 1977, Motesiczky-Archiv.

27 Marie-Louise von Motesiczky an Sophie Brentano, 8. November 1974, Motesiczky-Archiv.

28 Die einzige Erwähnung in den postum gedruckten Erinnerungen *Party im Blitz* (dort S. 36/38) im Zusammenhang mit der Nachbarschaft in Amersham ist eine Konjektur; im Manuskript fehlt der Name.

29 Eine gekürzte Version des Interviews wurde veröffentlicht in Hubert Gaisbauer und Heinz Janisch (Hrsg.): *Menschenbilder*, Wien: Austria Press 1992, S. 169–177, hier S. 173.

Zu dieser Ausgabe

Die vorliegende Auswahl wurde aus den Briefen, Postkarten, Telegrammen und Nachrichten getroffen, die sich im Archiv des Marie-Louise von Motesiczky Charitable Trust in London befinden, ergänzt um einige Briefe aus dem Privatbesitz von Johanna Canetti. Beide Briefpartner haben die empfangenen Briefe offenbar fast lückenlos aufgehoben. Um 1974 gab Elias den größten Teil ihrer Briefe an Marie-Louise zurück – daher die seltene Konstellation, dass Briefe von beiden Seiten in nahezu gleicher Dichte überliefert sind. Julia Bernhardt hat das gesamte Material im Auftrag des Trust transkribiert. Marie-Louise war die bei weitem fleißigere Korrespondentin, Elias war im Grunde ein unzuverlässiger Briefschreiber.

Auffallend ist der unterschiedliche Gebrauch der Anredeformen. Bis auf wenige Ausnahmen in den späten Briefen duzt Elias Marie-Louise, wohingegen sie ihn siezt. Elias verwendet Kosenamen, die wohl aus »Marie-Louise« abgeleitet sind: »Muli«, wenn er zu ihr als Frau oder im besonderen als seiner Freundin spricht, »Mulo« hingegen, wenn er sie als Malerin anredet. Marie-Louises Spitzname für Elias ist »Pio«, dessen Herkunft unbekannt bleibt. Während an der Schreibweise von »Elias Canetti« keine Zweifel bestehen, gibt es von Marie-Louises nicht unbedingt leicht zu schreibendem Namen einige Varianten, die von »Marie Luise« zu »Marieluise« und »Motesicky« zu »Moteschitzky« (so auch die korrekte Aussprache) reichen.

Marie-Louise hat große Probleme mit der Rechtschreibung, wie sie selber zugibt: »Ich werde auch lernen das alles richtig zu schreiben – ein furchtbarer Vorsatz für mich« (19. April 1956). Was hier auf schwierige mexikanische Begriffe bezogen ist, gilt ganz allgemein. Ihre Briefe enthalten zahlreiche Schreibfehler, die für den Druck behutsam verbessert wurden, um Lesbarkeit und Verständnis zu erleichtern, ohne den Charakter des Briefwechsels zu verfälschen. Die Zeichensetzung wurde nur korrigiert, wo es sich um eindeutige Fehler, wie etwa das Fehlen eines Punktes am Ende des Satzes, handelt. Im Original durch Unterstreichung hervorgehobene Wörter sind *kursiv* gesetzt. Nicht entzifferbare Stellen sind durch fünf Punkte ..... gekennzeichnet.

Bibliographisches

Marie-Louise von Motesiczky: Max Beckmann als Lehrer. Erinnerungen einer Schülerin des Malers. Frankfurter Allgemeine Zeitung. 11. Januar 1964

Marie-Louise von Motesiczky: Etwas über mich. In: Marie-Louise von Motesiczky. Ausstellungskatalog, Österreichische Galerie, Oberes Belvedere. Wien 1994, S. 13–16

Die Liebens. 150 Jahre Geschichte einer Wiener Familie. Ausstellungskatalog, Jüdisches Museum. Wien 2004

Marie-Louise von Motesiczky 1906–1996. The Painter/Die Malerin. Ausstellungskatalog, Tate Liverpool/Museum Giersch, Frankfurt am Main/Wien Museum/Southampton City Art Gallery 2006

Jill Lloyd: The Undiscovered Expressionist. A Life of Marie-Louise von Motesiczky. New Haven und London: Yale University Press 2007

Ines Schlenker: Marie-Louise von Motesiczky 1906–1996. A Catalogue Raisonné of the Paintings. Manchester und New York: Hudson Hills Press 2009

Elias Canetti: Die Blendung. Roman. Wien, Leipzig, Zürich: Herbert Reichner 1936 (Copyright 1935)
Auto da Fé. Übers. C.V. Wedgwood. London: Jonathan Cape 1946
The Tower of Babel. Übers. C.V. Wedgwood. New York: Alfred A. Knopf 1947
Zweite deutschsprachige Ausgabe: München: Willi Weismann 1948
La Tour de Babel. Übers. Paule Arhex. Grenoble u. Paris: B. Arthaud 1949
Dritte deutschsprachige Ausgabe: München: Hanser 1963
WERKE I

Elias Canetti: Komödie der Eitelkeit. München: Weismann 1950
in WERKE II

Elias Canetti: Fritz Wotruba. Vorwort von Klaus Demus. Wien: Brüder Rosenbaum 1955
in WERKE X

Elias Canetti: Masse und Macht. Hamburg: Claassen 1960
Crowds and Power. Übers. Carol Stewart. London: Victor Gollancz 1962
Crowds and Power. Übers. Carol Stewart. New York: Viking Press 1962
Masse et puissance. Übers. Robert Rovini. Paris: Gallimard 1966
WERKE III

Elias Canetti: Welt im Kopf. Eingeleitet und ausgewählt von Erich Fried. Graz u. Wien: Stiasny 1962
Elias Canetti: Dramen. (Hochzeit; Komödie der Eitelkeit; Die Befristeten). München: Hanser 1964
in WERKE II
Elias Canetti: Aufzeichnungen 1942–1948. München: Hanser 1965
in WERKE IV
Elias Canetti: Die Stimmen von Marrakesch. Aufzeichnungen nach einer Reise. München: Hanser 1968
in WERKE VI
Elias Canetti: Der andere Prozeß. Kafkas Briefe an Felice. München: Hanser 1969
in WERKE VI
Elias Canetti: Alle vergeudete Verehrung. Aufzeichnungen 1949–1960. München: Hanser 1970
später aufgegangen in *Die Provinz des Menschen*
in WERKE IV
Elias Canetti: Die Provinz des Menschen. Aufzeichnungen 1942–1972. München: Hanser 1973
in WERKE IV
Elias Canetti: Der Ohrenzeuge. Fünfzig Charaktere. München: Hanser 1974
in WERKE II
Elias Canetti: Der Beruf des Dichters. München: Hanser 1976
in WERKE VI
Elias Canetti: Das Gewissen der Worte. Essays. München: Hanser 1975
in WERKE VI
Elias Canetti: Die gerettete Zunge. Geschichte einer Jugend. München: Hanser 1977
WERKE VII
Elias Canetti: Die Fackel im Ohr. Lebensgeschichte 1921–1931. München: Hanser 1980
WERKE VIII
Elias Canetti: Das Augenspiel. Lebensgeschichte 1931–1937. München: Hanser 1985
WERKE IX
Elias Canetti: Das Geheimherz der Uhr. München: Hanser 1993
in WERKE IV
Elias Canetti: Die Fliegenpein. München: Hanser 1992
in WERKE V
Elias Canetti: Nachträge aus Hampstead. München: Hanser 1994
in WERKE V
Elias Canetti: Aufzeichnungen 1992–1993. München: Hanser 1996
in WERKE V

Elias Canetti: Aufzeichnungen 1973–1984. München: Hanser 1999 in WERKE V

Elias Canetti: Party im Blitz. Die englischen Jahre. Aus dem Nachlaß herausgegeben von Kristian Wachinger. Mit einem Nachwort von Jeremy Adler. München: Hanser 2003

Elias Canetti: Aufzeichnungen für Marie-Louise. Aus dem Nachlaß herausgegeben und mit einem Nachwort von Jeremy Adler. München: Hanser 2005

Sven Hanuschek: Elias Canetti. Biographie. München: Hanser 2005

Text + Kritik, Heft 28 (Elias Canetti), 4. Auflage (Neufassung), Juli 2005

Kristian Wachinger (Hrsg.): Elias Canetti. Bilder aus seinem Leben. München: Hanser 2005

Veza und Elias Canetti: Briefe an Georges. Herausgegeben von Karen Lauer und Kristian Wachinger. München: Hanser 2006

Dank

an Johanna Canetti

an Frances Carey, Sean Rainbird, David Scrase

und an Barbara Alden, Georg Baldass, Jantien und Peter Black, Françoise Canetti, Peter und Diana Clegg, Milein Cosman, Franz Eder, Sharon Eytan, Leo Goldschmidt, Carl Gombrich, Ivo Habán, Miki und Zipi Karplus, Philip Leembruggen, Christian Lenz, George Lewis, Heidemarie Neuhold, Christiane Peter, Andrea Rauter, Michael Schaich, Marianne Schlenker, Josefa Simon, Peter Verdemato, Doris Winter, Yonna Yapou-Kromholz, Christiane Zeiller, Florence Zinkin

Verzeichnis der Abbildungen

Personenregister